高中生物实验交叉设计

○宁斌 著

哈爾濱工業大學出版社
HARBIN INSTITUTE OF TECHNOLOGY PRESS

内 容 简 介

本书以高中生物为背景研究各学科交叉教学设计，内容包括高中生物实验交叉设计的提出、交叉设计的基本原则、交叉设计的教育生态、交叉设计的功能、交叉设计的评价、高中生物实验交叉设计的教学实践等。

本书可以作为高中生物教师的实验教材，也可用于高中生物上岗教师任前的实习与训练，还可以用于高中生物实验管理人员及其他相关技术人员参考，对提升教师教科研能力，提高学生的学习能力、学习兴趣有积极的借鉴价值。

图书在版编目(CIP)数据

高中生物实验交叉设计/宁斌著. —哈尔滨：哈尔滨工业大学出版社，2024.5

ISBN 978 - 7 - 5767 - 1382 - 4

Ⅰ. ①高…　Ⅱ. ①宁…　Ⅲ. ①生物课–高中–教学参考资料　Ⅳ. ①G633.913

中国国家版本馆 CIP 数据核字(2024)第 093059 号

GAOZHONG SHENGWU SHIYAN JIAOCHA SHEJI

策划编辑　刘培杰　张永芹
责任编辑　邵长玲
封面设计　孙茵艾
出版发行　哈尔滨工业大学出版社
社　　址　哈尔滨市南岗区复华四道街 10 号　邮编 150006
传　　真　0451 - 86414749
网　　址　http://hitpress.hit.edu.cn
印　　刷　哈尔滨圣铂印刷有限公司
开　　本　880 mm×1 230 mm　1/16　印张 16.25　字数 446 千字
版　　次　2024 年 5 月第 1 版　2024 年 5 月第 1 次印刷
书　　号　ISBN 978 - 7 - 5767 - 1382 - 4
定　　价　68.00 元

前　言

随着 STEAM 课程（science、technology、engineering、art、mathematics）的理念、模式及系列实践成果的涌现，跨学科整合课程成为热点。作为一名奋斗在教育一线的高中生物老师，一直十分关注高中生物实验设计现状。在很多人看来，高中生物实验只是作为教学的辅助工具，可有可无，似乎不重要，至少不是十分重要。

跨学科整合课程要求学生对两个或两个以上学科的概念、理论、方法和工具进行整合，以加深他们对复杂主题的理解，教师通过跨学科施教，发展学生的多维能力结构。而这类高阶复合思维与关键能力的培养必须从学校教育的变革开始。学校教育不仅仅能传授文化知识，随着知识信息的获取途径日渐多样、便捷、迅速，还应促进学生形成灵活应对日常情境，以及未来职业生涯与专业领域所必需的核心素养。如，对问题情境的深度剖析、各类资源的整合、同伴合作与互助、项目方案的制订、艺术赏析与创造等。

从分科课程走向跨学科课程，是否只是课程概念和语言的创新？答案当然是否定的。作为课程领域的新生事物，跨学科课程的产生由来已久。中国学科交叉教育起步较晚，受各种因素的影响发展较慢。传统课程分化思想根深蒂固，教师知识面窄、知识老化、固步自封，学科交叉教育的发展规模大、成本高、周期长。上述因素导致目前高中交叉教学的教学质量不理想。传统分科教育在课堂教学中仍然是用本学科知识理解本学科，直接造成学生认知缺陷、认知结构封闭，甚至严重限制学生分析、处理和综合判断问题的能力的生成。各科老师在本学科体系内进行教学，学科间没有沟通交流。老师只有本学科的扎实知识，但不具有交叉学科知识和能力。

现在学校越来越开放，对跨学科课程整合大胆尝试，积极寻求外部合作，结合区域课程改革议题，通过学校内部的课程设置、学习形式、教师研修、组织制度等的机动调整，使跨学科课程整合能够稳步落地，理念深入人心。但是，随着社会的发展和人们观念的转变，“百闻不如实践”被越来越多的人认识到，实验在高中生物教育教学中的重要性被越来越多的教师重视起来。

新课程改革中的生物学教材的实验数量均明显增加，极大地丰富了学生的实践探究活动，提高了学生思维能力、操作能力，体现“实验是素质教育的最佳切入点”。生物教学实验不应成为知识的单纯验证与再现过程，而应成为探索真理的一个创新活动。从验证向探索转变是课程改革的一种趋势，这可以从实践的地位和呈现上有所体现。这些变化促进着越来越多教师的课程实施与专业知识结构的持续更新，对学生的整体化认识取代了以往对知识的探究与学习，显现出持久的认知乐趣而非短效的、即时的感官兴趣，课程评估更加尊重学生的个性化与团体的智慧。

新教材中实验设计的形式和呈现多样化，主要体现在：

（1）实验设计的多样化。过去的实验基本都是规范性实验，而现行教材增加了一些模拟实验，即不用生命材料本体，而是通过被研究对象模拟生命现象和环境来完成的实验。随着信息技术的蓬勃发展，还出现了一些使用多媒体计算机设计制作的虚拟实验，其强大的交互性和不受时间的影响在实验教学中具有独到应用。另外，教科书还鼓励学生自主设计实验。

（2）实验形式的多样化。翻开课程标准实验教材，实验的陈述由“演示实验”和“分组实验”转化为“观察与思考”“课外实践”“探究”“实验”“演示实验”“分组实验”“设计”“模拟制作”等形式，实验的触角已延伸到有利于学生身心发展的探究活动。

新课程改革下，学生是先做实验，然后得出结论，最后形成知识。这种编排位置的变化反映了由验证向研究的转变。新课改后的实验也具有很大的探索性，实验目的是固定的，但实验方式与实验步骤都是建议、推荐器材，学生按照“提出问题—做出假设—制订方案—实施步骤—得出结论—表达和交流”进行科学研究，以寻找得到探究目标所需的实验证据。正是由于探究性实验的结果具有不确定性，学生的求知欲被充分调动，实验热情与兴趣陡然增强，思维发生的空间被拓展，创新精神与实践能力也同时获得了很好的训练。

于此，我们提出高中生物实验交叉设计的实验设计思路，它关注学科的知识、方法、思维、模式、工具、资源，促进学生情境化的学科要素交叉的关联与融通，促进师生对运用学科要素的灵活性、创造性地解决问题的实验设计方式。在实践的基础上，我们提出实验交叉设计的基本原则为目的性、连续性、科学性、创新性、综合性、阶段性、遮蔽性、差异性。还包括交叉实验设计的分类为主题式、项目式、素养式。

就交叉设计的结构而言，本书结合大量高中生物实验设计的真实案例，启发广大教师如何从实验的材料选择、方法选择、实验结果分析、信息技术的利用、生物实验资源的挖掘和开发、教师基础课题研究等对高中生物实验交叉设计进行阐述，在持续的探究过程中，就实验交叉设计的内容和形式层面而言，问题解决的过程中，我们提出了“知识桥”的新概念，“知识桥”连接已知与未知，连接教学创设与生成，连接学生的疑问和教师的引导，连接学科本位和关联学科，连接问题的提出和问题的解决，连接情境的创设和思维的生成......

就实验交叉设计的流程而言，从丰富多元的情境创设，学生独具特色的社会实践经验、认知水平、价值观、知识学习观念、资源开发，到45分钟的学科教学，再到知识的理解、记忆、评价。学科知识的运用，解释和问题的解决，呈现出“三段式”的实验设计形式，我们就此提出高中生物实验设计的“哑铃模型”。

就实验交叉设计的主体而言，这应该是师生共研的形式展开的；立足于实验交叉设计的理路，这样的交叉实验设计应该是立足于学生全面发展的需要，学科课程建设的需要，学校特色提炼的需要，教育教学深度发展的需要，来开展实验设计。

就实验交叉设计的功能而言，我们围绕实验交叉设计的螺旋式成长模型，对循证实践、问题提出和解决、资源挖掘和提炼、需要和认知的错位、课程资源建设、师生关系、思维的逆向与转向、概念的生成和整合、问题转化和选择、知识的创新和生长、批判思维能力之信息提取、学习进阶、认知盲区的信息的整合与提炼、教学评价、思维定式、ARG游戏设计、教学语言、科学发展史、教师教科研能力等多个方面进行深度阐述，以明晰高中生物实验交叉设计的价值和意义。

高中生物实验交叉设计对教师的教科研能力提出了更高的要求，提升教师的教科研能力是摆在当前急需解决的问题，传统的教师教科研存在假、大、空等现象。如何在教学过程中享受科研带来的愉悦，正确认识教科研对教学工作的价值和意义，问题的关键在于教科研工作开展的形式，我们提出了“小课题”研究促进教师教科研能力“螺旋式提升”的模型，希望对广大一线教师有所启发和帮助。

在教育改革道路上，任何有益的实践都应该欢迎，任何模式的构建都不意味着跨学科课程整合的终点，而只是提供了一条通往课程改革的可行路径，而这正是本书所做的尝试。编者编写本书是将自己多年来的关于创新性实验设计的思考整理出来，通过借鉴更多同行的成果，给广大师生的实验教和学，促进新课程标准的落实和核心素养的达成一些启示，实现自己的教育梦想。本书既有深入浅出的论述，也有实践案例的生动映衬，特别是总结了很多优秀教师实现实验交叉设计的宝贵经验和可贵素材，能让广大教师边学边做，帮助他们去努力实现教育教学质量的大幅度提升。

作为自然学科的高中生物，在学科知识的由来和习得中，实验是必由之路。就实验从设计到教学的目标而言，立足于项目、主题、素养的实验设计渗透着多学科、多情境、多要素交叉的影子，实验设计是一线生物教师在教学过程中的重点、难点和痛点，是创作本书的着力点。

作为教师都有一个梦想，那就是出一本自己的书。我很幸运，能够有机会将自己对高中生物实验设计的一些心得、体会、感悟及经验和认识总结起来，结集成册。此刻，我的心中充满感激，除了感谢蔡锡亚、宁远欣、宁显明、李轩老师对出书工作的大力支持外，同时感谢学校领导和生物组、化学组、物理组、数学组的同事对我的帮助，更加感激在创新实验设计过程中，学生思维的灵动给教学带来的欣喜，使得丰富多样的实验交叉设计得以实现。

在本书即将付梓之际，要特别感谢所有参与本撰写的同仁和为此做出贡献的学者，同时也要感谢本书的责任编辑所付出的辛劳与智慧。此外，本书在创作的过程中参考了一些资料和素材，对参考资料的作者一并表示感谢。

著 者

2023.11

目　录

第一章

高中生物实验交叉设计的提出

创新就是知识的高效迁移，基于不同的真实情境和所欲解决的问题，以及针对学生能力结构的完善。跨学科整合具有不同的课程取向和操作模式。

第一节　交叉设计的概念

高中生物实验交叉设计是指在高中生物设计过程中，以学科间共有情境为基础，充分借鉴相关学科的知识、方法、思维、模式、工具、资源，促进学生情境化的学科要素交叉的关联与融通，促进师生运用学科要素灵活性、创造性地解决问题的实验设计方式。

一、学科的由来

学科的概念产生于 19 世纪早期，威廉（Wilhelm）提出教学与研究相统一的教学理念，确立以学科为基础的组织模式。提出科学研究围绕着学科来组织和开展，其中的科学家组成共同体以探究、保存、维护、生产特定领域的科学知识。学科体系便建立在这一科学知识分类基础上。学科制度一方面，指的是学科知识生产的规范与行为准则，以确保该学科知识的边界独立，规定科学共同体基于一致的价值观、信念、目标指引下的科研行为；另一方面，则说明了学科知识的分类标准，即不同的学科各有其特定的知识范畴，包含一整套概念工具、方法论、研究对象、研究内容与发展目标。简而言之，学科制度是规范特定学科科学研究行为准则体系和支撑学科完善和发展的结构体系。

学科知识分类与制度化确立学科的地位，能够以其特定的学科思维促进、拓宽人类对外部世界的认知和探索，为人类提供有效解释世界的方法论与操作模型。但与此同时，学科知识赖以产生的外部世界却是变化、动态、不确定的过程。更为重要的是，人类的知识、实践和生产工具的能力也在这一变化过程中螺旋式上升、演进，学科知识的根基也在此过程中面临着解构与重新建构。一方面，以往学科知识与制度基于科学共同体的信念与科研守则，不同学科之间相互独立，各自拥有对本学科领域的自治权，即对知识建构的一套成熟的运作体系，极易导致学科知识的封闭与等级次序，知识被人为地赋予其科学结构序列中的层级地位；另一方面，学科知识赖以产生的外在情境与面临的现实问题是多维复杂的、发散的、去中心化的，单一的学科工具必须借助相关学科的知识与方法论以指导实践。特别是发端于经济领域的贸易全球化、科技领域的信息技术与互联网的高速发展，知识领域也连带着发生了深刻转变。表现为知识与社会各系统的联系加强，相互融通，知识生产主要在应用情境中进行。从而学科知识不仅在其产生的情境中，也在知识的外部应用与创造过程中获得其地位与存在价值，跨学科理念便是在这一背景下提出的。1926 年，哥伦比亚大学心理学家伍德沃斯（Woodworth）在全美社会科学研究理事会上第一次引入了“跨学科”的概念。

二、育人理念的变迁

2001 年，《基础教育课程改革纲要》中提出，学生在过程与方法、知识与技能、情感态度与价值观的“三维目标”，进一步指向了课程与教学改革的方向，实现了在“双基”基础上的进一步跃升，是对我国“素质教育”在课程层面的呼应。

2002 年，教育部印发了《有关积极推进中小学评价与考试制度改革的通告》，首次提出“基础性发展目标”的概念，并将其具体表述为“道德品质”“公民素养”“学习能力”“交流与合作能力”“运动与健康”“审美与表现”6 个方面。

2004 年，《国家基础教育课程改革实验区 2004 年初中毕业考试与普通高中招生制度改革的指导意见》第一次使用了“综合素质评价”的概念，其评价内容的阐释对应上个文件中“基础性发展目标”六个方面。

2011 年，教育部发布的义务教育学科 19 个课程标准，更进一步推动了教学改革与人才培养方法和育人方式的转变。

2014 年，《国务院关于深化考试招生制度改革的实施意见》中就“改革考试内容和形式”突出强调规范高中学生综合素质评价体系，注重社会责任感、创新精神、实践能力等方面的体现。

2016 年 9 月，北京师范大学课题研制组历时三年集中攻关，在广泛调研、专家审议，以及对国外核心素养内涵的深入分析的基础上确定了我国学生发展核心素养框架，围绕培养“全面发展的人”为核心，分为自主发展、文化基础、社会参与 3 个板块；学会学习、人文底蕴、科学精神、健康生活、责任担当、实践创新六大素质层面。具体细化为国家认同等 18 个基本指标，从全局性高度回答了在当前中国政治、经济、社会状况和发展趋势下“培养什么人”和“怎样培养人”的问题。

2017 年，教育部印发《普通高中课程方案和语文等学科课程标准（2017 年版）》实为高中阶段落实党的十八大以来提出的把立德树人作为教育的根本任务和党的十九大强调的落实立德树人根本任务，发展素质教育的实践演绎，对以往仅仅凭借单一的学科知识与解决策略应对问题的学习方式和教学方式提出了严峻的挑战。学生的培养与教育不再局限于狭隘的学科分数与成绩，或单纯的知识积累与技能训练，而是转向了更加包容、多元、综合、立体的素质培养，注重在此过程中学生的思维、视野、态度与价值观的浸润与渗透，以及发展起善于分析、反思、质疑、批判、创新与创造的高阶学习力，同时突出学生的综合素质评价导向，包含社会参与、实践操作、问题解决等在内的多个维度，从根本上否定了那种将人视为工具与手段而导致人的异化的教育价值观及其指导下的教学实践。跨学科整合及其指导下的课程教学有助于形成与培养学生的学习力、人格力与创造力。就学习力而言，跨学科整合是融合两门或以上学科在特定领域的知识、方法、思维与资源等，帮助学生解决所面临的实际问题。因此，它需要学习者善于从相关学科中识别、评价与选用与问题情境相关联的、有效的资源工具，这其中就包含了分析、假设、推理与综合等高级认知发展过程与深度学习能力。

21 世纪以来，国际教育领域在应对全球化、信息化、知识化的时代发展潮流上所做的改革探索，可以明确的是，在当前社会各领域的高速发展与变化的大环境下，迫切要求培养能够灵活适应多领域交叉融合，勇于突破未知领域积极采取适当行动，乃至进行革新创造的新型学习者。以往凭借机械识记与背诵学科知识，或刻板地复制已有的问题解决路径的学习方式不再受追捧，并且必然会在更广泛的实践发展之路上面临淘汰。

从人格力的角度，心理学将人格定义为人的心理活动的风格系统，其并非与生俱来，而是在遗传的基础上，通过环境的影响，在社会实践活动中逐渐形成的。在人格的组成中，气质和性格是两个主要方面。正如培根（Bacon）所言：“读史可以使人明智，读诗使人灵秀，演算使人精密，哲理使人深刻。”不同的知识使人获得不同的精神养料，并在此过程中以其特定的学科思维、价值观或直接或间接影响着人格的走向。正如我们能够比较容易看到一个人的专业背景，因为他的身上印着深刻的学科世界观的烙印。不同学科间的差异，通过学科成员的思维与行为表现得越来越明显。

三、情境问题解决的行动框架

跨学科整合的实质在于促成不同学科之间在知识、方法、思维与资源上的“最佳配比”，从而提供应对多领域、复杂性问题解决的认知与实践框架。首先，从“跨学科”一词所暗含的知识假设而言，其基本假设是学科之间有着独立的知识框架和成熟的方法体系，这是其能够实现“跨越”的学科基础和物质前提。每门学科的概念工具、理论基础和资源包所构成的一整套学科规范，包含特定的研究对象、研究方法与研究内容，以保证其能够得到学术组织的承认并获得遵守。首先，特定的概念体系是其核心部分，也是构成一门学科独特话语表达方式的基本元素。其次，从学科背后所承载的科学共同体对世界的既定认识，在所秉持的观念、信念这一意义上，较之于外在的显性组织机构、制度规章、人员构成，即被称为社会建制的过程。内在的隐性认知观念，也被称为学科世界观，则更为动态、开放而富于变化。也就是说，不同学科之间存在“跨”的基础。由于不断发展的知识图景所揭示的是学科知识的非标准模型，在发展过程中注重的是知识的历史变化与动态性，以及知识的网络结构与系统性。自近代大学产生并实行学科分类与研究以来，学科知识便被置于权威地位而不容侵犯。这种分化使得各个学科在具体分析中都依赖自身的隐含假设，从而形成了对世界不同的认知。但自 19 世纪初到 20 世纪中叶，学科分化的势头加剧，人文学科的出现填补了一直以来被自然科学占据的科学世界的空白。直到 21 世纪初，在原有的学科基础上，出现了诸多分支学科、交叉学科、新兴学科、边缘学科等。不同学科知识之间相互借鉴、渗透、补充、整合，提供了应对多领域复杂性问题解决的实践参照。实现了不同学科之间的优势互补，启发了人类的认知空间与新异想象，提供了认知世界不同的学科解释与对世界探索的钥匙。“跨学科”思考是建立在对多学科有了比较充分的认识基础上的，否则它很可能只是原始思考或“前学科”的拼凑，缺乏学科基础的整合活动，对学习者的发展如直觉思维、丰富体验经历等是有益的，但其最适合的环境不是在学校，而是在大自然中，在社会实践中。

第二节　交叉设计的理论和实践基础

从 19 世纪开始建立的分科教育，在过去近二百多年里推动了学生对学科内知识的掌握。随着人类对自然现象的进一步深入认识，学科间的界限逐渐模糊，各学科在原理、方法、内容等方面的联系也越来越密切。这就要求老师在课堂教学过程中，不要局限于某一课程知识，而要训练学生的整体科学观和综合探究能力，所以高中课堂中的学科交叉教学也受到了更多的重视。

中国学科交叉教育起步较晚，发展较慢，传统课程分化思想根深蒂固，教师知识面窄、知识老化、故步自封。学科交叉教育的发展规模大、成本高、周期长。上述因素导致目前交叉教学的教学质量不理想。传统分科教育，在课堂教学中仍然用本学科理解本学科，直接造成学生认知缺陷、认知结构封闭，甚至严重限制学生分析、处理和综合判断问题能力的生成。各科老师在本学科体系内进行教学，学科间没有沟通交流。老师只有本学科的扎实知识，但不具有交叉学科的知识和能力。

发明问题处理理论（TRIZ）是阿奇舒勒（Altsculer）于 1946 年创立的，包括矛盾矩阵、物-场分析、TRIZ 发明问题处理算法等。相对于传统的创新方式，如试错法、脑风暴法等，TRIZ 理论有着明显的特征与优点，揭示了创新发明的内在规律与原理，着力澄清和强调系统中出现的问题，而不能逃避问题。其目标是完全解决问题，获得最终的理想解，而不能采取折中或者妥协的方式。同时，它是基于科技的发展演化规律研究整个设计和开发过程，而不再是随机的行为。奥苏伯尔（Ausubel）认知同化理论的基本概念，认为新知识的掌握必须以现有的认知结构为基础。掌握新知识的过程，是指学生积极主动地从自身现有的认知结构中获得与新知识有联系的旧知识，并且进行“固定”或者“归属”的一个动态过程。

结构化课程理论由吉登斯（Giddens）提出，主旨在探讨课程结构与课程活动之间关系的理论，是课程社会学研究对象的具体化。而课程的社会管理问题其实就是课程结构与课程活动之间的张力问题，围绕着课程结构的三个维度和课程行为的三个维度及其它们之间的联系，展开了试探性的理论建构，进而形成了一种相对自洽而又对课程实际产生了一定解释力的课程理论，内容主要分为课程行为、课程结构的基本原理、二者关系的基本原理 3 个方面的内容。

建构主义指出，教学不仅是传递知识，更是转化和处理知识。在实际教学过程中，教师要创造各种情境，帮助学生形成知识网络。教师不仅仅传达知识，学生也不仅仅接受知识，学生是在自身的知识经验基础上，注意接受外部信息，主动构建已形成的知识网络，即构建自身的心理特征。

维果斯基（Vygotsky）和皮亚杰（Piaget）是建构主义的代表人物。他们认为，环境对人的发展起着很大影响。认知-发现学说认为，为推动学生认知结构的发展，教师可以运用情境的设置来促进并调节学生的探究活动，激发他们的学习内在动机。在教学过程中，针对学生的经验水平、年龄特征和教学材料性质，选择多元、灵活的教学和结构，进行实际的教学过程，还应注意提供有利于学生矫正与提升的反馈载体，并指导学生开展自我反馈，以增强学习的主动性和能动性。

情境学习理论强调情境和知识学习之间的相互作用，两者是不可分离的，学生在情境活动中获得知识和体验，学习与认知是情境性的。国内情境教学在各科教学中都有所体现，赵宇对高考实验题命题的素材情境进行分析，认为实验题载体的情境素材有利于激发考生学习兴趣、知识理解，知识和技能的转化和运用，对启发学生的科学思维、科学方法、科学态度、价值观有积极意义。国外对情境教学理论的研究集中在，情境与知识学习、教学活动的关系，实践共同体、情境的呈现形式等方面的研究，有积极的借鉴价值。国内对情境教学的研究主要集中在融入学科策略、心理学、问题情境、情境创设等方面，但关于情境创设的来源——情境素材的研究却很少，特别是教学实践中情境素材的开发和应用研究。

教师通过开发合适的情境素材，给学生的生物实验学习，提供切合实际的情境，以此可以提高课堂教学效率。情境素材的开发，可以让学生的学习充满趣味，调动学生的学习积极性。由于当前对初中实验课堂情境素材的运用还处在初期，怎样将结合地方特色及学生智力发展水平的情境素材充分挖掘出来，并更好地运用于初中实验的课堂当中，是教师必须要关注的重点问题。

真实的生活情境往往是复杂多变的，影响因素众多。因此，在运用课堂教学情境时，教师可以从不同的角度加以分析和利用，按核心素养发展水平的上升规律，引导、发展、培养学生解决问题的能力，使学生在面对新的问题情境时能够学以致用。 课程改革在不断地向纵深发展，课程改革的最终目的是促进学生的全面发展，课堂是学生全面发展的主阵地，在课堂教学中构建大众性、日常性、广泛性的课堂，实现课堂优质均衡，就成为教育质量提升的基础性研究工作。

2022 年版的课程标准既有传承又有创新，增加了跨学科实践的内容。

跨学科实践的提出是教育理念发展的需要，也是解决现实教育情境问题的现实需要。课程标准修订是通过问题推动，而不是简单通过理念革新推动。跨学科实践的增加，是教育实践中教师和教育教学研究者针对义务段基础教育提出的创造性举措。

从问题解决这个角度来看，解决真实问题单靠某一学科的知识是不能胜任的，要深层次地解决教育教学中出现的问题，就需要从多个学科的知识，多个问题解决的角度来展开对问题的探究。真实问题来源于、根植于生活，本身带有跨学科的特征，会跟很多组成要素关联。解释现象、设计模型、优化实验设计，就会涉及多个学科知识的多个点、多个面，问题解决起来自然就会跟很多学科有关。另外，义务学段学生问题解决能力，在真实的问题解决过程中才能得到培养和提升。学生运用头脑中所具备的、多元化的知识储备，才有可能真正地分析问题、发现问题、解决问题。

学生在学校阶段的分科学习，本身就会给教师造成了教学定式和思维定式，但是在实验和实践生活情境中，学生遇到的问题往往都是跨学科的，只有将学科知识融合、整合起来，才能真正有效地解决具体问题。此外，教师只熟悉本学科专业知识，缺少研究其他学科知识的习惯和意识，增加了分科教学的弊端。教育要培养能解决问题的人，跨学科学习是必由之路。

创新就是知识的长距离、高效的迁移。跨学科教育教学实践对学生知识的高效、远距离迁移能力的培养具有独特的实践价值。跨学科实践让学生从不同的学科视角出发，对其形成跨领域的观念和意识有重要意义。另外，跨学科实践是培养学生高阶品质的需要，有助于学生跳出一个学科的壁垒，对整个科学进行整体的、全局的深度理解，对学科学习产生深远的影响。

老师不愿在实验教学方案的设计上下功夫、花时间，造成实验教学方法形式单调、陈旧；单纯为完成教学任务而进行实验，对学生实验能力的训练显得缺乏计划和目的性，没有系统性。同时对于“引导学生积极、主动地学习，培养学生独立思考的习惯与能力”的指导思想不够明确，老师在实验教学中一手包办现象随处可见，学生只处于低端的模仿层次，没有动手和动脑的机会，能力也缺乏相应的提高。这对培育学生学习科学态度和习惯，培养学生综合素养等方面产生的甚至是负面的影响。这样实验实际上已经失去了实验研究的意义和价值，更谈不上达到预期的实验育人效果。

第三节　交叉设计的意义和作用

在中小学领域，基于多学科整合的课程实践与研究开展得如火如荼。基于不同的真实情境和所要解决的问题，以及针对学生能力结构的完善，跨学科整合也具有不同的课程取向和操作模式。鉴于特定知识在学科结构中所处位置、理念与思维、操作方法资源的搜集与运用等的不同，整合方式具有差异性。以起源于美国并迅速风靡教育领域的跨学科 STEM 教育为例，STEM 是指科学技术（science）、科技（technology）、工程（engineering）和数学（mathematics）四门学科课程的简称，不是科技、科学、工程和数学的简单组合，而是把四门课程内容加以有机整合，以培育学生的创新精神和实践能力。

STEM 教育有不同的整合取向和模式。在以学科知识整合为取向的模式中，主要通过基于问题情境的教学方式，强调把学习设计在复杂的、有意义的问题情境中，通过学生合作处理分布在真实情境中的问题或与真实世界有关的问题，促使学生对所学知识的建构与理解，并以此习得隐藏在问题背后的知识，从而形成解决问题的技能和自主学习的能力。而在基于生活经验的学科整合取向中，则是通过项目组织的教学方式。项目组织一般以开发出最终的创作为起点，设计贯穿于项目学习的整个主线和形成创新点生发的动力，学生在完成创作的过程中进行搜索、讨论、演算、设计与观察等活动，并解决一个或多个问题，从而获得知识技能。此外，还有基于学习者中心的跨学科整合取向。从资源的角度，学习者在跨学科学习过程中，不仅有来自教师的支持，整个学习小组的协作与探讨，还有基于真实情境的社会调查和实践验证，历经问题提出、方案设计、核心实验知识和技能学习、合作探究等学习阶段。在此过程中，学习者的元认知、动手操作、立体思维、尊重事实、问题意识等综合学研能力都能够得到锻炼与发展；创新思维与实践能力在体系化的课程设计与教学组织、多样化的资源、同伴学习、个性化作品评价与展示过程中也能够得到有效激发与培育。

基础教育跨学科素养内容见表 1。

表 1　基础教育跨学科素养及其内容

思考与学会	学习及观察，并搜集、评估、编辑、创作、分享信息与观点；学会面对不清楚、有争议的信息，能从不同观点考虑事情、搜寻新的信息并将其作为更新思考方式的基础；独立或与他人互动，共同解决问题、争议、质疑，总结结论与发现；寻找学习乐趣、增强创造性思维与理解能力；识别个人学习方式，发展自我学习策略

续表 1

文化素养、互动、自我表达	识别所处环境文化内涵，形成个人文化认同，以及与环境的良好关系；认识文化、宗教、哲学在社会与生活中的影响，以及相关的媒体文化；学会识别不同文化特质，在不同环境中自由行动，学会沟通、修改、创造文化与传统，并且理解幸福的重要性；站在他人立场上，且从不同的视角去审视事务与场景；提升对人权的认知与认定，尤其是儿童的权利；体会互动的重要性，通过不同方式发展社交技能且学会符合道德的自我表达，并在不同场景中公开展示与表现
自我照料、管理日常生活	能在涉及健康、安全、人际关系、交通运输，在技术不断发展的日常生活中行动、管理个人财产与消费；关照自我与他人，练习日常生活的重要技能，为幸福而工作；学会管理时间，观察安全标志，并且保护个人隐私和边界；了解技术操作原则及其在不同生活领域和环境中的作用与影响，明智选择技术并负责地使用；发展消费技能以及管理和规划财产的能力
多模态识读	在不同模式、不同情境与环境下，通过使用不同工具获取、组合、鉴别、创作、评估信息；解释周围世界，理解文化交流，树立个人认同；独立或合作地使用、说明、创作不同类型的文本
信息通信技术素养	理解信息技术的使用原则以及操作规则、关键概念，并且在创作个人作品中发展信息技术实践能力；负责任地、安全地、最大效能地利用信息技术；在信息管理和探索与创造性工作中使用信息技术
工作生活的能力、创业精神	理解工作和创业精神，以及作为团体和社会成员的个人责任的重要性；积累工作生活知识、学习创业方式、理解在学校课余和未来职业所需素养的重要性，熟悉工商业以及当地关键行业的特点；练习工作生活所需的恰当行为、合作技能、交流技能；学会计划工作过程、做出假设、尝试不同观点、做出总结；预估可能遇到的困难，面临失败与失望、遇到变化时灵活、创造性地应对；识别职业兴趣，制定理性且关乎未来学习的选择
参与、影响、建设可持续未来	参与计划、实施、评价、评估学习、学校任务和学习环境；理解规则、协定、信任的重要性，学会有建设性地表达观点；学会合作，并练习协商、仲裁、争论解决技能，以及批判性地审视事务；考虑过去、现在、未来的联系，思考未来的多种可能；理解选择、生活方式、行为对个人、当地环境、社会、自然的影响，为可持续未来做贡献

第二章

高中生物交叉设计的基本原则

高中生物实验交叉设计过程中，需要对影响实验结果的相关因素做全面思考，采取有效的方法消除无关变量的影响，探究某一因素或多个因素对实验结果的影响。

一、目的性

实验设计是科学研究方法的核心环节，目的是获取科学知识，发现新的事物并加深对已知事物的理解。实验设计在人类社会发展过程中有关键地位，无论是科学研究、新技术的推广还是对社会现象的理解，都离不开有效的实验设计。实验设计的目的是为了获得有关事物的新知识、新信息和新证据。它通过合理的变量设计、条件设置和数据分析，以获取对研究对象的深刻认识和理解，从而对事物的本质性质、规律性、功能特征等方面进行探究，为师生提供了真实可靠的数据基础支持，推动科学知识不断更新和发展。

二、连续性

创新是时代进步的象征，环境下的创新在微观层面上讲，有制度的创新，有思维能力的创新以及先进技术的创新，等等。但无论是宏观的还是微观的，创新会随着时代的进步和科技的发展，要做出与之相对应或适应的改变，否则就不是创新而是按部就班，所以创新是连续性的。高中课堂教学信息量大、知识复杂，通过教师课堂调整教学进度、课后布置作业及大量的课堂内外练习以让学生掌握知识，只能是教师的“一厢情愿”，学生被视作“知识的容器”。问题出现的背景、问题的提出、问题的解决思路、问题的解决能力被“异化”，生物实验情景素材的开发，就能有效地解决这一问题

三、科学性

科学价值是实验交叉设计的依据，对广大教师而言，选用实验交叉设计应当遵循科学性的原则，遵循科学原理和教育规律，具备科学价值，不能仅仅是“摆花瓶，当样子”。一要反映出理论基础的先进性，也就是说选择实验交叉设计必须符合国家的教育方针和政策法规，符合教育的目的，符合素质教育的要求，符合中等教育的一般规律；二要体现出目标内容的完整性，也就是说选择实验交叉设计既要有促进学生全面发展的“规定性”目标，又要有促进全面发展的“规定性”目标，还需要有促进个性发展的“可行性”目标；要体现出目标内容“面向全体”的普及性和“指向个人”的提升性。三要反映出系统结构的合理性。作为一种体系结构或二维平面，或三维立体，或条状分层，或块状分区，不管怎样需要和教育教学的需要相贴近，其结构不但要体现出“从大目标到小目标”的分层性，也要体现出目标分类的分块区域性，同时把二者有机融合为一个比较合理的结构。

四、创新性

实验交叉设计的创新性主要体现在以下三个方面。一是时间新，问题的提出应具备时代感，能反映出教育改革和发展的方向与趋势或教育理论研究的新问题。二是内容新，即所探讨的问题是前人没有提出、没有解决或没有完全解决的，是在教育实践或教育理论中提出新的矛盾点、新要素，反映新时期的新经验与新理论。三是方法新，指研究的视角、思路要有新意。选题不能盲目地赶“热点”、赶“时髦”，面对热门研究问题，更应注重从新的角度，运用新的方式去探索，赋予其新意。我们不但要继承前人的研究成果，还要在借鉴前人的科研思想、研究方法、思维方式、理论的基础上有所创新，有所发展。要全面继承前人的研究成果，对每一个研究者来说几乎是不可能的，但我们在对某一方面的实验交叉设计进行研究时，就必须尽可能地了解这方面已有的成果和研究动态。这样做，我们既可以避免重复劳动，也可以在他人研究的基础上对某些问题展开进一步的研究与探讨，推进某一实验交叉设计的研究进程。同时，我们还可以在借鉴别人已有成果的同时受到启示，找到解决问题的新思路和实验交叉设计研究的突破口。

五、综合性

综合性实验是指实验内容涉及本课程的综合知识，或与本课程相关课程多个知识点的实验。该类实验是对学生进行实验技能与方法的综合训练。通常是在学生经过常规的基本实验训练之后，进行的高层次实验。实验指导教师应按照课程的实验目的和实验要求，并结合实验室中所提供的实验仪器、设备、器件、药品、试剂等条件。学生综合运用已掌握的知识、原理和技能，设计实验的具体方法、设计实验步骤、选定仪器设备（或器件、试剂、材料等）、独立完成操作、记录实验分析数据、得出实验结果等。实验的设计过程，可以充分发挥学生的主观能力，指导学生创新性思维发生，体现科学精神的达成。

六、阶段性

高中生物学习是高中阶段承前启后的关键阶段，学生进入高中后，如何适应高中生物的学习，是高一新生面临的现实问题，外在的学习环境、教学、教学因素，以及自身的学习观念、价值认识和学习方法都会影响学生对学科的学习。高中生物是初中生物的深化与提升，高中生物在整体设计上更强调学科知识连贯性和系统性。高中生物以实验教学为主，内容比较直观，新的课程标准强调学生知识学习的螺旋式上升，教材对知识章节的编排逻辑性、直观性强，对每一个大概念的引申与证明分布在整册书的各个章节中，这就对高中生的抽象思维、逻辑思维提出了较高的要求，这要求老师充分理解学科内容和要求的变化，通过实验情境素材的设计，贯通生物知识的衔接点，调整教学经验，根据学生的需要组织课堂教学。

七、遮蔽性

实验交叉设计过程中，教师因思维定式容易使他们形成学科本位的教育思想。当前课程标准整体上仍然是课程导向而非“素养”取向，且缺乏学生的实际表现标准，从而较难判定课程标准的规定性动作在何种程度上得到了实现。同时，学科核心素养的缺位，导致课程标准与发展核心素养脱钩和缺位，难以突破学科或知识之间的间隔和壁垒，从而学生核心素养成为“空中楼阁”。课程标准编排的学科体系逻辑仍然维持以学科为本的标准意识，缺乏向跨学科整合与共同培育的素养意识。因而，导致人人言必谈“课程目标”但实践中却仍然各自为政的现象。就评价方式而言，由于学生仍然是在本学科课程内学习，因此对学生的评价也主要根据是否达成本课程目标，而非其素养形成与发展实际，更进一步强化了学科课程的实施方式。

八、差异性

学生来自不同的家庭、学校，有不同的社会实践经验，这要求在高中生物的教学过程中，在保证学习任务完成的基础之上，关注个体差异，满足个体的需要，以此来提高他们的学习热情和兴趣，生物实验是这一问题有效途径之一。

第三章

高中生物实验交叉设计的结构组成

高中生物实验交叉设计的知识结构受单元知识的数量、质量、类别及其组合方式和师生知识量等主客观因素的影响。在兴趣、求知欲的驱动下，围绕主题式、项目式、素养取向的实践需要，引导和激发学生自主探究和自主学习，整合思维，以“桥”联已知和未知。

第一节　交叉设计的动力

知识的动力包括知识结构、好奇心和兴趣、预见能力、学习力、实事求是的价值观念。

一、知识结构

知识结构是指知识单元的数量、质量、类别及其组合方式，受主客观因素的影响。创新离不开知识的积累，知识积累是创新的基础，离开知识的基础，创新的形成与发展便成了无本之木。因为创新并不是从无到有的新东西，而是通过对前人的经验成果加以综合分析利用的基础上提出的新观点、新方式、新理论，进而获得新的突破，从而产生新的成果。知识的深度与广度在很大限度上制约了能力的思维与发展的空间。学生创新能力培养的基石就是如何具备合理的知识结构，而创新思维、创新意识也是建立在丰富的知识基础上，学生所拥有的知识量越大，积累的知识经验就越丰富，思路也就越宽广，就越能调动其创新思维，从而释放创新潜能。理想的知识结构，必须突破传统的学科壁垒，突破原有知识结构的局限。此外，还需要对学科知识、知识广泛和创新知识在广度与深度上达到一定程度并互相补充，互为所用。

知识的积累并不等同于能力的积累，把知识上升为能力还要做出更多深层次的努力。个性是产生创新的前提条件，没有个性就缺乏创新意识，没有创新意识，就不能形成创新动机和建立创新目标，就绝不能形成创新成果。创新学习能力是创新活动者个性素养、能力素质的总和，良好的创新学习能力必须具备创新性个性素养、擅长捕捉新信息、主动更新知识和标新立异。创造性个性品质是创新者各种心理品质的总和，主要体现为具备强烈的创造力、强烈的好奇心、坚忍不拔的毅力、科学理性的独立精神和热情洋溢的合作精神。知识积累是创新的基础，离开了它，创新能力的形成和发展便成了无源之水，而自己在平时生活中只是注重理论知识，没有将理论知识付诸实践，没有发展自己的创新意识，按部就班过度依赖课本知识。

合理的知识结构，是担任现代社会职业岗位的必要条件和人才成长的基础条件。广博的知识视野，是对人才适应社会岗位、应变环境的文化基础。现代社会职业岗位所要求的不仅是知识结构合理，而且需要及时拓展自身的知识视角，以实现终身教育、终身学习的境界。唯有如此，才能按照新时代社会发展的要求发展和完善自己，拓展知识面。

二、好奇心和兴趣

好奇心能激发人的探索欲望，好奇心驱能使人关注未知事物，从而激发人们去探索新的领域，学习新的知识，为创造力提供源源不断的“原材料”。好奇心能促进跨界思考，使人愿意尝试不同的思考方式，从多个角度审视问题，有助于人们产生独特的创意和解决方案。推动风险承担；好奇心鼓励人们挑战传统观念，去实践创新的想法。这种对新事物的尝试和对失败的承受能力有助于提高个体的创造力；好奇心使人更愿意收集各种信息，将不同领域的知识进行整合，为创新提供丰富的素材，提供持续动力；好奇心使人不满足于现状，对自己的成果进行反思和完善，从而实现持续的创新。

动机涉及人类行为的基本源泉，体现了人类行为的主动性特征。从个人动机的自发性和目的来看，动机有内在动机和外在动机之分。外在动机由活动以外的目标或奖赏所导致，如孩子对学习活动本身并不感兴趣，只是为获得家长教师的表彰和奖励而进行学习。内在动机则是一种不依赖外在报偿便能促成某种行为的东西。布鲁纳（Braner）认为在课堂教学中应调动孩子的内在动机，使孩子在学习实践中感到愉悦。在他眼中，个人学习的内在动机之一就是好奇心。好奇心是人的天性，对孩子而言，如果面临神秘的、新奇的、自相矛盾的事物，就会产生三种形式的探究行为：感官探究、言语探究、动作探究。正是利用这种探索行为，学生就会有选择性地了解周围事物，以此积累大量生活经验。教师必须创造符合孩子好奇心的情境，把孩子的好奇心引导到强烈的智力活动上来。当这些研究行为进一步获得强化和满足时，就会逐步内化为个人良好的心理品质。

学习过程是由经验和练习所导致的个体在能力或倾向方面的持久变化，以及获得这种变化的过程。学习是知情交融的过程，研究学习过程本身离不开对教学过程的探讨。教学虽然以传递认知信息为中介，但离不开教学中教师、学生以及认知信息中的情感因素。这能够从中国古代的教育思想和西方教育思想中窥见一斑。例如，春秋时期的孔子对治学三种境界的看法，就把好学、乐学视为学习活动的理想境界。明代王守仁认为学习中的愉快情绪体验对学生而言，犹如时雨春风对花草树木的成长一样重要。夸美纽斯（Comenius）在他的《大教学论》中也指出，应该用一切可能的方法把小朋友们求知与求学的欲望激发起来。卢梭（Rousseau）认为，好奇心只要有效指导，就能成为孩子寻求知识的动力。问题不在于教他各种学问，而在于培育他的兴趣……这是所有优秀教育的基本原则。

好奇心是创造性人才的重要特征，已是不争的事实。爱因斯坦（Einstein）认为，他之所以取得成功，原因在于他拥有狂热的好奇心。创造性的培育必须从小着手，已经变成了研究者们的共识。人们最初的好奇心来自于婴儿的探究反射。经观察发现，婴儿一旦发现新奇事物，就会用手触摸，用舌头品尝。到了幼儿期，好奇心更加强烈和突出，他们利用感官、动作、语言来表达自己对周围世界的好奇心，而这种好奇心最初是情境性的，如果受到鼓励和强化，就会变成认知和情感的结合。中国教育家陈鹤琴认为，好奇心对于孩子的成长，有着莫大作用，孩子凡对一切新的东西产生出好奇心，好奇心就要与新东西相接近。美国学者希克森特米哈伊（Czikszentmihalyi）在谈到创造性人才的因素——创造性的重要性时，也明确提出，通往创造性的第一步就是好奇心和兴趣的培养。他指出，好奇心是必须保护的，也许所有的孩子都有好奇心，但好奇心能否维持到成年，在很大限度上依赖于早期生活所受到的鼓励。幼儿好奇心很强，这或许和孩子知识经验不足相关。在他们眼中，周围的许多事物都是奇妙的，很多都符合他们的预期，他们想要观察、探索、询问、操作或摆弄这些事物，这些都是好奇心的外在行为表现。如果这些行为能获得更多的鼓励和帮助，就会逐步内化为孩子的人格特征。相反，如果缺少环境的引导和支持，这些行为就会逐步消退，表现为对新奇事物的冷漠、回避等心理倾向，从而不利于创造性人格特征的形成。但在教育过程中，学生的好奇心被看作一个令人厌恶的行为而受到了指责、约束、冷漠或讽笑。这与学生好奇心的发展特点、重要意义以及怎样诱发孩子好奇心的模糊认识有关。另外，与教师在课堂教学过程中出现的冲突相关。一是，应然观念和实然观念之间的冲突，后者是教师在多年教学经验过程中获得的缄默性知识，有着重要作用。在教师的缄默性知识中学生的好奇心必须以遵循教师的教学思路或设计为前提，如果超越这个界限，孩子好奇心将招致冷落和压制。二是，教育的工具性与育人性的冲突。受应试教育的影响，教师是教育的工具，学生是工具下的奴隶，当学生的好奇心和教师要求相同时，好奇心就得到帮助，相反就受到训斥。所以，有必要指导教师梳理其隐默性知识中的盲点，认识自身教育观念中的误区，指导教师自觉转变观念，扮演好学习的支持者角色。

三、预见能力

预见能力，是指当事人针对事物的发展方向、特点、趋势所进行的推理、预见的能力。不同程度的预见力，往往就决定了我们判定事物的准确。提高预见力的水准有助于我们对待事物的变化时能做到有备无患。每个人生活经历的不同和人生阅历的差异程度，以及见识的多少都影响着对事物的判断。这是由多种因素共同来决定的一种心理状态。这不仅需要去体验，更需要去感悟才能够获得提升。其实预见力是一种设想，在事情还没到来之前根据自己的预见能力来做出判断。设想的不同会造成对事物判断方向的走向。因而就会出现不同结果，也就有不同的结论。

预见力也是一种理解能力。对事物的理解程度越深，这种预见力就越强。不同的人对同一事物会有不同的理解，从而对事物变化的预见性也不尽相同。拥有预见力会提高我们处理事情的效率。

在工作中，一个没有预见力的人，在处理问题的时候总是手忙脚乱，做事情常常会慢半拍。而一个有预见力的人，通常会提前把事情解决的过程在脑海里过一遍，等到上手时思路也会更清晰、有条不紊，速度就更快，自然效率也会更高。在生活中，一个对事物不敏感的人总是后知后觉，缺乏有效的预见力。特别是在面对未知事物时，很难迅速做出应变，对潜在危险的事情感知比较差。相反，有些人总是对潜在的事情发生之前做出预警，并能够做出正确的应对之策。很显然，预见力强的人，往往有一种别人未知我先知，别人未想我先想的感触。

四、学习力

学习力的最初构想源自杰伊·福瑞斯特（Jay Frester）及皮特·M.森奇（Peter M.Senge）的“学习型组织”的研究，他们虽没有给出学术性的定义，但却指出了学习力对组织管理的非凡意义，一个拥有学习力的学习型组织像拥有生命的机体，总能轮转向前，灵活伸展。学习力一词出现在福瑞斯特博士所撰写的《一种全新的企业设计》一书中。自 20 世纪 80 年代，学习力研究开始在教育领域出现，重点关注影响教师学习力的各种因素，并由此进行干预，以促进学生学习。学生学习力是指学生的学习动力，是学习毅力、学习能力、学习转化力和学习创新力 4 个方面的有机融合。学习动力是指学习主体进行学习的原动力；学习毅力是指在学习过程中的持久力，包括学习精神、学习心理素质、学习自控力等；学习能力是指学习主体通过条件的改变，不断获得新知识的能力；学习转化力是指学习主体把学习成果转化为实际效果的能力；学习创新力是指在已学知识的基础上进行再创新的能力，是学习的最高境界。学习力是最活跃的创新力，也是最根本的竞争力。由此可见，学习是生活第一位的需要，是创新的原动力，是人类进步不竭的源泉。

学习是创新的基础，创新是学习的硕果。学习不仅仅是为了创新，而创新却始终离不开学习。在研究和解决难题的过程中，每每都有领悟与创新，如此能获得的丰富知识和技能的提升。创新需要学习，学习点燃创新的火把。学习能够调动人的探索兴趣与求知欲，增强对新事物的敏感性，进而调动创新热情。创新思维要求人们具备广阔的知识面，特定的知识结构，非凡的智力技巧与思维能力。智力技巧与思维能力必须通过不断学习和实践才能培养。创新的核心是“新”，即开启各种寻常的思考，琢磨别出心裁的点子，通过别开生面的方式，获得新奇独特的结果。创新的实质是“创”，即进一步学习，特别是在探索中学习。解决问题的过程，就有创新的因素在其中，因此，在实践是创新的方式。

创新需要解放思想，需要勇气，更重要的是需要学习。创新的热情正前所未有地被调动起来，是推动社会发展和科技进步的强劲动力。创新并非一蹴而就的速成文章，也不是梦想成真的魔术道具。创新需要一个资格，这个资格就是理论和实践的积累。从伟大的理论和社会制度的革新到具体工作与科技的革新，道理都是一样的。富有积累未必就能创新，但没有积累就不可能创新。有厚实积累的创新是摩天大厦，缺乏积累的创新是海市蜃楼。

五、实事求是的价值观念

实事求是最根本的就是使我们能够跳出原有的模式来考虑问题。唯物辩证法认为，事物之间是普遍联系的，当我们做某件事时，往往会受到其他事情的影响。解放思想是我们干好工作的前提，没有正确的思想路线，就谈不上解放思想，更别说实事求是了。实事求是还强调实践是检验真理的唯一标准，不管哪个领域都应该大胆地去尝试。另外，通过实践，对事物的看法、体验、经验等才能获得丰富与完善。我们现在所接触的社会，无论哪方面，多多少少都存在着形形色色的思想，只有以科学的态度去分析，全面地看待这些，才能做出正确的判断，从而指导我们的行动，这就需要我们用一颗求真务实的心去接触它，不能戴着有色眼镜去看它，更不能不懂装懂。

第二节　交叉设计的流程——哑铃模型

生物是一门实验性学科，教师在生物课堂教学中要多利用学生熟悉的学习情境，引导和激发学生探究和自主学习的动力。情境素材的挖掘，可以从校园生活、新闻和社会热点中挖掘生物实验情境素材，但这些素材在教学中创设学习情境时，不能随便拿来就直接用于教学，需要从中挖掘和开发出与学科教学内容有关的情境。但在运用学科知识解决实际问题的过程中，又要考虑符合学生认识水平、价值观、基础性、阶段性、衔接性的情境素材的综合运用，这就决定了实验的设计是涉及多学科的，即需要学科交叉。据此，我们提出了生活化高中生物实验设计新思路，如图 1 所示。

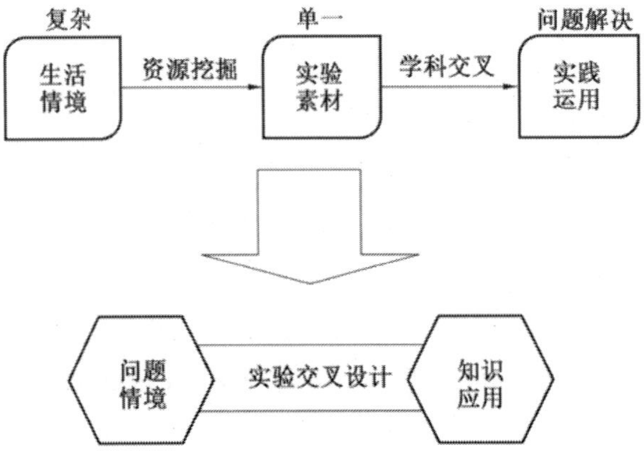

图 1

一、实验交叉设计的具体实施步骤

（一）确定研究目的和研究问题

在进行实验设计之前，首先需要明确研究目的和研究问题，关注相关学科知识的内在关联，突出学科主题、核心概念、问题与思维方式等深层次的学科交叉结构中的位置。从不同的研究视角，有针对性地设计实验研究问题的切入点和研究目标为落脚点。

（二）收集相关文献和资料

在进行实验设计之前，需要对相关学科和领域的文献资料进行全面的收集和研究。通过了解已有的研究成果，可以避免重复劳动，并借鉴前人的经验。

（三）制定实验方案

实验方案是进行实验设计的关键步骤。在制定实验方案时，需要注意：

1. 研究对象和样本选择

确定研究对象和从中选择适当的样本。

2. 实验组和对照组的设置

根据研究目的，确定实验组和对照组的设置，以及不同处理的分组方式。

3. 变量的操作定义

明确研究中涉及的自变量和因变量，并对其进行操作定义，以确保测量的准确性。

4. 实验条件和环境设置

根据研究需要，确定合适的实验条件和环境设置，以避免干扰因素的影响。

5. 数据采集和分析方法

确定数据采集的方法和具体的分析方法，以得出可靠的实验结果。

二、实验执行和数据分析

在实验执行过程中，需要按照制定的实验方案进行操作，并记录实验过程中的数据和结果。完成实验后，可以进行数据分析，并根据分析结果得出结论。

三、实验结果的解释和报告

在实验设计完成后，需要对实验结果进行解释和报告。解释实验结果时，应该结合之前设定的研究目的和问题，给出相应的分析和结论。

四、探究结论

实验设计是一个非常重要的环节，直接影响到实验结果的可信度和可靠性。根据情境的特征与学生的需要，建构学科之间的知识联系，匹配不同情境的各个方面，从而形成对问题的综合解释与因果联系。还可以通过知识间的碰撞产生新的知识，推动学生思维品质和综合能力的提升。同时，实验设计也需要结合具体的研究目的和问题，灵活应用，并根据实验结果进行解释和报告。

第三节　交叉设计的分类

一、主题式交叉设计

世界正发生巨大的变革，这些变革要求相应地重视某些特定的主题和专题，应该着力强调每个主题和专题的相应学习结果。以主题为取向的交叉设计通过对学习对象的模块化与系列化组织，打破学科间在内容上的界限，以主题为中心集聚相关领域的知识、技能、态度等，进而形成学习经验的一体化，其侧重于在此过程中学习者对学习对象的完整认知、方法的习得与经验的合理组织，能够就某一主题或问题的呈现开展自主学习、小组合作、实践性学习等多种方式，建构起有意义的内在联系和有组织的认知结构，从而帮助在多重知识领域进行理性解释、批判分析、思维发散、技能迁移等深度学习能力的训练与获得。

缺少教育资源，课程的实施就是空中楼阁，学科交叉就会沦为无源之水。因此，教育资源就自然成为学校文化建构的重要部分。而学校内外的资源形态、种类、数量等更是直接影响着学校文化的支撑与建立。资源是学校课程建设的载体，重视对学校内外部资源状况进行分析，对优势资源加以利用能够成为学校特色课程创建的亮点。在学校的课程主题式交叉设计的过程中，重点是需要找到自身资源优势所在，这既需要对包含学校文化理念、历史渊源、区域环境、课程结构等在内的相关因素综合评价，考量挖掘潜在资源形成特色，也需要在课程运作中引入拓展多种形式的其余资源，以不断丰富交叉设计课程主题的内涵。

二、项目式交叉设计

基于项目取向的交叉设计侧重学习者在跨学科课程学习过程中的探究与发现，以项目为载体促进学习者对既定知识、技能、资源等的调动与组织，学习的发起者和创作者，是以学习为中心取向的。一方面，关注学习者在项目式学习过程中形成对跨学科的完整认识能力整合；另一方面，侧重学习者个性化、多样化且具有创造性的内容的生成。

学生置身于交叉设计学习之中，一方面，有着对现存社会诸方面合理或不合理的体验和认识；另一方面，所学知识又为其提供了认识与解决实践领域的工具。交叉设计项目的意义正在于此，即改进了以往分科造成的学习者认知与思维条块分割的弊端，帮助形成对特定现象与问题真实、完整的认识，深入实际体验问题或现象形成、发展、演变的过程与脉络，继而基于情境运用交叉设计知识、方法、工具，合理调用项目资源与有利条件以达成最终目标。这些目标既可以是解决特定问题的整套思维工具，也可以是形成科学有效的解决方案，还可以是创作出的某种具有独创性的成果作品等。

三、素养取向交叉设计

对素养取向的交叉设计关注，有助于学习者终身发展必备品格与关键能力的维度指标，基于各项核心素养及其维度指标整合相关学科课程内容、设计教学活动、评价教学质量及改进教学计划。这里我们并不准备给出 2016 年《中国学生发展核心素养》所涉及的所有素养及其指标，或国际社会已有的核心素养维度实施学科整合，而是就其中几项国内、国际社会广泛关注的素养维度与指标内容，及其出台以来相关地区、学校在实践过程中涌现的交叉设计尝试与成果予以介绍，以明确整合思路与具体操作办法。

素养取向的交叉设计关注，培养学生与时俱进的关键能力与必备品格，即在一般素养的获得之外更注重那些在当前及未来，帮助学生适应社会快速发展与变革的跨情境素养。为此，学校需要针对校本化发展实际与未来社会的发展趋势，聚焦核心的素养领域，系统整合多学科的道德品质。整合各领域资源与社会资源，优化学生的能力培养路径，帮助形成完整的人格。

交叉设计不止于知识、技能与方法等的交叉、融合，更关注贯穿、隐藏于知识诸要素内部的情境、原理、态度等立体的丰富世界。一方面，符号源于真实的客观世界，课程内容作为文字符号体现的是人类社会在历史发展过程中不同阶段的发展成果，它是静态的、间接的、结构化的；另一方面，学生作为身心未成熟的生命体，需要通过系统的课程学习在有限的时间内完善并发展自己，包含知识的掌握、技能的习得、方法的领悟、情感的揣摩等。但这两方面并不完全对等，课程内容的预设还需要结合学生的实际发展状况进行调整、补充、拓展，才能真实而完整地实现人的发展这一目标。因为完整的人是复杂的个体，我们不能将其肢解为“知识”“能力”与“情感”等不同层次予以专门训练，这样的人并不具有人为的“素养”而是成为一个没有真实感受力与个性思想的片面的或异化的人。因此，实行交叉设计是培养学生素养的应有之义，而素养的全面发展需要学科的跨界，不仅包含学科，还包含学科本身所蕴含的诸多要素之间的开放、联通与互补。

第四节　交叉设计的思维

一、类比思维

类比思维是指通过对两个具有相同或相似特征的事物间的比较，从某一事物的某些已知特征去推测另一事物的相应特征所产生的思维活动。类比思维是在两个特殊事件之间进行分析比较，它不需要建立在对大量特殊事件分析研究并发现它们的一般规律的基础上。所以，它能够在归纳和演绎无能为力的一些领域中起到独特的作用，特别是在某些被研究的事物案例太少或缺乏足够证据时。

在跨学科研究中，我们要从不同学科领域的理论、方法来解决某一特定问题，就要在它们之间进行比较，把陌生的对象与熟悉的对象进行比较。把未知和已知的东西进行比较，触类旁通，从而达到解决问题的目的，这就是类比思维。

需要注意的是类比法提出的结论有的是正确的，有的是错误的，这是因为客观事物的个性和个性的统一。正是因为事物之间存在的共性类比，才可以根据两种事物的属性相同而得出结论。但是，事物除了具有共性之外，还具有其他独特的个性特征，可能会得出相反的结论。

二、因果思维

因果思维主要训练学生看清事物本质的能力，即“从现象看本质”，解决“为什么”的问题，通常以“为什么”“什么原因”“什么理由”等设问。解答此类问题，学生先要阅读材料，找出其中蕴含的中心观点或结论，再结合材料来具体阐述原因——这一步是解答此类问题的重点，最后回扣中心观点或结论。总体上答案与问题之间呈现因果关系。

因果思维要求学生从问题找原因，从现象看本质，强调探究，揭示事物本质和规律是其主要特征，训练学生探究本质，揭示事物本质和规律的能力。通常题目的设问是结果，且用“为什么”“必要性”“重要性”“意义”“作用”等形式表述，而答案是其原因。但学生在回答问题时一般比较容易找到其中一个思路，但往往因为其思维上的局限性，极容易出现思路不完整或思路不准确的情形。

三、批判思维

批判性思维是创造性思维的基础和前提。批判性思维是一种基于充分的客观与理性的批判性思维，而不是通过感知进行理论评估和客观评估，它不被感知性和无事实依据的传闻所控制。具有批判性思维的人能在辩论中发现漏洞，并能抵制毫无根据的想法，并在合理质疑的基础上，推翻旧理论，创立新学说。

四、逆向思维

逆向思维也叫求异思维，是对司空见惯的、似乎已成定论的事物或观点反向思考的一种思维方法。敢于“反其道而思之”，使思维向对立面的方向发展，从问题的反面深入地展开探索，建立新思维，创造新形象。人们习惯于沿着事物发展的正方向去思考问题并寻找解决办法。其实，对于某些问题，尤其是一些特殊问题，从结论往回推，倒过来思考，从解决问题返回已知条件，反过去思考或许会使问题简洁化，使解决问题变得轻而易举，逆向思考在不同领域、各种活动中都有适用性，因为对立统一规律是普遍适用的，而对立统一的形式是多种多样的，有一种对立统一的形式，相应地就有一种逆向思维的视角。不管哪种方法，只要从某个方面想到与之对立的另一方面，都是逆向思维。此外，逆向思维将是和正向思维比较而言的。正向思维是指常规的、常识的、认可的或习惯的观点和做法。逆向思维则恰恰相反，是对传统、惯例、常识的反叛，是对常规的挑战。它可以克服思维定式，破除由经验与习惯所造成的僵化的认识模式。循规蹈矩的思维和按传统方法解决问题虽然简便，但很容易使思维僵化、刻板，脱离不掉习惯的束缚，得到的往往是一些司空见惯的答案。其实，任何事物都存在着多方面属性。因为，受过去经验的影响，人们很容易看到熟悉的一面，而对另一面却视而不见。逆向思维可以克服这一障碍，得出的往往是出人意料、耳目一新的结论。

五、求同思维和求异思维

求同思维，就是将在实验设计过程中所感知到的对象、收集到的信息规范地聚拢起来，以探究其共性和本质特征。求同思维的运动过程，显示出的是处在朦胧状态下的各种信息和素材，而这些信息和素材也可能是杂乱的、无秩序的，其特征也并不明显。但由于思维活动的不断深入，创作主题思路逐渐清楚明确，各个素材或信息的共性也逐步显现出来，从而形成了彼此相互依存、相互联系，具有共同特点的要素，焦点也逐步地聚拢在思维的中心，使创作的形式也逐步地完善起来。

求异思维是以思维的中心点向外辐射发散，从而产生了多方向、多角度的捕捉创作灵感的触角。我们把人的大脑比作一棵大树，人的思维、感触、想象等活动促使树枝产生。树枝越多和其他树枝接触的时间就越多，形成的交叉点（突触）也就越多，并继续产生新的树枝，从而形成新的树枝。如此循环往复，每一个新的树枝都可以产生变化，新的主旨也就层出不穷。人类的大脑在进行思维活动时，就是根据这种模式进行思维活动的。人们每接触一个事物，看到一个东西，都会产生印象和记忆，接触的事物越多，想象力就越丰厚，分析与解决问题的能力也就越强。这种思维形式不受常规思维定式的局限，综合创作主题、内容、对象等，并以此当作思维空间中一个个中心点，向外发散吸收诸如艺术风格、民族风俗、社会潮流等一切可以借鉴吸收的要素，将其综合在自己的视觉艺术思维中。所以，求异思维法是推动视觉艺术思维向深度与广度发展的重要动力，是视觉艺术思维的主要形式之一。求同思维和求异思维，是视觉艺术思维过程中相辅相成的两个方面。在创作思维过程中，以求异思维广泛搜集素材，自由联想，寻找创作灵感与创作契机，为艺术创作创造了各种条件。然后利用求同思维法对所得素材进行筛选、归纳、总结、推理等，进而产生正确的创意与结论。

六、灵感思维

灵感思维是知识、信息等要素，在经过大脑潜意识思维激活后瞬间产生出目标所需要的答案，并从潜意识向显意识闪电式飞跃的高能创新思维。灵感的珍贵之处，突出地体现在高能高效、创新性和创造力上。灵感的高能、高效创造性，是指人类经常遇到一些长期百思不得其解的疑难问题或长期悬而未决的棘手问题，在灵感突然出现的瞬间变得迎刃而解，使人有一种茅塞顿开、豁然开朗之感，而那些苦苦思索、求之不能的答案也瞬间表现在人类面前。灵感通过一定的信息中介激活而骤然迸发，表现为山重水复状态下突然发生柳暗花明的目标答案。灵感是创造者处于思维高度专注状态，甚至是经过长期艰苦卓绝的思维达到如痴如醉的程度时出现的。灵感的出现可以极大地调动创造者的智力，头脑像接通电流的灯光一样，迅速放射出璀璨的思维智慧之光，使创造者感到情绪亢奋，思维异常敏捷，创造力倍增。天才往往是善于捕捉灵感闪电这一特殊创新思维的大师。灵感，作为人们最奇妙、最具活力而又神秘莫测的高能创新思维，它的出现如同大自然的闪电那样稍纵即逝，能捕捉到并迅速记载下来就是幸运儿，倘若没有准备，灵感闪电一旦消失就会无影无踪，而且在短期内也无法再现，有的甚至在很长时间内也无法再现。

第五节　交叉设计的方法

一、模仿法

模仿法是参照别的学科、领域中事物的性质、特征，做出跨学科思考的方法。在自然事物或现象之间存在普遍的联系，在各门自然科学技术之间也是有联系的。人们在进行科学研究的过程中，不仅要注意本学科或技术领域的发展情况，还要了解相邻学科或技术领域以及其他学科或技术领域的发展情况。模仿不同学科、领域中事物的原理、结构、功能等，做出跨学科思考，是科学发现或技术发明的有效方法。

在跨学科研究中，如果需要建立一门新的交叉学科，又不知如何着手，其中一种方法就是模仿相近的、成熟的学科的结构。一般来说，一门学科必须具有研究对象、学科的特征、研究的意义、研究的方法、研究对象的类型等。虽然各门学科都有特定的研究内容，具体研究内容各不相同，但各门学科的结构却又有相似点，模仿相近学科的结构，能给我们许多有益的启示。

二、移植法

移植法是指把某个学科、领域中的技术、原理、方式等，运用或渗透到其他学科、领域中，为处理某一问题提供启迪、帮助的创新思维方式。移植法的应用基础是不同技术或不同领域之间在技术原理上的相关性以及在技术功能上的相通性，具体的移植方法包括原理式移植、手段式移植、结构式移植、功能式移植等，“他山之石，可以攻玉”是该方法能动性的真实写照。从研究的问题出发，通过发散思维进行相似对比，探寻现有研究成果，然后通过移植现有研究成果，寻找新问题的解决思路和方式，使问题得以解决。运用移植法也可以帮助学生解决许多学习中的问题。首先，能够快速找到解决问题的思路；其次，对于没有思路或思路不清的问题能够另辟蹊径，最终找到解决问题的办法。可以使不易呈现的问题明显地呈现出来。

三、头脑风暴法

头脑风暴法又称为智力激励法，就是针对跨学科研究所要解决的问题，召集各学科、各专业、各方面的人才，有组织地进行思考，利用集体的智慧，使人们开启思维的连接，使设想在相互碰撞中激发脑海中的创造力“风暴”，从而获得解决问题的方法。头脑风暴法是由美国学者奥斯本（Osborne）于 1939 年首先创立并使用的。

头脑风暴法是人们围绕某一个确定的待探索或待解决的具体问题，运用语言、文字、符号、图画这些表达和交流设想的工具，按照一定的方式和规则表述各自的思考结果。在反复进行的思考与表述的过程中，每个人每次提出的思考结果，既是在别人的思考结果的启发下形成的，同时又成为刺激别人再思考的因素。一个刺激人们思考的因素，能引起许多人的不同思考，于是产生数量众多的设想，而由此得出的每一个设想，又成为一个个新的刺激人们思考的因素，推动人们进行更深刻、更广泛、更具体的思考，生发出更好更多的设想。实践证明，群体性的互激思考，其效果远远胜过个人苦思冥想。

头脑风暴法的要点在于每次集中不同专业、不同学科的 10 人左右参加会议，时间在 20 分钟到 1 小时之间，由主持人提出具体而明确的课题，然后围绕着课题发表各自的想法和意见，从中产生新的解决问题的方法。头脑风暴是跨学科研究行之有效的方法。当我们在生产、生活中遇到难题时，不妨召集不同领域、不同专业、不同学科的人员参加会议讨论，在不同领域、不同专业、不同学科的思想碰撞、激励中，无数的奇思妙想就可能涌现。

第六节 交叉设计的规律——“知识桥”

知识在各个学科之间的连接和关联日益凸显。对于每个学科领域的专家来说，深入了解其他学科的知识和方法，不仅有助于提高整体思维能力，还能够在各学科交叉领域中探索出新的研究领域与可能性（图 2）。

图 2

一、知识的连接：纵向和横向的连接

知识的连接可以分为纵向和横向的连接。纵向连接指的是在某个学科内，将不同领域的知识相互联系起来，形成一个完整的知识体系。例如，在学习历史的过程中，我们需要了解政治、经济、文化等多方面的背景知识，才能够全面理解和分析历史事件。

横向连接则是指不同学科之间的交叉和联合。不同学科之间的知识连接有助于丰富和扩充学科的内涵，促进学科之间的交流与合作。例如，生物学和化学的交叉研究，可以深入探讨生物体内分子和化学物质的作用机制，有助于研究生物的基本原理和生命过程。

二、学科间的关联：学科综合和交叉创新

学科间的关联是指不同学科之间的相互影响和共同发展。随着时代的发展和科学技术的进步，交叉学科的出现越来越多，推动科学研究的发展和学科创新的出现。例如，环境科学、社会学和经济学的交叉研究，有助于探索可持续发展的路径和解决环境问题的途径。

学科间的关联还能够促进学科的综合发展。传统的学科划分将知识分割成不同的领域，但实际上，许多问题和挑战往往需要多个学科的合作来解决。例如，互联网的发展催生了多媒体技术的出现，融合了计算机科学、工程技术和艺术设计等多个学科的知识和方法，推动了多媒体学科的兴起。

三、知识的连接与学科发展的重要性

知识的连接和学科间的关联对于学科发展具有重要的意义。首先，知识的连接能够帮助学科深化和拓展研究领域，推动学科从表面认知走向深层次思考。通过吸收借鉴其他学科的知识，学科能够不断创新和进步，找到新的研究路径和方向。其次，学科间的关联和交叉创新有助于破解复杂问题。许多问题涉及多个学科的知识和方法，需要不同学科之间的合作来解决。通过学科间的合作，可以有效整合资源，提供更全面和多角度的解决方案。最后，知识的连接和学科间的关联促进了新知识的发现和应用。通过将不同学科的知识和方法结合起来研究，有助于发现新的规律、关系和机制，推动学科的进一步发展。同时，从一个学科领域跨界到另一个学科领域，还能够促进知识的转化和应用，产生更大的实际价值。

知识的连接与学科间的关联对于现代社会的学科发展和学科创新至关重要。通过学科间的交叉和合作，不仅能够深化学科的内涵，也能够解决更加复杂的问题，推动新知识的发现和应用。因此，我们应该积极探索学科间的连接与关联，培养跨学科的综合能力，为学科的发展和人类社会的进步做出贡献。知识作为人类文明的重要组成部分，承载着人类社会的发展和进步。构建知识桥，就是要连接知识的来源和学生的需求，促进知识的传递和共享。构建知识桥，包括建设知识平台、培养知识技能、拓展知识渠道等三个方面。

知识平台是构建知识桥的重要基础。建设一个全方位、立体化的知识平台，可以集结各类知识资源，为学生提供全面、便捷的学习机会。知识平台应该整合各类学术期刊、图书、网络资源等多源头的知识供给，满足学生的多层次、多领域学习需求。知识平台应该提供交流、讨论的机会，激发学习者的思维活跃性，帮助他们更好地理解和应用所学知识。知识平台可以根据学习者的需求提供个性化的学习推荐，使每个人都能得到最适合自己的学习资源。构建知识桥，除了提供知识资源外，还要注重培养学生的知识技能，让他们能够主动获取、理解和应用知识。学习兴趣是获取知识的动力和基础，可以通过创设有趣、互动的学习方式，激发学习者的好奇心和求知欲。知识不仅仅是死记硬背，更应该善于质疑和思考。培养批判思维能力，帮助学生从多个角度审视和评估所学知识的真实性和有效性。知识的应用才是最终目的，通过实践环节，让学习者将所学知识在实际情景中灵活运用，培养他们的实际操作能力。

构建知识桥，要充分利用各类知识渠道，为学生提供更广泛的学习资源。互联网时代为学生获取知识提供了便捷途径，可以通过在线学习平台、学术网站等获取最新、最全面的知识。学校是知识传授的重要场所，应该注重拓展学校教育的内容，开设多样化的选修课程，

满足学生的兴趣和需求。社会教育是知识传承的重要环节，社区、图书馆等场所可以开展讲座、培训等活动，为学生提供学习机会。构建知识桥，是提高学生整体素质和促进社会进步的重要途径。通过建设知识平台、培养知识技能和拓展知识渠道，可以实现知识的广泛传播和共享，为个人和社会的可持续发展提供坚实支撑。让我们共同努力，构筑一座连接知识与智慧的桥梁，为未来创造更加美好的发展前景。

第四章

高中生物交叉设计的教育生态

高中生物实验交叉设计是学生全面发展、教师专业发展、课程建设、学校特色提炼、教育纵深发展的需要。实践中，这些需要相互关联，构成交叉设计的教育生态。

第一节　交叉设计是学生全面发展的需要

传统教学中，很多教师会自觉不自觉地将学生当成容器，采取注入式说教，这种教学并未从根本上促进学生的全面发展，严重影响了学生的主体性、能动性和独立性的发挥，导致学生厌倦学习，实践创造力较差，课堂效率高耗低效，无法适应现代社会发展的需要。

学生的自我发展需要大于认知的需要。奖励的需要大于自我表现的需要，大于不被人批评的需要，大于获得物质性奖励的需要。当这些需要得不到满足时，学生的学习热情就会下降，学习效果也就随之下降。那么，在这样一个背景下，如何满足学生学习的需要？

一、尊重学生

尊重学生，就必须尊重每一位学生的尊严、努力、参与、差异、实践价值。在教学中，如果学生觉得教师在平等对待他，每次学习活动都有机会参与，尊重他们参与学习的成果，融洽亲切的师生关系更易于形成，学生积极主动学习的动力就会越强。

（一）平等对话

平等对话是指教学过程中师生之间是一个平等交流的关系，其中包含了师生对话、生生对话。通过平等对话，建立师生理解的语境，使教师与学生的学习情感、生活体验、生命力渗透到文章中，学生的主体理解权就会得到尊重。解读的能力也会得到启发，学生解读的空间也会得到拓展，学生积极参与学习的机会也会得到鼓励，学生的个体精神也会得到发展。

（二）自主参与

教师针对学生的差异，设置各个阶段的学习内容和方式，让学生按照自身的需要和水平选取。实践主动性较好，课堂气氛也就更浓厚，学习效果也就更突出。

（三）质疑

质疑是指学习者在学习过程中，对不了解的事物在合理的事实证据的基础上，对与认知相矛盾的事或物进行探索的行为，是学习者学习某一学科是否真正开始和学科地位得到尊重的重要标志。当质疑受到重视与保障，学生的个性也会在问题的引导下获得各取所需的发展，进而形成独立精彩的个体。

“学贵有余”，在教学过程中，教师针对学生所产生的疑问进行教学，不断调整教学策略和思路，以适应学生探索的需要。学生有了质疑的自由，他们的热情就会被调动起来。教师除引导学生大胆质疑之外，还要教会学生质疑，指导学生在难点处、矛盾处、模糊处、困惑处、关键处、易错处求教。学生有了质疑的能力，探索的热情会得到维持和强化。

二、信任和宽容

每个学生都有特有的优点，都有积极进取的愿望，都有进步的可能。接纳一个学生，相信一个学生，就会创造奇迹。期望理论指出，一个人最佳动机的条件是，他认为努力极有可能造成很好的成绩，好的成绩极有可能造成一定的结果，这个结果对他有积极的吸引力。期望能调动学生的创造力，并通过合理的期望指导学生发展。恰当的期望之所以会创造奇迹，是因为他反映了教师对学生的信任与尊重。学生是学习的主体，在学习中不断地成长，但这个成长过程并非一帆风顺，尤其是在求知实践的过程中，一定会发生这样或那样的错误或不足。这种错误与不足是学生探索的痕迹，教师要允许这种错误的存在，只要学生肯参与，调动起学生参与的热情。努力进取，最终会有收获。

三、帮助和赞赏学生

在实验探究过程中遇到困难，教师有责任帮助学生渡过困难，不断进取。帮助能让学生体会到教师的关心与重视，进而产生感激报恩的心态，产生信心与动力。

交叉设计不是教师或专家的主观臆想和随意实验，更不是学校行政人员为取得政绩而拍脑袋的即兴之举。前者忽视了人才的发展规律和阶段性目标，更漠视了学习者作为生命体的真实需求；后者则不仅无助于学校发展，更会造成学校课程教学走向形式化与表面化，对学生成长产生不可挽回的损害。一切教育措施都必须建立在了解学习者的前提之下，只有对学习者身心发展规律、素质结构、特定阶段的发展目标，以及对学科教学与课程设计有了全面完整的认识，才能设计出切合学生发展的需要，为学生所易于接受的跨学科课程，对于交叉设计而言，尤其如此。由于每一门学科都具有其既成的知识结构、理论基础和话语体系，那么对其进行科学的整合就显得尤为重要。使之既能保持原有学科的独立性与完整性，同时整合后的课程结构能够有序并产生作用，而不是陷入混乱和无序，这样既无助于学生能力结构的完善，又使得原有的课程面目全非，以致学习者陷入认知的混乱、零散和随意，最终使交叉设计丧失原有的初衷，课程教学设计无从着手。

基于学习者主体性发展规律与能力发展诉求的交叉设计，可以从以下几个方面进行考虑。

首先，基于课程标准，抓取核心知识。课程标准无疑为各学科所要培养学生的能力及其达成的目标梯度做了比较全面且权威的阐释。教师可以以此作为生物与其他学科进行整合的依据，以某一要点训练为目标，挖掘多种写作形式与训练途径，实施学科整合。

其次，关注学生在教学过程中遇到的难点与困惑，运用交叉设计的方式予以突破，挖掘多种资源，拓展学生的学科视野与思维，获得新的启发。

再次，关注学生的生活世界，从其普遍关注的问题情境中进行提炼与解读，或其在日常教学过程中的兴趣点和关注点，通过不同学科间的联系和共同的能力要素进行整合。如，上海的张江高科实验小学开设的“中草药植物探究”特色校本课程，就整合了科学领域与历史、政治、文学、地理等人文领域，充分利用学校周边的中医药、中医药博物馆、孙桥农业园区等社会资源，为这门课程的顺利开展与后续建设提供了充足的支持和保障。

最后，关注国内外教育领域对学生发展的新理念、新主张或新动向，将其作为设计与实施交叉设计的方向与导引，推动核心育人目标与理念的实践落地。如近年来在教育领域兴起的“学生发展核心素养”“立德树人”“STEAM 课程”“基于项目的学习”等都可作为扩充学科外延，开展交叉设计的思想指引。一方面，这是基于社会发展对育人提出的客观要求，交叉设计也需要把握时代发展的脉搏与潮流，及时更新教育教学理念与思路，反思以往教学中陈旧和无效的设计，对课程教学进行科学的变革；另一方面，是基于学生发展的主体性规律和能力诉求，学生发展的主体性规律不应被理论架空，而应当着眼于发展实际与教育实效。

上述新的教育理念与实践都指向了学生发展核心、关键能力等方面，都关注到学生在21 世纪乃至未来社会所需要的、应当具备的重要能力与素养，也是教师在教学过程中应当予以渗透和采用多途径以促进其目标达成的。交叉设计以其多学科知识、方法、思维等的交叉融合，能够有效促进学生多种能力目标的达成。

第二节　交叉设计是教师专业发展的需要

教师交叉设计能力的提升是交叉设计课程建设的重中之重，直接影响着交叉设计课程方案的执行效能与学生的成长发展。提升教师交叉设计能力需要开展系统的理论学习，借鉴国内外先进整合理论与成功经验，扫除交叉设计认识上的障碍，需要立足于本校实际，挖掘教师课程整合潜力，加强校内教师研究团队建设；需要完善课程整合师资培训体系，推动交叉设计课程持续深入。

一、开展交叉设计的理论学习

开展交叉设计的理论学习是提升教师整合能力的理论前提与认识基础。正如学科课程有其产生、演变与发展的历史。交叉设计课程的产生也有其时代背景与理论依据，有其内在发展规律与未来发展趋势。唯有充分认识、理解并践行这一新的课程发展理念，才能推动交叉设计课程真正深入学校教育实际，变革教师教学，从而推动学生学习的动力，推动学生深层次发展。交叉设计的理念最先源于西方，美国 STEM 教育模式产生后几经演变，渐次发展出 STEAM 与 STREAM 教育。STEM 教育的内涵在不断丰富，并形成了“STEM +”相关模式。随后以 STEM 理念相关的交叉设计不断被提出，在学校层面也开展起相关的课程教学研究与校本化实践。交叉设计课程的产生无疑符合当前科学迅猛发展、技术迭代、社会各领域实践创新的客观趋势，是对以往单一学科知识生产规则、依存情境、实践领域的重构。对于学校课程建设而言，开展交叉设计理论学习需要深刻挖掘交叉设计理论的丰富内涵与核心主张，将跨学科理念与学校课程整合实践相融合。遵循办学实际、师生实际、学校资源与区域环境，加强对相关交叉设计主题、项目建设成功实践的介绍、阐释和经验推广，创新校内教师理论学习形式。开展交叉设计课程建设的校本培训，鼓励有关交叉设计课程设计与创想，并注重收集在课程实践中的成果，包含教育日志、优秀课例、教育叙事、项目记录等。不断形成有利于交叉设计课程建设与实践的良好氛围，丰富校本化的交叉设计课程理论特色与实践内涵。

二、加强校内教师研究团队建设

课程建设上，STEAM 教育理念与整合方法为我们提供了诸多启示与借鉴。我国交叉设计课程的建设，目前主要处于引进国外成功做法与经验的阶段，部分建设成熟、完整的跨学科课程也主要集中于资源丰富，有研发实力，有经费保障的地区或学校。因而，加强校内教师研究团队建设，一方面，要立足于学校课程实际，找准学校交叉设计课程建设的切入点，而不是盲目引进或照搬特色课程。另一方面，要基于本土教师研究团队的经验积累与持续的专业发展的需要。

首先，加强校内教师研究团队建设，需要从制度建设上予以保障，将教师研究团队的建设纳入学校课程建设重点，规范相关管理职能部门的权责与工作范围，给予教师建设团队以技术、资源、组织与经费保障。同时积极动员、鼓励相关学科教师参与交叉设计课程建设，营造良好的研究环境和文化氛围，将交叉设计课程建设的价值与先进成果在教师团队中进行介绍、宣传，使之成为学校课程文化建设的突出符号，在全校范围内形成支持、配合交叉设计课程建设的良好局面。

其次，充分发挥校内优秀教师、骨干教师、课程带头人等具有多重学科视野的教师群体参与的积极性，在课程方案、教材编写、课时安排、活动协调等方面给予自主空间。鼓励校内教师团队的相互分享与改进。例如，公开课展示、优秀成果汇报、专题总结、课题研究等。此类课程一方面可以针对现有学科课程升级改造，先从国家课程的内容开始尝试，逐步进行自选课程改造。

再次，可以对国外成熟课程消化吸收，然后进行适合国内发展需要的创新。

最后，充分利用区域资源，如利用期刊、报纸等宣传扩大教师研究团队的外部影响力，借此吸纳优质资源与研究经费，形成区域交叉设计课程建设团队，构建校本、区域交叉设计课程联盟。

综上，交叉设计课程的教师研究团队建设需要形成校本特色，并结合本校制度、文化、平台、资源等多种渠道为教师研究团队建设提供支持与保障。

三、完善课程整合师资培训体系

完善课程整合师资培训体系是推动交叉设计课程建设持续深入的重要机制，贯穿交叉设计课程规划、方案设计、课程实施、课程评价的全过程，直接关系到交叉设计课程建设质量与效能的发挥。首先，交叉设计课程师资培训应纳入学校常规工作考核，从制度上规范教师参与课程培训与学习的时间、次数、类别，确保相关教师真正参与到交叉设计课程建设中，从心理上重视每一次的培训学习机会。

其次，扩大学校的综合影响力，积极争取外援，利用学校所处地域的多种资源，联合区域教育研究院及各部门建立起完整的跨学科教师专业培训体系，如学校所处区域高校、社区、企业以及各类科创中心与培训基地。与此同时，也要积极创造相关学科专家、课程研究人员、校长、优秀教师进校交流、研讨的机会，为学校教师提供与专家面对面进行疑难解答、教学指导与理论讲解的学习机会。交叉设计课程综合性突出，对教师专业能力与综合素质要求较高，教师在教学过程中会存在各种疑难问题，往往对如何进行交叉设计以及进行课程评价缺乏基于情境的指导，特别是对于以主题、项目或素养为取向的课程模式，更加需要多主体协同参与、配合，才能确保课程实施效果。因而，这一部分内容也涉及教师对校外合作单位与机构的运作、资源分布、学习场景等的系统学习和培训，对如何将资源运用到课程设计中，如何更有序地保障课程活动的开展至关重要，也能真正促进教师走出学科思维，融入社会情境，创新课程设计，优化课程方案，提升交叉设计能力。

第三节　交叉设计是课程建设的需要

教育家杜威曾在《民主主义与教育》一书中谈道“主动作业在教育中的地位”。他指出，学校的主要任务就是营造一个环境，使在这种环境里进行的游戏与工作能推动学生的智力与道德的成长。如果仅在校园使用竞技游戏、自由游戏、手工劳动、体力劳动，这还不够，一切都要看它们是怎样被运用的。为此，他举例道，园艺教育并不是为了培育未来的园林工人，更不能用来作为惬意的休闲方式。园艺教育是提供一种研究途径，去了解农业和园艺在人类历史上和现在的社会组织中所处的地位。在加入教育因素的环境中开展园艺教育，能够提供各种途径去研究有关生长的事实，如土壤、化学、光线、空气和湿度的作用，以及有害的和有益的动物生活等。在开始研究植物学时，任何一个事情都可能和有关种子生长的情况生动地联系起来。这样的学科内容并非属于植物学的特殊研究，而是属于生命的，并且与土壤、动物生活和人与人之间有着天然的联系。当学生长大成人时，就不会受到原来对园艺的直接兴趣的控制，就能洞察到各种令人感兴趣的问题，对这些问题是为发掘目的而开展的研究。比如，关于植物的发芽和营养、果品的生产，从而过渡到更缜密的知识性研究。

这样一种作业的形式与目的为我们今天的交叉设计课程的构建提供了深刻的知识阐释与教学启示，即知识本身来源于社会生活情境，与学生所生活于其中的真实世界紧密相关。有关知识的学科体系及其教学组织应当提供一种利于学生探究和实践的多方面途径与支持，而非走向其反面——为了获得知识的权威检验或证实知识的正确性所做的简单演绎。交叉设计之所以受到追捧，正如 STEAM 课程提出以来所受到的热议，说明传统学科教学存在弊端。在当前信息网络化时代，那种为了传授确定的、静态的、稳定的知识所做的种种努力正在被人工智能及其相关新兴科技所取代，学校教育存在的价值与使命也在这一轮热潮中被裹挟着寻找安身立命之基。而跨学科整合无疑提供了一种新的课程教学路径，即打破单一学科内部的各要素间的隔绝状态，促进知识内部与外部结构系统中的互相对话与沟通，实现整合模式下的知识联通与生长。这种联通与生长既可以是源自知识所生发的真实情景，又可以通过儿童本身在学习过程中产生的困惑与好奇（经验上的冲突），还可以通过与跨学科相关的项目或活动等方式。一方面，这种经验上的冲突在活动或作业的形式中更容易被发现并得到清晰的阐述。教师可以在此过程中找到学生在知识上存在的漏洞与恰当的补救方式。另一方面，在真实的情境中开展学习，对于学生而言，因知识的应用及相关的方面与其生活是关联的，其在学习过程中的目的也更为明确，兴趣指向更为集中，经验被整体地而不是分割或单独运用，因而也更有利于其在学习过程中的思维发散与迁移，从中体会到知识被运用于实际生活的直接兴趣和投入其中研究的间接兴趣。双重兴趣对于学生发展起持久的探究学习是非常重要的。

学科知识（包含概念、理论、方法论等）的内部建构机制，一方面，学科整合逻辑与学生的心理逻辑进行恰当关联，才能保证学生获得整体、有序、连贯的经验体系。另一方面，也是更为重要的，如何在教学实践中进行操作的外部整合机制。具体涉及学校的课程结构、教学计划、评价机制、合作模式等，教师与学生在其中的位置与其参与课程设计与执行过程中的权限也是重要一环。后者关系到交叉设计实际运作的质量和其效用发挥的程度。

第四节　交叉设计是学校特色提炼的需要

在学校层面，交叉设计模式的构建必然涉及对现有课程结构、教学组织、管理制度的调整与重组，而这又内在地与学校文化联系在一起。广义的课程教学，是指学校为实现教育目标而选择的教学内容及其过程的总和，包含学校教师所讲授的各门课程和有目的、有计划的教学活动，这就超越了仅仅从学科层面来理解教育教学的视野局限。自 2001 年第 8 次课程改革以来，“课程”意识深入人心，不仅在国家课程体系之外补充了地方课程与校本课程，给予学校较大的课程自主权，更是在管理者、教师等的教育教学行动过程中增进了个别化的课程研究与创想。例如，自 21 世纪初兴起的“走班制”课程，各地各校根据实际情况开设的活动课程，以及各具特色的兴趣课程……无不体现出当前学校教育领域对适应社会极速变化的顺应与改革行动，在关注学校办出成绩、办出质量的同时，更加凸显办出特色、打造品牌、集聚各方力量和资源形成整合优势。实际上，交叉设计课程在我国课程改革进程中已经有了一些初步的尝试。

尽管多学科融合不等同于交叉设计，但在实际开展过程中，一定程度上有助于学校课程模式的改良与革新。这与教育部于 2001 印发的《基础教育课程改革纲要（试用）》中，明确了基础教育课程改革的具体目标，改变课程结构过于强调学科本位、课程过多和缺乏整合的状况是一致的。

交叉设计课程在推动学校课程特色创建与文化构建上发挥着重要作用。课程整合计划的实施必须是多样化的，学校和教师能够针对自身的实际状况来选用和创造适合自身的整合模式。因而，跨学科课程整合不应当被视为某些或部分学校的“特权”，而应当是各学校根据自身办学的实际情况、课程发展实际和学生的需求而主动做出的课改行动。学校特色，就是学校根据自身实际情况，在长期的教育实践活动中形成的一种足以区别其他学校的独特、优质且相对稳定的办学气质和办学风格。

事实上，交叉设计课程与教学也只有与各校的特色相融合才能很好地“适应”和进一步推广。由于课程整合涉及学校教师和学生的现状、评估机制与管理等诸多方面的因素。在杜威以课程整合为基的兴趣与需要，以社会研究为核心，分科的学科知识由孩子在教师的引导下探索所关心问题的过程中自然而然的形成。在这里，教师所提供的是课程的主要思想与架构，并引导学生在条件有所不同，在不明框架之内发挥自身的经验与想象功能。教师是一个指导者，学生的活动是自我激发的，教师的职责在于提供必要的材料和必要的指导或建议。交叉设计课程或交叉设计模式下的教学以其长久形成的组织环境或文化作为实施的基础或条件，在持续的课程进展过程中通过师生之间的活动，同一时间平行的课程组织，以及人员之间的相互支持共同构建着属于本校的文化风景，展现出的不再是各自为政的学科的保守状态，而是在学校人员之间、学校环境与人员之间、学校整体的制度设计与评价机制之间，延续着一种充满张力的生长空间和活跃的生长迹象。

第五节　交叉设计是教育纵深发展的需要

交叉设计在不同时空环境、人员组织、课程安排上虽存在模式差异，但其核心的价值指向却是一致的，即关注与学习者终身发展相关的能力素养的培养与获得。

第一，交叉设计试图超越单个学科在信息、技术、知识、理论等之间存在的鸿沟，达成学科之间的联系、对话、沟通与合作，从而实现或解决单个学科（领域）无法达成的目标或问题。

第二，交叉设计不是若干学科的简单叠加，而是对相关学科知识体系、思维模式、操作方法上的科学统整。它试图规避学习者单一学科学习惯性使然的视野局限、经验的残缺不全、实践路径的单一等弊端，旨在帮助学习者获得对事物发展完整全面的认识与经验体系，从而在更宽广的层面上开展实践，在此基础上构建起对客观世界的完整认知，进而塑造更开放、阳光、立体的人格品质。从时代发展的角度，跨学科教育，不仅是对近代以来长期遵循的基于学科分类教育模式的一种修正和革新，而且是对古代社会早期整体式教育模式的一种在知识广度和深度上实现前所未有的高度回归，它适应了当前人类社会复杂的发展图景，反映了后工业时代科技知识生产方式转型对人才培养提出的必然要求。基础教育作为人才培养的起步阶段，通过交叉设计适应当前及未来社会发展对创造性人才的需求，实属学校教育发展的必然选择。从学习者核心素养形成的角度，交叉设计高度契合当前教育界对学生素养发展的主张。“中国学生发展核心素养”框架涵盖自主学习、文化基础、社会参与 3 个领域，包括文化内涵、学会学习、科学精神、健康生活、责任担当、实践创新 6 个素质层面，涵盖了国家认同等 18 个基本要求。

当前的人才培养使命和任务越来越清晰、立体、综合，在以往“学好数理化，走遍天下都不怕”学科取向下的技术型人才被当下在特定领域能够进行创新创造的知识型人才所取代。知识型人才能够基于真实情景与问题图景开展大胆假设、论证与检验，其所关注的不再是单个知识领域所寻求的确定性答案，而是具有更高融合性的创造，整合情境的特征、问题的多方面、潜在的资源利用等因素，提出具有创造性的实践模式或解决办法。

泰勒（Taylor）对“文化”的定义是，文化和文明，从民族意义上来看，是一个复杂的总体，包含知识、信仰、艺术、道德、法律、习俗，以及人作为社会成员所获得的任何其他能力和习惯。把文化概念的中心移至社会共享的价值观念和行为特征方面。因而，创造性也包含了人文性，是人类作为生物个体在社会实践过程中通过使用工具或与之互动而习得的文化品性并体现出的精神样貌。交叉设计基于主题、知识、经验等的取向融合了社会环境的多种要素，并遵循认知与实践的一致性。例如，以知识整合取向的跨学科课程设计与教学，将知识融于特定的问题情境，学习者不仅需要基于科学的知识与原理进行周密计划、缜密思维、全面解释，更需要对自我意识、文化环境进行判断、确认、澄清，在此过程中，文化不再是作为分析的对象，而是学习者与自我对话的一种方式，指导自身在社会参与、探究过程中的价值选择与行动方式，从而促进布鲁姆（Bloom）所指出的在认知、技能、情感三方面的有机融合和具体目标的达成。

第五章

高中生物交叉设计的功能

实验交叉设计教学实践立足于需要和认知，从发现问题、提出类问题、研究思路、研究评价，生成新的概念或构建更为完善的知识结构，再到教学资源的挖掘和实践，伴随着实践者思维的逆向与转向，为教学决策提供高质量的实践和迭代证据的教学实证资源，教师的教科研能力得以螺旋式提升。

第一节　螺旋式成长模型

教育部印发的《普通高中学校办学质量评价指南》明确指出，落实课程方案、优化教学方法、规范教学实施、加强学生发展指导和完善综合素质评估 5 个关键指标，旨在促进学校严格落实国家课程方案，健全教学管理规程，深入推动教育方法改革，健全选课、走班教学组织管理，健全学生发展指导机制，规范综合素质评估实施，全面提升教育质量。

贵州省教育厅印发《关于加强和改进新时代教研工作的实施意见》的通知，推进学科教研工作，以教研活动的专业化、精细化为重点，加强和改进校本教研。建立健全教研组长培训、培养制度，切实提高教研组长的专业领导力，带动学科建设、教学改革和传帮带工作；普遍建立校本教研和师带徒制度，发挥好学科教研组、年级备课组在组织专业研修、丰富实践知识、培养锻炼教师中的基础性作用；充分发挥教师在校本教研中的主体作用，营造民主、平等、共享的教研文化，使教育教学研究成为教师的职业生活方式。林立达等人认为应从教师职业生涯规划、职业素质、职业化培养、教师激励等多角度提出教师专业化成长的实现路径。 教师专业化理念可能带来 3 个问题：一是教师知识、能力的综合性与独立性的丧失；二是师范院校淡化教师的专业性；三是过分强调教师的专业化，使教师逐渐沦为技术至上的附庸。 梁辉认为，小课题研究成果，因为具备选题小、周期短、易于操作、见效快、便于推广等优点，对教育教学一线有着很大的应用价值。螺旋式提升是用一系列的循环知识单元，以学者所感兴趣或想研究的内容为目标，是整体超过各部分总和的一个循环，每一循环都比上一个循环更高一层，更进一步，后一循环需要前一循环为基础，而又比前一循环更深、更高，同时后一循环的学习，也使前一循环得以丰富与补充。与“金字塔”式的学习方式比较，可以更迅速地掌握和获得知识。与“电线杆”式的学习方式比较，则能更广泛地掌握学习内容的全貌。

科学研究与发展 （research and development，RD），指在科学技术领域，为提高知识数量，以及利用这些知识去创新的应用开展的系统的、创新性的活动，包括基础研究、应用研究、实验发展 3 种活动。进化生物学是生物学最基本的理论之一，由达尔文（Darwin）提出的进化论,第一次提出自然选择是进化的一个机制。研究生物进化过程与生物群落特征的综合学科，包括生态学、行为学和分类学等。进化生物学，包括进化遗传学、进化基因组学。进化论是实验生物学的理论依据，基于系统论的泛进化论建立系统生物学的理论基础，遗传学与基因组研究是进化生物学的方法体系，尤其是系统遗传学开创了对基因组自组织进化与生物体发育自组织进化及其相互关系的细胞发生系统动力学研究，为进化生物学的发展开拓了新的途径。

根据 CNKI 数据库，以“基础小课题研究”为检索的主题词，1985 年 7 月 30 日至 2022 年 4 月 7 日共计 213 篇论文，其中核心期刊 29 篇，普通期刊 184 篇，通过词频分析法（CiteSpace）对关键词聚类图谱、作者单位机构合作网络图谱、高频关键词共现时线图、关键词聚类表等对国内基础小课题研究进行统计分析，以期分析基础小课题研究现状、研究热点与研究前沿，挖掘出本课题研究的意义和价值。本文根据 CNKI 数据库中 1985—2022 期刊年度文献分布情况，绘制出折线统计图。

从图 1 可以明显看到，1985—2022 年国内基础小课题研究论文呈现波动上升趋势，1985 年 1 篇，随后几年发文量在 20~30 篇之间波动，2018 年达到峰值 25 篇，随后几年略有回落，后期又波动上升，总体来看，国内关于基础小课题研究论文数量在起伏中维持上升态势，这表明基础小课题研究正受到国内外研究者的重视。此外，通过 CiteSpace 对目前国内基础小课题研究的作者和单位进行了合作网络的研究，有助于人们认识基础小课题研究领域的有影响力的研究者和机构，从而有助于掌握这一领域的总体研究动态和发展。

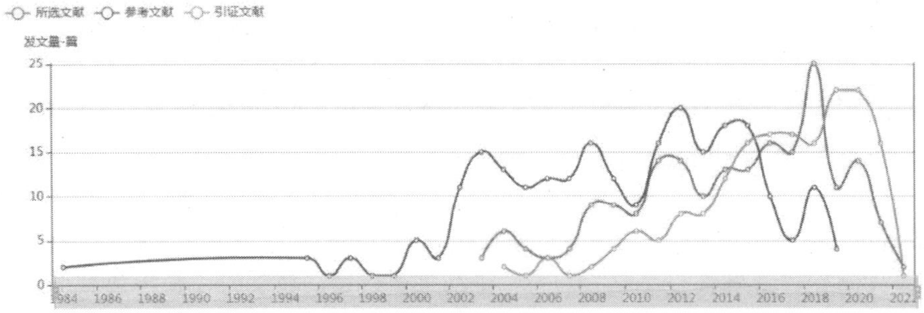

图 1　国内基础小课题研究成果分布折线图（1985—2022 年）

通过词频分析法，是指通过可以解释或表达文章内涵的关键词或主题词，在某一研究领域文章中出现频率的高低，确定该领域研究热点与发展方向的文献计量方式。对关键词共现频率的变动加以分析，即可确定各阶段的研究热点和重要主题，在高频关键词网络图谱的基础上形成高频关键词共现时对关键词共现频率的变动加以分析，即可确定各阶段的研究热点和重要主题，在高频关键词网络图谱的基础上形成高频关键词共现时线图。在时线图的基础上，选择 Find cluster，同时生成关键词共现聚类表（表 1）。

表 1　关键词共现聚类表

ID	大小	效率	年份	阶梯式成长 1	阶梯式成长 2	阶梯式成长 3
0	42	0.933	2014	实践路径、价值视角、教师专业发展、问题导向、核心素养、交流合作、探究性学习、英语课程、实践路径、问题导向	小课题、研究、小课题研究、专业成长、群体效应	群体效应、管理、教研活动、落实、创新能力
1	14	0.952	2013	小课题研究、校际交流、教研组长、优化策略、群体效应、专业成长、教研组长、校际交流、优化策略、群体效应	专业成长、群体效应、紧密结合、教学评价方式、教学	群体效应、紧密结合、教学评价方式、教学、学习型联盟
5	7	1	2012	小课题研究、教研活动、分层作业、省略号、高年级学生、高三语文	教研活动、分层作业、高年级学生、高三语文	教研活动、分层作业、高年级学生、高三语文、省略号
9	6	1	2013	背诵、落实、方案、反思、总结	落实、方案、背诵、总结、反思	落实、方案、背诵、总结、实践路径
11	5	1	2000	研究型、课程改革、创新能力、素质教育	创新能力、课程改革、研究型、素质教育、小课题	创新能力、课程改革、研究型、素质教育、小课题
26	3	0.993	2017	小课题研究、特征、关键步骤、管理	管理、特征、关键步骤、小课题研究、小课题	管理、特征、关键步骤、小课题、实践路径

表 1 生成的 6 个主要类团。后续的研究工作围绕“群体效应”“教师专业发展”“问题导向”展开。

阶梯式成长模型特征：

（1）后一阶梯以前一阶梯为基础。

（2）阶梯间等距。

（3）后一阶梯与前一阶梯存在明显的高度差。

（4）阶梯的出现是教师产生职业倦怠的原因之一。

（5）并不是所有教师都是按部就班地走这一路径。

（5）没有突出教师的主观能动性。

（7）教师的类别。

（8）局部直线上升，都会出现平台期。

结合教师二次成长理论，我们提出教师螺旋式成长模型，在六盘水市基础教育科研以《以基础小课题研究为牵引的青年教师 R&D 能力螺旋式提升路径研究》开展后续的研究工作，指青年教师在专业成长过程中，通过整体统筹规划，以课题研究为依托，研究教学过程，通过从简单到复杂、从低级到高级的、从自身出发，又回到自身，得到丰富和提高的专业成长方式（图 2）。

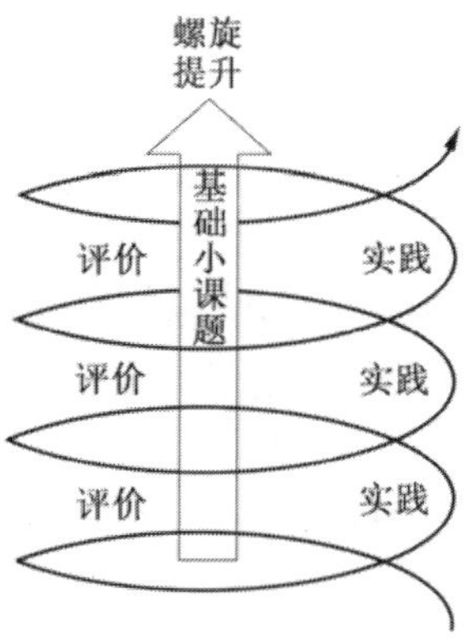

图 2　教师螺旋式成长模型

第二节　交叉设计与循证实践

一、缘起

中共中央、国务院印发了《深化新时期教育评估改革总体方案》，坚持面向人人、因材施教、知行合一，坚决改变用分数给学生贴标签的方式，创新德智体美劳过程性评价方法，完善综合素质评价体系。教育部等九部门关于印发《"十四五" 县域普通高中发展提升行动计划》（以下简称《计划》）的通知指出，推进课程教学改革，大力推动优秀教学成果的运用，完善选课、走班、综合素质评价与学生发展指导。

当前学校教育中，存在着一定数量的青年教师注重教学过程与经验，不注重教学过程中产生的教学证据，对教学进行动态调整的教学状态，存在的问题主要是两个方面：

（1）教学理念转变不到位，教师先入为主的引导，牵着学生的鼻子走，可谓"穿新鞋，走老路，老路越走越不通"，或是编花环让学生钻，严重制约了学生发散思维的培养。

（2）有些课堂，师生互动只停留于形式、假互动，无效热闹充斥课堂。因为教师理解的歪曲或掌握的不充分，导致这种方式的落实、操作中存在着许多弊端。追究问题的根源之一，就是证据意识的缺乏。

学生的认知过程具有阶段性、规律性、生成性的特征，从教师教学过程的形式来说，教学过程不是以静态的、模式化的经验为教学依据，而应该是动态生成的、不断调整的体悟之后主动构建的过程。

二、循证实践

（一）循证实践的定义、内涵和外延

循证实践（EBP）是一种证据导向的科学范式，秉承跨学科的实践理念，提倡面向问题的实践过程和科学本位的实践方法。EBP 发源于循证医学，日益融入人文社科领域，秉承跨学科的实践理念，提倡面向问题的实践过程和科学本位的实践方法。刘登科等将 EBP 运用于思想政治教育，可以推动思想政治教育的科学化、民主化，促进思想政治教育理论与实际的融合，提高思想政治教育的实效性。

（二）STEM 教育实践的困境溯源：科学方法的缺失

在我国，STEM 教育的实际表现并不尽如人意。对 STEM 的研究在增多，但 STEM 教学实践者仍然觉得慌乱和无所适从。STEM 甚至被戏谑为“教育炒作”，将会随着时间的推移而自然消亡。简而言之，我国 STEM 教育的发展并不顺利。寻找一个科学路径，对 STEM 教育进行精确的“问题诊断”和“对症下药”是当务之急。STEM 教育发展不顺，是“经验本位”倾向在实践活动中的现实映射。宏观层面，各级教育管理部门在积极实施 STEM 教育政策。其中，存在对国外经验的过度借鉴和依赖。因此，把 STEM 课程错误的理解为可有可无的特色课程，等同于单纯模仿的手工课，缺乏探究性的活动课，或冠以“项目”之名的综合训练课。这种丢弃了“创新”本质的经验，也导致了对 STEM 课程核心价值的侵蚀。微观层面，STEM 教学必须是统一了内容、空间与思维的综合学习。而中国谱系式学科编码管制成了 STEM 教育的瓶颈。部分一线教师仍旧大量运用传统单科课程的框架、方式和策略来进行教学设计。

因此，以单科课程大纲为蓝本的课程目标忽略了综合能力的训练，专注于单科知识的学习而忽略了多领域知识的综合运用，由单科教师独立进行课程设计而缺少多学科教师的共同参与。缺少对 STEM 课程教学论的培训，导致 STEM 课程教学质量无法获得根本性的提升。可以说，“经验本位”倾向使“本土化”的 STEM 教育变成了野蛮生长的土地。那么，STEM 教育是否需要经验，需要什么经验。事实上，经验借鉴是科学发展的必然。正如杜威所说：“经验是理智的、连续的、面向未来的反思性认识。”问题在于，目前所参考的经验往往是无效的。经验失效的根本症结就是两点。

其一，缺少可利用的有效经验，即缺少符合 STEM 本质特征的、可复制的、科学的结论。经验的产出主要来自于专业的学术研究和施教者的实践。尽管教育研究始终强调实证方式的重要意义并努力践行。但是为提高研究结论的可证性，研究者们往往会控制“无关变量”，如学校管理者、家长、教师对社会舆论的认知，对教育的情绪障碍，对能力逆境的意志投入等，并把实验放在相对纯粹的研究区域中。然而，这些被忽视的变量恰好是信息化实践中的决定性力量。忽视了多元利益主体所获得的“象牙塔式”的研究结论，无法适应复杂的现实。由于缺乏科学合理的研究方式，许多教学实践变成了低效率的“试错”行为，甚至会因为不好的实验设计而获得错误的经验。一些在实践中确有成效的教学方式，无法通过学理分析而抽象为普适的策略，没有了利用策略变式来适应不同教学情境的能力，只能停留在具象的、小众的应用层面。

其二，缺少科学参考的方式，即缺少搜寻、评价、运用和改造有效经验的方式框架。所以，教学问题如何判断，问题解决方案根据何种经验得到，有效经验如何获取，都需要实践者的理性思考和科学行为。同时，由于教学经验中包含了情境化因素，因此需要实践者针对问题的情境特征加以改造式运用，把方法通过迁移转化为新的教学知识，从而实现教育学知识的创生。这样一个融合了客观评价和主观加工的过程，必须依赖完善的方式、标准和过程

性指导。

（三）循证实践：证据导向的科学范式

以循证教学方法进行专业建设和学习。首先，要求教师和学生培养“循证”的思维和理念。相比于其他教学方式，循证教学方法强调，在课堂教学过程中“以证据为本”，这要求教师在备课时认识到其所采用的教学方式和教学内容要有一定的依据，并贯彻到整个课程设置中；其次，要求教师对课程所设置的知识内容与体系有明确的了解，以证据为基础提供与专业有关的问题，并具备寻找“证据”问题的能力。在循证教学工作中，教师与学生之间的角色是相辅相成的，双方都必须是具有“循证”思想的主体，从而通过共同努力，提高“教”和“学”的能力，并以此完善专业建设，以达到适应社会发展的特色专业发展的目的。循证教学是特色学科建设的基础。专业教师在实施循证教学方法时，必须明确教学方法的证据，这些证据主要来自于教学研究、教学讨论、教学培训和教学观摩，是教学团队研究与探讨的结果，也是教学前辈的经验总结。教师可以利用与自己所教学科的特点，为课程设置大纲中的不同课程寻找恰当的方法，并在此基础上，对所采用的教学方法开展学科内的实验、论证，进而为实践的可持续性循证教学工作打下基础。

另外，学校可以开展各种教学实践工作坊，对教学的实践与效果进行交流，以提高对教学的深入认识。教师对需要讲授的内容与技能，包括理论、前沿和实践等，在每次需要讲授的备课过程中，强调基于问题的教学设计。把各个知识点和内容加以重新标记，以各种问题的教学方法形成全新的教学方法，并在课堂上和学生共同反思这部分知识点和内容，让学生参与课程建设过程，丰富课程内容，提高学生在课堂上的主体积极性。

教学研究是特色学科发展的关键，当前的教学研究关于各个学科内容与教学方式的研究并不充分，特别是对一些新的教学课题、教学项目、引进的教学方式的应用研究不足，这也使循证教学工作任重而道远，需要以循证教学理念与研究为基础开展教学。同时在课堂教学过程中总结经验与方法，形成新的教学成果，以循证教学工作方式推动特色学科的发展。这样一来，循证教学与相关研究也是相互促进的过程。在这一过程中，教师必须预先设置以问题为基础的课程内容，再辅以学生对课程知识点的反馈，以增强学生的反思能力。循证教学是综合性教学的实践，主要目的是提高教师的教学能力、学生的实践能力，以及课程的适用性。当前一些已经被用来专业建设和适应社会发展的教学方式，如强调以问题为导向的教学方式、交互反思式教学法、小组教学方式、协作教学方式、慕课、翻转课堂、个案分析方式等，都被视为循证教学工作的手段。只不过，这些教学方法必须在有实践证据的基础上进行。例如，在专业课程教材的编制与讲授中，必须把专业课程内容分成几个方面加以循证分析，确定什么知识需要用什么方式，并做到各方面都有证可循，而不能盲目照搬当前教育学界所推荐的教学方式，同时，必须使施教方法符合专业和社会需要。这样的特色学科建设才可以达到教学目的，以适应社会发展需要。循证教学要突出以“特色”为导向，循证教学工作要突出对区域发展问题的处理，培养社会需求的人才的目的。

皮连生在《学与教的心理学》一书中，从教师课堂管理的心理学视角概括了影响课堂的各种因素：定型的期望、教师的学生观、教师的人格结构以及教师的影响力。叶澜认为影响课堂师生状况的原因很多，不过从大的方面可分成物质因素和心理因素。物质因素主要分为自然环境和教室环境；心理因素比较复杂，又包括个体稳定性因素、个体不稳定因素和群体因素。课堂教学行为的影响因素很多，其中社会因素、伦理因素、技术因素等层面的分析尚有待进一步发展。

关于课堂行为构成的研究，研究重点表现在两个方面，一是课堂行为的功能结构，二是课堂行为的性质结构。从课堂教学行为的功能结构出发，傅道春把课堂行为分成了课堂教学基础行为、课堂教学技术行为和课堂教学组织行为三个方面，并以此来揭示教师在学校组织环境中行为的外显性、动态性特征，为教师行为训练寻找理论依据。施良方则将教学行为分成主要教学行为、辅助教学行为和教学管理行为三类。主要教学行为分为老师主导的教学行为、师生互动的教学行为和教师指导行为；辅助教学行为，主要有学习动机激发策略、课堂交流策略、学习强化策略、教师积极期望策略等；教学管理行为，主要是课堂组织行为、问题管理行为、课堂时间管理行为等。毕田增把教学行为界定为三个特点的教学行为，一是程序性教学行为，主要来自于教学能力和技能，比较固定、有规范的依据；二是生成性教学行为，主要来自于教学的实践经验和智慧，主要体现为教学的机智性行为；三是策略性教学行为，是基于程序性教学行为和机智性教学行为之间的行为。

国外对课堂行为的考察不再仅仅是对外部结构和影响因素的分析，而是指向对课堂行为功能与性质的考察。关于课堂教师交互模式的研究，社会学中的交往行为理论，为教育学研究提供了一种视角。德国社会理论学家哈贝马斯（Habermas）在《走向历史唯物主义的重建》中指出，交往是社会发展的根本动力和基本形式。不过在 20 世纪 60 年代以前，国外的研究“只把教师特点与教学结果机械连接，而几乎忽视了课堂实际”。20 世纪 60 年代后期，对教师的研究注重了教师课堂活动和学生间的复杂联系，特别是教师与学生间的互动。在互动理论研究中，G. H.米德（G. H. Mead）是符号互动论研究的主要代表人物之一。德国的莫伦豪尔（Mollenhauer）在其作品《教育过程理论》中探讨了符号互动论的理论，并把该理论转变为教育互动理论。其间，莫伦豪尔认为教育行为始终是在情境中进行的，而情境则是结构化的，所以教育行为具有某种交际特点。这是重视课堂互动的重要理论来源，国外对师生互动行为的研究，是基于全班学生的特点这种内在的课堂情境而进行的。具体有，利比特（Lipbitt）和怀特（White）通过对一个青年小团体中不同领导方式对青年行为的影响的研究，得出了不同领导方式对个人行为产生影响的结果。主张教师领导方式与学生行为之间的联系是，权威式的领导方式导致学生对领导者或其他伙伴有很大的进犯性行为，以及学生在教师在场与否情况下的不同效果；放任式的领导方式导致学生各方面的表现不良；民主式的领导方式使学生能够互爱，群体性和自发性较高。弗兰德斯（Flanders）采用“社会相互作用模式”，来分析教师的课堂行为对学生的学习效果的影响，并由此提出“弗兰德斯互动分析系统”。互动分析较低水平的间接影响更适合于事实类和技能类的学习任务；较高水平的间接影响则更适合抽象推理类和创造类的学习任务。阿什利（Ashley）将师生互动行为分成教师中心、学生中心和知识中心三个类别。在教师中心型中，教师的行为更多体现为强制性，学生行为多是被动的顺应与服从，呈现出一种不平等的态势。在学生中心型中，教师更注重对学生行为的正面引导，教师互动体现在一种平等关系上的对话。在知识中心型中，师生间的互动是实现知识的传授与学习这一目的的手段，所以师生互动行为以协作为表现。另外，波拉德（Pollard）的“师生课堂互动模式”以图示的方式阐述了课堂上教师和学生之间交往的特点和表现形式，勾勒出任何教学活动中两个关键的变量，四个“互动象限”——教师驱动、资源驱动、学生驱动、学习驱动。

国内对师生互动行为的研究重点基于师生关系的研究当中。吴康宁根据教师行为对象，把课堂互动行为类型分成三种，师个互动、师班互动和师组互动，即教师行为分别指向学生个体、全班学生群体和学生小组。目前，在国内的高中课堂师生互动行为类型中，师班互动与师个互动是主要形式。按照教师行为属性，则将其区分为三种类型：控制-服从型、控制-反控制型和相互磋商型，这反映了教师在行为中的地位属性。关于课堂教学效果的研究。课堂效果虽然不能等同于课堂行为，但课堂行为的出现直接影响着课堂效果。

学界对课堂效果的探讨，当然是围绕着课堂行为进行的。20 世纪 70 年代，由瑞安斯（Ryans）、罗森珊（Rosenshine）和佛斯特（Furst）等人，在对用“过程-成果法”研究的教师特点的文献分析基础上，对教师行为和学生成果关系进行了深入研究，找到了 11 种与学生成绩存在较强相关的教师课堂行为，清晰明了、有变化性、热心、任务导向和认真的行为、学生们有机会去掌握标准材料、运用学生的意愿、批评、结构和评语的运用、问题形式、调查、教导的困难。此后，这种利用观察工具对课堂教学行为进行量化统计与分析的方法，被广大研究者所使用。20 世纪 80 年代，福勒（Fuller）、鲍恩（Bown）和万恩科（Vonk）围绕着教师职业行为和教学效能之间的联系，霍伊勒（Hoyle）则围绕着教师教学专业化及其职业标准等进行了深入研究。近些年来，国内对教学行为“效”的研究意向颇为强烈，总的来说主要有两种定义方法，一类是从经济学和生物学中的“效能”的视角来界定教学效能，把课堂效能等同于功率、机械效能和劳动效能；另一类则是从课堂效能的角度来界定课堂效能，引出教学效果的含义。研究者从不同“效”度出发，都尝试寻找提升课堂行为“效”的途径、方式，其中最具代表性的是崔允漷编著的《有效教学》和孙亚玲著的《课堂有效性标准研究》。崔允漷从“什么是教学、如何教得有效、怎样教得更好”三个层面，深入分析了课堂教学行为。其中围绕着“怎样教得有效”，从课堂准备、主要课堂行为、辅助课堂行为、课堂管理行为、课堂评价等五大方面，阐述了有效课堂行为的应然表现。孙亚玲在分析了国内外课堂有效性标准的基础上，通过“叙事”与“建立结构”相结合的研究方式，构建了“课堂有效性标准框架”，框架的建立为目前的有效教学提供了基础指南。另外，张庆林等人在《高效率教学》一书中，从认知心理学角度对国内的效率问题展开了比较系统的探讨，认为教学效率=（学生学到的有用知识+学生形成的有用能力+学生形成的良好非智力因素）/（学生投入的学习时间×学生的脑力负担）。明确提出了提升教学效果的五条原则，降低学生负担、保证知识掌握、提高技能培养、瞄准能力培养、注重考、教衔接。课堂教学行为除上述研究重点之外，国内外还对教学策略、方法、教学方法、教学流派等问题展开了探讨。截至本文发稿，在中国期刊网上以“教学行为”为搜索词，有三万余条记录，可见课堂教学研究在教学研究领域中的地位。

反思国内外课堂行为的研究成果，一般以两类居多：一类是以实践案例描述为主，注重课堂经验的积累与反思；一类采用质的研究方法，强调对课堂行为的理解。对比国外有关研究成果，国内的研究成果还存在着一些缺陷。在研究方式上，由于以描述性案例为主，没有学理分析，特别缺少对课堂教学行为的框架理论研究，导致研究成果还较多停留在对行为研究的层面上。

尽管多数研究人员对课堂教学活动开展了调查分析，但因为缺乏对数据资料的科学合理的系统分析，所以无法提供恰当的策略建议。尤其在教师课堂行为的研究中，还存在着认识上的误差，一是在研究上缺乏复杂性思维。认为教师课堂行为研究是一个具备高度实践品质的问题，研究内容多以经验介绍、现象描述、课堂实录为主，没有理论品质，无法从理论上进行深入的实质性的指导。同时由于理论研究的缺失，学生往往把教师课堂行为等同于课堂行为，只要是研究课堂的，目光总是聚焦在教师的活动上，而对课堂的主体——学生的课堂学习行为没有系统研究；二是在研究上缺少开拓性思维。教师课堂教学行为问题的研究视野主要集中在行为影响因素、行为构成、教师互动模式等方面，研究视野并没有打开。人类学、社会学、行为学等方面的研究成果较少与教师课堂教学行为联系起来，多数研究者就行为而研究行为，没有开放的研究思维；三是在研究上缺乏发展性思维。课堂教学行为学者往往能提供许多优化行为的策略建议，只是这些策略建议有多大的实效性，能给教师和学生带来什么样的效益，学者们并没有持续研究下去，在课堂教学行为的整体研究中，没有持续发展的痕迹。国内在教师课堂行为研究中已有许多研究成果，只是由于国内学者的研究习惯使然，导致了研究要么是事实陈述，要么是理论思辨，要么是复杂的实验，导致了课堂这一永恒的研究主题总是缺少些什么，这些缺失还需要我们进一步研究。

三、导学案中标志性教学证据的采集策略研究

在高中生物课中，探究活动的主要目的就是为寻找证据，通过证据证明或证伪学生用来回答科学问题的假说（解释），进而最终形成科学概念。在课堂上，指导学生科学地搜集、展示和整理资料，既有利于培育和发展学生重视资料的态度，又能培养学生理解资料和基于资料进行解释的能力。

（一）搜集证据的教学策略

1. 利用感官搜集证据

学生认识事物，感官是最直接的，也是最常见的。如“分辨哪个袋中是水”的活动，目的在于调动学生利用感官和已有经验来识别水和别的物质，同时在比较过程中丰富了有关水的感性认识。这可分如下几步走：一是要求学生在不打开袋子的前提下进行辨识；二是让学生打开袋子用眼睛观察辨识四种液体；三是使用鼻子、舌头辨识白醋、盐水和水等液体。这样，整个活动的观测从易到难，从易于确定的到不易确定的，使学生充分运用了所有感官进行观测，同时又潜移默化地使学生体会到不同感官的不同作用。

2. 延伸感官收集证据

使用工具往往比感官更有效。利用工具我们能够延伸感官进行观测，如尺子、温度计、钟表和弹簧秤能够使人们得到更为精确的证据；放大镜、显微镜等能够拓展人们的视野等。在科学技术蓬勃发展的今天，各种数字技术，如智能手机感应器及其 APP 应用，都可以极大地提升收集证据的效率和准确度。

3. 借助他人搜集证据

在实验过程中，我们可以提示学生通过向其他同学询问，通过交流搜集部分同学获得的证据。在课堂上，利用小组交流活动进一步获取实验中收集到的证据。当然，借助他人搜集资料不止面对面询问、交流这样一些比较直接的方式，还可以使用书刊、电视、互联网等一些比较间接的方法。

4. 多维互联

搜集的证据越多、越全面，就越接近真实。所以，为获取更多事实性的证据，在观测活动中，人们往往要综合纯感官的观测和利用工具的感官观测、定性的观测和定量的观测、直接观测和间接观测等各种手段收集信息。同时，还需要注意观测的规划性、目的性、有序性、细致性，以确保观测的全面，多角度收集信息。

（二）呈现证据的展示策略

1. 黑板粘贴展示

直接把学生的研究成果在黑板上展示，不要求教室内有多媒体设备，适应面广。在黑板上展示，有两种最基本的类型：一是直接把学生的研究成果在黑板上展示。如学生把太阳、地球等几种可能产生昼夜交替现象的运动猜测用记号笔画在 A4 纸上，利用磁铁把各种猜测贴在磁性黑板上，让学生分析、分类、验证。二是教师在黑板上画表格或维恩图等，让学生把数据等研究结论填入其中。这种在黑板上画表的展现方式灵活机动，能够针对讨论情况加以修改，还能够多人同时填写、更改。

2. 绘制图表展示

图表展示方法是教师在课前先画好图表或图画，然后张贴起来，请学生把研究所得的数据或观点填写到其中（如果使用喷绘+白板笔写，图表上的文字还能够反复擦除使用）。这种展示方式能够多人同时输入，多组同时展示，简洁直观、一目了然，其实这一展示过程就是一个分类整理的过程。

四、基于新课标的整理证据的指导策略

（一）分类整理，化繁为简

为便于研究，许多时候有必要把所得信息按一定的标准进行分类整理。这样通过分别解释、分析、解释分类后的数据，从易到难、从浅入深、从简单到复杂，最后可以更有效地促进学生完成认识活动。

（二）去伪存真，去粗取精

1. 剔除虚假证据

证据首先应该是事实。学生在研究活动中会收集到许多的证据，其中一些是事实性证据，一些是非事实性证据。学生所收集到的非事实证据，往往来自于这几个方面：一是将以往的经验当作事实；二是将推测视为事实；三是将自身的想象视为事实；四是观察得到的信息并不全是事实，因为要经过脑部的分析过滤，会有错觉。所以，在高中化学课中教师应及时指导学生检验证据的真实性，并剔除虚假证据。通过重新做几次，就能够实现消除虚假证据，维护真实证据的目的。

2. 剔除无效的事实性证据

在众多的事实性证据中，有些事实性证据对假说不具备任何的证明效力，教师应指导学生进行剔除。学生由于年龄较小，他们的脑中还不太有证据意识，也不太清楚唯有真实、有效的数据才能得到科学结论的道理。他们往往随意性很强，无法自行剔除错误信息获得有效数据。所以，在学生开展科学研究活动的过程中，教师要让学生明白科学是讲究证据的，必须实事求是，尊重科学事实。教师要时时关注学生实验数据的收集过程，不要光看学生实验的结果是否正确，就急于下结论，而被学生一些虚假的或无效的数据蒙骗过关，忽视了学生得出结论的依据。

3. 提炼证据，提升效力

精确度是反映证据质量的一个要素，一个精确度程度高的证据可以比一个精确度程度低的证据对假说提供更强有力的帮助。在高中化学课中，收集到的用于定量的证据因为各种因素往往存在误差，而这种误差不但影响最后的科学解释，同时对学生严谨的科学精神培养也是不利的，所以我们要尽可能地消除误差的影响，力求获得更为精确的证据。

假说的确证不仅取决于证据的数量，还取决于支持假说证据的多样性。通常，支持假说的证据的种类越多，假说得到的证据程度就越高。所以，教师能够指导学生寻找更多的证据，并形成适当的证据链，以达到增强证据效力的目的。通过从同一个观察或试验中获得的多个证据构成证据链的方式，或者从不同观察或试验中获得的多个证据构成证据链的方式来提高证明假说的效能。选用的证据数量、种类越多，往往证明效力就越高。

关键证据在证明假说过程中能够起到一锤定音的作用，因此，教师要引导学生形成努力寻找关键证据的意识。事实上，在科学史中同样有不少使用关键性证据证实假说的例子，注重证据是高中生物课的本质特征之一。在教学中，教师要善于指导学生如何去搜集、呈现和整理证据，让学生明白需要什么样的证据，知道怎样获得可靠的事实或证据，突出证据来源正确，证据运用恰当，让实证意识贯穿科学探究的始终，一切尊重事实，尊重证据，逐步形成理性的思维。

五、证据的分类、分级的研究

（一）分类方法一

借鉴循证医学的证据质量分级方法，我们将证据分为 5 个等级：

1 级证据：至少一个设计良好的随机对照教育试验中获得的证据。

2 级证据：设计良好的非随机对照试验中获得的证据。

3 级证据：设计良好的队列研究 （最好是多中心研究）的证据。

4 级证据：多个带有或不带有干预的时间序列研究得出的证据。非对照试验中得出的差异极为明显的结果有时也可作为这一等级的证据。

5 级证据：来自教育经验、描述性研究或专家委员会报告的权威意见。

（二）分类方法二

借鉴英国的国家教学保健服务部（national health service） 的以字母作为标识的证据分级体系。而在评价诊断准确性、疾病自然史和预后等方面也需要多种研究提供证据。分类法用于课堂预防、诊断等领域的研究评价。

A 级证据：具有一致性的、在不同群体中得到验证的随机对照教育研究、队列研究、全或无结论式研究、教育决策规则。

B 级证据：具有一致性的回顾性队列研究、前瞻性队列研究、生态性研究、结果研究、病例对照研究，或是 A 级证据的外推得出的结论。

C 级证据：病例序列研究或 B 级证据外推得出的结论。

D 级证据：没有关键性评价的专家意见，或是基于基础医学研究得出的证据。

总的来说，指导教育决策的证据质量是由教育数据的质量以及这些数据的教育“导向性”综合确定的。尽管上述证据分级系统之间有差异，但其目的相同，使教育研究信息的应用者明确哪些研究更有可能是最有效的。

六、基于证据的教师教学策略的迭代实践

培养学生的生物学科核心素养是生物教育研究的热点和难点。“科学思维和科学探究”是生物学科核心素养的重要组成部分，也是重要的生物学科思维方法。“证据推理与模型认知”贯穿于科学探究的过程，所以教学工作中需要“基于证据推理与模型认知”能力培育的教学内容进行设计与规划。

在课程改革全面启动和核心素养教育深入实施的大背景下，明确课程改革的具体方向，界定生物学科的核心素养目标，对于教学工作的具体开展有突出现实意义。“证据推理与模型认知”是生物学科核心素养的思维核心，在高中生物实验交叉设计教学过程中，让学生体验证据推理的过程，帮助学生建立相应的认知模型，指导学生学会应用模型解决实际问题。

作为生物学科核心素养的思考核心，“证据推理与模型认知”是学习者掌握科学知识的重要方式，是学习者在生物学习活动和处理生物实际问题中表现出来的关键素质。“证据推理与模型认知”是生物学科学习乃至科学探究中要求学习者思想需要建立的强大思想武器。《普通高中生物课程标准（2017 年版）》从三个层面，对“证据推理与模型认知”进行了阐述。一是设计、推理，即“能通过证据对物质组成、构造及其变化提出可能的假设，通过分析推理进行证明或证伪”；二是建立逻辑，即“建立观点、结论和证据间的逻辑联系”；三是建模、应用，即“建立认知模型，并能运用于解释生物现象，揭示现象的实质与规律”。

结合科学发展进行分析可知，所谓的科学发展过程其实就是不断进行科学模型的建立，然后再运用新的模型不断对旧模型或者是不合理的模型进行替代的过程。在模型建立和完善

的过程中，非常重要的一种思维方式便是证据推理，即对已经掌握的信息进行加工和分析。

结合核心素养的相关理论进行分析可知，所谓的证据推理具体指，从生物变化的过程入手对相关的理论或者知识进行推断。而模型认知则指的是基于自身总结获取某种知识框架模型，并掌握模型的特点以及具体的用法。在生物学习的实践中，学生可以基于不同的角度对生物实验或者是理论内容进行分析，并得出相应的结论。在获得结论后基于自身的认知做逻辑解释，这样能够实现生物知识的内化与掌握。学生在学习实践中，可以从复杂的生物事实当中进行相关问题或者是关键因素的提取，并对其加以分析，进而建立起认知模型，并对模型进行综合解释，并通过其进行生物实际问题的处理。简而言之，在证据推理和模型认识的过程中通常都会运用到生物的规律、模型、观念、思想和方式，所以，在生物学科中证据推理和模型认知，便有了生物学科的特点。证据推理和模型认知在内涵与实践层面上都不可机械割裂，它往往融合于研究与问题处理的思维过程当中。

七、问题反馈及诊断和评价（表 2）

表 2　循证教学评价指标

一级指标	二级指标	三级指标
提出问题能力	明确问题的结构	说明学生类型、干预措施、对照措施、教学结局
查找证据能力	合理选取数据库	选取二次与原始研究证据资源
	正确制定检索方法	明确检索途径、检索方法、检索步骤
	筛选出所需证据	研究证据与教学问题的关联性
评估证据能力	评估证据的真实性	了解各种类型研究证据的质量评估标准
	评估证据的重要性	分析研究结论的统计学和教学意义
	评估证据的适用性	评估学生类型的相似性、措施的可行性，并权衡利弊
运用证据能力	运用证据指导教学决策	提供基于证据的个体化决策，并考虑学生的价值观
后效评估能力	评估循证实践与结果	评估证明指导实践的有效性，并探讨背后的原因
	给出评估后的改进方法	提供教学实践或研究的启示

【案例】

教学矛盾情境与教学实验证据的寻找

1. 教学场景

伴性遗传的实验中，色盲患者为什么男性的数量多余女性，而另一种抗维生素 D 佝偻病的患者男性的数量却少于女性，在讲这一知识中，只是男女比例的不同引入这些病与性别有关，但在我们日常的生活中，这两种病见过的较少（相对较少），学生缺少客观的认识及数据的总结归纳。

2. 案例反思

对于遗传知识，实践跨度大，调研数据少，又没有遗传因子等概念的基础，此时，缺少证据链的物证，更多的是人的证词，所以教学过程及学生学习的过程显得吃力。在教材关于家族遗传图谱中，找到第三代的 6 号的致病基因来源，推理致病遗传因子的显隐性，及其传递的途径，提出隔代遗传和传递路径，是弥补这一部分知识的不足。

证据链的构成有 3 个方面的要求：（1）适合的证据。（2）能够证明案例的对象。（3）证据之间能够相互印证，对案例的事实排除了合理的怀疑。

在教学过程中，涉及的教学证据有：手势、身体姿势、动作、表情、眼神、距离、语音变化、接触等方面。

第三节　交叉设计与问题提出和解决

一、缘起

在常规的高中生物教学过程中，高中生能从现实生活中发现并提出简单的数学问题，能探索出解决问题的有效方法，但大部分学生的学习都很被动，比较缺乏问题意识、提出问题的能力。

二、研究综述

苏联的发明问题解决理论（TRIZ）技术一直被视为专业必修科目，并已应用于工程领域中。苏联解体后，大批 TRIZ 研究者移居美国等西方发达国家，TRIZ 流传于西方，受到了广泛重视，TRIZ 的研究和实践都得以迅速普及与发展。西欧、美国、日本等地产生了以 TRIZ 为基础的研究、咨询机构和企业，一些将 TRIZ 列为工程设计方法学课程。经过半个多世纪的蓬勃发展，如今 TRIZ 理论与技术已经发展成了一种处理新产品开发实际问题的成熟理论与技术体系，其实用性较强，并经过了实践的检验，已在全球应用，创造出了许多重大发明。

TRIZ 理论引入了我国仅仅几年的时间，但它已经逐步得到国内许多科研机构和专家的关注，在以 TRIZ 理论为核心的创新方式和技术研究应用领域，走在前列的是我国的亿维讯集团公司。该企业是一个从事计算机辅助技术及相关工具开发与技术咨询的先进技术公司。他把创新技术研发中心设在白俄罗斯的明斯克，这里有数百名创新技术理论专家，是当今世界上创新技术研发的领跑者；在中国则设有行业创新技术研发中心，着力于创新技术在以我国为中心的工程领域的运用与推广。

国内目前对 TRIZ 和提出问题能力的研究关注在创新创业能力、态度、学业水平、潜剖面的分析、发展路径与启示、目标与原则、过程性研究、思维模式、情境分析、测评模型及指标赋权等方面的关系研究。扬子江等将 TRIZ 理论引入实验教学中，以创新优化为目的，贯穿实验教学体系构建，实验教学组织实施、实验教学日常管理等环节，实现实验教学在多个角度和层次上的创新发展。

三、研究评述

TRIZ 理论对如何系统分析问题的科学方法、针对技术系统进化演变规律、技术矛盾解决原理等方面进行深入的研究，它为学生创造性地发现问题和解决问题提供了系统的理论和方法。对本课题的研究有积极的借鉴价值和意义，国内关于问题提出主要集中在对数学问题的提出能力，“如何教学”“受何影响”“怎样测评”三方面展开。问题提出课堂实践、问题提出认知过程、问题提出过程性评价是国内的发展方向。

但从高中生物学科教学的实践价值视角来看，TRIZ 理论存在 4 个方面的问题：

①不同的创新问题需要不同的处理方式，但是如何选择 TRIZ 特定工具来解决特定问题，并没有给出清晰的建议。

②TRIZ 理论在国内的教育教学实践中有大量的研究报道，但研究对象仅仅关注于学生，难道只有学生才需要培养创新问题能力吗？对处于理性启蒙状态的高中生却鲜有报道，研究的成果能直接嫁接到高中的教育过程中吗？

③TRIZ 工具不支持创新问题解决的某些手段，时代在发展，在变化，信息的呈现方式和来源呈多元化发展，对信息的理性分类及其后期的筛选是问题提出的关键，对于高中阶段认知现状的学生而言，更需要在提出问题和解决问题方面进行培养。

④高中的学生思维灵动，天马行空，从来不缺乏提出一些新奇的问题，但问题效能的评价就是困难存在的瓶颈，存在困难的核心就是缺乏有效的评价素材。

1. 信息分类

信息分类在本课题中指高中生在生物学习过程中，根据数学问题的问题情境，对问题相关信息进行提取，提取后能够遵循一定的分类原则和方法，按照信息的内涵、性质及答题的要求，将所有信息，按一定的结构体系，分门别类加以综合或分化，从而使得每个信息在相应的分类体系中都有一个对应位置的信息处理过程。

2. 提出问题能力

提出问题能力在本课题中是指高中学生面临的问题给予解决，通过利用学过的数学知识、数学思想方法等对问题进行归纳提炼，经过多方面、多角度的数学思维，从数学课堂的学习中找到并提炼出某些联系或者矛盾，对数学问题提出的内涵的定义更贴近问题提出内在的思维过程，进而用数学语言、符号以问题的形式呈现出来的能力。

四、价值意义

2020 年 10 月，中共中央、国务院印发《深化新时代教育评价改革总体方案》，坚持以德为先、全面发展、因材施教。前有钱学森之问“为什么我们的学校总是培养不出杰出的科技创新人才？”问题是出在初中还是高中呢，还是基础教育阶段，还是兼而有之？结合高中生物课堂中存在的问题大概率由教师提出问题，学生缺少提问的机会，他们缺乏提问的方法等问题普遍存在，以问题提出的源头信息的分类为视角，开展培养高中生提出问题能力的策略研究。

综上，我们可以做这样 3 个研究假设：

（1）对信息的质疑是提出问题、学会思考、独立思考、主动思考的关键。

（2）在教育教学过程中，我们往往忽视了对学生信息分类意识的培养。

（3）在教育教学过程中，我们因缺乏应对孩子提出问题的策略、认知过程和评价载体的缺乏，而不能对学生提出的问题进行合理评价。

在研究、学习、应用领域，推广 TRIZ 理论可以缩短创新周期、创新的进程，提高创新能力。进入 21 世纪，TRIZ 理论逐步形成一个处理现实问题的成熟理论与方法体系。通过本课题的研究，以高中生物学科和高中生为研究对象，在摒弃其他研究因素干扰的情况下，对问题提出主体（学生）的研究更能还原问题提出的本质，使 TRIZ 理论建立在更为普遍和广泛的实践基础之上，拓展研究领域和研究资源，为促进 TRIZ 理论体系的稳定有积极的研究价值。

高中生物实验交叉设计对提升教师教科研能力、转变育人观念、提高和对课堂教学的驾驭、调控能力，提高概念教学的教学质量和效率，全面把握教育内在的本质联系，进而推动教育教学改革。聚焦信息来源分类的研究单元，掌握学生问题提出能力培养关键过程、过程性评价提供可操作的实践载体，对更加精准的问题提出能力进行分析和研判有重要的实践价值。

【案例】

“双凤豆豉”回应高中化学+生物实验的教学设计实践

1. 教学背景

党的二十大报告，就进一步落实和深入推进课程与教学改革，不断提高学科教学质量，表现在课程实施价值取向上坚持以学生的身心发展为基础，根据不同的教学条件采用不同的教学材料，充分代表了广大学生和教师的心声。课程实施价值取向是当前课程实施发展的新方向，这种课程实施是在相互适应的课程实施中发展起来的。这种取向认为，课程实施是在一定情境中的，是教师和学生在具体的教育情境中主动、自觉、创造的一个教育经验的　过程。

结构化课程理论由吉登斯（Giddens）提出，主旨在研究课程结构与课程行动之关系的理论，是课程社会学研究对象的具体化，课程的社会控制问题实际上就是课程结构与课程行动之间的张力问题，围绕课程结构的三个维度与课程行动的三个维度以及它们之间的关系，展开了试探性的理论建构，从而形成了一套相对自洽而又对课程实施具有一定解释力的课程理论。内容主要包括课程结构的基本原理、课程行动的基本原理和二者关系的基本原理三个方面的内容。本案例通过对非物质文化遗产“双凤豆豉”发酵技术的高中化学课程资源的探究，以结构化课程理论为指导，丰富课程教学内容，促进非物质文化遗产进校园，对课程资源的来源渠道展开研究。

2. 教学的困惑

双凤豆豉是六盘水市第六批市级非物质文化遗产，双凤镇通过筛选、润水、煮熟、发酵等步骤完成制作，因其有特殊的风味而得名。

人教版《化学必修 1》中“化学实验基本方法”一节，在复习初中化学分离方法，拓宽相关知识的基础上，介绍了一种新的分离和提纯方法——萃取。在教学中发现，仅按教材教学，学生难理解，难掌握，教学效果差。经过反复研读教材、教师用书以及课程标准等相关资料，并做相应的习题，发现课堂教学差的原因主要有以下几个方面。

（1）教材由概念开始讲解萃取内容，这一概念无直观性、形象性，理解难度大，给了学生一个“下马威”，减弱了学习兴趣。

（2）教材中对分液法分离操作只给出了概念，对于如何操作，使用什么仪器，注意事项等内容并没提及。学生之前没接触过此类知识点，教材中没有铺垫知识平台，而在萃取实验中，却要求学生使用分液法。这样，知识跨度大，难点集中，导致学生不易掌握。

（3）此实验操作规矩多，学生易出错，若仅依赖教师的课堂演示，学生难掌握实验的操作步骤及注意事项。

（4）教材中实验所选萃取剂单一，无对比性。所以，当改变萃取剂后，所需溶液在上层还是下层，所选试剂能否作为萃取剂等问题，在做习题时困扰着学生。

教学过程表现为，对萃取的知识似懂非懂，对教材的分析不够深入，学生的自主参与程度和学习兴趣不高等问题。如何突破这些问题，在教材中不能找到明确的、结合地方特色的、学生感兴趣的素材，生活中能不能找到相关的知识映射呢？在化学中找不到，那么在其他学科中能否找到呢？

制糖、榨油，制作豆豉、水烟筒、DHA 等，不胜枚举。在这些实例中，同学们对豆豉、水烟筒是最熟悉的。

【案例反思】

转变教师的角色，促进教师专业发展，提高教师开发课程资源的整体素质。激发学生主体能动性，培养学生实践与探究的能力和爱国的情感。丰富课程及教材内容，开展形式多样且有效的教学活动，增添教学活力。教师必须认真研究实施策略，必须从新课程改革的大背景和教育理念上认真研究策略。同时，还要从传授者、管理者的角度进行转化，成为“平等中的首席”，成为促进者、引导者、学习者和研究者。学会开发利用课程资源，学会整合各种能力，创设丰富的教学情境，引导学生将知识转化为能力，让理论付诸实践。培养学生的主体意识、合作意识、创新意识、动手能力、交往能力、收集处理信息的能力，发现与解决问题的能力作为重点，强调学生在活动中学，注重直接体验和经验积累，反对重理论轻实践、重知识轻能力的倾向，开阔学科视野。

如何让学生在实验教学中体验、体悟、体用非物质文化遗产的文化底蕴，地方文化遗产如何有效地融入学校及其教学策略中，课程教学资源短缺的现状及其对资源的挖掘渠道，是教师育人的重大问题。以课程资源结构化开发为视角能够帮助教师更好地实施高中化学实验教学，使得实验本身更具有教育意义。在教学过程中，将地方文化资源积极地应用到实际教学中，丰富教学资源，针对不同地区、不同学校和不同学生的差异提出，以满足不同兴趣学生的学习需求，为提高育人质量提供借鉴。

第四节　交叉设计与资源挖掘和提炼

课程资源的开发与利用，是确保新课程实施的基础条件。随着学生对新课程观的理解，课程资源的开发与利用日益受到重视，学校和教师都应该成为课程资源开发的重要力量，而教材不应该也不可能成为唯一的课程资源了。随着新课程改革工作的逐步深入，更多的教师意识到了各种校内外课程资源的重要性。教学资源目前可以利用的主要有以下三个部分，一是学校的教学资源，如实验室、图书馆、各种教学设施和实践基地；二是学校的教学资源，如图书馆、博物馆、展览馆、科技馆、工厂、农村、军队、科研院所等广泛的社会资源和丰富的自然资源；三是信息化教学资源，如校内信息技术的开发利用、校内外的网络资源等。过去，对课程资源开发利用的价值认识不够，一方面，是有教育意义的自然和社会资源未纳入教育资源范畴，其教育的功能与意义没有被充分地认识与利用；另一方面，是教师、学生和父母都不知道从何处寻找自己所需要的资源，或者是不知道如何利用这些资源来对孩子进行有效的教育。因为学校教育体系的封闭性，教育资源拥有者没有为社会、为教育服务的意识，不了解学生需求和教育规律，导致各种学校教育资源闲置浪费现象非常突出。

教学资源对学生的发展有着独特的价值，与传统教科书比较，教学资源是丰富的、富有开放性的，给学生提供多方面的信息，调动学生各种感官参与，调动学生兴趣，让学生身临其境，在愉悦中提高知识，训练能力，陶冶情操，这是传统教科书所无法取代的。当前，在实施新课程规划中，必须建立新的课程资源观，充分发挥课程资源的功能，使各种资源与学校课程融为一体，更好地为学校发展服务。学生应该成为课程资源的主体和教学的主体，必须学会主动地有创造性地利用一切可用资源，为自身的学习、实践、探索性活动提供支撑，教师也应该成为学生利用课程资源的引导者。教师不仅是知识的传授者，还必须围绕学生的学习，指导帮助学生走出教科书，走出课堂和学校，充分利用学校的各种资源，在社会的大环境里学习与探索。同时，教师还必须成为课程资源的开发者和使用者，充分发掘各种资源的潜能与深层次价值，以增加利用率。

高中生物的教学仅仅根据有限的课堂空间，是无法适应学生了解生物科学与科技发展的，生物实验教学与设计是扩大学生知识面的主要源泉。所以，生物课程除使用校园内的生物实验室，还必须充分利用校园的图书馆，而学校还须按照新课程的特点，调整图书结构，改变服务方式，为学生服务。同时还要广泛利用动植物标本馆、科研机构、良种站、养殖场、实验田等。自然保护区可以完整地保存自然界的本来面目，也应该成为生物课程资源的重要组成部分，而广阔的自然界更是生物教育的天然“实验室”。课程改革是一个系统工程，需要全社会的支持与帮助，课程资源的拥有者必须增强为社会、为教育服务的意识，必须形成一个社会广泛参与课程资源开发与利用的运行机制。整个社会须建立起为学校教育服务、为学生发展服务的意识，各种社会资源只有与学校教育，尤其是学校课程和学生学习有机地融合在一起，才能更好地发挥价值。随着新一轮课程改革的实施，课程资源逐渐受到了学生的重视。在改革不断深化的过程中，课程资源的重要性也凸显了出来。国内理论界对课程资源研究指出：“高中基础教育课程改革要积极发展和合理利用校内外的各类课程资源。”因此，以往被忽视的校外课程资源的开发和利用日益受到教育理论和实践工作者的关注。就利用的经常性和便捷性而言，校内课程资源的开发与利用必须占据主要地位，而校外课程资源则更多地具有一种辅助与补充功能，也就是要利用校外课程资源来支持学校课程建设。

课程资源建设需要把校内课程和校外课程整合起来。教师应该学会利用和开发各种各样的课程资源。在实际的课程实施过程中，由于地区条件的不同，发达地区实施起来比较容易，而欠发达地区由于本身条件的限制，使得在进行课程的开发与实施中存在着诸多的问题，但只要我们因地制宜的开发与利用各种资源，完全可以把我们的综合实践课开得有声有色。

一、校内课程资源的开发和利用

学校自古以来都是学生学习的重要场所，教育制度的变革都无法取缔学校教育体制。当然由于我们国家经济发展不平衡，各个学校的教育条件也参差不齐。各个学校可以根据各自的实际情况对教育资源加以开发与利用。

（一）信息保障

在综合探究中，学生经常会碰到这样那样的疑问。有些问题涉及的知识面比较广，往往教师也弄不清楚。但学生恰恰对这些问题感兴趣。比如，我们在进行对最具幸福感城市的调查研究时，学生对幸福指数、环保成本、统计学等问题上，兴趣非常浓厚。这些问题单凭教材的讲解是没有办法解决的。如果学校条件允许的话，学生可以去学校图书馆、电子阅览室借来大量有关这方面的书刊，以便查阅，同时还可以利用因特网让学生带着问题自主搜集信息。并把收集到的信息随时记录下来，然后集体交流总结。通过这样的自主收集信息，扩大学生探究的范围，提高学生研究、统计、分析、解决问题的能力。因而，有效利用本校的图书馆、网络资源等进行研究与学习，学生学习的欲望能得到很大的满足，碰到一些感兴趣的问题，很快就能得到解决，这就更加激发了学生探究的兴趣。虽然不是所有学校都具备这些硬件资源，但是一些发达地区的高中已经都拥有了自己学校的图书馆和计算机教室。即使一些欠发达的地方还不具备，也可以延伸到校外，到学校所在的县城的图书馆、网络教室去查阅相关资料。

（二）场地和管理保障

实验一向都是中学各门学科的重要组成部分。比如，生物这门学科，以前被称为是一门以实验为基础的科学。但由于各种升学考试的压力，师生没有真正意义上把它重视起来。重视它也只是为了应付考试而已。况且当时的教材中所设计的学生分组实验，几乎无一例外，都是验证性实验。并且还用大纲的形式，把学生死死盯在得出书中规定结论的框架里，思维定式，目标单一。长期以来，实验室里那种单调沉闷的气氛也是大家有目共睹的。而可供选择并作为研究性学习内容的生物实验，更多强调实验现象的趣味性，实验方式的多样性，重在有效地调动学生学习的积极性和主动性。正因为结果的不确定性，能唤起学生的高度投入。学生可以从奇异的实验现象中，捕捉为我所用的、有价值的信息。站在自身的角度，提出各种各样的质疑和问题。在触及并追究生物原理时，它应该牵涉哪些生物基础知识，知识点之间又是怎样相互衔接和综合的。这种顺其自然所形成的生物概念，极易与现代人的生活、生产和现代科技密切关联。其他各门学科充分合理地利用实验来组织学生进行探究性学习也应该有异曲同工之妙，但不刻意追求完美。实验既能引发学生诸多的遐想，又能激起学生急切动手一试的愿望。

大自然不仅是人类赖以生存的物质环境，而且还是人类永远都学不完的“大教材”，蕴涵着许多知识与奥秘，人类对知识的探索都是从大自然开始。人文环境是社会生活的缩影，真实地反射出时代的种种问题。如果我们只把对教材的探索局限于课堂上，单凭标本、直观教具或课件演示，是远远不够的，这样既会束缚学生探索的思维空间，又会减弱学生科学探索的兴趣，起不到好的教学效果。因此，有效利用现有的自然环境与人文环境，进行综合实践活动，探究教材的内涵，进行实地的考察与研究，不仅可以增长学生的知识，又能激发学生的求知欲，锻炼学生的动手能力与应用能力。

当然，校内外还有很多资源可以开发和利用，我们应该因地制宜，充分利用好现在拥有的一切可利用的资源，让我们的学生真正能够在探究中成长。

校本特色课程是基于学校自身特点，以教师自身素质和学生的教育需要为主要研究主体，旨在提高学生核心素质的课程。它是一个学校课程文化的核心，是学校办学特点的直接反映。作为国家课程的补充，该校为学生提供的校本课程，对学生核心素质的训练和该校的品牌发展有着很大的意义。校本课程是一个外来语，最先出现于英、美等国，已有 20 多年的历史。特色校本课程即以学校为本位，由学校自己确定的课程，它与国家特色课程、地方特色课程相对应。在中国新课程改革的教育形势下，特色校本课程成了新课程改革的重点。特色校本课程开发的异变与思辨、课程理解与课程改进视角的建构、校本课程创生出一个新的教育教学空间、写出自己的课程标准、回归课程价值、铺陈课程内容、重在课程实施与评价、在教学中绽放光彩等问题，对于提高高中教师和学校管理者的校本课程开发水平和实施水平有较强的指导作用。

地方特色生活素材性资源是指作用于高中生物课程，并能成为课程的素材或者来源的地方特色文化资源。素材性资源的特点，是作用于生物课程并且可以成为课程的素材或来源。通过对典型的地方特色文化素材深入分析，由浅入深，提取素材信息中所包含的有价值信息，在特色文化素材资源的开发与利用中，把特色文化固化的内容灵活展现出来，剖析有价值的信息，教师在这个过程中要注重检查，掌握学生对素材的了解程度。

通过 CiteSpace 以“地方特色文化、课程资源”为检索的主题词，2000 至 2020 年为检索的时间跨度，依据文献类型对数据结果进行精炼，共检索出 62 篇文献，通过 CiteSpace 的关键词聚类图谱、作者单位机构合作网络图谱、高频关键词共现时线图、关键词共现聚类表等对国内特色文化进行统计分析，以期分析特色文化研究现状、研究热点与研究前沿，挖掘出本课题研究的意义和价值。为体现国内特色文化研究的总体趋势，本文根据 CNKI 数据库中 1981—2021 期刊年度文献分布情况，绘制出折线统计图，详见图 3。

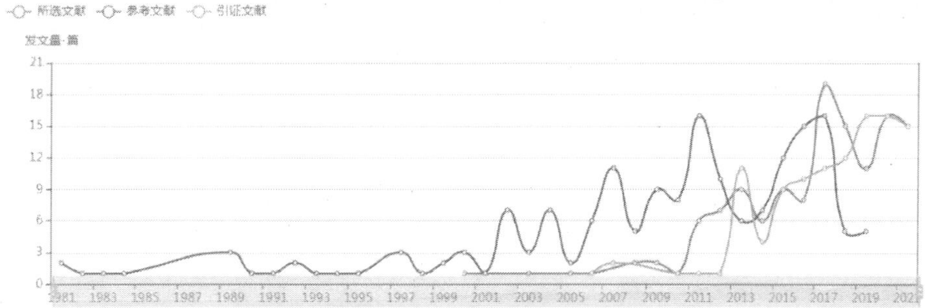

图 3　国内特色文化研究成果分布折线图（1981—2021）

从图 3 可以明显看到，2000—2021 年国内特色文化研究论文呈现波动上升趋势，1986 年 1 篇，随后几年发文量在 6~21 篇之间波动，2018 年达到峰值 19 篇，随后几年略有回落，后期又波动上升，总体来看，国内关于特色文化研究论文数量在起伏中保持增长趋势，这表明特色文化研究正受到国内研究者的关注和重视。

词频分析法是利用能够解释或表达文献核心内容的关键词或主题词，在某一研究领域文献中出现频率的高低，确定该领域研究热点和发展方向的文献计量方法。通过 CiteSpace 对目前国内特色文化研究的关键词进行高频关键词共现时线图，得到 202 个节点，274 条连线的关键词图谱，Q=0.862 5，S=0.960 5。根据关键词图谱分析可知，排名前十的关键词依次是：少数民族（频次 13）、课程资源（频次 11）、少数民族民歌（频次 11）、凉山少数民族（频次 9）、文化传承（频次 8）、非物质文化遗产（频次 8）、凉山（频次 7）、歌曲（频次 5）、九乡少数民族（频次 4）。另外，在时线图的基础上，选择 find cluster，选择 K 进行聚类，共生成 9 个聚类（图 4），同时生成关键词共现聚类表（表 3）。

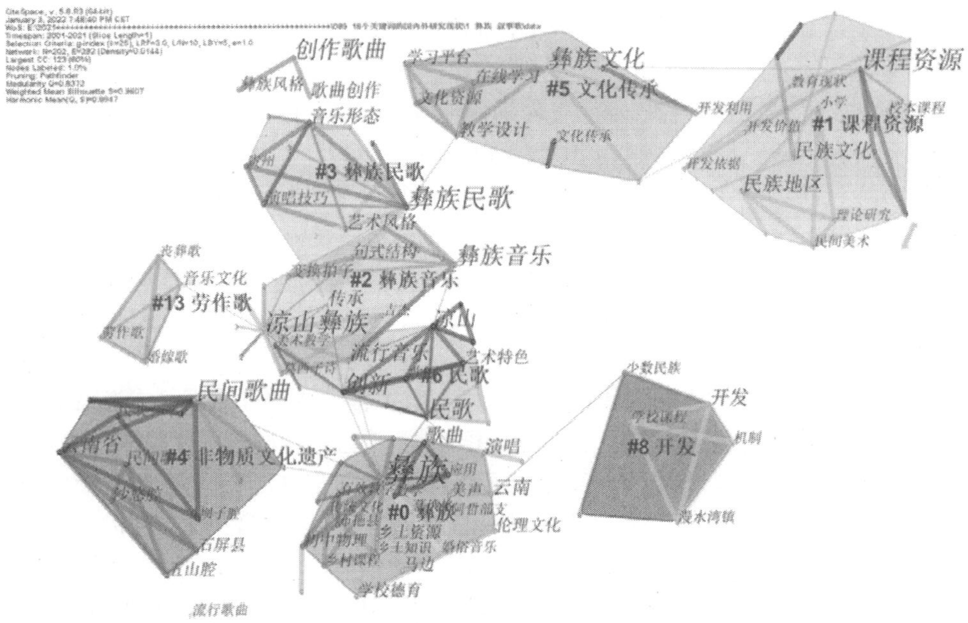

图 4　关键词共现网络聚类图谱

表 3　关键词共现聚类表

节点	大小	效率	年份	阶梯式成长 1	阶梯式成长 2	阶梯式成长 3
0	13	0.996	2013	学校德育、婚俗生物、阿哲部支，婚俗生物、乡土资源、伦理文化、学校德育	少数民族、歌曲、应用、教学、美声	应用、教学、美声、婚俗生物
1	11	1	2014	课程资源、开发依据、教育现状、开发价值、民族地区、民间美术、理论研究、课程资源开发、开发价值	课程资源、民族文化、民族地区、美术教育、毕摩文化	美术教育、毕摩文化、开发与应用、高中
3	11	0.952	2014	少数民族民歌、演唱技巧、生物形态、采韭菜、艺术教育|艺术风格、传承与发展、艺术教育、川滇黔边境、生物形态	少数民族民歌、演唱技巧、生物形态、艺术风格、艺术特征	艺术风格、艺术特征、分类、传承、贵州
5	9	0.915	2016	文化传承、少数民族文化、学前教育、在线学习、学习平台、教学设计、文化资源、在线学习、高中教育	文化传承、少数民族文化、文化资源、在线学习、学习平台	文化资源、在线学习、学习平台;学前教育
2	8	0.899	2015	少数民族生物、少数民族民歌、演唱特征情深意长、句式结构|单二部曲式、少数民族民歌、句式结构	少数民族生物、凉山少数民族、融合、羽调式、单二部曲式	融合、羽调式、单二部曲式、演唱特征
4	8	0.93	2011	非物质文化遗产、民间歌手、少数民族海菜腔、民歌小调、民间歌曲|民歌小调	非物质文化遗产、云南省、民间歌曲、石屏县坝子腔	民间歌曲、石屏县坝子腔、少数民族海菜腔
6	7	0.972	2014	地方特色文化、内容分析、幼儿教育专业、九乡少数民族、艺术特色|幼儿教育专业	民歌、凉山、歌词、艺术特色、地方特色文化	歌词、艺术特色、地方特色文化、九乡少数民族
8	5	0.981	2010	社区课程资源、学校课程、漫水湾镇、乡土史课程资源	开发、乡土史课程资源、机制、运用、社区课程资源	乡土史课程资源、机制、运用、社区课程资源

表 3 生成的 8 个主要类团，结合聚类表可以看出，聚类效率均高于 0.9，总体来说各个

类团内部一致性较好。0 号包含的节点数最多（13），5 号研究较为新颖（2016）（文化传承、少数民族文化、学前教育、教学设计、文化资源）。

从历史的变迁当中，我们深深地感受到生物的魅力，地方特色文化有这样的特点。青少年是传承并发展知识文化的主力军，学校作为传播文化的重要场所，成为民族文化传承的重要渠道。因此，将民族民间生物引进校园，不仅充分发挥了学校教育对保护、传承民族民间生物文化的作用，同时也促进了民族民间生物文化的可持续性发展。盘州市位于贵州省的西部，隶属于贵州省六盘水市，是少数民族的主要聚居区之一，在独有的历史、地理以及文化环境下，盘州市的少数民族具有丰富多样的生物文化。

地方特色文化作为文化传承的主要载体之一，在我们生活中传唱，而这些正是学生喜欢的，也是影响他们身心发展的因素，可见地方民俗文化是教育者应该给予更多的关注，把它们整合成优秀的教育资源，或许能取得更好的教育成果。深度挖掘地方特色文化的教育素材，使得民俗作品想传达的思想更容易让学生所接受，也更能把学生带进特有的情境中去，提高学生的审美判断能力。地方特色文化融入高中生物实验设计的开展，寻求地方特色文化课程素材资源开发思路，建构特色校本课程资源开发的框架，为地方校本课程资源的开发与利用提供参考的思路、模式、借鉴。

三、实验材料选择的基本原则

（一）目的的明确性

实验目的决定了实验材料的选择。例如，检测生物组织中还原糖、脂类、蛋白质的试验，要选用富含还原糖、脂类、蛋白质的物质作为试验材料（苹果或梨，花生，大豆或蛋清液）；观察叶绿体试验的目的决定了材料必须含有叶绿体；发黄的菠菜、大白菜就不适合做叶绿体中色素的萃取与分离试验的材料，因为色素种类不全或量不多；DNA 的粗萃取与鉴定试验，必须选用含有 DNA 的材料，而人和其他哺乳动物的血液也不能用作实验材料；总之，要按照实验目的选用恰当的实验材料。

（二）取材的方便性

实验材料的选用必须是各地可见、来源丰富的常用材料。这一点在中学教学中尤为重视。例如，检测类试验中所用的苹果、梨、花生、大豆、蛋清；观察类试验中所用的藓类的叶、菠菜叶的下表皮、紫色的洋葱、人的口腔上皮等；萃取类试验中所用的菠菜叶，猪、牛、羊或其他脊椎动物的血液，鸡血、猪肝、菜花、香蕉、洋葱；还有研究类实验和生物科学史中的实验所用的实验材料等，都是一些常用的、容易获得的材料。当然，在各地的教学过程中，可以针对当地实际的教学资源，选用不破坏当地生态资源、来源更方便、效果更好、成本更低廉的资源作为替代。

（三）效果的显著性

所选用的试验材料应当使试验效果明显、试验现象突出，避免试验材料对试验结果的影响。例如，在检测可溶性还原糖的试验中，不要用橘子作为试验材料，因为橘子富含色素，且接近橘红色，干扰试验现象；在研究温度对酶活性的影响试验中，不要用过氧化氢酶，因为过氧化氢在加热后就可以分解形成氧气；在体验制备细胞膜的方式的试验中，用人或其他哺乳动物成熟的红细胞，因为人或其他哺乳动物成熟的红细胞没有核膜和细胞器膜，便于获得较纯净的细胞膜；在研究植物生长调节剂对扦插枝条生根的作用的试验中，采用生长旺盛的一年生枝条，因为一年生的旺盛的枝条分裂能力强，生根能力强，试验效果显著；在血红蛋白的萃取与分离试验中，用猪、牛、羊或其他脊椎动物的血液，因其富含血红蛋白，且血红蛋白为红色（我们实际用光学显微镜看到的不是红色），便于收集。综上所述，为达到良好的试验效果，必须审慎地选用生物材料。

（四）操作的简便性

试验材料的选用要便于试验的操作，使试验更易于成功。为什么在培育单倍体时，不选用体积大、富有营养的卵细胞呢?其中的主要原因在于卵细胞存在于胚珠中不易获得，而且卵细胞数量通常很少!而花粉数量多、易取，非常便于操作。在观测植物细胞的质分离和复原现象时，采用了紫色洋葱鳞片外表皮细胞，由于紫色洋葱鳞片外表皮细胞的液泡呈紫色，降低了染色的过程，易于观测实验现象；在研究遗传规律时，往往采用果蝇作材料，因为其有易于区分相对性状，染色体数量很少，易于培养，繁衍速率快、后代数多，便于开展统计学的分析。

综上所述，高中生物教材中的各种试验对实验材料的选择，为人们在进行试验时恰当地选用实验材料提供了基本的思路与原则，选用实验材料时应当遵循上述原则，并考虑获得实验材料的可行性、操作的复杂程度，以及是否具有对试验的干扰因素等，以最大限度地减少实验的干扰误差，以最简单的操作获得最佳的试验效果。同时，根据上述原则，在实验中指导学生针对本地实际状况，探索、发现新的实验材料，培育学生的创新精神，寻找思维产生的新的增长点。

【案例】

“生活化”生物实验情境素材的挖掘

1. 案例背景

社会生活中的素材是随着时代的变迁而千变万化的，社会生活中的素材及其内含有的要素及其之间的关系是被掩盖在各类事物的表象之下的，而在教学中，学生对生活中的事物的理解、认识、选择又大多是非理性的（理性思维 5%，非理性 95%），这是学生从知识的学习到知识的迁移及知识的运用，从而是提出问题、解决问题的最大障碍！

2. 案例反思

社会生活中所蕴含的素材的内涵是丰富多彩的，与教材中的素材不同，故而才会让我们深陷其中，它是知识、文化的载体，有千奇百怪的表现形式，在不同的社会历史发展中，表现出有不同的实践价值。伴随着时代的发展，学生对它的改造，这些素材表现出了强大的生命力，并且在适应社会发展的过程中，它们所表现出来了强大的适应能力，且有富饶的生长土壤，它们与学生的生活密切相关。另外，个人或者团队的个人意志的改造，很有可能在一定程度上，偏离了其原有的现实本质，而表现为与社会经济的发展格格不入！

我们生活在这样的一个经济高速发展的社会环境中，身处于文化底蕴、历史丰富多彩的人文环境中，不受其影响是不可能的，那么这样的影响，是好还是坏呢？这样的素材是可以直接进校园的吗？

答案是肯定的。事物的传承是由上一辈到下一辈的接力式的学习，运用的过程，场地这样的素材需要被提炼，融入校园的学科教学活动中，提炼有地方特色的文化就显得尤为重要。这样的传承和学习的路径才会是生长的、发展的、赋予其时代特色的。诚然，各类社会主体都可以作为地方文化的传承主体，作为文化的主阵地，在这样的社会性活动中，怎么能少了学校教育呢？

那么，校园作为文化传承及教学资源的开发的途径，如何选择就是摆在面前的现实问题，融入学科教学是必经之路。目前，国内对校园文化传承的路径主要包括教学内容、实践教学、理论教学等。

高中生物学科是一门着眼于学生未来发展和个人生活需要的实验性学科，实验教学是学科教学的主要路径，在生物学科教学过程中，创设情境时，明确的教学目标和学习目标，符合学生的认知特点，由简单的情境入手，从简单到复杂，结合地方特色，发掘自身资源优势的高中生物实验教学情境素材，就是生活化情境素材挖掘的落脚点。

与高中生物有关的非物质文化遗产、特色产品有保田生姜、四格乌洋芋、盘县刺梨果脯、盘县火腿、六盘水羊肉等，在它们当中就有丰富的素材可以挖掘！在实践和运用中传承。

【案例】

生物练习中关联语义辨析到“生活化”情境素材

1. 案例情境

在讲一道高一生物的期中考试练习的时候，有一道题很有意思，很有代表性，它的出题背景是通过杂交实验，整合两株小麦不同品系的优势性状，很传统的步骤，先杂交，再自交，计算选择遗传稳定的纯合子所占的比例，题目是这样的：

有两个纯种的小麦品种：一个抗霜冻（d）但易感锈病（r），另一个不抗霜冻（D）但能抗锈病（R），两对相对性状独立遗传。让它们进行杂交得到F1，F1再进行自交，F2中出现了既抗霜冻，又抗锈病的新品种。下列说法正确的是　（　）。

A. F2中出现的既抗霜冻，又抗锈病的新品种都能稳定遗传

B. F1产生的雌雄配子数量相等，结合的概率相同

C. F2中出现的既抗霜冻，又抗锈病的新品种占9/16

D. F2中不抗霜冻与抗霜冻的比例为3∶1，抗锈病与易感锈病的比例为3∶1

2. 案例过程

杂交实验二，F2的杂交结果是9：3：3：1，既抗霜冻，又抗锈病且遗传稳定的子代的比例，即要满足两个条件，条件1（抗霜冻又抗锈病），条件二（遗传稳定）。

问题是这样的：在F2中，既满足条件1又条件2的比例__________。

在F2中，既满足条件2又条件1的比例__________。

师：这两个问题一样吗？

学甲：不同；两个条件的位置颠倒了，问题变了，结果就应该不同了。

学乙：前一条件是后一条件的基础，是递进的关系，相当于“且”（习惯用语）“中”。

学丙：既满足条件1，又满足条件2是并列的关系，相当于“或”“和”。

师：并列是表示词语间的关系并列，平行关系，两者一样重要；递进是表示词语之间是递进的关系，强调后者…那么它们之间是哪一类关系呢？

学丙：递进关系更合适一些，所以他们计算的结果不同，也是因为他们的问题条件不同导致的（理性思维发生）。

师：同学们可以从生活中举出一个类似的例子来加深大家对知识的理解和应用吗？（时间2分钟），一段时间后，同学们选择沉默……

师：不怕，说错了没关系（鼓励），所举的例子不用是生物上的知识。同学们推荐学生戊来回答问题。

学戊：他是一个男生，他和一个女生恋爱了，男生对于女生而言，男生叫现任，后来，两个人分手了，男生就叫前任，后来两个人又复合了，同一个人，男生就有了两个身份，“现任”和“前任”。

师：“引导”，嗯，挺好的一个例子，我们来把这个引申一下，这个生活中真实存在的情境，和这道生物题有什么共同的地方？

学甲：它们的共同点是，发生在两个东西之间，它们之间产生了关系，但是在不同的时间点上，发生的关系，它们所产生的结果和意义就不同。

【案例反思】

从这一情境来看，同学们在解题中要注重对关键词的正确辨析，避免解题时产生歧义，在高考题中是不会出现的，是关联词选择不合理导致的。另外，学生对题干信息的提炼，对事物的认识是从他们原有或现有的认知去理解的，在“大概念”、知识储备、社会实践经验相对匮乏时，更多的经验来自于“生活”，但在问题的本质的思考上，却偏离了问题所要解决的关键和知识解决实际问题的初衷。

【案例】

“去生活”化的生物实验情境素材开发

生活中的生物实验情境素材是富含有丰富的社会元素的，如“情感、家庭背景、社会阅历、态度、个人价值观”等，将生活中的情境素材直接引入到课堂教学中，差异化、多元化、层次化使学生对同一事物的理解和认识不尽相同，有时甚至是会将学生的认识引向反面，如经验、认识、知识、观念不是一回事，它是那么若隐若现的，我们通过四者之间的概念来加以区别：

经验是指学生在同客观事物直接或间接接触的过程中，通过感觉器官获得的关于客观事物现象和外部联系的认识。

认识是指人脑反映客观事物的特性和联系，并揭露事物对人的意义与作用的思维活动；知识是指人类从各个途径中获得的经过提升、总结、凝练的系统的认识，具有一致性、公允性、判断为真伪，以判断逻辑，而非立场。

知识指纯粹理性、实践理性、技艺等。知识的来源是，直接经验、间接经验、内省经验等；知识的性质是，显性、隐性。OECD将知识分为，客观知识（是什么）、自然规律知识原理知识（为什么）、技术技巧、技能和能力方面的知识（怎么做）、何人何地具有何种知识和能力（什么人）等4类知识。它们是从不同的研究角度、研究目的对知识的不同认识进行分类。

观念是指个体对某种事物的看法、认识、理解、反应等心理活动的总称，它是人类智慧的重要表现形式之一，观念具有主观性、实践性、历史性、发展性等特点；观念受到环境条件、文化传统、教养程度、生活经历的差异的影响，学生在面对新问题和困境的时候会重新评价和修正观念，并对可能的解决办法进行尝试和探索，我们要时刻保持开放的心态，认识，接受新的观念。

教材中的知识是基础性的、普适性的，也就是说它是最低的，最基础的要求，并不是所有地方的学生和教师的经验、认识、知识、观念都一样的前提下的最低层次的要求。

高中生物学科的核心素养是科学探究、科学思维、社会责任、生命观念，各个学科的知识核心素养又各有偏重，如果把9大学科的核心素养整合、聚集在一起，我们不难发现，它们就组成了学生全面发展的基础条件，也就是要求教师在课堂教学中在深入探究本学科知识的教学，观念的生成的过程中，兼顾与其他学科知识的关联和交叉，这就对教师的教科研能力提出了更高的要求，也就对现有的管理体制提出了新的挑战！

回到学科教学的原点——课堂，课堂知识的学习需要在一定的情境中，知识才会得以有机的建构和生成，才会实现学科知识习得到学科知识应用再到提出问题、解决问题的转变。这样的生活情境素材是错综复杂的，在时间、空间有限的课堂中，达成既定的、预设的、生成性的教学目标而言，应该是被开发之后、加工之后、筛选之后中性的、无偏见的、无个人价值判断的、纯粹的，才能正确地引导学生。

这样的素材，包含故事的情境要素：时间、地点、人物、事件，事件即是情境要素之间发生的各种关系和故事，这样的故事给予我们启示，它暗藏的理论逻辑（规律、知识），故事发展的原因，去除故事背后纷繁复杂的人物、事件、情节，挖掘情境素材背后的本质，从而形成系统的、完整的理论或精神，升华、实践、加工、提炼，形成学生自己的理想信念。

在这样的理想信念成长的道路中，处处是情境，也正因为有了情境，这样的思想信念才会生动、感人、信服，走上这样的路是快乐的、自由的、幸福的、不由自主的。

可见这样的思想信念在生成的过程中，充满了人为加工过程的痕迹，充满了在各式各样的情境中，每个人对这样的情境，根据个人的需要，进行各式各样的选择。

新的教育发展历史时代，对“教”与“学”有更高的要求，新的要求！

【案例】

高中生物实验原材料的选择

在讲人“细胞核的结构与功能”的思考与讨论时，学生通过阅读课本呈现的实验材料，对细胞核的功能进行总结时，选择不同的实验材料去探究细胞核的功能，总结出细胞核的功能及结果亦不相同，存在明显的二元理论的痕迹，即要找到细胞核的具体的、单一的功能，但从各种实验材料的探究结果发现，从不同的实验材料中呈现了不同的功能，即暗示细胞核的功能多样，涉及生命活动的各个方面，继而通过不完全归纳法总结归纳出细胞核控制细胞的代谢和遗传功能。

用美西螈探究细胞核的功能得到细胞核能控制美西螈的肤色(去除了或没有关注到对细胞分化、性别、生长、发育、代谢、衰老、死亡等方面的研究)；蝾螈受精卵的横溢实验探究了细胞核对细胞分裂、分化的控制；变形虫的切割实验探究了细胞核与细胞质的关系；植物伞藻的嫁接实验探究对伞帽的性状控制，呈现出不同的研究方向，因为关注的点的不同；而选择不同的实验材料，对细胞核的功能进行探究，从细胞核功能的多样性，不难推出细胞核的结构、组成上的多样性，究其原因是细胞核中染色质中遗传物质DNA携带的遗传信息的多样性及信息的选择性表达。故而需要选择不同的实验材料对其功能进行某一方面的持续关注。在不经意的实验探究过程中，继而呈现实验结果的偶然与必然，解决了设计实验的屏障、条件、障碍。

人类用智的常见方法是，纯逻辑思维、归纳法、演绎法；而科学的思维方法包括归纳法、演绎法、实验法、统计法、比较法、假设法、分类法、等量代换法、回溯推理法、结构功能法、模型法；科学思维的方式包括底线思维、系统思维、规律思维、反思思维、比较思维、效益思维、系统思维、危机思维、政治思维、辩证思维。个人思维的局限，用智方法的习惯，决定实验材料的选择，实验得出的结论是单一的、片面的。故而，生活实践经验是深度探究的基础，但不能因此作为研究得以突破的必要条件，需要在控制中去深入探究，在实践运用中去深度拓展，才可能在有限的时间精力范围内有所突破和成就，而不是面面
俱到。高中生物学中各类实验的材料选择及分析，见表4~表8。

表4　观察类、调查类实验的材料选择及分析

实验名称	实验材料	选择该种材料的优点	备注
用高倍镜观察线粒体和叶绿体	1．观察叶绿体时选用：藓类的叶、黑藻的叶，菠菜叶的下表皮并稍带些叶肉 2.观察线粒体时选用人的口腔上皮细胞	1．叶子薄而小，叶绿体清楚，可取整个小叶直接制片，所以作为实验的首选材料。取菠菜叶的下表皮并稍带些叶肉。因为下表皮细胞含叶绿体数目少但大 2．人的口腔上皮细胞进行有氧呼吸富含线粒体，取材方便	
观察植物细胞的质壁分离和复原	紫色洋葱鳞片叶的外表皮	因为液泡呈紫色，减少了染色过程，易于观察实验现象	
观察细胞的有丝分裂	洋葱（可用葱、蒜代替）的根尖	因为根尖生长点属于分生组织，细胞分裂能力强，易观察到有丝分裂各个时期的细胞。	
观察细胞的减数分裂	马蛔虫或蝗虫精母细胞	染色体数目较少，且用马蛔虫或蝗虫，取材方便，精母细胞数目多，易找到处于不同阶段的分裂，且现象明显	

续表 4

实验名称	实验材料	选择该种材料的优点	备注
观察 DNA 和 RNA 在细胞中的分布	人的口腔上皮细胞	易于取材，易于观察	
调查常见的人类遗传病	群体中发病率较高的单基因遗传病。如色盲、白化病、高度近视等	该种病不易受环境的影响，能较稳定地遗传，易于进行发病率的统计及遗传方式的研究	

表 5　检测类实验的材料选择及分析

实验名称	实验材料	选择该种材料的原因	备注
检测生物组织中还原糖	苹果或梨的组织液	苹果或梨组织液富含还原糖，且颜色接近白色，避免了实验中的颜色干扰	不能有橘子或甘蔗。橘子本身富含色素，会掩盖颜色反应的结果；而甘蔗不含还原糖，蔗糖不是还原糖
检测生物组织中脂肪	花生种子浸泡、去皮、切下一些子叶薄片或者花生种子的组织液	花生子叶富含脂肪，且颜色接近白色，避免了实验中的颜色干扰	
检测生物组织中蛋白质	可用蛋清或者豆浆	蛋清或豆浆富含蛋白质，蛋清的稀释液为无色，豆浆接近白色，避免了实验中的颜色干扰	

表 6　提取类实验的材料选择及分析

实验名称	实验材料	选择该种材料的原因	备注
叶绿体色素的提取	新鲜绿色的菠菜叶	新鲜的菠菜叶富含色素，且便于研磨	不能用很嫩的叶片，也不能用发黄的老叶，嫩叶色素含量少，发黄的老叶含叶绿素少
DNA 的粗提取与鉴定	鸡血、猪肝、菜花、香蕉、洋葱、菠菜等	富含 DNA，且取材方便	不能用人或其他哺乳动物的血液，因为其红细胞内无 DNA，无法提取到 DNA

表 7　探究类实验的材料选择及分析

实验名称	实验材料	选择该种材料的优点	备注
探究温度对酶活性的影响	质量分数为 2%的新配制的淀粉酶溶液，质量分数为 3%的可溶性淀粉溶液	取材方便，且温度不影响淀粉的分解	不能用过氧化氢酶作材料，因为不同温度影响过氧化氢的分解速度
探究 pH 对酶活性的影响	新鲜的质量分数为 20%肝脏研磨液，体积分数为 3%的过氧化氢溶液	可以直接通过观察气泡数（氧气）的多少，实验现象直观明了	
探究酵母菌的呼吸方式	酵母菌	酵母菌为单细胞生物，属于兼性厌氧菌。便于研究细胞呼吸的不同类型	

续表 7

实验名称	实验材料	选择该种材料的优点	备注
探究植物生长调节剂对扦插枝条生根的作用	生长旺盛的一年生枝条	实验效果明显，缩短实验时间	
探究培养液中酵母菌种群数量的动态变化	酵母菌	单细胞生物，适宜环境中可以大量增殖，较短时间内便可进行种群数量的统计	

表 8　生物科学史中的实验材料选择及分析

实验名称	实验材料	选择该种实验材料的优点	
体验制备细胞膜的方法	人或其他哺乳动物成熟的红细胞	没有核膜及细胞器膜，便于获得较纯净的细胞膜	
核质关系的研究	伞藻	体形大，便于操作，形态差异明显	
DNA 是遗传物质	噬菌体	结构简单，且只有蛋白质和 DNA 组成，有利于确定究竟哪一种物质影响遗传	
DNA 的半保留复制	细菌	仅含一个拟核 DNA	
孟德尔的豌豆杂交实验	豌豆	相对性状易于区分，自花授粉、闭花受粉	
遗传规律	果蝇	有易于区分的相对性状，染色体数目少，易于培养，繁殖速度快、后代数量多	
单倍体育种	花药离体培养	数量多，易于取材，易于培养	

第五节　交叉设计与需要和认知的错位

一、缘起

奥苏伯尔（Ausubel）认知同化理论，是新知识的掌握必须以现有的认知结构为基础。掌握新知识的过程，是指学习者积极主动地从自身现有的认知结构中获得与新知识最有联系的旧知识，并且进行“固定”或者“归属”的一个动态的过程。中共中央、国务院印发《深化新时代教育评价改革总体方案》，坚持以德为先、全面发展、因材施教。学生能对个人感兴趣的领域开展更广泛的实践探索，能提出存在一定新意与深度的问题，并综合运用知识分析问题，用科学技术开展研究，以增强解决实际问题的能力。国务院印发《关于统筹推进县域内城乡义务教育一体化改革发展的若干意见》明确提出，到 2018 年基本消除 66 人以上超大班额，到 2020 年基本消除 56 人以上大班额。

认知经验差异指学生因为在认知能力和学习能力而导致的数学知识储备方面存在的差异。差异可能是遗传、环境、发展经历的结果，受到教育领域各教育部门和社会的关注。认知差异的教育应重视每个学生的独特性，根据不同学生的认知能力和学习能力，提供相应的教育和培养策略，帮助他们充分发挥其认知能力和学习能力的潜力。

差异化同步教学是指在大班额（学生人数超过 45 人）、一对多的课堂中，同步进行差异化的教学策略，在教学范围、教材、教法和科技等面向实施差异化的教学策略。例如，教师准备难度不同、材料不同和分量不同的差异化教材，以帮助不同班级、不同小组、不同学生更好的学习。

二、研究综述

当学生把教学内容和自身认知结构联系起来后，意义学习就出现了。所以，影响课堂教学的最主要的原因是，学生的认知结构。所谓认知结构，就是指学生现有知识的数量、清晰度和组织方法，它是由学生眼下能回想出的事实、概念、命题、理论等所组成的。所以，要提高新知识的掌握程度，首先，要提高学生认知结构中与新知识有关的观念。从安排学习内容的视角来看，要注意两个方面：

（1）要尽可能先传授课程中具备最大包摄性、概括性和最有说服力的概念与原理，以便于学习者能对学习内容进行组织与综合。

（2）要注意渐进性，也就是说，要通过安排学习内容顺序最有效的方式，形成学习内容的内在逻辑，组织和安排练习活动。从教学的视角出发，研究认知结构，目的在于识别与控制影响意义接受学习的变量。

奥苏贝尔认为，以下 3 种变量是需要注意的：

（1）学生认知结构中能和新教材建立联系的有关概念是否可以运用。如果可以运用这些概念，就为学习和记忆新教材提供了必要的固定点。

（2）这些概念和要学习的新概念之间区别的程度怎样，即要避免新旧概念的混淆，使新概念可以成为独立的实体维持下来。

（3）认知结构中起固定点的强度，也影响了学习者能否对新旧概念做出区别。新旧知识的学习中，知识之间存在上位关系（一般的、范围较广的命题）、下位关系、组合关系等。

随着社会发展，环境影响、学生心理、认知结构变化，国内关于认知同化理论的研究关注教学观念、教学方式、学生学习过程中的心理认同机制、学习认识规律等方面。课堂教学过程中，教学应该尊重学生，在充分理解大多数学生知识结构、价值构成基础上，结合学生实际，通过转变教学理念、注重教学策略、创新教学方式，采取有效的教学方式和策略，对学生的意识形态产生积极、有效的影响。

国内外关于认知同化理论的研究深刻、细致，对本课题的研究提供了大量的研究理论依据，从学生知识学习的角度看，学生对知识的学习可以采取上课听教师讲授、自主阅读教材。认知同化理论存在 3 方面的问题：

（1）认知同化理论只关注学生的课堂接受学习和教师的课堂讲授教学，忽略了学生学习中教师对学生的指导作用。

（2）认知同化理论没有提出学习的方法和教师指导学生学习实践的操作策略和方法。

（3）这样的课堂讲授教学的前提条件是教师认为学生的认知经验是大致相同的。

综上，从大班额教学实践视角看，可以做出 3 个方面的假设：假设一，学生课堂知识的学习与学生的社会学习生活实践高度相关；假设二，学生的社会学习生活实践中产生的经验因环境、成长经历的不同而不同；假设三，大班额的教学中，应该在充分尊重学生的生活实践经验的基础上，对学生的实践经验进行引导，合理对教学内容、教学方式方法进行调整，以实现同步化教学。

三、价值和意义

并不是所有的知识都是学生在生活实践经验中具备的认知结构基础，特别是在中国城镇化建设过程中，在大班额教学过程中，这样的现象尤为突出，促进其形成稳定的理论体系，避免理论因缺乏实践支持而虚浮，使认知同化理论建立在更为普遍的实践基础之上，是充实认知同化理论的新内容和新成果。

为大班额教学的班级组织教学策略的实践提供系统性、实践依据。同时，本课题的研究会逐渐提升本课题组人员的业务水平和对大班额课堂教学的调控能力，提高认知经验差异背景下的学生因材施教、差异化教学的教学质量和效率，进而推动教育教学高质量发展。

【案例】

生活化情境素材的生物实验进阶式开发路径

1. 教学现场

在讲述从一对相对性状过渡到两对的过程中，引入与孩子的聪明与性别有关，如何来设计实验呢？生活经验中（对价值观念的引导），男孩继承的是母亲的智慧，而女孩是继承父亲的，对比，好像是与性别有关，排除其他因素对实验的影响（但是在现实生活中，这样的排除其他因素是不可能的），找好相对性状，或许将这一问题放到课后，延伸拓展学生的学习或许会更好一些，但矛盾的是，作为住校的学生他们信息来源的渠道是很少的。

所以要对素材的选择进行改造。

（1）明确实验目标（有关/无关）。

（2）提出假说（正/反交，排除性别的影响）。

（3）推理，提出一个比例。

（4）测评，问卷调查，访谈，数据的真实性，伦理，道德，检验……

这样的设计是与学生的生活实践经验紧密结合的，但却引入了更多的不确定因素，增加了实验的不可操作性，增加了对实验材料正确选择的审视，特别是教育领域，不能拿学生做实验，重复教材的经典实验，但又较空洞抽象，故而，这样的实验设计需要被改造和加工。

在知道预设答案的情形下，会减少出现更多情况的可能，增加预设可行吗？

师：在我们日常生活中有没有这样的一种东西，将我们紧紧地联系在了一起。

生：（他不好意思）

师：（鼓励）说错了没关系。

生： 钱（他动作扭捏，最后从牙缝中挤出了一个字）。

师：这是一个很好的概念，那么在男女相处的过程中，这两个人是怎么通过钱联系在一起的呢？以上面的 4 条假说，验证他们是否是通过“钱”联系在了一起。

在另一个班我尝试做另一种设计：

（1）问题：钱。

（2）假说：按比例分担 AA。

（3）推理：男—钱—女，以一定的比例，观念。

（4）验证：买一样东西。

在偏离教学目标的情况下，男生在“窃窃私语”，女生“笑而未答”，无意中，我看到一个女生“瞅了我一眼”，校园的早恋是较为普遍的现象，是教育的难点问题，学生的恋爱观是纯洁的，后来随着对那个男生更深度地了解才知道（相同的话从不同的人嘴里出来的时候，意义是不一样的），这个男生在学校因为早恋被学校处理过！我的处理也有问题，对学生了解较少，不能在不知道缘由的情况下，对这个男生提出的概念做价值判断。

引导学生形成独立自主的恋爱观！在我看来或许由他们的父母、长辈来讲更好一些，但父母会认为这个年龄段的孩子是懂了的，他们会把这一工作交给教师，科学研究是因为校正了学生的观念，被接受所以才科学，从案例来看，在教学过程中，要多站在学生的立场看问题，这不就是物质、信息、能量平衡观吗？

2. 实验设计

在实验设计的过程中，往往会出现多个因素共同影响实验探究结果的情况，比如影响酶活性因素的实验中，果泥的用量、酶的用量、反应的温度、反应的pH值等都会影响到果汁的出汁量的，那么在日常的生活实践中，是否最优的果汁制备就是单因素的简单机械的组合呢？而生活中来源的情境素材大多是以这样的形式呈现！这涉及的就是组合的问题。

另外，在果蝇的杂交实验中，黑身红眼雌性与纯灰身白眼雄果蝇的杂交，子代自由交配得到子二代，在这样的问题情境中，情境是抽象的、不具体的，相关的变量有三个，眼色、身体颜色、性别等因素，来探究这些因素之间的相互作用，就是实验中自变量的加法和减法原理，在变量之间的相互作用中，从问题的快速解决的角度看，是找到问题解决的关键因素。以关键因素的特性、特点、作用等作为主要的研究方向，忽视其他认为是次要因素的作用，这是理性还是非理性呢？答案是肯定的。

3. 生物实验素材的进阶式开发路径

马斯洛（Maslow）需要层次理论将人的需要分为生理（食物和衣服），安全（工作保障），社交需要（友谊），尊重和自我实现。在生活化的情境实验素材提炼的过程中，就应该立足于学生的需要，在满足学生低级需要的基础上，才向高级的需要进行引导。

（1）阶段性。

高中生物学习是中学阶段承前启后的关键时期，不少学生升入高中后，能否适应高中生物的学习，是摆在高中新生面前的一个亟待解决的问题，除了学习环境、教学内容和教学因素等外部因素外，同学还应该转变观念、提高认识和改进学法。高中生物是初中生物的提高和深化，初中生物在教材表达上采用形象通俗的语言，研究对象多是常量，侧重于定量计算和形象思维，而高中生物语言表达抽象，逻辑严密，思维严谨，知识连贯性和系统性强。

（2）差异性。

在高中生物的教学过程中，在保证学习任务完成的基础之上，关注个体差异，尽可能地满足所有个体的需求，提高他们的学习兴趣和学习热情。对生物的兴趣和爱好，对生物知识的接受能力的差异，也是客观存在的。 高中生来自不同的家庭、学校，其素质、能力方面的差异，必定使他们对知识的领悟与掌握能力存在很大的差异，这势必对高中阶段的生物教学带来负面影响。

（3）反复性。

高中课堂教学量大、知识复杂，教师通过较慢的课堂教学速度，争取让所有同学明白知识点和解题方法，课后教师布置作业，然后通过大量的课内课外练习、课外指导达到对知识掌握。而高中生物的学习随着课程开设多，而教师布置课外作业题量相对其他科目的作业较少，如此集中生物学习的时刻相对比较少。

（4）社会性。

教学中，我们要力求做到，每一节课都有明确清晰的教学方向；每一节课都让学生有实实在在的认知收获和学科感悟；引导学生进行深入的思维和有深度的交流讨论；加强教学的针对性，不断提升教学的层次和水平，使教学走在发展的前面；注重高水平的预设又要注重动态的生成；教师要有觉醒的震动、变革的行动和幸福的感动；在每日每节的课堂上找到自己成长的感觉；课堂教学是学校教学的基本形式，它不仅是教师教学、学生学习的空间，更是一个特殊的社会舞台。

（5）基础性。

课本知识是生物学习的基础，也是学生发展生物能力、提高生物素养的出发点。忽略基础、基础不扎实，会造成学生“生物大厦”的根基不牢固，随时都可能出现“倾斜”和“坍塌”。高中生物教学一定要重视对“三基”的夯实——基础知识、基本方法、基本技能。一方面，出于对教学方向性文件——新课程标准的遵守，保证教学不偏离国家制定的方向；另一方面，也是高考的需要，每年高考都会考察相当数量的基础知识，尤其是选择题和填空题。因此，教师不能以高中学生有了一定自学能力、难题会了基础知识自然牢固等理由忽视基础知识教学，必须将基础知识教学放到应有的位置上。

（6）衔接性。

初中生物以常量生物教学为主，内容比较平面化、直观化，针对某些知识还经常反复训练，机械模拟等。由于新课程标准强调的是学习的螺旋式上升，教材对知识章节的编排不够连贯，构造比较松散，教材坡度较缓，直观性强，对每一个概念配置了足够的例题和习题。同时初中对抽象思维要求较低，况且初中升学门槛降低，学生的生物根底和才能下降较多。诸如，运算能力差，不会化简代数式，不会解方程组，不会准确画二次函数图像等，这些无疑为高中教学增加了难度。因此，一个优秀的高中生物教师必须充分理解初中生物内容和要求的变化，努力寻求初高中知识点的衔接，调整以往的教学经历，根据学生的最近发展区组织课堂教学，提高课堂效率。

【案例】

临界生缺的是什么

临界生是指具备一定素质，在高考中有希望考上大学的学生。要提高他们综合学习水平，必须了解学情，对症下药，及时给予指导帮助。

1. 目标不明确，缺乏未来期待

高中临界生很难制订可行的目标和计划，导致学习效率低下。对未来期待的缺乏导致临界生很难产生学习的热情，只能在压力和期待中进行任务性学习。目标不明确限制了学生的进一步发展，令他们停滞不前，还会使学生缺乏未来期待，积极性不足，进而处于一个不上不下的境地。

2. 严重偏科现象，知识储备不足

偏科是临界生的一个普遍现象，薄弱学科拖了学习的“后腿”，限制了他们的进步。偏科所导致的知识储备不足使他们陷入了两难的境地，一方面，自己在短期内无法提高较差的学科；另一方面，所偏学科的提升空间较为有限，这就造成临界生长时间停留在临界段。学生偏科会出现成绩难以提升和各科知识把握不均衡的情况，使学生进入临界生的范围之内。

3. 自信心不足 积极心理沉淀

临界生在心理上存在两个极端，他们少部分人认为自己“比上不足，比下有余”，忽视了自己具有与优等生一争高下的能力，造成了积极心理的沉淀。另外一种是缺乏自信，习惯性地否定自己，打退堂鼓，导致他们很难保持积极心理去应对学习中的挑战。学生在承受心理压力时会积极性不足，加之失败经历堆积，他们自信心开始动摇，会造成积极心理沉淀。

4. 自制力较差，缺乏自我管理

临界生自制力较差。首先，是专注度不高和学习习惯差，他们很难将注意力长时间集中到听课或学习中，会有意无意走神。在学习习惯上表现为主体性缺失，缺少自主学习，不能很好地自我管理。仅靠教师推动，很难达到标准，逐渐成为临界生。

5. 交际能力差 缺少家庭教育

县级城市存在留守问题，家长长期在外，使部分高中生处于留守状态。他们在学习中有种孤立无援感，付出很大努力，但不善于交流，形成“钻牛角尖”式的错误学习方式，从而制约自身潜力的发挥。家庭在学生成长中有重要作用，父母能倾听、鼓励，给学生以精神支撑，使学生形成健康心理和人格。留守，一定程度上造成他们性格孤僻，不善交际，使他们逐渐成为临界生。临界生的形成与其外界因素、主体意识、自身习惯有很大的联系，贸然进行临界生的转化无异于浪费时间，只有对其形成的原因全面了解，才能有效促进临界生可持续发展。

第六节　交叉设计与课程资源建设

一、缘起

结构化课程理论是吉登斯提出的，旨在研究课程结构与课程行动之关系的理论，是课程社会学研究对象的具体化，课程的社会控制问题实际上就是课程结构与课程行动之间的张力问题，围绕着课程结构的三个维度与课程行动的三个维度以及它们之间的关系，展开了试探性的理论建构，从而形成了一套相对自洽而又对课程现实具有一定解释力的课程理论，内容主要包括课程行动、课程结构的基本原理、二者关系的基本原理三个方面的内容。

如何让学生在实验教学中体验、体悟、体用非物质文化遗产的文化底蕴？地方文化遗产如何有效的融入学校及其教学策略？课程教学资源短缺的现状及其对资源的来源、载体的挖掘渠道，是教书育人的重大问题，以课程资源结构化开发为视角能够帮助教师更好地实施高中化学实验教学，使得实验本身更具有教育意义。在教学过程中，根据地方文化资源积极地应用到实际教学中，丰富教学资源，针对不同地区、不同学校和不同学生的差异，提出将学校教育同地方文化相结合，以满足不同学生学习的需求。为提高育人质量，我国基础教育课程改革面临的重大问题。从校本课程设计和学校课程资源拓展与开发的视角，对高中校本课程资源开发与设计开展了理论与实践两方面的探讨，根据基本原理、原则、方法和实践，可以获取和建立校本课程资源开发与设计的理论架构。同时，以个案研究和实践设计的方式，对不同学校和区域校本课程资源开发开展了实践研究，为高中提供能够遵循的实践方法，是当前课程研究应该关注的。

二、研究综述

美国课程学者伯曼和麦克劳林提出了“相互适应”的教育理念，认为课程实施过程是课程资源与学生或学校管理在课程内容、方法、课程目标、组织模式等诸多方面的相互适应的过程。在课程实施的过程中，现在控制方式应该转移到内在控制、软性控制、隐形控制的道路上来。

情境学习理论强调教学实际“情境—知识”之间的相互作用，认为知识与活动两者之间不分离，学生在情境中通过活动获得知识，并且认知与学习是具有明显的情境性特点。学生现实情境中通过实践活动，不仅获得了技能与知识，还形成了具有开发者的角色，通过实践和运用共同的工具、资源、任务，完成知识体系的构建。

国家支持地方课程和校本课程的建设，以此给教师足够的自由成长和开发的空间，可根据自己对教材的理解提出新的、结合地方特色的想法或观点，丰富学生的学习知识，进一步落实和深入推进课程与教学改革，不断提高教学质量，价值取向上坚持以学生的身心发展为基础，课程实施是在一定的情境中，是学生和教师在教育情境中自觉、主动、创造的经验的过程。

课程实施价值取向的变化，一定程度上反映了社会思想体系的变化。价值取向反映技术理性的价值取向，且规定万事万物是可测量的、可预定的，忽视了人的主观性。随着社会对“人”的重新再定位和再认识，自由、民主的思想深入人心，学科课程的教育价值由单元向多元转化和转变，表现为追求创生价值取向。

如果我们追问，课程教学资源的来源，这些知识如何选择，课程知识的载体是什么？通过这样的追问，我们不难发现学科教学资源的开发及开发形式的缺失。国内情境教学在各科教学中都有所体现，开放性实验载体的情境素材具有生动活泼、色彩纷呈、挖掘深刻的特点。情境素材资源的开发有利于激发学生学习兴趣，有利于学生在高考中，掌握和理解化学技能和知识，对启迪考生的科学思维、科学方法、科学态度、价值观具有重要意义。国外对情境教学理论的研究集中在实践共同体、教学活动的关系、情境与知识学习、情境的呈现方式等方面，有积极的借鉴价值。国内对情境教学的研究集中在心理学、融入学科策略、情境创设、问题情境等方面，缺少关于情境创设的来源，特别是教学实践中情境素材的开发和利用研究。

三、价值意义

教师通过开发合适的、与课程教学紧密结合的情境素材，为学生的化学课程的学习提供了切合实际的实践与运用情境，从而能有效地提高课堂教学效率。情境素材的开发，让学习充满趣味，调动了高中生的学习积极性，关注学生在实践过程中的情感体验，促进学生健康的、全面的发展。当前对高中化学实验课堂情境素材的运用及开发处在初期阶段，开发情境素材的方法、路径、形式，并运用于高中化学实验中，是我们必须关注的问题。

真实的生活情境往往是复杂多变的，影响因素众多，因此在作为课堂教学情境时，教师可以从不同的角度加以分析和利用，按核心素养发展水平的上升规律，引导、发展、培养学生解决问题的能力，使学生在面对新的问题情境时能够学以致用。新高考是，课程资源的利用和开发，是新课程实施的基本保证和条件，《普通高中生物课程标准（2020 年版）》（以下简称《新课程标准》）指出新课程的实施，需要与之相匹配的、特定的课程资源。课程资源的利用和开发越显得尤为重要，资源的开发和利用呈现出多种方式与途径。资源的开发，就应该针对不同的课型，完成了不同资源开发和利用的教学设计，为高中生物课程资源的开发提供参考。另外，为不同的生物实验内容，提供实验资料，使实验教学规范化，同时促进实验的不断改进与创新。从而在资源开发中，实现改变教师的教学理念、达成学生学科核心素养、转变学生学习方式的“教学目标”。

《新课程标准》强调要改变过去过度注重教材，教学不能局限于教材，需要加强课程内容与社会、学生生活、科技之间的联系，倡导学生主动参与、交流合作、探究发现，课程资源的利用和开发是新课程能够顺利实施的先决条件和有力保障。

《新课程标准》同时要充分调动家长、学生、教师、社区成员的积极性，立足于该校特定的人文、自然环境，开展以各种途径、方法开发丰富的课程资源，以促进学生科学素养的成长。长期以来，从学生学习、教师专业发展、学校特色提炼的过程中，对于课程资源的价值重视力度不够、课程资源开发和利用的意识淡薄、对课程资源的认识狭隘，从而导致课程资源严重不足，许多极具教育价值的课程资源被浪费和闲置，认为教科书当成唯一的课程资源。新课程理念下，老观念和做法不能适应新时代教育改革和发展的需要，也不能适应社会发展对学生的要求和学生对知识学习的丰富多样的需要。开发利用课内外教学资源，成为不容忽视的方法和路径。

新课程背景下的课程资源是开放的、动态的、生成的。要求学生、教师共同去开发，让师生的社会经验和生活进入教学过程，转变学生在教学中的地位、开阔教师的教育视野和观念。与通用教科书相比，开发和利用的课程资源应该是开放性的、丰富的、具象的、充分大量的、生动活泼的、学生能够亲自参与的，能够给予学生多维度、多方面的信息刺激，有利于有效激发学生学习兴趣，使学生身临其境。课程资源在培养能力、陶冶情操、增长学科知识方面，是传统教科书所无法取代、无法比拟的事实。

比较国内外对课程的社会控制问题不难发现，课程的社会控制问题主要集中在控制的强度、手段、功能、内容的分析和研究上，并充分认识到人的主观性在课程建设上的重要性，对于高中教师而言，有积极的指导意义，但这样的研究缺乏实践的操作性，如何从问题的性质、特征、流程等方面研究还缺乏相对经验。

（一）以校为本的课程资源整合开发

学校课程资源的开发，要力求使各种资源和学校课程融为一体。教师和学生都是课程资源开发和创造的主体。学校层面的课程资源开发，在内容定位上应该包括如下两个方面。

一是为国家课程提供相应的课程资源。国家课程的实施除需要相应的课程标准、教材、教师用书以外，还需要大量的教学辅助材料，如补充文字材料、录音、录像、多媒体材料，以及社会资源等。尽管，这些材料可以由相应的出版和教育机构开发，但对开发出来的材料的选择就是学校和教师，而且，这些机构开发出来的材料也无法完全满足学校和教师的要求，也无法涵盖教师在实施国家课程过程中所需要的各种资源。教师参与研究的国家课程的资源，更加符合学生实际，符合教学的需要。

二是指学校必须对新课程中规定的由学校负责的课程领域开展相应课程资源的开发。新课程为学校按照自身实际，办出特点创造了一定的自主开发校本课程的空间，而这种课程空间多以选修课程的方式呈现。这类校本课程资源的开发涉及的领域与范围更广阔，因此需要充分调动教师开发课程资源的积极性。课程教学资源建设是为落实教学质量的提升提供基础，是必不可少的一环。教学资源建设不但能够丰富课堂教学，提高课堂效果，也更加强调了课堂设计的意义，能够根据不同课程的特点，进行分类，从而提高教学活动的质量。

（二）课程教学资源建设的方式

1. 注重建设平台

根据特定的课程建设框架，建立教学资源平台，把教学资源集中管理，定期更新，供教师使用，能够跟进时代发展趋势，对课程的正确实施是非常必要的。

2. 拓展数字资源

数字化教学技术的运用，丰富了教学资源，充分发挥了这一教学资源的功能，能够更有效地帮助教师把各种资源从平面上可视化，使学生更好地认识和掌握其中知识。

3. 建立团队协作

注重教学资源团队协作，建立课程教学资源共享机制，把资源整合，联合开发，以便于更有效地开展课程教学。

（三）课程教学资源

1. 注重新颖性

构建新颖的教学资源，不断更新换代，以调动学生的学习兴趣，适应学生对知识的追求，创造调动学生学习的环境。

2. 注重实用性

建设可以适应课堂实际要求的有效资源，注重资源的实用性，才能达到有效的教学效果，体现课堂资源的科学性。

3. 注重互动性

以互动共同完成教学资源建设，利用教学资源调动学生的学习积极性，激发学生的学习兴趣，从而促进更有效的学习体验。

课程资源是课程教学过程的重要条件，在高中生物课程中，课程目标的开放性、实施过程的动态性、课程内容的整合性，也决定了需要丰富的课程资源作为载体与支撑，课程资源的开发和利用是新课程实施需要解决的首要问题。

（四）课程资源的类型

课程资源多样，可从不同的视角分成不同的类型：

1. 校内与校外课程资源

按照资源空间的分布，资源可分成校内和校外课程资源，学校资源主要分为，活动资源、硬件资源、人文资源等。活动资源包括座谈讨论、社团活动、体育比赛、实验、社会实践等；

硬件资源如图书馆、教室、信息中心、实验室等。人文资源包括学生团体、教师名誉、校风校纪、师生和谐关系、班级组织管理、校容校貌、社会评价等方面。

2. 有形和无形资源

依据存在方式可包括有形资源与无形资源。有形资源如仪器设备、图书馆、教材、实验室、教具等。无形资源如，师生关系、教师人格魅力、学校风气、社会风气、家庭气氛、家长的态度、学生生活实践中具备的社会经验和知识等。

3. 自然、人文资源

自然资源主要分为，综合环境、水土、气候、植被、特色现象等。人文资源包括，非遗文化、民俗文化、风景名胜、文娱生活、传统文化等。

（五）课程资源开发与利用的原则

1. 开放性原则

同一资源多种用途，它能和其他不同资源配合使用，以学生亲身体验、实践、探究为主要形式，过程中尊重个性发展、学习兴趣、选择。

2. 适度性原则

指开发的深度和范围，需要再充分考虑现有的研究和实践基础，开发过程要与学生生活体验、学生探究水平和能力、学生原有的社会实践经验相结合，从不同视角，审视资源及资源潜在的价值和内涵。

3. 简洁性原则

资源的利用和开发，需要在生活中、复杂多变的现有资源中，根据课程教育教学的需要，提炼开发思路，并且过程要简洁有效、内容突出、形式鲜活，是有用的、整体布局兼顾局部的课程资源。

（六）课程资源结构化开发的性质、特征和模型

1. 能满足学生学科学习的需要

（1）整体性。

课程资源的开发过程，需要对资源进行深度的分析与设计，并从学科学习的需要出发，结合教师教科研能力，契合学校特色提炼等。

（2）阶段性和层次性。

资源开发中要面向学生的学习、教师专业发展、学校办学特色提炼等方面，充分了解各方面的发展愿望和需求，关注学生的生理、智力、知识学习的层次性和阶段性，合理地对资源进行调整。

2. 深入调查研究

在课程资源结构化开发之前，深入学科教学实际，立足课堂，详细地调查和深度分析研究，努力弄清资源开发过程的每一环节，通过分析研究、比较研究，制定出科学合理的课程资源结构化开发方案。

3. 科学合理区分工作阶段

科学合理的把课程资源开发过程划分为若干工作阶段，分解和细化各阶段的目标和任务，逐步展开工作，不可随意颠倒或打乱。

4. 预判可能发生的变化

资源开发受到教学过程的各个方面的影响，教学环境的变化，都会直接影响到资源的开发，结构化开发就需要系统地分析和预判在开发过程中可能发生的变化，使得资源开发对环境有一定的适应和调试能力。

教师在课堂教学中，应该积极主动地利用学生熟悉的学习情境，激发和引导学生探究

和自主学习，情境素材的挖掘，可以从校园生活、新闻和社会热点中挖掘化实验情境素材，但这些素材在教学中创设学习情境时，不能随便拿来就直接用于教学，是需要从中挖掘和开发出与教学内容有关的，符合学生认识水平、价值观、基础性、阶段性、衔接性的教学资源。

高中生物以实验教学为主，内容比较直观，《新课程标准》强调的是学生知识学习的螺旋式上升，教材对知识章节的编排逻辑性、直观性强，对每一个大概念的引申与证明分布在整册书的各个章节中，这就对高中生的抽象思维、逻辑思维提出了较高的要求，教师要充分理解学科内容和要求的变化，通过实验情境素材的设计，贯通生物知识的衔接点，调整教学经验，根据学生的需要组织课堂教学。高中生物课堂教学信息量大、知识复杂，通过教师课堂调整教学进度、课后布置作业大量的课堂内外练习，让学生把握知识只能是教师的“一厢情愿”，学生被视作“知识的容器”。问题出现的背景、问题的提出、问题的解决思路、问题的解决能力被“异化”，生物实验情境素材的开发，就能有效地解决这一问题。

生物实验教学的每一节课都有明确清晰的教学方向，让学生有实在的学科感悟和认知收获，学科知识的习得建立在原有的认知基础上，以此来激发和引导学生进行深入的思维和交流讨论；使教学的设计走在学生发展的前面，在情境素材的选择及实验设计的过程中，更应该注重高水平的预设又要注重动态的生成，教师创新实验设计中体悟成长的幸福，同时也为教师教学、学生学习提供一个特殊的社会舞台和空间。

学生学习的需要、学科建设的需要、教师成长的需要、学校特色凝练的需要都指向教学情境素材的开发，从我们生活中的生活经验、文物古迹、非遗文化、特色产品中发掘结合需要的，体现素材的社会性、阶段性、基础性、衔接性、反复性的实验素材，是需要引起广大教师高度重视的教研工作，且这样的工作是进阶式的。课程实施价值取向的变化，一定程度上反映社会思想体系的变化。价值取向反映技术理性的价值取向，且规定万事万物是可测量、预定的，忽视了人的主观性。

新一轮课程改革在课程设置的结构上做了具体要求，以适应国家政治、经济、社会、文化发展和未来人才培养的需要，主要体现在综合性、选择性和均衡性上。是针对过去过分强调学科本位、科目过多和缺乏整合的状况而提出的，针对不同地区、不学校和不同学生的差异提出的，以满足不同兴趣、潜能和特长学生的学习需求，发挥育人的功能。

【案例】

盘县火腿中绿霉菌的分离和鉴定

1. 使用教材

人教版高中生物选修一生物技术实践，专题 2 微生物的培养与应用，课题 3 盘县火腿的微生物分离。

2. 实验器材

（1）盘县火腿的分离。

试管、培养皿、琼脂、纤维素粉、牛肉膏、蛋白胨，KH_2PO_4,、灭菌锅、冰箱、选择养基的其他成分等。

（2）盘县火腿的细菌纯化。

超菌工作台、培养箱。

（3）DNA 测序。

16SrDNA 试剂盒、PCR 仪、电泳仪、电泳槽、凝胶观察仪、测序公司（生工生物工程（上海）股份有限公司，云南省昆明市盘龙区北辰财富中心。

（4）进化树分析。

电脑、软件 MEGA7. 0。

（5）盘县火腿的细菌 16SrRNA 二级结构预测。电脑、Mfold 网络平台。

3. 实验创新要点

（1）创新要点一：定性→定量→定性。

通过对细菌 PCR、16SrDNA 测序、16SrRNA 二级结构预测实现对盘县火腿细菌定性和定量描述.

（2）创新要点二：细胞水平→分子水平。

人教版高中生物必修三中，盘县火腿的细菌的鉴定是通过分解刚果红染色的纤维素培养基透明圈鉴定细菌，属于细胞水平，本研究通过 16SrDNA 测序、进化树分析该 DNA 分子亲缘关系及 16SrRNA 分子二级结构属于分子水平。

4. 实验设计思路

通过选择培养基筛选出盘县火腿的细菌，通过 16SrDNA 电泳达到电泳纯后，对分离出的细菌进行 16SrDNA 测序。生工生物工程（上海）股份有限公司昆明分公司，对测序的结果进行 Blast，对进化同源性较高的序列进行进化树分析，通过进化树对分离的细菌进行定量、定性分析；另外，通过 Mfold 网络平台对 16SrRNA 的二级结构进行预测，并对二级结构特定区域的碱基进行分析。

5. 实验教学目标

（1）科学思维。

学生通过已有知识对生活中常见的现象提出问题，分析其原理，提高学生对所学知识的综合应用能力。

（2）科学探究。

通过自主阅读教材，综合分析教材内容，积极探究实验设计路线，综合应用国内、国际的最新技术手段，探究对分离到的盘县火腿的微生物的定性和定量分析，在探究的过程中，学会自主学习、合作学习、解决问题。

6. 实验教学内容

（1）情境创设。

（2）盘县火腿的分离。

（3）盘县火腿的细菌 16srDNA 、PCR、DNA 电泳。

（4）DNA 测序。

（5）进化树分析。

（6）盘县火腿的细菌 16SrRNA 二级结构预测（Mfold RNA)。

7. 实验教学过程

（1）情境创设。

①教师活动，盘县火腿在发酵的过程中，在火腿的表面会滋生有大量的绿色的霉菌。细菌是什么，通过选修一所学的知识能不能对其进行定性或定量？

②学生活动，查阅相关实验资料，积极探究实验思路，制定实验方。

③设计意图，创设情境激发学生学习兴趣，活跃课堂气氛，并引导学生关注生物学科核心素养。盘县火腿的微生物是什么细菌？

（2）盘县火腿的分离。

①教师活动，教师讲解微生物分离、菌种的纯化等实验操作收集盘县火腿（隔夜）通过消毒、制液等过程，形成样液。取一环汁液，加 0. 9 mL 无菌水进行稀释，依次类推，得到 10 倍浓度梯度的不同浓度菌液，分别为 10-2、10-3、10-4、10-5。将每一种浓度的菌液取 0. 1mL 在分离培养基上进行涂布培养，每种浓度涂布三个平板作为平行，培养温度 28℃。每隔 24 h 观察平板上微生物的生长情况，记录各培养基上生长出的菌落形态特征、数量，对形态特征相似的菌落统一赋予特征代号，并统计盘县火腿的细菌成长过程中各特征菌落数量及其变化趋势，通过对细菌的形态学观察能说出这种细菌是什么细菌？不能！这种细菌的

菌落与教材中的多个菌落形态相似、且菌落的形态数明显少于细菌的总数。

②学生活动（图 5~12）。

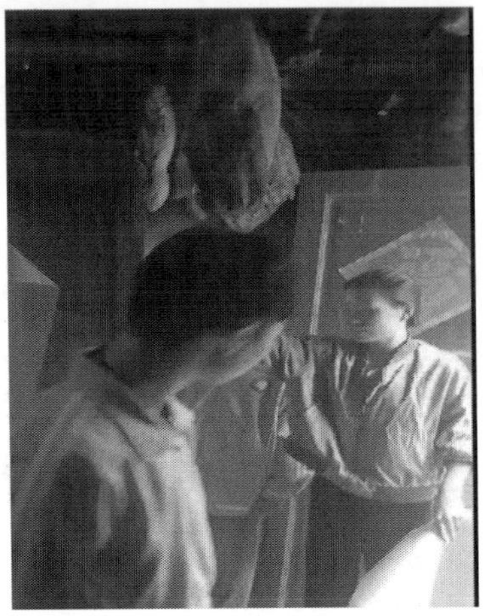

图 5　待测样品（盘县火腿）

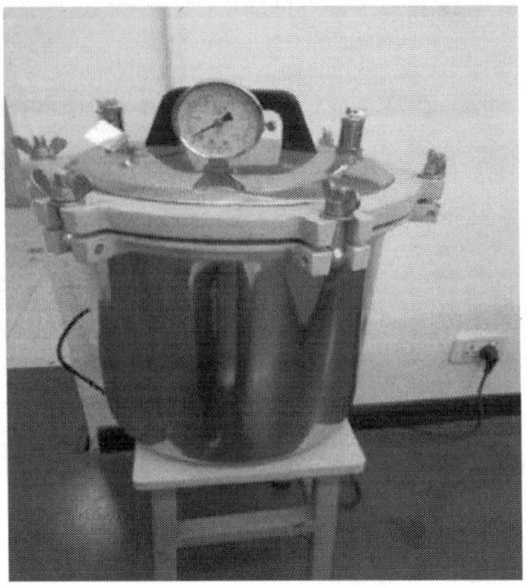

图 6　培养基准备（高压蒸汽灭菌）

图 7　学生在进行细菌的分离和接种

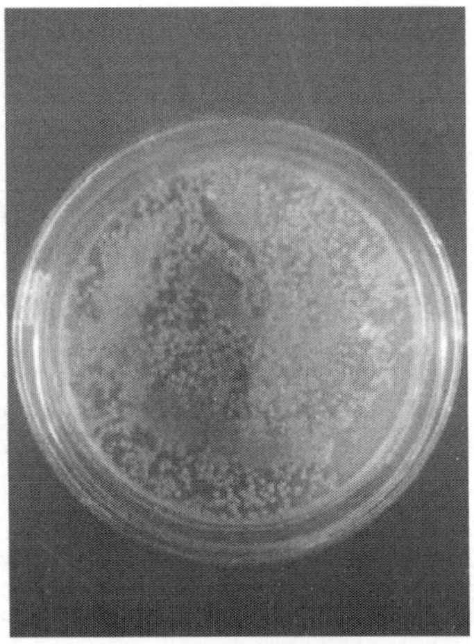

图 8　细菌富集培养

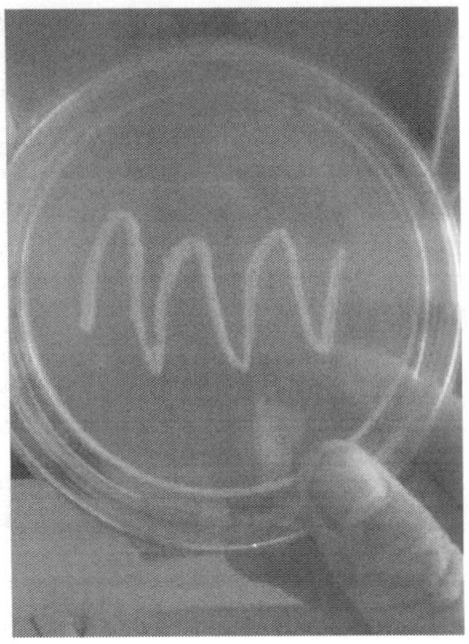

图 9　选择培养

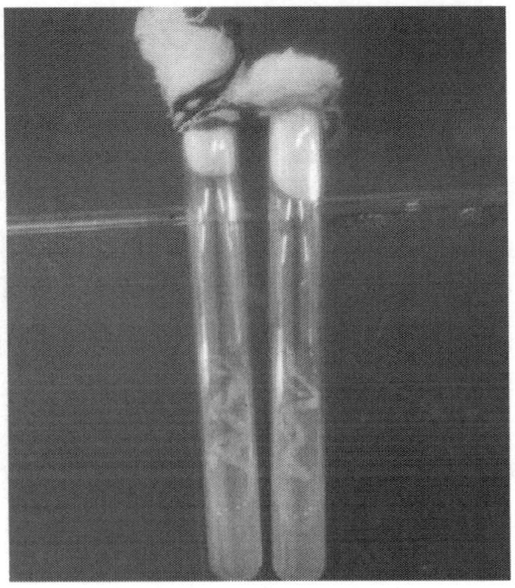

图 10　管藏

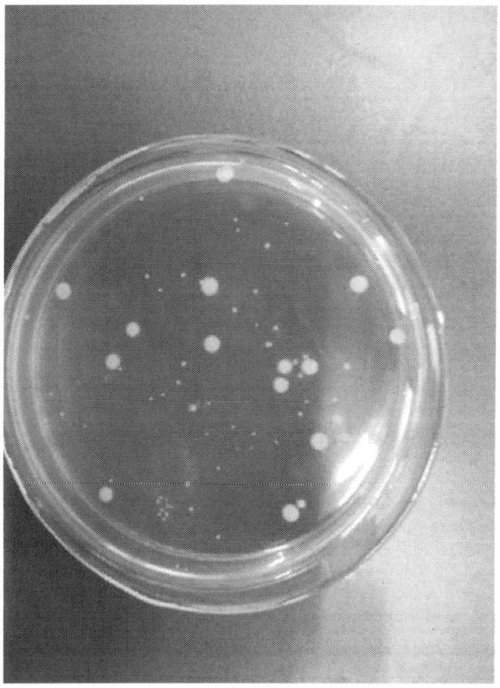

图 11　10^5倍稀释菌落

图 12　同学们进行盘县火腿的细菌分离形态

③设计意图。

通过训练，学生能独立完成目的细菌的涂布、管藏等实验操作

（3）盘县火腿的细菌 16SrDNA、PCR、DNA 电泳。

教师活动：

① 背景知识的讲解。

16SrDNA 是编码原核生物核糖体小亚基 SrRNA （16SrRNA）的基因。长度大约为 1 500 bp，是细菌分类学研究中最常用、最有用的“分子钟”，其序列包含 10 个可变区和与之相同的 11 个恒定区，可变区因细菌而异，且变异程度与细菌的系统发育密切相关。

②实验操作演示。

PCR 扩增的 DNA 模版。用无菌牙签挑取单个菌落到 0. 2 mL PCR 管中，加入 10 μL 无菌 1×TE 缓冲液混匀，标记，盖紧，100℃煮沸 5 min，-20℃冷冻 5 min，如此循环两次，5 000 r/min 离心 1 min，吸取 8 μL 上清液作为 PCR 扩增的 DNA 模板（图 13~16）。

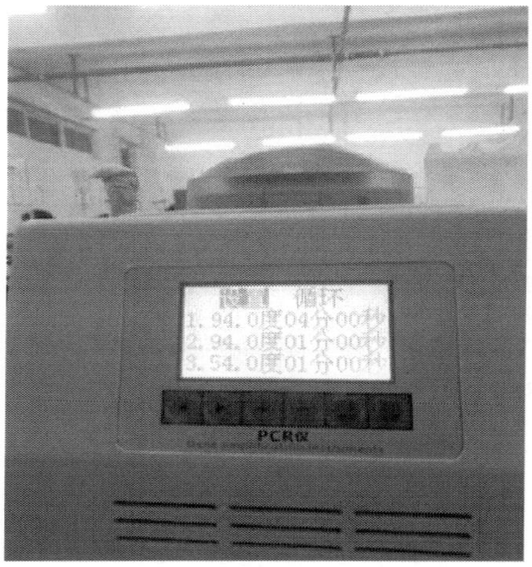

图 13　PCR 目的基因扩增设置

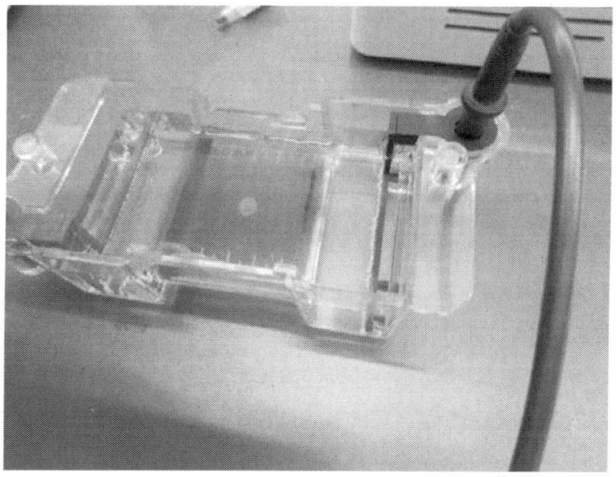

图 14　电泳

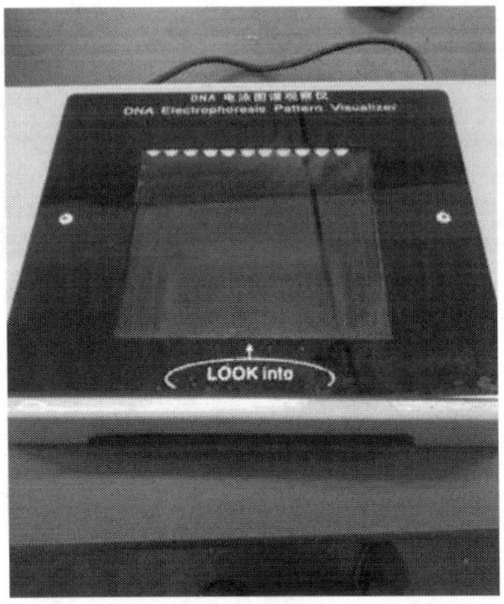

图 15　图谱观察

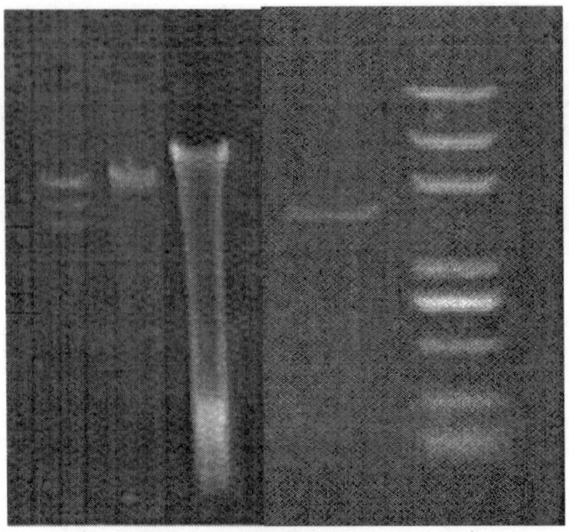

图 16　电泳图谱

③设计意图。引导学生学会 PCR 目的基因扩增参数的设置及 PCR 仪的基本操作。

（4）DNA 测序。

①教师活动，对电泳条带进行分析，将目标条带后委托生工生物工程公司进行测序。

②学生活动，学习条带分析的意义和目的，对基因扩增的目的进行探索。

③设计意图，引导学生能够知晓由细菌的分离如何得到 DNA 序列的流程。

（5）进化树分析。

①教师活动，将测序所得到基因序列输入 NCBI 的 BLASTn 程序中，搜索 16srDNA 序列同源性较高的菌株，比较菌株 16SrDNA 序列与已知种细菌之间的同源性，根据同源性的高低确定是否有必要做不同种的细菌 DNA 杂交。用 MEGA7. 0 软件建树分析菌株与其他种的细菌的进化距离，确定该菌株的进化地位。

②学生活动，合作探究，见图 17。

图 17　学生做进化树

③设计意图，引导学生掌握 MEGA7. 0 制作进化树。

（6）盘县火腿的细菌 16SrRNA 二级结构预测（Mfold RNA）。

①教师活动，背景知识讲解。Mfold 是计算分子生物学中最古老的在线工具之一，自 1995 年在华盛顿大学医学院上线。进入 RNA 二级结构计算窗口。将单条 RNA 序列复制，粘贴到序列框中，设定相关系数，点击 Folding Result 查看计算结果。

核糖体 RNA（rRNA）和核糖体蛋白组成复合体，核糖体分为大小亚基（50S, 30S）其功能将基因翻译成蛋白质，在翻译中的每一步，rRNA 参与催化肽基转移反应，在参与反应的过程中，其功能的行使是以二级结构的方式，然而因为 RNA 降解速度快、难以结晶等特点，通过 X 射线晶体衍射和 NMR 得到其立体结构较难，故通过计算机手段和数学算法计算 RNA 的二级结构成为捷径。目前计算 RNA 二级结构主要包括两种方法：最小自由能算法和比较序列分析法。

②学生活动，合作探究。对分析得到的 16SrRNA 二级结构进行分析。16SrDNA 在 60、931、946、952 等 73 个位上发生了突变但其 RNA 二级结构却在这些区域没有发生变化，结构相对保守原因是什么呢？

③设计意图，引导学生从序列出发，分析序列到结构的生物信息技术及结构的分析，在分析的过程中强化结构功能观。

8. 实验效果评价

（1）盘县火腿的微生物的分离。

通过盘县火腿中分离得到一菌株，学生熟练掌握细菌分离技术，达到了预期教学目标。

（2）盘县火腿的细菌 16SrDNA、PCR、DNA 电泳。

通过多次的画线和涂布，电泳条带呈单一条带，达到电泳纯，在此过程中，引导学生理解和掌握 PCR、DNA 电泳之间的关系，以及实验设计的目的和意义，在此过程中，同学们还提出了一些有意义的问题。

（3）DNA 测序。

通过 DNA 测序，让学生掌握 DNA 序列的由来，拓展了研究的思路和热情，在此过程中通过将获得的序列，NCBI BLAST 之后，与目前世界已知的序列同源，但不相同，我们将这个细菌命名为：PZSE2021314.1, 极大地激发了学生研究的热情和探究的欲望。

PZSE2021314.1 的 DNA 序列为：

AGTTGGATCCTGGCTCAGGACGAACGCTGGCGGCGTGCTTAACACATGCAAGTCGAAC
GATGAAGCCCTTCGGGGTGGATTAGTGGCGAACGGGTGAGTAACTCGAGGGCAATCTG
CCCTTCACTCTGGGACAAGCCCTGGAAACGGGGTCTAATACCGGATAACACTCTGTCC
CTCATGGGACGGGGTATAAAGCTCCGGCGGTGAAGGATGAGCCCGCGGCCTATCAGCT
TGTTGGTGGGGTAATGGCCTACCAAGGCGACGACGGGTAGCCGGCCTGAGAGGGCGA
CCGGCCACACTGGGACTGAGACACGGCCCAGACTCCTACGGGAGGCAGCAGTGGGGA
ATATTGCACAATGGGCGAAAGCCTGATGCAGCGACGCCGCGTGAGGGATGACGGCCTT
CGGGTTGTAAACCTCTTTCAGCAGGGAAGAAGCGAAAGTGACGGTACCTGCAGAAGA
AGCGCCGGCTAACTACGTGCCAGCAGCCGCGGTAATACGTAGGGCGCAAGCGTTGTCC
GGAATTATTGGGCGTAAAGAGCTCGTAGGCGGCTTGTCACGTCGGATGTGAAAGCTCG
GGGCTTAACCCCGAGTCTGCATTCGATACGGGCTAGCTAGAGTGTGGTAGGGGAGATC
GGAATTCCTGGTGTAGCGGTGAAATGCGCAGATATCAGGAGGAACACCGGTGGCGAA
GGCGGATCTCTGGGGCAATACTGACGCTGAGGAGCGAAAGCGTGGGGAGCGAACAGG
ATTAGATACCCTGGTAGTCCACGCCGTAAACGTTGGGAACTAGGTGTTGGCGACATTCC
ACGTCGTCGGTGCCGCAGCTAACGCATTAAGATCCCCGCCTGGGGAGTACGGCCGCAA
GGCTAAAACTCAAAGGCATTGACGGGGGCCCGCACAAGCAGCGGAGCATGTGGCTTA
ACTCGACGCAACGCGAAGAACCTTACCAAGGCTTGACATATACCCGAAAGCATCAGAG
ATGGTGCCCCCCTTGTGGTCGGTATACAGGTGGTGCATGGCTGTCGTCAGCTCGTGTCG
TGAGATGTTGGGTTAAGTCCCGCAACGAGCGCAACCCTTGTTCTGTGTTGCCAGCATG
CGTTCGGGGTGATGGGGACTCACAGGAGACTGCCGGGGTCAACTCGGAGGAAGGTGG
GGACGACGTCAAGTCATCATGCCCCTTATGTCTTGGGCTGCACACGTGCTACAATGGCC

GGTACAATGAGCTGCGATGCCGCGAGGCGGAGCGAATCTCAAAAAGCCGGTCTCAGT
TCGGATTGGGGTCTGCAACTCGACCCCATGAAGTCGGAGTTGCTAGTAATCGCAGATC
AGCATTGCTGCGGTGAATACGTTCCCGGGCCTTGTACACACCGCCCGTCACGTCACGA
AAGTCGGTAACACCCGAAGCCGGTGGCCCAACCCCTTGTGGGAGGGAGCTGTCGAAG
GTGGGACTGGCGATTGGGACGAAGTCGTAACAAGGTAGCCGTACCGGAAGGTGCGGC
TGGATCACC

第七节　交叉设计与师生关系

实验教学是教师和学生交流的最好桥梁，是引导学生深入思考、探索未知、敢于创新的最好环节。在实验教学中构建和谐的师生关系，不但可以调动师生双方的积极性、主动性和创造力，也能够在轻松愉快和生动活泼的教学氛围中达到实验教学目标，从而促进学生的创造力与实践能力的培养，同时也有助于塑造完整人格，有利于推进和谐社会的建立。

师生间的工作关系，是指教师为完成一定的教学任务而产生的关系。这种关系有工具性的目的，即它是以教学为纽带，服务于一定的教学任务，而不是以教师与学生的主观态度为转移的客观存在。实验教学的根本任务是培养学生的实践能力和创新能力，提高学生科学实验素质。在实验教学中，教师是“导演”，学生是“演员”，师生之间有良好的工作关系，才能使教师和学生在教学上协调一致，顺利实现实验教学目标，完成实验教学任务。

一、实验设计与师生关系

（一）师生间的人际关系

师生间的人际关系是指教师和学生在教育、教学活动中形成的交往关系。它并非由客观条件所决定的，它的任务是满足人的交往需要。不管教师还是学生都有强烈的交往需要：教师希望通过与学生的交往获得学生的尊敬、喜爱和信赖；学生希望通过与教师的交往，博得老师的喜爱、关心与重视。师生之间良好的人际关系，可以作为一种推动力，推动实验教学活动向既定目标进行。

（二）师生间的组织关系

在实验教学中，老师与学生各自有不同的地位，履行不同的职责，这种不同的地位与职责，在组织与制度上决定了学生间的联系关系，即老师总是施教者，学生总是受教者；老师总是拥有控制学生的权力与权力，学生总是要听老师的教导，满足老师的要求。这种组织制度化的模式，在不同的社会，其性质不大相同。现代教师在组织关系中，大力强调民主教育，师生是相互平等的成员，既注重发扬老师的主导作用，又注重发挥学生的主动性；既严格要求学生，也要重视学生的人格和个性的特殊性。

（三）教师间的心理关系

教师间的心理关系是指教师通过教育教学中的实际交往而形成的人际情感关系。这种关系使师生脱离了既定的“教师”和“学生”角色的束缚，将师生双方联系在一定的情感氛围与体验中，进行人格、精神和情感信息的传递与交流。师生间的心理关系是以情感为基础的。没有情感关系为基础，也就不可能有师生间的正常的心理关系。老师对学生的积极情感，不但使学生体会到老师的关心与鼓励，同时以积极的态度来尊敬老师，同时教师也会调节自身行为，调动事业心与责任感，从而缩短老师和学生之间空间上与心灵上的距离，进而实现良好的教学效果。

（四）师生间的私人关系

师生间在学校组织中所形成的联系是一种正式关系，而师生间也会产生正式关系以外的非正式关系，即私人关系。这是一个非外强制和约束产生在正式组织以外的、自然形成的关系。在这种关系中，师生的交往并没有在正式关系中的拘谨、刻板和模式化的倾向，它可以缩短师生间的心理距离，从而达到在正式关系中难于达到的师生间的深刻认识与情感交流。师生之间私人关系的形成，使学生能够比较全面地认识到老师对他更细致、更具体的要求，进而自觉自愿地提高学习，教师也能够从中获得学生对教学工作较为客观和初始的信息反馈，进而主动进行调整与完善。

二、和谐的师生关系的构建

教师是教育组成元素中最重要的因素，构建新型和谐的师生关系，科学的管理和健全的制度固然是重要保证，但决定性的因素是教师。

（一）全面提升教师素质是建立和谐师生关系的保证

一个品德高尚和知识渊博的老师必会获得学生的喜爱与尊敬。不仅如此，他们还会把对老师的喜爱与尊敬反映到老师所教的课程上，乐于接受老师的引导，并付诸极大的学习热情。同样，学生的积极情绪也强烈地影响着老师的工作热情，从而激励老师对教育工作投以更大的努力。这种良性循环，将有助于教师和学生之间良好工作关系的建立与发展。作为实验教师应不断汲取新知识，掌握现代的实验技术和现代的教学手段，要注重跨学科知识的掌握，力争可以成为既有广博的知识，又有颇丰的研究成果；既有较强的实验技能，又有较高的实验技能和创新能力；既有丰富的教学经验，又有高超的教学艺术的优秀教师。以自身优秀的人格魅力和声形俱佳的课堂教学魅力潜移默化地影响、感召、激励学生去完善自己的人格，塑造自己的品格，提升自己的实力。

（二）转变教育观念是建立和谐师生关系的前提

教师要彻底转变教育观念，牢固树立以学生为本，知识传授、能力训练、素质培养协调发展的教学理念和以能力训练为核心的实验教学理念。在生物实验过程中，学生需要的是“指导”或“帮助”，不是我们传统的“传授”或“教导”。教师的主要职责是创设一种有利于适应学生能力培养的环境和途径，教会学生如何发现问题；学习如何收集、处理和提取信息；如何运用有关的知识来解决实际问题；如何在实验过程中与人交流和合作；如何表述或展示实验的结果等。教师在实验教学过程中是“导师”，是“指路人”而不能完全包办代替。教师要充分发挥在实验教学中的主导作用，建立以能力培养为主线，分层次、多模块、相互衔接的科学系统的实验教学体系；多开展一些实践性、设计性、综合性、探索性的实验，为学生参与查找资料、设计实验、选用实验仪器、实验操作的机会，使学生由被动实验承受者转化为主动的实验设计者；探索的多元实验考核方法和实验教学模式，推进学生自主学习、合作学习、研究性学习；坚持民主性原则，充分尊重学生的人格；在时间和空间上实施全面开放教学氛围，为学生创造了一种能够充分发挥自身特长的教学环境，使学生在民主、和谐、愉快的教学气氛中完成知识的获取、借鉴、创新与超越。

（三）相互尊重是建立和谐师生关系的基础

师生关系是一个双向的人际关系，师生双方彼此相互影响。和老师一样，学生也有其经验、感情和价值。学生必须向老师学习，老师也同样需要向学生学习。学生尊敬老师，老师同样要尊敬每一位学生。弗莱雷（Freire）认为，唯有建立在尊敬、尊敬、谦恭、信赖别人的基础上，对话双方才是一种平等的关系，彼此才会产生信任。如果没有尊重也就失去了对话的条件。

尊重学生人格。老师与学生都是课堂教学的主体，都是拥有独立价值的人，两者在人格上完全平等，没有高低贵贱之分。这就要求老师在和学生交往的过程中，信任、尊敬和热爱学生，使学生在健康和谐的教学人际交往环境中逐步形成健康、完整和崇高的人格品质。

尊重学生的个性。尊重学生，核心是尊重学生个性发展的空间。由于受家庭、社会等因素的影响，学生存在个性差异，教师应当承认并尊重学生的个性差异，开展分层次教学、开放式实验，营造实施个性发展教育的外界氛围，发展学生健康的个性，以形成学生的独创性。教师要善于走进学生的情感世界，把自己当作学生的朋友，尊重学生的情感，尊重学生的思想，尊重学生的感受，尊重学生的言行，以师情融生情，用师魂铸生魂，建立一种亲切、融洽的友善关系。这种融洽的情感体验会影响学生的情感倾向，对课堂实验会产生浓厚的兴趣，将收到良好的教学效果。得到学生应有的尊重是每位教师最基本的心理需求。学生应该理解老师在获取知识方面的有限性，尊重教师的劳动，积极主动地、心情愉快地投入实验全过程，主动真诚地与老师讨论问题，交换意见，解决实验中碰到的问题，教师会感受到学生对自己的尊重与信任，就会激发出极大的工作热情，提高工作效率。

（四）交流与沟通是构建和谐师生关系的桥梁

和谐的师生关系是在教学交往中建立出来的，所以，要确保师生有一定的交往频率，使师生的思想在交往中交流、碰撞与融合，师生之间才能建立起平等、教学相长的关系。师生要共同探索新的沟通方式。从空间上讲，师生交流的时间越多、空间越广、范围越大，就越有利于师生相互的沟通与了解，也就越有利于和谐师生关系的建立。实行导师制，因材施教，给予学生个性化教育和指导，全面训练学生的实践能力与创新能力，帮助学生树立正确的人生观，提高学生的事业心、使命感，培养起艰苦创业的优秀品质和执着追求的科学精神；多采取讨论式教学方法，广开言路，建立民主的学风，有利于师生感情沟通，促进师生关系和谐发展

【案例】

造纸人技艺坚守的矛盾与快乐——体验笔记

1. 造纸体验的情境

我们跟随宁老师、孙老师、姚老师到竹海镇体验古法造纸，目前竹海镇的古法造纸在做的只有两家，传承人的家所在地四面环山，竹子到处都是，一条小溪从门前穿过，不远的地方就是竹海风景区。然而，从竹海镇的人流来看，当地的经济并不景气。

古法造纸的流程共计 5 个大的环节，72 个小的细节（图 18）。从他们的言谈中，我能明确地感受到，他们十分强调 72 道工序（缺一不可），在学生的意识中过于复杂，心理自然想敬而远之。而古法纸做的人越来越少，销量小，只能用于纸花、纸马、纸钱及校园里面用于练字（不能用于画画，纸的质量不好），在造纸的前两个阶段需要大量的人力，不如打工挣的钱多，好处体现在可以照顾小孩，照顾家。县级传承每年有 0.3 万元的补贴，省级传承是 1 万元补贴，传承人觉得政府给予的资助过少。当我们体验完古法纸的制作过程，临走时传承人的妻子语重心长地说“小同学，你们要好好读书，这个有苦又累。”

矛盾。传承人的知识水平不高，他们坐拥省级非物质文化遗产，而不知道随着时代的发展而赋予其新鲜的血液和时代的印记，而选择“等、靠、要”，表现为缺少内生发展动力；但他们对田园式的生活方式，日出而作日落而息的工作方式习以为常（一年辛苦的就是造纸的前两个阶段，一年辛苦 2 个月，休息 10 个月，平时想做就做的工作自由，一刀纸 100 张

60 元）对工作室就是起居室不用每个月苦苦还房贷视而不见，他们是快乐的！只是他们没有感觉到！图 19 为古法纸成品。

快乐。在一个学生的学习心得中这样写道：“当传承人的手和我的手一起将纸膜推平贴在墙上的时候，我的内心是平和的、踏实的、安定的、温暖的、热乎乎的、冒着热气的，忘记了闹市的喧嚣，少了我为学习、生活、竞争中的留一手，我的心就像那张纸一样，服帖地贴在我的肚子上，那种感觉就是我要的生活呀！多希望那张纸永远不要平，多希望这样的时间能长一点，再长一点。”

另一位同学的体验笔记是这样写道：“在造纸体验的过程中，我看见传承人的小孩，那个宝贝清澈如水的眼神，吊在烘房上方的火腿，杂放在造纸的房间里面的锅碗瓢盆，这才是我要的生活呀！

一位男同学是这样道：“造纸人是幸福的，不用还 30 年的房贷，知道自己若干年之后要去哪儿，原来幸福可以这么简单！但又是那么的遥不可及，高考的压力，竞争的残酷让我忘记了学习的目的是成就自己，改造我的家乡，孝敬自己的父母，我要改变我现在的生活，而不是远离这块生我养我的土地。”

图 18　体验古法造纸

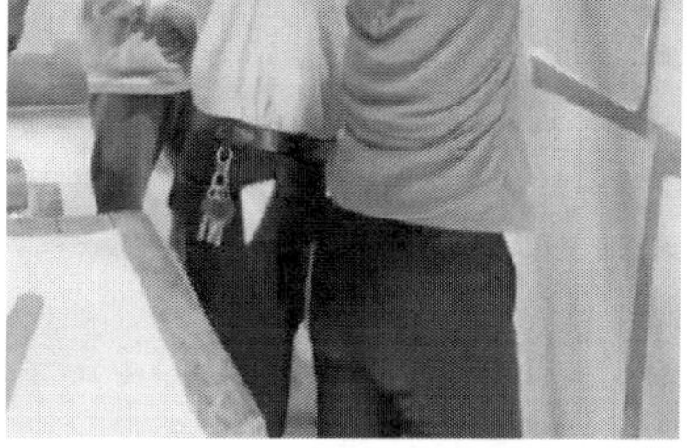

图 19　成品古法纸

【案例反思】

从调研的实际情况来看，古法造纸的传承人在技艺的坚守和传承的过程中体现了：

（1）技艺传承的路径单一，技艺没有随着时代的变化而赋予其新的生命。

（2）传承内生动力不足，表现为因循守旧和“等、靠、要”，坐拥省级非物质文化遗产而不指导资源的有效开发。

从学校教育来看，那些出生在城市里面的孩子，他们没有孩童时的体验，他们心灵深处的归处又是如何安放的，寄希望于动漫？那些施加与条件的劳动教育，是否偏离了教育的初衷？

都在说教育的本质不是简单的授予知识，而是挖掘学生的兴趣爱好，培养学生的生命观念，在点滴的教育实践中形成社会责任的观念，那么在点滴之中的渗透路径，或着力点是寄希望于教材中预设的远离学生地方生活问题情境吗？

【案例】

青年教师成长的内生动力——教学的自由与快乐

1. 教研活动场景

我们从学校生物组的3份教研活动看目前教研活动的情况。

（1）教研活动记录1。

①制订落实教研活动计划。

②加强备课组备课活动，提高教学质量 。

集体备课的内容安排为，分析研究教材和教学的重点、难点和热点；分析交流所教班级学生的思想状况和学习情况；交流教学体会和有关新近信息；教材后面的思考与练习怎样处理。由备课组长提前将备课专题分配给中心发言人，由中心发言人交流自己对教材的理解和对课堂教学框架的构想，其他教师在此基础上进行修改。利用集体备课，丰富课堂教学，是本学期教研活动的一个重要工作。认真组织备课，分解教学过程，从细节处入手，制订切实可行的教学计划。

③抓好常规教学，提高课堂效率。

④落实单元过关检测制度，做好成绩分析 。认真组织每一单元过关检测，由备课组集体研究，精选试题，突出重点，难易适度； 认真批改、认真分析、认真评讲，做好单元过关检测分析。找出学生学习的薄弱之处，完善课堂教学。

⑤扎实做好复习，提高复习课的针对性、实效性。

⑥制订教师个人发展计划。

（2）教研活动记录2。

①以“减数分裂”这一知识点为例进行研讨。

②集体备课的内容安排。

教师甲：本次活动内容包括四项：学生实验的时间安排和器材准备工作；课堂教学课件和教学方法研究，学生认知情况分析；教案和课堂效果的检测。

教师乙：强调本章内容关键在于学生的参与和学生的自主探究，做好学生实验，引导学生从实验现象中总结规律、从而掌握规律。学生普遍认为减数分裂比较难，关键要找到学生学习的临近点，就他们关心和感兴趣的话题展开学习，调动他们学习的积极性。可采用动画演示增加直观性，化抽象为直接。

教师丙：备课是教师上课前的准备工作，是教师上好课的前提。教师劳动的主动性、创造性也集中体现在备课环节上。减数分裂的难点是图像的识别和曲线的变化规律，课上可以引导学生自画图像以加深学生对图象的认识。

教师丁：“工欲善其事，必先利其器”。我们需准备一份可行的图像空白的教案供填图使用，还需要有一定量的习题作为课下练习。

组长总结：本次备课活动，讨论积极，气氛热烈。大家在交流中解决了教学疑难问题，优化了课堂教学思路，并就作文升格教学达成共识。可谓集思广益，效果显著。

（3）教研活动记录3。

①由高三年级组组长主持，基础年级教师共同参与研讨。

②集体备课的内容安排。

夯实基础。扎实的基础知识和理论永远是不变的应试策略，在第一轮的复习中首先要过好基础知识关。教师引导学生按章节捋清知识脉络，对生物学基本概念、基本定律、实验操作的基本过程等基础知识要逐一弄清、融会贯通。再配合经典的题例，将主干知识、重点知识向纵横方向引申和拓展，构建知识体系。

培养能力。理综试题的特点是以能力测试为主导，以基础知识为载体，高三生物复习应根据高考题目的立意和表达形式的新变化来组织学生复习，把培养学生能力作为生物复习的重要目标，其中思维能力是所有能力的核心，要把思维能力的培养放在首位。重视实验教学。

优化教法和学法。学生只有在主动学习的过程中才能获得深刻地领悟知识和提升能力，因此，要充分发挥学生的主观能动性。在课堂复习过程中我主要采用“六步式”提纲教学法，即按照“诊断补偿—教师巡回辅导—精讲点拨—巩固记忆—反馈矫正—课堂小结”的程序进行复习，这种课堂教学结构能使教师的主导作用和学生的主体作用有机结合，避免学生在复习过程中的盲目性和随意性，使学生具有明确、具体的学习目标，提高了课堂效率。图20，图21是教师的教学研讨活动。

图20　名师工作室活动

图21　教研组活动

【案例反思】

从活动场景来看，目前高中阶段的硬件设备是优良的，有录播室、集体备课室，多媒体已普及，外界的情境资源丰富；从教研活动记录来看，学校的教研活动是按部就班的，常规的，无法考量的。但从记录上来看，教研活动是有想法的，但是缺乏有效的实践路径的。

对于从校园到校园的学习就业方式，教师的成长除了完成学习的各项基本工作之外，有没有什么方法可以加速青年教师的成长呢？学校基础教学工作与个人的成长存在千丝万缕的关联，它们之间没有明显的边界。完成好基础教学工作，就能得到成长吗？

苏霍姆林斯基说：“如果你想使教育工作给教师带来欢乐，使每天的上课不致变成单调乏味的义务，那就请你把每个教师引上进行研究的幸福之路吧。”这句话不仅道出了教师专业发展的价值所在，也为学校管理者帮助教师专业发展指明了道路。教师的成长不是一蹴而就的，而是日积月累的结果。围绕“让每一个人做最好的自己”的理念，建立教师共同体，引领教师开展教育研究，在研究中成就自我。

课堂就是教师教科研的主阵地，树立“教科研”的成长理念，课堂教学包括 5 个大模块，69 个小的方面。复杂的教学过程和环节，决定了大学阶段的基础教育理论的学习绝对不能满足中学学科教育教学工作的要求。

教师的教学常规工作一般包括备课、上课、批改作业、考查评价、课外辅导等环节。优化教学常规管理，是打造高效课堂的关键。

一是强化备课制度，规范备课行为。学校每周都实行集体备课，定好时间，定好主题，定好主讲人，求实效，紧紧围绕“学生学习习惯”“课堂教学要求”展开研讨。同时加强备课检查，突出检查教师在备课中是否设计具体的预习提纲，引导学生做好每节课的课前预习。

二是规范上课制度，精心组织教学，面向全体，把微笑引进课堂，积极引入竞争激励机制，努力提高学生学习参与度，课堂关注学生掌握知识技能的结果，关注学生的学习行为，学习习惯的养成教育，培养学生“学会学习”，打造高效的课堂。

三是规范作业制度，课内外作业布置分量要适当，内容要有针对性，体现对不同学生的要求，满足不同学生的发展需要；教师必须做到“有布置必有检查批改的原则”，批改作业要及时正确，提倡写上有针对性、启发性、激励性、指导性的批语；对学困生要面批作业；必须加强作业的完成状况的管理，杜绝学生不交作业的现象发生。

教师的成长是一个长期的过程，决定了不是一蹴而就的。从研究的角度看，教师可以分为，任务型教师、经验型教师、研究型教师、专家型教师。如果教学是一种技术或艺术，从技术的角度看，教师可以分为，匠师、艺师、儒师、哲师等类型。从教师的特长分类看，各类教师的优点和特点、专注点各不相同，教师的成长就注定是不平凡的。教师的动力从何而来，动力源是什么？是一个值得思考的问题！

只讲情怀过于虚妄，只讲职称或荣誉又过于物质，各位教师身处的环境又各不相同，将动力定义为工作的“自由”或教学工作的“快乐”或许更为合适一些！

【案例】

实验教学与和谐师生关系

在实验室里，同学们的感受是新奇的，在实验尝试的过程中，相较于课堂教学紧张的学习进度而言，师生之间有更多的自然交流时间和机会，交流中就会没有那么多因为知识学习固有的专业术语，教学的内容物化了的，具象化了的，学生是可以直接看到、摸到、感受到。

在实验教学过程中，学生是主动的，实验教学能让学生亲自动手，动脑，提高学生的动手能力，思维能力、批判能力、创新能力，能激发学生的学习兴趣，在学生的学习兴趣被激发的基础上，师生之间和谐的关系才有可能有效发生，学生才会对老师信服。

美国著名科学家杜威提出“做中学”，提出做的前提是兴趣，在实验中，学生的好奇心和求知欲才会得到满足，在实验中，排除了在校园生活中“那不准做，这不准做”转变为“你可以尝试一下这个”“你可以尝试一下其他方法或材料”，学生从平时的限制中解放出来，从而在实验中主动探究，乐于动手乐于表达，乐于分享，教师在实验中进行引导，对他们提出的新奇方案进行评估检验，在交流促进了相互之间的理解。

1. 实验之于学生

相关心理学家研究显示，动手做实验，对学生的影响主要有，有兴趣，不畏惧；形象记忆，对科学有感知；锻炼观察动手能力；锻炼实验探究能力。

（1）提升动手动脑能力，满足学生爱玩天性。

进行科学小实验可以在培养们动手能力的同时，增加他们对科学的兴趣。在小实验中，学生不仅学得开心，还能轻松地学会老师要求他们掌握的知识。科学小实验不仅能帮助学生理解一些简单的科学现象和知识，而且能提高动手和动脑的能力。

通过实验，不仅能满足他们爱玩好动的天性，更能养成正确的学习习惯。“科学实验”对于学生来讲，是神奇的未知领域。好玩的科学实验会深深地吸引他们，学生不会感到丝毫的压力，还能最大限度地满足好奇、爱玩的天性。

（2）形成形象记忆。

科学实验对学生最直接的帮助是，对科学形成形象记忆。在学习中，学生可以通过亲手实践，进行有趣好玩的科学实验，在观察颜色、形状等变化中，无形增加了形象记忆，让学生印象深刻。

（3）锻炼观察表述能力。

观察是认识的窗口，是思维的前提。对于科学，没有细致入微的观察，就不能深入认识事物的本质。在科学实验中，经常出现很多现象，比如，生成气体，颜色变化，等等。在学生动手实践的过程中，需要让学生观察和描述实验现象，这可以有效地锻炼学生的观察能力和表述能力。比如，在结晶的实验中，学生就会发现，在一定温度下，当溶质过量时，不管如何搅拌，溶质总是不能完全溶解。只有在改变温度之后，溶质才会溶解。通过这样的观察，学生能够明白溶解度的概念，同时能理解溶解度和温度的关系。

（4）锻炼实验探究能力。

学习的目的不仅仅是了解现有知识，更重要的是探索未知，但这就需要学生具备相应的实验探究能力。在实验课上，可以通过实验问题的设置，让学生自己调节变量，了解事物的本质。比如，在自制电池的时候，就可以通过变量的改变，去探究影响电池电流和电压的因素究竟是什么？经历这样的研究，学生收获到的不仅仅是这个知识点，而且还有研究问题的方法和拓展引申思考的能力。

2. 实验之于老师

《新课程标准》突出科学的探究活动，倡导探究性学习。科学探究是一种多侧面的活动，学生积极主动地获取生物知识，领悟科学的思想观念，领会科学的研究方法，而进行的多种活动都属于探究。科学探究，通常以问题为引入，然后做出假设，常通过观察、实验、调查等多种途径来获得事实和证据。探究需要推理和判断，需要正确地表达和与人交流，所以科学探究通常包括，提出问题，做出假设，制订计划，收集证据，得出结论，表达和交流。实验是常见的探究实践活动。实验能让学生通过动手操作来增加感性认识，加深对所学知识的理解，培养学生动手操作能力。探究性实验，还能提高学生的质疑、推理、判断、反思、交流、合作等能力、特别是创新精神和实践能力。

培养学生的独立性、自主性、创造性，应多开展形式多样的探究实验，更好地培养科学的探究能力，有利于培养学生的创造性思维能力和实践能力。

（1）传统式实验。

传统的实验，着重实验技能的训练，其优势在于能让学生亲自操作，亲自体验。其实，实验过程具有很强的规范性，主要包括，解读实验目的、原理—选择实验材料—确定实验方法步骤—熟悉仪器的使用—实施操作—体验科学的方法和技能。教材也设置了多个传统的实验，如显微镜的使用、探究种子萌发的条件、植物的光合作用等。可通过加强此类传统的生物实验，规范学生的动手操作技能。验证性实验，其结果已有定论，侧重体验科学探究的过程和方法。

（2）自主探究式实验。

学生平时通过观察，会提出不少的问题，可以把主动权交给学生，让学生提出自己感兴趣的问题，以自己独特的视角去观察，以自己独特的思维方式去探究。尽量让学生自己设计实验方案，自主探究。

①材料、方法的改进实验。如，探究种子萌发时，制作种子萌发各阶段的小标本；制作植物细胞模型时，用马蹄粉代替琼脂，保鲜膜代替塑料袋；鸡的绕道取食实验，可用家里的金鱼、巴西龟、宠物狗来代替；制作洋葱鳞片叶内表皮临时装片，用紫色的外表皮或紫鸭跖草代替无色透明的内表皮，省去染色，效果也十分明显；植物的光合作用实验，用绿而薄的一串红叶片代替天竺葵叶片，省时效果好；气孔的观察实验，用潺菜叶代替蚕豆叶，观察效果也很好。

②教材内容的拓展实验。学习单细胞生物时，观察完草履虫后，可进行草履虫的应激性探究实验，让学生认识生物的一个重要特征——应激性。还可更进一步探究，用糖、茶、醋、冰等多种材料来试验，探究草履虫对不同刺激所作出的反映。又如，进行光对鼠妇生活的影响实验后，还可进一步探究水、温度对鼠妇生活的影响。

（3）课内外结合实验 。

教材中的不少实验，可延伸到课外，如种子的萌发条件的探究、植物的嫁接等。对一些实验时间长，实验难度大的探究，可让学生在课外进行，或发动生物课外活动小组的同学完成，让他们在课堂上汇报实验的情况，全班进行讨论、交流、评议。通过汇报，让全班同学也得到收获。

设计性实验能够更好地激发出学生学习的兴趣。设计性的实验是对于生物生物课程的理论知识教学相互结合而成，是对理论知识教学的一种探究特性的操作设计。

3. 实验中的师生关系

（1）教师精心设计实验，做课堂的导演。

认真研究试验。做好实验的关键是弄清实验的目的以及怎样才能达到目的，这就需要教师在实验前认真研究实验，明确实验目的和达到目的的途径，这样在实行实验操作时才能做到心中有数，不至于在实验时出现手忙脚乱的情况。并且在研究实验的过程中想办法提升实验的效果，想办法增加其透明度，以便让更多的学生清楚地看到实验现象。在研究实验时努力放大每一个细节，尽可能做到效果最大化，在实验手段上努力做到推陈出新，牢牢锁定同学们的目光，这都需要在实验前认真研究好实验。

古人说的好：“纸上得来终觉浅，绝知此事要躬行。”演示实验是：

第一，是重要的教学辅助手段，是教师备课的重要内容之一，需要我们认真对待。有的教师轻视课前演示实验的准备工作，不认真准备，结果造成演示失败或演示效果极不理想的情况，以致在课堂上束手无策，逼迫学生接受结论，效果很不理想。造成这种情况的原因很多，有的是主观上的问题，思想理解不足，对演示实验教学不重视或图省事；有的是疏忽大意，以为实验内容简单，以前做过或曾看见别人做过；还有的是怕麻烦等。这些都是演示实验教学应该注意的问题。

第二，教师在课前应该准备好与实验相关的全部仪器、材料。其次，在课前多操作几遍，直到熟练的地步，对于在实验中可能出现的问题做到心中有数。

第三，掌握好演示时间，注意与教学进度紧密配合，不能因为实验耽误其他的教学时间.

第四，教师在做好规定的演示实验外，还能够适当补充一些小实验，或对现有的实验作必要的改进，以提升实验效果。

第五，要考虑在演示过程中如何引导学生观察，启发学生思维，最大限度地发挥演示实验的作用。

规范操作。操作规范是指教师在使用器材、连接和装配器材及演示现象时动作要准确、标准。例如，精密仪器在使用时要轻拿轻放，这样会潜移默化地影响学生爱护器材。再比如，在使用托盘天平时，取用砝码、移动游码时必须用镊子而不能用手；点燃酒精灯后火柴杆不能随手扔在地上，要放在专门的废物杯中；电路的连接应先接线路后接电源，拆卸时先断电源，后拆线路；导线两端接头不是钩时要注意导线在接线柱上的绕向应同螺母旋紧的方向一致等。总的来说，教师的一举一动都会影响着学生，起到潜移默化的作用。教师的规范操作，不但能提升实验的成功率，而且会使学生养成严谨求实的良好实验习惯。

（1）学生细心实验操作，做课堂的主人。

学生形成辩证唯物主义世界观和严谨的科学态度。初中物理教材中，很多重要的定律、概念、公式都是通过实验推理出来的，具有很强的客观性，如光的反射定律、二力平衡条件、欧姆定律等。学生因为亲自经历和学识限制，对书本内容不可能一听就懂，并且会怀疑其客观性。而实验就起了协助他们发现规律，掌握规律，理解获取知识的桥梁作用。所以，教师应尽最大努力做好一切演示实验和学生分组实验，切忌不做实验或少做实验而讲实验。因为单纯地讲实验，便贬低了定律、概念的客观真实性，学生也难于理解和接受。教师在做演示实验时，必须把准确无误的物理现象清晰的体现在学生面前，让每个学生看清楚，使学生确信定律、概念的客观性。所以，教师必须是一个坚定的唯物论者，要具有严谨的科学态度。在学生分组实验中，要以得出的数据来验证或推导出定律、公式，绝对不允许涂改实验数据，使之与物理定律、公式相符。而应协助学生找出错误原因，重做实验，直到得出准确的结论为止。只有这样，才可使学生逐渐形成辩证唯物主义世界观和严谨的科学态度。

培养学生识别和应用实验仪器的水平。学生识别和应用实验仪器的水平，不但是学生准确完成物理实验的保证，也是以后在工作和学习中必需的、最基本的水平。

教师与学生之间的关系：

尊重——师生关系的润滑剂。

著名教育家叶圣陶先生认为，师生之间应该确立一种朋友的关系。他说：“无论是聪明的，愚蠢的，干净的，肮脏的人，我们都应该称他为小朋友……我要做学生的朋友，我也要学生做我的朋友。”《新课程标准》也明确指出：“要尊重学生的个体差异，促进每个学生健康地发展。”在教育教学中，如果教师能够把每一个学生都当作自己的朋友，敞开心扉，平等交流，尊重学生的个性与人格尊严，多给学生一份真诚和理解，多给学生一份尊重和爱护，帮助他们用自己的眼睛观察，用自己的耳朵倾听，用自己的心灵感悟，用自己的头脑思索。尊重是打开学生心灵的钥匙。美国著名作家爱默生（Emerson）说过：“教育成功的秘密在于尊重学生。”教育的前提，应该是尊重，因为只有尊重学生的独特性体验，才能让学生主动地去体验生活、体验社会，即使失败，也可能成为学生终身受益的财富。酸甜苦辣都有营养，成功失败都是收获；也只有尊重，才能在师生间真正架起一座通往美好心灵的桥梁。

爱心——师生关系的溶解剂 。

教育家夏丏尊先生说：“教育之没有情感，没有爱，如同池塘里没有水一样。没有水就不能程为池塘，没有情感，没有爱，也就没有教育。”爱是教育事业的基础和开始，教育的成功来源于对学生的最大热情。学生非常需要教师的爱，教师只有情感投入，把爱的甘泉洒向每一个学生，使他们获得心理上最大限度的满足，从而引导学生对教师的崇敬、信任和亲近，创设教育学生的感情基础，缩短师生间的心理距离。

赏识——师生关系的催化剂 。

加德纳（Gardner）多元智能理论认为每一个人至少有八种智能，即语言智能、数理逻辑智能、视觉智能、音乐智能、身体运动智能、自我认识智能、人际关系智能和自然观察智能，每个人都有自己的智能强项和智能弱项。因此我们的教育不是寻找适合教育的学生，而是寻找适合学生的教育；教育关注的不是哪个学生更聪明，而是一个学生哪些方面更聪明。教育者要善于发现每一个学生的“发光点”，然后赏识学生的“发光点”，使之成发“发光面”。成人需要赏识，学生则更需要赏识。赏识不仅是一种教育思想观念，也是一种教育方法。可是现在，在应试教育的压力下，学生们心灵深处这种渴望得到赏识的美好愿望，似乎被遗忘了。现代教育理念认为，教师面对的是一个个鲜活的生命，有思想，有感情，有独立的人格，内心世界都潜伏着积极向上的要求，自我完善的愿望。用赏识教育的理念去对待每一个学生，付出爱心，激励他们把内在的潜能发挥出来，在和谐民主的氛围中，自主探讨，学会学习，一定能取得事半功倍的效果。著名的“罗森塔尔”效应就是最好的证明。

请把我们的学生，不管是优秀的，还是暂时不太优秀的，都当作天使一样呵护吧。把他们培植在爱的土壤上，呼吸着民主、平等的空气，再以尊重和赏识灌溉，那么，和谐的师生关系一定会在校园里尽情地绽放。

理解——师生关系的黏合剂。

主动了解学生。教师与学生打交道的第一件事就是要了解每一个学生，从了解学生个体出发，以“熟悉”形象来建立良好的师生关系。在开学的第一天，你如果能够直呼学生姓名，就他的兴趣、爱好、特长聊上几句，就他的家庭，生活情况说上几句，这样就会使你的学生感到分外亲切，他们的第一感觉就可能是，“你既像老师，更像老朋友”，这对建立良好的师生关系无疑是有很大帮助的。

修身——师生关系的基质剂。

不断提升自己。师生关系是对立统一的，教师处于矛盾的主要方面，在运动变化中起着主导作用。因此，构建良好的师生关系关键在于教师。作为教师，首先，应该结合自身的工作转变观念，加强自身修养，提高师德素养，以高尚的品格和过硬的素质去感染学生，征服学生，正所谓“亲其师，信其道。其身正，不令而行，其身不正，虽令不从”。很多教师就是因为这点让他们每到一个新的班级都会获得学生的一片欢呼。其次，教师应与时俱进，加强学习和研究，提高自身的业务素质，不断改进教学方法，提高教育教学的艺术水平，及时做好角色的转换。在素质教育中教师不再是独奏者而是伴奏者，舞台的中心应该是学生，教师的任务是激发学生学习的兴趣而不是学生的监督者。在教育教学实践中要不断转变传统教育中阻碍学生创造力发展的某些方面，改变传统教育中教师为中心为学生为中心，变墨守成规的紧张课堂为生动活泼、主动探索的研究型课堂，师生互动，共生共长，充分利用现代化教学媒体、教学手段，频繁地在课堂中使用。这种“新”无疑容易使学生佩服，既树立了教师的威信，更在无形当中激发了学生的好奇，对知识的渴望。而这些要求教师时刻遵循“学高为师，身正为范”的教诲，只有这样在教育的全过程中才更容易做到民主、尊重与理解。

【案例】

我的学生送“外卖”

场景一：2023 年 5 月的一天，在回家的路上，一个送外卖的小哥叫住了我，“宁老师，您住这里啊？”“嗯，请问你是？”“我是 12 中高三（4）班的学生，你之前教过我们的生物的。”“……哦，今年的高考考得怎么样？”“差2分上二本，我打算复读一年，明年考一个好一点的大学，今年没有考好……”“可惜了，走，去我家里坐一会，我家就在这个单元”“不去了，还有其他的单子要送，有机会再找您！”学生的眼里有光，有希望，但我的心里有点堵……，为什么考前没有对他们更严格一些……，我都没有记得他的名字……

场景二：公交车上，“宁老师，你也和我们一起挤公交车啊！”“嗯嗯，低碳出行嘛！”。

场景三：显微镜观察蚕豆叶片下表皮细胞，“哇！这些细胞中间有好多眼睛！”“这些眼睛是什么呢？”

场景四：“施莱登和施旺它们两个人共同创立了细胞学说，它们共同创立学说的条件是什么呢？”“他们是好朋友。”“他们有共同的兴趣爱好。”“是一种必然，也是一种偶然或是无中生有。”“胆大心细。”“有丰富的、在各自领域的研究基础，专著《人体结构》，显微镜的发明。”“同学们总结的都挺好，如果能把这些意见总结综合起来就更完善了。”“他们在各自的领域都有深入的研究，并取得了相应的成果，他们应该是在工作中遇到了瓶颈，转而他们在研究中相互学习，相互借鉴，共享自己的研究成果，在借鉴、综合、交叉中相互成就了自己和对方。”“很好，探索的精神，追求的信仰成就了彼此，同学们在日常的学科知识学习的过程中，也要学习这种合作的精神！”

学生开放的心理态度和积极的进取精神深深地感染了我，这样的精神会相互影响，同时也影响着老师。

学生学业有所提高，他们的学习会更认真，听课效率，思考问题的深度都会有所提高，师生关系也会更加融洽、和谐，更有利于学生人格的完善，老师会感到学生充满热情的回应，老师对学生的肯定和鼓励会更加及时到位，学生对老师的教导、帮助及对老师的认可与感激会充分得到回应。

老师最大的希望就是桃李满天下，看着学生就像看着自己的学生一样。学生出息了，老师就自豪了，就幸福了。学生在成长，教师也在成长，物质的追求很容易得到满足，但满足的时间总是短暂的，而精神的追求才会让人的心灵水泽花香萦绕。

【案例】

老师，我想重新做一次还原糖的实验

场景一：在做组成细胞的元素和化合物的实验中，还原糖、蛋白质、脂肪的检测中，一个小组的还原糖检测做了一次没有成功，砖红色沉淀做出来不明显，他说“老师，我想再重新做一次还原糖的实验可以吗？”

场景二：课堂环节。

生：老师，花生的切片做装片不好切，怎么办？

师：你想想其他方法，如果这种材料不好，你试一下其他材料以及其他方式呈现可不可以？（组织匀浆）

场景三：再有无核膜为界限的细胞核区分真核细胞和原核细胞的这句话中，界限的限是限制的限，是细胞核，不是细胞膜，不可以少字，不准、不许错字，多字。（课堂一瞥）

场景四：实验室。

师：你们班还是有一些做实验的高手的。做实验成功后的快捷评价。

师：你切的太厚了，光透不过。

师：刀片很锋利，切的时候注意不要切到手。

师：NaOH和硫酸铜是有一定的毒性的，摄入之后会导致腹泻或胃肠道炎症，不小心滴在手上了，应该第一时间用清水清洗，并且食物不能带到实验室中来。

场景五：课堂教学。

师：你长大后，如果成为一个生物家，你如何发现或者创造一种新的化学元素，新的元素和已知的元素之间有什么区别呢？

生：它们有不同的质子和中子。

师：据不完全统计，已知的元素是按照元素周期律陆续发现的，除了主动发现元素外，还有其他的方法吗，人为增加质子数和中子数？

生：人为增加可以通过核聚变或核裂变，用高能粒子加速轰击原子核，用环形粒子加速器，去控制它和利用它。

【案例分析】

实验室中，师生共同对实验目标进行探究的过程中，更像是师生共同参与的游戏，实验中，学生的感受是，新奇的、情境是具体的、实验的证实和评价是及时的、证据的收集是可见的、便捷的，探究在实验的操作中是即得的。学生在实验中表现为接受能力强，可塑性强，思维活跃，在实验操作的过程中更有利于学科的应用和社会实践经验的科普。

第八节　交叉设计思维的逆向与转向

科学研究是指，可以发现现实世界中的生物学问题，根据特定的生物学问题，进行观察、提问、实验设计、方案实施，以及对结论的沟通和探讨的能力。提升学生科学探究素养最直接和有效的手段无疑是实验教学。虽然中学生物学教材提供了较多的学生实验、演示实验等。但这些实验，仅在一定程度上提高学生使用实验器具、记录并分析实验数据等较低水平的科学研究素质。在培养学生提供可探究的生物学问题、设计并实施实验方法、创造性地分析实验结果并展开交流等较高水平的科学研究素质方面，这些实验内容并不能起到非常明显的效果。如，提高学生水平的科学研究素质，引导、指导和组织学生课后开展创新性实验。但是，创新型实验的课题从哪里找呢？

创新型实验课题可以从生物学教材中获取。浙教版教材中包含着许多可探究的实验课题。可以对教材实验进行改进和拓展，可以对科学史实验进行验证和再现，也可以从教材小资料或练习题中提炼等。另外，结合当地时节和植被等也可以适时地开设创新型实验。本文结合我校生物学教研组，组织和开展创新型实验的情况，对如何获取实验课题进行探讨，希望对中学生物教师有一定的帮助。

一、教材中实验的改进与拓展

（一）剖析实验原理

基于教材设计实验原理是实验进行的理论依据，也是实验类试题考查的主要内容。但是，有较多的学生只是形式化的记忆教材中相关描述，不能真正地理解实验原理。

（二）利用不同材料、试剂进行实验

改进实验材料或试剂的替换是较常见的实验改进方法，也是比较容易实现的。教材中较多的实验都是可以通过更换实验材料或试剂而去改进的。

（三）对教材实验内容进行适当拓展

教材中的实验一般是展现基本流程和方法，教师可以根据需要适当地进行拓展，以丰富实验内容。

（四）采用新技术手段进行实验设计

随着科技的进步和认识的发展，教材中有很多实验可以利用新的方法和手段来进行，这就又提供了实验课题的来源。

二、科学史中经典实验的再现与迁移

教材中编写的科学史基本上都是在生物学发展史上具有重大意义的案例，科学史涉及的实验案例也是非常经典的。对这些实验进行再现，科学史就是实验课题的主要来源之一，还可以让学生真切地领会科学家设计实验的科学性和创造性。

三、从教材“小资料”等栏目中提炼

教材中的“小资料”“课外读”等栏目也隐含着许多可供探究的问题，只要教师和学生善于疑问、勤于思考就会提炼出实验课题。

四、结合时节与地方特色设计实验

与本地气候、生态相结合，组织和设计创新性实验也是非常值得尝试的。不仅是对教学内容的实践和检验，也是了解生活、体验生活的重要环节。生活中处处有生物，有生物的地方就有探究的问题。

【案例】

摩尔根对基因是什么的探寻为什么选择果蝇

1. 案例背景

在讲基因在染色体上一节中，引导学生回顾孟德尔的豌豆杂交实验时，找其存在的问题是，学生总结的问题是：孟德尔在豌豆授粉工作量大，所需等待的时间过长（3 个月），豌豆不能很好地将性状与性别区分开，即直观观察，但相对于其他植物（玉米），它又具备天然状态下为纯合子，有易于区分的相对性状、子代数量便于统计等优点。

从实验设计的角度来看，摩尔根是质疑孟德尔的实验结果的，摩尔根对遗传学的贡献在于基因在染色体上，找到了它的载体，而获得诺贝尔奖，诚然，它的实验结果得到了孟德尔的一些相同的结果（动物与植物相同），他拓展了染色体在遗传中的作用，为进一步发现 DNA 是遗传物质以及 DNA 的结构打开了大门！

【案例反思】

孟德尔的遗传因子缺少物质基础，是一个抽象概念，缺少深度的探究（物质条件），实验的技术受到限制，他只是提出了一个抽象的概念，他的成果受苏联著名科学家米丘林、李森特的行政手段的批判，并将他的成果判定为了唯心主义、形而上学的帽子。

与之相反，摩尔根是美国的大学教授，有充足丰富的经费、智力、人力资源、研究团队，他的研究结果就是权威，从他的研究思路的设计来看，他的思路里面有孟德尔的影子，但从实验材料的选择来看，摩尔根是质疑孟德尔和萨顿的结果的，他从质疑中，有一双善于发现问题的眼睛。

他在传承中有创新，也就是解决了 HSP 中悬而未决的关键问题——基因在哪里。给作为中学教师的启示是，研究的结果要能够接受历史的实践和检验，可重复检测。

在相同中找到不同，为什么只有雄的果蝇是白眼，难道是这两对相对性状有选择吗（性别、眼色）？在谬论中蕴含的新奇！奇异更具有吸引力！

再联系后面的第三章基因的本质，选择的实验素材是肺炎双球菌和大肠杆菌和噬菌体（病毒），实验素材的选取是由植物到动物，再由动物到微生物，从形态上来看，是多细胞到单细胞，再到无细胞结构的病毒！实验素材的选择是为解决具体的问题情境而不断的迭代的。

【案例】

校园纸质垃圾的循环再利用

1. 教学场景

校园里面有没有纤维素呢？什么东西里面的纤维素含量最多呢？校园里面的这种纤维素在我们学习和生活中经常接触呢？

答案是：纸。

受到“分解纤维素的细菌的分离”教学中存在的问题（细菌定性的问题）、日常思考问题的方式、省级实验《生态美学视角下古法造纸回应高中生物实验学习体验策略与实践研究》指导文件的引导和启发，我们将校园纸质垃圾作为实验素材提取的来源。

2. 实验设计过程

（1）研究对象。

校园纸质垃圾，垃圾的分类、性质、来源，垃圾的分类和循环利用的实践路径，高一年级师生，高中化学，物质循环理论的内涵和外延。

（2）本实验的总体框架。

①研究依据。

作为首批国家生态文明试验区和国家生态文明先行示范区创建省份，同时也是长江和珠江上游重要的生态防线，贵州的生态状况关系到长江中下游和华南地区的生态安全，关系到贵州自身的可持续发展。

②理论假设。

物质循环理论的研究结论认为能量是生态系统中一切过程的驱动力，也是物质循环运转的驱动力。物质是组成生物、构造有序世界的原材料，是生态系统能量流动的载体。通过从“校园纸质垃圾”为研究对象，探究纸质垃圾的分类和循环利用的实践路径，可以有效地循环利用资源的理念进入校园，成为垃圾分类和资源循环利用之间的有效载体。

（3）本实验的重点、难点。

研究重点：物质循环理论的内涵，分析校园纸质垃圾分类和高中化学、资源再利用与物质循环理论的关联，探究校园纸质垃圾分类和资源再利用的实践策略，掌握资源再利用相关理论。

研究难点：研究校园纸质垃圾分类和资源再利用实践的有效途径、策略、方法，形成校园纸质垃圾分类和资源再利用的实践体系。

（4）本实验的主要目标。

制订校园纸质垃圾分类和资源再利用的实践方案。

【案例反思】

通过从校园纸质垃圾的性质分类、构成入手，研究校园纸质垃圾的循环再利用，是垃圾分类研究的延伸与拓展，是垃圾分类和资源再利用的交汇点，拓宽物质循环理论的研究范围。为校园纸质垃圾分类和资源再利用的实践提供更有说服力的理论支持。进而勾勒出校园纸质垃圾分类和资源再利用的理论内涵及实践路向，为校园垃圾分类和资源再利用问题提供理论和实践启示。

通过教育一个学生、带动一个班级、影响周围一片，不断提高学生的环保意识，号召广大师生积极参与。通过垃圾分类，广大师生容易理解自己与环保的关系，每个人都是垃圾公害的制造者，也同时是垃圾公害的受害者，树立环境保护，不仅仅是政府行为，也是一种广大师生个人行为，从每个人做起。本实验对唤醒师生的环保意识起到积极的教育意义。

【案例】

校园纸质垃圾的废液是黑色的！

1. 社团活动场景

纸来之不易，这是盘州市竹海古法造纸的体验实践在同学们的头脑中的共识。中外学者对纸质垃圾“用量、再次使用、回收再加工工艺”及重复利用的原则都做了深刻的研究，具有积极的借鉴意义。对纸质垃圾回收再利用的研究取得了较好的研究成果，为本课题的研究提供了前期基础，但还存在两个方面的问题：

（1）涉及纸质垃圾研究的范围还较较窄。

（2）纸质垃圾的重要来源——校园，研究却未涉足教育领域；对校园纸质垃圾的回收利用鲜有研究！这为本研究提供了广阔的研究空间。图 22~25 为学生纸质垃圾提取过程。

在 2022 年 12 月的学校古法造纸社团的活动中，在学生尝试用废纸作为纸浆的材料，将考完的试卷用自来水浸泡，再用匀浆机将纸张打碎的过程中，有这样的一段对话：

学生甲：老师这个水是黑色的！

师：嗯，可能这个是印在卷子上的油墨。

学生甲：那这个水冲完纸之后是直接排放到下水道里面，还是怎么处理？

师：污染物有大气污染物、水体污染物、土壤污染物，你们下去查一下相关资料，下次社团活动的时候，你们小组跟我说一下你们的想法，方法的设计不要局限于生物学科……

一周之后。

师：你们有些什么想法？

学生甲和乙：废纸中除了有油墨之外，还有很多的重金属物质，比如铅，不能直接排放到下水道里面，油墨我们打算通过很早以前的浸水柱来处理，重金属能不能尝试一下用电离或者富集的方法……

师：鉴于学校的实验条件，你们再思考一下这个实验设计的可行性。

两周之后。

他们有了一个初始的模型，尽管略显粗糙，但还是要为他们点赞！

同学们的潜力是巨大的，选择用下水道的 PVC 管作为分离柱（受到生物的启发），在分离柱中填充泥土和锯末来作为填充物，一次性地解决了油墨和重金属的问题！

师：这个模型的实践和运用的方向应该是填充物上，你们要在填充物上下功夫，另外还要考虑过滤出来的水质在安全范围了，仅仅从颜色上来看是变清澈了，但重金属铅是没有颜色的。这就涉及检测的问题。

学生：沉默……，我们再想想。

师：有困难随时找我，还是一个道理，思维不要局限在一个学科中……

图 22　做纸浆

图 23　过滤

图 24　废液

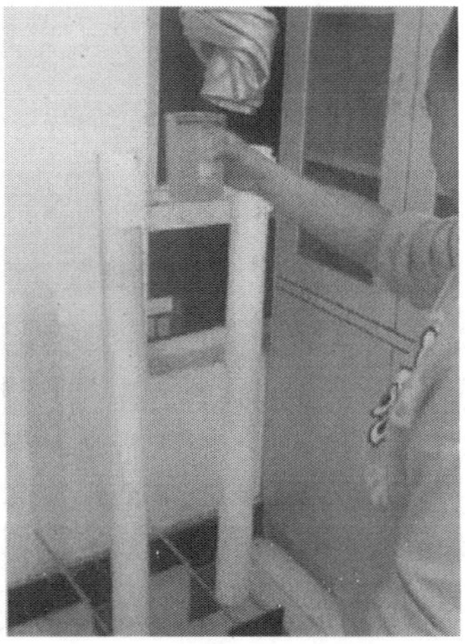

图 25　分离柱

【案例反思】

在一次次的实验交流过程中，学生的潜力是巨大的，超出了我的想象，他们是有想法的，并且就实验的实际条件，积极的创造条件，思维是发散的，提出问题和解决问题的能力得到了锻炼。

【案例】

思想家是人类离群的懒蚂蚁

为什么真正伟大的思想家，在社会发展的当时，与时代格格不入，被看作是众人中的“异类”？

生物学家发现，蚂蚁群体总是军团行动，但是总是有那么几只懒蚂蚁，它们不参与蚂蚁军团的采食活动，而游离在蚂蚁群体之外，去不同方向上游荡，是最危险的，因为失去群体的庇护，失去明确事物资源的方向，那么，它们为什么要在外面游荡呢？

生物学家发现，一个蚂蚁群体中，越是有懒蚂蚁的现象，这个蚂蚁群体的总体安全度和生存前景就越高，因为蚂蚁群体军团行动时，它们会很快就把前面的生存资源采集光，随后一片茫然，立即陷入生存的危机当中，而只有那些有大量懒蚂蚁存在的蚂蚁军团，由于有懒蚂蚁的存在，它们在外面游荡，实际上是在为蚂蚁群体寻求新的生存资源，它在为蚂蚁军团下一次大规模军团行动采集资源找方向。尽管，身处最危险、最寂寞的境界，他被当时的主流社会所压制，但是他却代表人类发展或者寻求人来未出路的先驱！

老子《道德经》第二十章：“众人熙熙，如享太牢，如春登台，我独泊兮，其未兆。”“我愚人之心也哉，沌沌兮，俗人昭昭，我独昏昏。”“俗人察察，我独闷闷。”“众人皆有以，而我独顽且鄙，我独异于人，而贵食母。”……

学校教科书的价值定位，应该是预先告知别人此路不通或此法可行，改革、变革，改到最后是机制，而机制改革的背后是以学科建设的需要、学校发展的需要、学校特色提炼的需要为前提，有了需要，所以，才有了变革，向内求、向外求只是方式方法的问题。

第九节　交叉设计与概念的生成和整合

概念整合理论，是在汲取概念隐喻理论精华，为在处理其无法解决的问题的基础上发展出来的。尽管，概念整合理论的单域网反映了隐喻空间二者的原理有相同之处。但绝不完全相同，隐喻中的映射是单向的，即由源域投向目的域是用具体的框架去解释抽象的框架，而单域网表现的是双向映射，即整合空间的框架既可来自源域也可来自目的域，这正反映了概念整合理论比概念隐喻理论具有更广泛的理解新概念含义的优点。

框架知识是构成幽默的主要因素解释话语，必须通过现有的信息对隐含意义产生变化的语义加以再分析，进而推断出新的意义，这一过程称为“框架转移”。幽默话语的理解过程主要包括以下二个步骤：受众在理解幽默话语的 0.5 部分时，一般先启动常规的默认框架；当发现与新输入的话语信息出现矛盾时，则放弃默认框架而启动另一个框架，以便使它能与新输入的话语信息进行概念整合，并且重新解释幽默话语的 0.5 部分。

应该指出的是在整合过程中，合成空间并非输入空间成分的单纯相加，而是通过推断等认知活动形成一种全新的概念化的结构过程，通常必须经过三个认知过程，即组合、完善与扩展。Fauconner 和 Turner 把人的认知过程看作是一个认知和心理运作不断进行的动态模型，概念整合理论为学习者从认知角度研究幽默提供了强大的理论支持。

国内关于概念整合理论的研究关注于“多模态意义、认知过程、极项认知、内涵和外延、心理空间、矛盾修辞法、多维整合”等方面。有滁州学院外国语学院的郜丽娜，南华语言文学院的周慧敏，长春文学院的李艳、玉溪，四川外国语研究生院的刘兴兵，喀什大学中国语言学院的何婧等。语言是一种以词或句子为焦点，以语境为框架的语用现象。隐喻可以出现在不同的语言层次上。语境是确认和理解隐喻的重要依据。隐喻意义是指两种类属不同的语义场间的语义映射，特点主要包括，矛盾性、模糊性、不可穷尽性、系统性和方向性等。

语言的形成与理解，在很大程度上决定人们是否善于组织心智空间和通过对心智空间的整合建立它们的相互联系，也就是说对语言意义结构的研究直接是在文章建立的过程中进行的。此外，心智空间理论不仅适合于人，而且特别适合于文化符号载体的篇章结构模式。概念整合理论在过去的认知研究基础上，将着重转向对文章的建立与理解的具体过程的研究，它不但解释而且预测出了大量的语言现象。整合理论仍然是一个极具发展潜力的理论潮流。从教学过程中，教师语言行为方面来看，概念整合理论还有两个方面的问题有待解决：一方面，概念整合过程中，教师语言的普遍、特殊问题之间的相互关系；另一方面，受到学生的认知特征、语言本身、民族文化属性制的约性问题，因此需要我们从实践的角度对该理论不断改进与完善。

概念整合理论，是认知学家所面临的理论与现实问题的一个尝试，它已累积了可观的方式论知识和大量的科学术语来对认知过程（认知模型、认知脚本、认知原型、认知域、概念、范畴、图形、背景、概念隐喻、类推等）以及知识构成的各种方式加以说明。通过本课题的研究，对深化概念整合理论在中学教学实践中教师语言的设计提供理论和实践启示，促进其形成稳定的学科体系，使概念整合理论建立在更为普遍的实践基础之上，避免理论因缺乏实践而显得漂浮不定，本课题研究为拓宽概念整合理论研究提供新的研究资料和研究范围。

以教师教学语言幽默设计为载体的实验设计的研究会逐渐提升本课题组人员的语言表达水平和对课堂教学重难点的突破能力、改善师生关系、提高教育教学的质量和效率、促进教师专业发展。激增的数据背后隐藏着许多重要的信息。但是，过去由于缺乏挖掘数据背后隐藏知识的手段，导致数据丰富而信息匮乏的现象的出现。面对着浩瀚无际的数据海洋，人们希望能够对数据进行高层次的分析，以便更好地认识和运用这些数据背后所包含的信息，使得数据信息便于发掘、产生。知识就是在数据中隐含的信息，数据挖掘，是指在大量不完全的、有噪声的、模糊的、随机的数据中获取隐含在其中的、人们事先不知道的潜在有价值的信息和知识的过程。数据挖掘的模式类型由于每个数据挖掘技术都有其自身的特点和实现的过程，对数据的形式也有具体的要求，所以使用数据挖掘技术以实现目标，从挖掘目标的视角。讨论对具体挖掘模式的选择。

一、概念或类的描述

用总结的、简洁的、精确的方式描述各个类和概念。数据分类，将目标类和一个或多个可比较的类进行对比。例如。减数分裂的概念，减数分裂是有性生殖生物在生殖细胞过程中，DNA 复制一次，连续分裂两次，导致细胞染色体数目减半，受精后对又恢复到体细胞水平的一种特殊分裂方式。

二、频繁模式

频繁模式是在数据中频繁出现的模式，包括项级子、虚级子。结构关联分析是指，寻找在同一事件中出现的不同项的关联。

三、分类与预测

分类是寻找描述和区分数据类或概念的模型，从而可以利用模型预测类标号未知的对象类。它用来预测空缺或不知道数值，数据值不是内符号。

四、聚类分析

聚类形成类符号，类标号对象按照最大化内部的相似性、最小化内间的相似性原则，进行聚类或分组。

五、离群点分析

数据库中可能包含一些数据对象，他们与数据的一般行为或模型不同，这些数据对象都是离群点。大部分数据挖掘方式将离群点视为噪声或异常而丢弃。但是，在应用中，罕见的事件比普通正常出现的事件更令人感兴趣。可以假设一个数据分布或概念模型，通过统计检验检测离群点和使用。

六、演变分析

演变分心描述行为随时间变化的对象的规律或趋势，并对其加以建模。分析的不同点，包括时间序列数据分析序列或周期模式匹配，以及直于相似性的数据分析。

【案例】

实验中学生的理性质疑——概念的螺旋式生成模型

1. 案例背景

在学习“DNA 是主要遗传物质”一节时，对格里菲斯的（1928 年）肺炎双球菌小鼠体内转化实验的过程中，为什么被杀死的 S 型细菌在小鼠体内能够发现（死的 S 细菌和活的 R 型细菌混合注射）活的 S 型细菌的问题时，同学们对该现象的讨论是：

学生 1：死的 S 型细菌“复活”了！

学生 2：死的 S 型细菌使活的 R 型细菌变成了 S 型细菌。

学生 3：复活，怎么知道是原来的死的 S 型细菌呢？

如何引导同学们对该现象的讨论是一个难题，首先对“复活”的概念进行定性，它是属于“玄学、神学”的内容，无根据，无现实物质载体，无验证证据的三无产物，是不科学的，或者说是现有的科学知识解释不了的！

【案例反思】

在《新课程标准》中，该模块的大概念是“遗传信息控制生物的性状，并代代相传”。

从孟德尔提出“遗传因子”的概念开始，到DNA的反向平行双螺旋结构模型的确立，科学家历经120余年的你追我赶式的深入研究，回答了它在哪儿？它是什么？它的作用是什么？在从知晓基因是什么再到人类基因组计划及蛋白质组计划，学生对事物或概念的认识是不断发展的，并且它的发展不是直线的，那么它是什么样的呢？

新概念的提出应该是朝着更加符合或协调于新的实验现象或证据，让大家所接受，在沃森和克里克两位年轻人提出DNA双螺旋结构模型之前，不乏诸多知名科学家提出的相关模型结构，具有代表性的是泡利的三螺旋模型，在综合哥查夫的 *A=T, G=C* 的比例相等的实验证据的基础上，及碱基的大小关系，*X*-衍射图谱的分析结果（双螺旋），在此过程中，合理的的就应该被坚持，不合理的就应该被扬弃，不能盲从权威，在质疑中坚守。

日本科学家田中耕一对生物大分子（蛋白质）的质谱分析（酶解，质谱法测定蛋白质分子量），在2022年获诺贝尔奖，他只是一个本科生，英语不及格，被留级，在实验中，他将错就错，歪打正着，是这一现象的最好解释。

在对高中生物实验深度分析和理解的基础上，我们提出了概念发展的螺旋式成长模型：

（1）提出一个新的概念。

（2）概念的定义及概念的呈现方式。

（3）运用相关概念、方法分析相关的问题或某一方面。

（4）归纳、整理、总结和演绎概念所具有的特点，完善概念的定义。

（5）实验实践，循环第1至第4步。

【案例】

概念的植入或生成

“茅台酒是最好的酒，是谁告诉你的？是别人故意让我们看到的，然后说告诉你7.5平方公里核心产区！才能生产出最好的茅台酒。”　“茅台酒厂。”（根源）

我们看到的一切，是别人故意让我们看到的，我们坚信的一切是别人故意让我们坚信的，品牌是给我们洗脑，说你喝人头马一开瓶好运就自然来，但没有来，说是你“喝少了”，你只要虔诚，这就是认知。所以，形象品牌的塑造，一定要解决认知塑造的问题，品牌就是给消费者洗脑，就是利用你的认知来卖东西。

教育不应该是如商品一般概念的植入，这样的植入是将人当做容器，是信息不对等的，是不人道的，对信息的追根溯源，品牌、认知的背后是对欲望的无休止的极致追求和欲言又止的错觉！

教育教学过程中，概念的生成过程是，组成要素、要素的关联、组成的结构特点、功能特点，对内、对外与其他之间的非生物的物质和能量等生态系统的认识。

这也就决定了在这个概念构建的过程中，素材、要素的呈现应该是中性的、不带价值判断的素材情境，引导或和学生一起去探究，去判断，从而在已有认知结构的基础上，或重构、再构已有认知结构，形成新的知识概念。

第十节　交叉设计的问题转化和选择

认识问题的角度，教学矛盾，灵活的教学方式，在我们的生活中，时时处处都在讲究方式，做什么事情都离不开一定的方式。掌握一些科学的方式会对你的生活、学习和工作带来许多意想不到的收获，从而起到事半功倍的作用。在我们的综合实践活动过程中，学生们也离不开实践方式与研究方式的引导。俗话说“授人以鱼，不如授人以渔”，当他们掌握了科学的方式，那他们做起事来就会游刃有余，活动也能够顺利地进行。那么，在综合实践活动中，如何指导学生把五花八门、凌乱无序的问题转化为研究课题，进而选取一个恰当的课题进行研究呢?下面，我将结合实践活动理论和自身实践经验，以“生活中的食品安全”为主题确定的课例，谈谈如何指导学生把问题转化为研究课题。

一、来源生活，生成主题

万事开头难。选题是综合实践活动的起步阶段，课题的选择、确定，直接决定课题研究的方向与未来，甚至影响整个课题的成败。选择一个有价值的研究课题意味着点燃了创新思维的火花。此时，教师更需要指导的艺术。而综合实践活动是以主题活动为主要开展形式，主题的产生，基于学生的问题，问题从何而来，需要教师细心地观察、发现、引导。问题的提出有不同的角度。可以从自己的兴趣出发，提出一些自己感兴趣的问题；可以从自己学习的学科出发，提出一些学习中自己较困难的问题；可以从自己的生活出发，提出自己观察到的一些难以解决的问题等。

二、创设情境，产生问题

确定好研究的主题后，我们还要帮助学生寻找问题的突破口，从而带动更多问题的研究，更多活动的开展。这时，我们就要创设一定的问题情境，激发起学生的思维起点、创造源头，围绕要研究的主题，创设相关的问题情境，然后引导学生在情境范围内，提出自己感兴趣的问题。如开展“生活中的食品安全”主题活动时，我是这样创设情境的：

（1）创设情境：观看高中生乱吃垃圾食品的课件。

（2）引导发现：你们都看到了些什么？

（3）畅所欲言：关于食品，你还知道些什么？

（4）激发矛盾：民以食为天，食以安为全。

（5）提出问题：刚才我们聊了那么多有关食品的话题，你对哪个问题最感兴趣？请每个人写下一个最感兴趣的问题，并和你的小组成员交流。

在师生间的交流互动中，学生的问题意识逐渐被唤醒，当遇到知与不知的矛盾，现有知识与新知识的矛盾，全面认识与片面认识的矛盾，现实生活与课本知识的矛盾等问题时，就会产生认知冲突和认知失调，进而产生强烈的求知欲望。教师利用学生认知的冲突点，依据学生不断冒出的问题和有教育价值的反馈信息不断地拓展活动，使学生的认知冲突成为进行综合实践活动的增长点，为我们下一步的梳理问题做下良好的铺垫。

三、方法指引，提炼问题

问题有了，并不等于课题就形成了，决定一个研究能否取得成效，最关键的一点就是看他所选择的科研课题。课题的选择是我们进行课题研究所需要做的第一件事。要找到一个既符合自己兴趣又切实可行的课题是不容易的。课题选得如何，关系到研究有无价值，研究能否顺利开展等一系列重要问题。由于学生的“问题意识”参差不齐，再加上客观条件的限制，可能有些学生提出的问题往往脱离实际或没有研究的价值，所以，不适宜拿来做研究。因此，老师要指导学生对问题进行筛选、归类并形成研究课题。筛选问题的研究价值是选题指导课的难点之一，老师可以在学生所提出的问题中选取几个作为范例进行提炼。

学生有了方法，就如同拿到了钥匙，就真正跨入课题研究之门。学生对方法的认识与运用源于实践，同时也在实践中逐步得以提高。指导学生在特定时间内积极地运用初步掌握地方式进行实践活动，使学生在活动中进一步体会所学方式的价值，并正确把握使用方式的具体要求，只有这样，方法可以从知识的形态逐步走向知识的形态，并最终转化为学生学习的能力。当然，在学生进行实践的过程中，老师绝对不是一个旁观者，而是学生活动的指导者、组织者、领导者，也应该是一个积极参与者，参与到各个小组的讨论交流中去，及时了解他们在筛选问题时所遇到的问题，并及时的给予引导和点拨，让学生顺利确定小组研究的内容。

教师通过这些方法的指导，带领学生有方向有策略地畅游在实践活动中，在具体的活动中引导学生经历筛选过程，帮助学生提炼和掌握研究的方法，使学生最终能运用有效的方法进行规范地研究，充分享受研究活动的乐趣和收获。

四、规范表述，形成课题

确定了要研究的问题，接下来就要推敲这个问题的陈述，使之成为一个简洁明了的研究课题。对于这一过程，许多老师认为大可不必，因为高中生只是在综合实践活动过程中参与研究性学习，又不是搞科学研究，不需要如此细致缜密。笔者觉得一个好的课题名称的表述，应该是简洁、清晰、完整、准确、概括性强的。通过课题表述，既能传递综合实践活动某一活动或项目的重要要信息，又能吸引读者，指导学生表述好研究课题是十分重要的。

刚开始接触综合实践活动的同学，对研究的对象、研究的目的、研究的内容和研究的方法都会把握不准，使课题的陈述较为困难。因此，必须指导学生按照问题的分类，课题形成的原则等来逐步完善课题的陈述，使一般的问题陈述转化为课题的陈述。在活动过程中，笔者通过一些课题案例的呈现，让学生学会规范表述课题。

在科学课堂上，我们经常看到这样的情境：老师创造一个情境，引出需要学生探究的问题；然后组织学生对问题加以反思、提供假设，如果假设比较多，老师通常会记录并接受后续活动中要验证的假设，对今后没有验证的假设，要么置之不理，要么煞有介事地表扬孩子很聪明，并告知可以课下研究；然后引导学生根据“教师认可的假设”，制订研究计划，进行观察或实验，收集、整理、分析、举证，并得出结论；最后，指导学生对研究的过程与结论加以表达与交流。学生经历这样的探索过程，往往被描述为“经历了完整的科学探索过程”。我们不能说这样的“科学探究”对促进学生的成长没有影响，但影响有多大?许多课堂上“教师认可的假设”往往都被证明，而没有被证伪，探究原本应该是这样的吗?这样被精密设计的“严谨”的探究是真实的吗?这样的探究是不是让人觉得，那些学生就像生产车间流水线上的员工，每个人都在按规定的流程，做着规定的事物。久而久之，学生会对他们的探索活动会产生什么样的认识?学生的实践能力和探索精神真的得以有效提高了吗?质疑远不止这些。华南师范附属高中的吴向东老师和他的鸢尾花（IRIS）团队也对此提出了质疑，并指出这种方法的实质是用机械的“探究”方法进行知识传授。因此，他给出了“情境导向”模型。在这个模型中，劣构问题是关键词，它是相对于良构问题而言的。什么是良构问题与劣构问题?怎样根据现有教材开展劣构问题的设置?在这个问题中，我们可以发现，他们在这些方面进行了深入的思考与探索。我们希望有更多的教师关注这些问题，并进行进一步的探讨。

总之，方法指引，即服务于学生，服务于活动。学生对方法的掌握、运用，通过实践活动逐步得以深化与提高。作为老师应重视学生对活动方式的强烈需要，方法指导应具备针对性，要强化对活动的全程指导和具体的方法引导，以真真切切地保证综合实践活动的有效开展。授人以鱼，不如授人以渔，学生只要掌握了办法，将一生受益。笔者相信，学生在综合实践探究之路上会收获更多的精彩。

五、教材设计中存在的问题

当前的高中生物课程中存在着过于注重通过教师严格控制的按部就班的实验，得到知识结论的倾向。我曾在《科学课》2011 年第七期上以《控制与失控》为题剖析过这个问题，并指出这个问题的实质是用机械的“探究”步骤进行知识传授。造成这种现状的主要原因是多方面的，但主要有以下两点：一是受二千年来重传授的教学文化的影响，科学研究学习并没有在实质上内化为老师的以学生为研究主体教学行为；二是教材主要以脱离现实情境的良构问题为主，实验过程清晰，知识方向明确，按部就班地做就可完成任务，这样的课程设计对老师的教学活动有着隐性的规定意义。从单元设计上来分析现在使用的教材，几乎每个单元的每个课，都有一个或多个包含同一知识结论的、有确定的实验方式和步骤的实验，但每个课的实验，彼此之间比较孤立，缺少能统整这些实验于科学概念的获取与应用的整个环节的真实情境。比如，天气单元，每个课程都被分解为天气观测仪器的使用和天气现象的记录，而学生们急切想知道的是怎样才能准确地预测天气。再比如，学习简单机械，分解为杠杆、滑轮、轮轴、斜面等专业知识的掌握，单元内的许多课并没有把重点放在让学习者进行一个巧妙机械的挑战上。这在很大程度上造成了科学课堂的一个实验接着一个实验，学生疲于应付老师安排的工作，匆匆忙忙得出结论，无法有充分的尝试、调整、再尝试的自主探索的时间与空间。这样的教材设计无法反映学生的日常生活与内心需要，是脱离了学生的真实生活情境的。其结果是，学生虽经过一定的方法步骤掌握了相应的知识，但解决现实生活中的科学问题的能力欠缺，元认知能力欠缺，面对现实情境的自信不足，探索能力欠缺，信奉权威，易于从众等。

六、良构问题与劣构问题

良构问题与劣构问题的探讨并不是新近才有的，早在20世纪70年代就已开始。在新课程改革尝试十多年后的今天，在高中生物教育改革面临着发展瓶颈并面临着很大的改变的今天，我们将关注点放在良构问题和劣构问题的探讨上，应该是恰当其时。关于什么是良构问题的一个典型定义是，通常，一个良构问题只有一个满意的解决方案。而劣构问题则相反，往往会有许多解决办法，比如，让学生做天气预报或者做一个很巧妙的机械，解决方案将五花八门。对于良构问题的处理，运用各种在课堂上获得的概念、规则、方式和原理就能够了，但课堂中获得的这些“晶体化”的知识，学生们还不清楚如何运用劣构问题处理问题。只有在遇到类似的问题情境时，解决良构问题的技能才能得到转移，而解决劣构问题的训练则可以促进知识技能在新的情境中的转移。普通人和专家处理良构问题的技能并没有明显的区别，但能力强和能力弱的学生在这样的劣构问题处理活动中却有明显的差异。

（一）良构问题的特征

良构问题是为直接揭示科学概念而人为设计的；对问题定义了限制条件，给出了解决的规则与原理；给出了解决的明确方式与步骤。

（二）劣构问题的特征

劣构问题来源于日常生活或是对真实情境的模拟；对问题缺乏明确的定义，问题的构成存在不可知的部分；无法确定什么规则和原理是解决必要的；无法确定解决的方法与步骤，必须通过尝试不同的方法去寻找最佳的解决办法。真实情境是指，来自日常生活或虚拟世界，包括有劣构问题，能调动学生科学探索热情的情境。真实情境是情境认知理论中一个很关键的概念，认为对真实情境的掌握有助于学习者概念的理解、迁移和掌握解决现实问题的能力。根据这样的核心概念定义来判断，目前的教材设计是以良构问题为主的，其背后的假设是，以为利用良构问题获得的知识与方式，能够转移到日常生活情境中，去处理复杂的劣构问题。D.H.乔纳森（D.H.Jonassen）认为，这是相当错误的，在校园情境中的良构问题求解与日常生活中的劣构问题求解是二回事，其间的关联性与迁移性都相当有限。

七、良构问题与劣构问题之间的联系

我们常把良构问题看作是处理劣构问题的知识基础或支架。

1. 良构问题作为知识基础

这里的知识指布鲁姆（Bloom）《学习目标分类（2011 年版）》中所阐述的四类知识：事实性知识、概念性知识、程序性知识和元认知知识。比如，要学生设计一个气球小车，对于反冲或作用力和反作用力的概念性知识，以及关于怎样控制反冲力大小和方向的程序性知识等，都是设计气球小车时不可少的知识。

2. 良构问题作为支架

劣构问题的解决往往会包含对若干具体的良构问题的解决，良构问题的解决一方面提供了知识基础，还提供了解决劣构问题的启发。

八、将良构问题转化为劣构问题的对策

基于上述的认识和多年的实践，我们给出了情境导向的高中生物课程设计模式，通过对现实情境中劣构问题的长期探索，在适当的支撑下（劣构问题有难度，所以需要给学生提供支撑），学生逐步获得解决劣构问题的最佳方法，以便达到发展知识概念、能力与态度的科学教育目标。

不少老师在初次接触劣构问题的教学设计时往往会疑问，“从字面来看，良构问题应该是好问题，劣构问题应该是提问质量不好的问题，怎么偏偏要研究不好的问题?”“高中生能力有限，良构问题都没解决好，怎么可能有能力去研究劣构问题?”对于第一个问题，是望文生义所造成的误解。难度适当的劣构问题往往是一个好的问题，设计难度适当的劣构问题和相应的学习支撑，对老师们的教学智慧将是一个全新的挑战。

【案例】

生活情境素材设计利用中的问题

1. 案例背景

在讲授“基因指导蛋白质的合成”中，描述基因、DNA、蛋白质三者之间的关系时，我举的例子是，校长、教师、上课；教师参考书中举的例子是，导演、演员、作品。学生通过这样的举例了解了三者之间的关系，但又引入了另一个问题，社会不良习俗中的“官本位”，没有准确的形成生命是物质、能量、信息的统一体的生命观念。

例如，在讲孟德尔的生平时，我是这么讲的：孟德尔多次考试都没有考得编制，最后只能去修道院供职！那么他的家庭和谐吗？他媳妇对他做豌豆杂交实验有没有意见？同时期的进化论的光环遮蔽了孟德尔的努力，在此过程中，他会不会承受来自生活和心理的压力呢？若不是那篇论文被后人发现，那么他的工作将毫无意义，这些给了我们什么启示呢？可能这是生活实践的偶然，或许更多的是必然。

另外，在讲述密码子具有简并性时，我举的例子是高考填志愿，“服从调剂”，为什么密码子要具有简并性呢？对生物的生存发展有什么意义呢？在对学生进行提问时，学生是不能从原有的知识结构中举出相应的实例出来的，学生对问题的思考方式，生活经验不足，由高考填志愿的情境是不能迁移到密码子具有简并性的问题本质上来的！

2. 素材存在的问题

从生活中的实例、情境问题来对问题的突破进行设计，可能存在学生对于情境过于熟悉，因为个人在情境中真实的经历，导致对知识的问题提出、情境的抽象、归纳。“大概念”的理解和掌握的程度的限制，只能是就这一知识的学习而言，懂了，并深陷其中，对学科知识的学习却被弱化了，缺少了观念的引导，即如他们看电影，看小说一般。

又如，讲遗传部分，离不开亲本与子代的关系，那么对离异家庭的学生来说，更有可能

是二次伤害！我是高一（8）班的班主任，班级中有近40%的学生的家庭是离异家庭！

教材中的素材选择都是很中性的，而这些素材在我们生活中是远离了生活实际的，如“色盲”“血友病”……这种情况下，我们往往会把这一情境的实践交给学生本人，而学生在没有具体目标的指引下，大多数的学生会去主动的追问吗？2023年6月19日。

【案例反思】

综上，在教学中，教师能通过学生对问题的回答，并对学生的回答进行相应的反馈和回应。通过追问，让学生有机会运用自己的语言来表达、表述对问题（概念）的理解，从而不断反思教师对概念的思考和设计过程。

另外，也可以看出，情境素材实例的设计需要慎重，对于社会敏感的问题需要被设计，需要对素材本身进行设计和再加工、引导（而不是回避），精细化处理，围绕核心概念，结合学生实际，设计的方式方法、渠道、素材的来源等方面进行精加工，增加学生的体验机会。生活中的情境素材是需要被设计、被提炼的。

在这样的情境素材中，学生的注意力被吸引，如何在知识本身和生活情境之间平衡是一个值得关注的事情，而就生物课堂的教学价值而言，教育不是就知识讲知识，而在于“育人”，是学生在知识遗忘后，在他的认知中，留下了科学思维、科学探究，践行社会责任，形成生命观念的教育理念。

【案例】

高中生物实验的“无”中生有之探究精神

1. 高中生物实验

生物学是一门实验性学科，教师在生物课堂教学中要多利用学生熟悉的学习情境，引导和激发学生探究和自主学习，生物情境素材，可以从校园生活、新闻和社会热点中挖掘，但这些素材在教学中创设学习情境时，不能随便拿来就直接用于教学，是需要从筛选出与教学内容有关的，符合学生认识水平、价值观、基础性、阶段性、衔接性的素材。

2. 高中生物教材

高中生物学习是中学阶段承前启后的关键时期，学生升入高中后，能否适应高中生物的学习，是新生面前的现实的问题，外在的学习环境、教学内容、教学因素，内在的学习观念、价值认识和学习方法都会影响到学生对学科的学习。

（1）有利于教材情境化。

教材具有普适性的特征，要求教材适用于所有学生，然而课堂教学实践具有某种针对性和独特性。有学者指出，课堂情境具有独特性，取决于课堂的动态性、学生的个性、大纲的束缚、资源的可利用性、学习者的期望和动机等各种因素。若其中某个因素发生变化，则整个情境会随之改变。因此，再完美的教材仍然无法适应多样化的教学情境，难以满足学生的个性化需求。教师应通过创造性使用教材，结合教学内容、学生的实际情况，创设出极具个性化的教学情境，使教材适应每节课的需要。有学者指出，教材的二度开发实质上是一个“匹配”的过程，即改变教材的内部特征，使其更契合特定情境的教学需要。

（2）有利于满足学生需求。

面向全体学生，为学生的全面发展和终身发展奠定基础，是基础教育改革的核心思想。众所周知，学生群体具有个体差异性，表现在多个方面，如学生的个性、动机、学习风格和兴趣等。教师应通过创造使用教材，适当增删教学内容，增添富有趣味性的元素，激发学生的学习热情，使学生敢于发表自己的观点，在课堂中能言善辩。

（3）有利于突破教学难点。

教材一般由学科专家、教育专家等共同编制。他们往往具备精深的科学文化知识及教育教学知识，按照知识的逻辑顺序编排教材。然而，这种逻辑顺序不一定适合学生的认识发展水平，教材中的一些难点以专业化的语言呈现，加剧了学生的理解难度。由于教材的编写者不一定熟悉学生的实际情况，未必完全洞悉学生在学习过程中遇到的各种难题。此时，教师扮演了“转化器”的角色，他们通过各种方法，活化教学内容，化繁为简，化难为易，将教材中抽象的知识转化为学生熟悉的事物，使之更贴近现实生活，以便学生接受。

（4）有利于教师的发展。

创造性地使用教材需要教师细心研读课程标准，精心钻研教材，在原有教材的基础上，根据学生的特点，结合教学实际，分析教材，研究教材，“融入”教材，并且有所超越。这是个复杂而专业的过程，对教师而言是一个不小的挑战。因为在此过程中，教师必须不断学习，不断更新教育教学理念，成为终身学习者，不断促进专业发展。

教师通过开发合适的情境素材，给学生的生物实验学习提供了切合实际的情境，可以提高课堂教学效率。情境素材的开发，让学习充满趣味，调动了高中生的学习积极性，更注重学生的情感世界，有助于促进学生的健康发展。当然，由于当前对高中生物实验课堂情境素材的运用还处在初期阶段，所以，怎样将情境素材充分开发出来，并更好地运用于高中生物实验的课堂当中，是教师必须要关注的焦点问题。真实的生活情境往往是复杂多变的，影响因素众多，因此在作为课堂教学情境时，教师可以从不同的角度加以分析和利用，按核心素养发展水平的上升规律，引导、发展、培养学生解决问题的能力，使学生在面对新的问题情境时能够学以致用，从而在点滴的“生活化”的情境素材中培养和形成生命观念和社会责任。

3. 学生需要的多样性

认知经验差异在本课题中指的是学生因为在认知能力和学习能力而导致的知识储备方面存在的差异。差异可能是遗传、环境、发展经历的结果。学生对知识认知能力和学习能力可以影响他的学业发展，而受到教育领域各部门和社会的关注，认知差异的教育应重视每个学生的独特性，根据不同学生的认知能力和学习能力，提供相应的教育和培养策略，帮助他们充分发挥其认知能力和学习能力的潜力。

从安排学习内容这个角度来讲，要注意两个方面：

（1）要尽可能先传授学科中具有最大包摄性、概括性和最有说服力的概念和原理，以便学生能对学习内容加以组织和综合。

（2）要注意渐进性，也就是说，要使用安排学习内容顺序最有效的方法；构成学习内容的内在逻辑；组织和安排练习活动。

从教学的角度来看，研究认知结构，目的在于识别和控制影响意义接受学习的变量。奥苏贝尔（Ausubel）认为，下列三种变量是须关注的：

（1）学生认知结构中能与新教材建立联系的有关概念是否可利用。如果可以利用这些概念，就为学习和记忆新教材提供必要的固定点。

（2）这些概念与要学习的新概念之间区别的程度如何，即要防止新旧概念的混淆，使新概念能够作为独立的实体保持下来。

（3）认知结构中起固定点的强度，也影响学生能否对新旧概念做出区别。在新旧知识的学习中，知识之间存在上位关系（一般的、范围较广的命题）、下位关系、组合关系等。

4. 概念的生成

概念生成在本课题中是指根据教学需求分析得到的教学目标、指标和约束条件而形成的，运用综合性、创造性的思维力求初步解决面临的问题的各种解决方案的总体教学思路和概要。

将感知对象放到问题情境中，使得知识与相关对象之间的关系显现出来；将知识学生熟悉的实践经验中，使知识与学生及活动建立联系，借助活动的经验使得意义生成；将知识与另外一个熟知领域的对象建立对应关系，利用熟知领域对象的意义，使得概念的意义得以生成。

学习的认知系统模型理论认为概念学习有两个基本来源，外部来源和内部来源。外源性概念是通过感官进入认知系统的概念，而内源性概念则是通过各系统成分之间的交换来建构。认知系统模型有五个基本的构成成分，感觉接收器、执行控制、情感因素、工作记忆和长时记忆，是一个高度动态化的能够持续整合各个构成成分的互动系统。概念学习就是学习者利用已有的知识和认知结构，积极主动地感知、整合、加工和记忆外部信息的过程。该理论强调认知策略在概念学习中的整合作用，并且重视情感因素对概念学习的作用。

概念是任何一个学科知识体系最基本的构成元素。若干概念及其相互关系构成规则（命题、定理、公式），概念和规则构成了学科的知识体系。概念也是思维的基本单位，概念学习是意义学习中最基本的类型，掌握概念是个体学习规则、解决问题乃至进行创造的必要前提，对概念的学习深化了人类对客观世界的认识，简化了人类认识的具体过程。布鲁纳（Bruner）根据概念的关键属性与概念定义之间的关系区分了三种类型的概念，合取概念、析取概念和关系概念。行为主义对概念学习过程的解释将桑代克（Thorndike）、斯金纳（Skinner）的效果律扩展到概念学习领域的产物。布鲁纳等人运用实验的方式考察了概念获得的过程，提出了假设验证理论。他们认为，学习者通过对学习材料的分析、综合和一些反馈信息提出种种假设，当某种假设被证明是正确的，概念也就形成了。

心理学家罗希认为自然概念的学习通常采用另一种方法，即典型例证学习。每一个自然概念都有一些比较典型的例证比其他例证更能代表该概念，而最具代表性的例证就是其原型。内隐学习说认为，概念学习并非总是一个有意识的理性学习过程，一些抽象概念的复杂结构是通过无意识的内隐学习获得。学习的认知系统模型认为概念学习就是学习者利用已有的知识和认知结构，积极主动地感知、整合、加工和记忆外部信息的过程。该理论强调认知策略在概念学习中的整合作用，并且重视情感因素对概念学习的作用。概念学习的研究范式经历了从研究自然情境中的自然概念到实验情境中的人工概念再到自然情境中的自然概念的反复。

5. 高中生物实验的无中生有

实验是培养学生创新能力的重要方法，创新实验教学设计，提出了教师创新实验教学方法与策略；选择合适的实验内容，创新开发高中生物实验，创新拓展教材实验、创新开发野外生态考察实验、创新开发家庭厨房实验室微课程、创新开展 STEAM 特征的生物实验和科技活动，促进了高中生物实验教学从育分走向育人，从参与走向体验，从体验走向模仿，从模仿走向创新。

路径一，高中生物实验可以将生物知识与其他学科知识相结合，深化对理论知识的理解北京师范大学的刘恩山教授认为，“核心素养是一种跨学科素养，其强调学科综合性、发展性、有用性。”所以，笔者觉得可以将生物实验课内容与其他各学科联系，使学生形成综合运用所学知识的能力，这样能够对学生未来的学习和发展产生持续性的推动作用，有利于核心素养的形成。

路径二，将生物实验知识运用到现实生活中，做出理性解释和判断，并解决生活问题。教师在教学中要引导学生将所学生物实验知识和生活经验相联系，并通过查阅和搜集资料，进一步深化对理论知识的理解并进行运用，以提高学生的核心素养。

路径三，创新和优化实验教学设计，可以分为 4 类：一是根据教材实验的内容，对检测试剂、材料、实验装置进行改进创新；二是改进实验教学模式，将验证性实验改为探究性实验；三是将探究性实验从定性研究发展为定量研究。在一次课中实施二次探究，实现探究的质的飞跃；四是创新设计开发“图表式”学案，实验前，以图表式学案的方式帮助学生进行知识回顾和实验准备，实验中，以引导实验探究过程为目的，以互动研学和合作交流为手段，提高学生的探究能力，培养其合作精神和增强其创新意识，实施高效实验教学。另外，提高实验宽度从而丰富实验内容。课程作为教学的基础，生物实验教学的内容丰富，因此必须开设必修和选修两种课程。必修课程主要是课本内容的学习，选修则是进阶课程，比如，兴趣课、拓展课等。兴趣课中可实施精油提取、精油皂制作、酸奶制作等试验；拓展课要根据课本中的知识设计新型的实验，学生不仅仅局限在课本上选用的材料，还可自行选择实验材料和用品设计实验。专业的实验课可让学生实施植物组织培养、微生物鉴定、基因扩增等实验。生物实验的设计若局限在课本中的内容，是无法达到课程的改革要求的。重视对学生关注生物学问题的引导，通过这种教学形式能够提高学生提出问题和解决问题的能力，进一步提高学生在学习中的创新思维、合作意识。

教师通过积极的、正确的指导，帮助学生更好、更快地掌握生物知识。结合实际生活，培养学生的观察能力，知识点的反复练习、掌握相关的操作技巧、养成实事求是的实验态度、先整体后局部的实验习惯和态度进行指导，使其不照搬和套用教材当中的实验现象与结论，要通过自己的观察进行实验学习，对于出现的异常实验现象要积极地进行思考，找出其中的原因。

6. 无中生有之探究精神

当前学校教育中，存在着一定数量的青年教师对教学过程的注重与经验，不注重对教学过程中产生的教学证据，而对教学进行动态调整的教学状态，存在的问题主要是两个方面：

（1）教学理念转变不到位，教师先入为主的引导，牵着学生的鼻子走，可谓“穿新鞋，走老路，老路愈走愈不通”，或是编花环让学生钻，严重制约了学生的发散思维的培养。

（2）师生互动只停留在形式上，有的课堂“互动”只停留在形式上，假互动，无效热闹充斥课堂。问题是因为教师理解的歪曲或把握不到位，使得这些方法的落实、操作存在很多弊端。追问问题的根源之一，就是证据意识的缺乏。

7. 去生活化的高中生物实验设计

“生活化”的情境素材往往是复杂的，单一学科知识不能解决情境素材中的所有问题，这就要求教师在对情境素材提炼的过程中立足于课程教学目标的达成的同时，应该引导学生形成学科交叉的问题解决思路。

回到学科教学的原点——课堂，课堂知识的学习需要在一定的情境中，知识才会得以有机的建构和生成，才会实现学科知识习得到学科知识应用到提出问题、解决问题的转变。这样的一些生活中的情境素材是错综复杂的，在时间、空间有限的课堂中，达成既定的、预设的、生成性的教学目标而言，它应该是被开发之后的、被加工之后的、被筛选之后的形成中性的、无偏见的、无个人价值判断的、纯粹的，才能使学生正确引导。这样的素材，包含故事的情境要素：时间、地点、人物、事件，事件即是情境要素之间发生的各种关系和故事，这样的故事给予我们启示，它暗藏的理论逻辑（规律、知识），它的故事发展的原因（认识、原恶），去除故事纷繁复杂的人物、事件、情节的背后，挖掘这样情境素材背后的本质（观念、理念），从而形成系统的、完整的理论或精神，升华之、实践之、加工之、提炼之，形成学生自己的理想信念。

在这样的理想信念成长的心路中，处处是情境，也正因为有了情境，思想信念才会生动、感人、信服，走上这样的路是快乐的、自由的、幸福的、不由自主的。可见这样的思想信念在生成的过程中，充满了人为的加工过程的痕迹。每个人对这样的情境，根据个人的需要，进行中各式各样的选择。

高中学生的心理发展（断乳期），决定了他们会因为这样的情境是强化、泛化，还是视而不见，心理暗示在此时就会起到决定性的作用。如，人、物、生物、动物、细菌，问题的呈现形式在此情境中就值得深入的对其进行“去生活化”处理。

第十一节　交叉实验设计与知识的创新和生长

创新能力是民族进步的灵魂，是国家兴旺发达的不竭源泉。创造力的开发和培养是现代教育的根本任务。如何开发和培养学生的创造能力，造就一批又一批具有创新意识和发散思维的高素质人才，是化学教育改革的主要方向。陶行知先生曾说过，要创造，是你在用脑的时候，同时用手去实验；用手的时候，同时用脑去想。手与脑在一块干，是创造教育的开始。手脑双全，是创造教育的目的。学生实验是学生手脑并用的主要形式，在培养学生的创造性和发散思维方面具有独到的作用。

学生实验不仅仅是在实验室中进行实验操作，还包括明确实验目的和原理，实验设计，实验现象的观察，实验结果的分析等，类似一个完整的科学研究过程。不仅有利于学生对知识的掌握，更加有利于学习过程方法的学习和掌握，有利于情感态度价值观的形成。下面谈一谈我们是如何在实验中培养学生的创造力和发散思维的。

一、实验教学与能力培养

（一）结合实验探究，培养学生的实验实验设计能力

生物是以实验为基础的科学，实验探究作为化学教育的一种重要方法，对培养学生科学素养，达成三维教学目标有其他教学方法不可比拟的优点，也越来越受到老师的重视和喜爱。进行实验探究，首先，要面对的就是实验方案的设计。老师通过创设学习情境，提出要探究的课题，引导学生提出问题，猜想假设，制订实验计划，通过实验验证，以及对实验结果进行分析总结，得出结论，引导学生完成一次科学探究过程。比如，碳的多样性一课，教师通过创设情境，引入探究根据假设设计实验实验步骤，进行实验操作对假设进行验证。其次，对实验结果进行归纳、对比、分析，使学生掌握其性质，并分析性质相似和不同的原因。通过探究，学生在原有碳酸盐知识的基础上建构新的有关碳酸盐的知识体系。

为了提高学生的实验设计能力，我们让学生自己设计实验，然后小组讨论，最后小组间交流，同学们在讨论和交流的时候，能认真听取他人特点和优点，也找到了自己在实验设计上的不足，同时培养同学间合作学习的能力。当然，教师对学生设计实验也要进行必要的引导，尤其在学生刚上高中的时候，他们对实验目的、原理以及实验步骤之间的联系把握不准，实验原理的应用不够准确，有的实验步骤设计不合理，甚至有些设计的实验无法操作，老师应该在学生小组讨论或组间交流时给予恰当的评价，引导学生找出不足，同时要注意不要挫伤学生的积极性，对一些好的，独到的实验方案要予以表扬。另外，教师要注意引导学生在设计实验时考虑安全因素以及对环境的影响，树立绿色化学的思想。创新能力的培养应该与过程方法、情感态度价值观的培养同步。正确引导学生设计实验，可以使学生巩固原有的知识体系，并在此基础上建构和完善新的知识体系，提高学生自身的科学素养，有利于学生发散思维的培养和创新能力的形成。

（二）加强学生实验操作辅导，培养学生能力

实验操作是靠学生个人手、眼、脑并用，掌握和发展知识、技能、情感态度和价值观的过程。学生在进行实验操作时，思维活泼，充满灵气，富有创造力。此时，如果老师能及时进行正确指导，严格管理，纠正学生不规范操作，不但能够使学生的各种能力有很大地提高，同时，对学生严谨求实的科学态度和科学方法的形成有着很大地影响。否则，易使学生实验流于形式，导致学生轻视实验，不利于学生科学素养的培养。学生进行实验操作时，我们除了注意训练学生的操作技能之外，还注重训练如下两方面的技能。

1. 观察训练

观察是人类认识世界的一个重要途径和开端。苏联教育家苏霍姆林斯基曾说过：“假如

复习是学习之母，那么观察就是认识和知识之母。”因观察到某一现象而产生一个重大发现，或因忽视了一个实验现象而错过了一个重大发现的例子，在科学史上都不罕见。观察能力与创造力是不可分割的。在学生动手做实验时，正确引导学生进行观察，对学生观察能力的培养要比演示实验更直接有效。在训练学生的观察能力方面，我们要求学生做到如下几点：第一，明确观察目的。明确观察目的是进行有效观察的首要条件，否则，学生往往只观察到明显的或自己喜欢的现象，忽视不明显或自己不喜欢的现象，并且没有目的的观察，注意力容易分散，没有持久性。第二，要明确观察顺序。即应明确“先看什么， 后看什么”和“怎样看”。这样，学生对实验现象的观察才不至顾此失彼。第三，要注意观察的全面性。不但要观测试验本身的情况，还要观测试验对仪器和周围环境所产生的负面影响，此外，除眼睛看到的现象，鼻子闻到的气味，皮肤感觉到温度变化，都在实验观测的范围以内。长期训练，能够使学生的观察能力有很大的提高，实验观察全面准确。

2. 思维能力训练

思维是人们认识世界的高级阶段。思维能力特别是发散思维能力的训练，是训练学生各种能力的核心，是研究与训练学生创造力的基础。学生在实验中，学习兴趣浓厚，求知欲极强，这时老师要学会把握时机，指导学生积极思考，对实验现象深刻认识，内化理解，有利于训练学生的思维能力。要学会多问几个为什么，这个实验为什么这样做，有没有其他做法，这样做会出现什么现象等。实验完成后，要引导学生对实验现象正确分析，尤其是实验现象与预计现象不符时，要协助学生及时查找原因，认真思考，得到科学合理的解释。另外教师要善于通过引导学生对实验现象的分析，把学生的思维引向深入。

（三）正确如实完成实验报告

培养学生严谨求实的科学态度和科学方法。精确地记录实验现象和结果，对实验现象正确地分析处理，得出科学的结论，是科学研究的必经步骤，是实践到理论的飞跃。实验记录要忠实于观察到的事实。在实验中，由于种种原因，有时出现了一些意想之外的现象，这时要真实地记录，不能因为任何原因不如实记录实验结果。忠实记录实验现象，是一个人应该具有的基本的科学素养。如果出现的实验现象一时解释不了，可以请教老师，仍然解决不了，可以留待以后再进行深入的研究，或许这就是一个新发现的开始。

实验设计是科研工作中非常重要的一个方面，经常被用于研究和验证科学假设。实验设计中的实验创新与发展也是实验设计过程中的关键步骤。实验创新与发展可以帮助优化实验流程和提高实验效率，使得实验结果更加准确和有说服力。本文将会探讨实验设计中的实验创新与发展，通过实例来说明实验创新与发展的重要性和意义。

（四）实验设计中的实验创新

实验设计中的实验创新是指通过改进现有的实验方法或开发新的实验方法来提高实验效率和实验结果的准确性。实验创新可以帮助解决实验设计中的问题，帮助研究人员在有限的时间和资源下完成更多的实验，并提高实验结果的可靠性和可信度。实验创新可以采用多种方法，例如，改进实验仪器和设备、改进实验设计流程、采用新的实验技术、重新定义实验参数等。

（五）实验创新在生物实验设计中的应用

在生物实验设计中，常常会遇到实验结果不稳定或者不符合预期的结果的情况。在这种情况下，实验设计人员需要采用新的实验方法或改进实验方法来提高实验结果的准确性和可靠性。以常用的酶反应实验为例，酶反应实验是生物实验中常用的一种实验方法。在酶反应实验中，将酶和底物混合，然后测量反应产生的产物浓度来确定酶的活性。在酶反应实验中，由于实验结果非常依赖实验环境和实验手段，因此实验设计中的实验创新非常重要。

（六）实验创新在生物实验设计中的应用

在生物实验设计中，实验创新和发展的形式和方法更加多样化。生物实验的实验方法和实验流程也更加多样化。

（七）总结

实验创新和发展是实验设计中非常重要的一环。实验创新可以帮助研究人员在有限的时间和资源下完成更多的实验，并提高实验结果的可靠性和可信度。实验创新可以采用多种方法，例如改进实验仪器和设备、改进实验设计流程、采用新的实验技术、重新定义实验参数等。实验创新和发展在不同领域的应用也是非常广泛的，例如在生物实验、生物实验、化学实验等。因此，研究人员应该认识到实验创新的重要性，不断改进和发展实验方法和实验技术，从而推动科学研究的进步。

在当代社会中，知识领域的创新与发展已成为不可或缺的一部分。随着科技的不断发展和社会的不断进步，知识领域的更新速度和深度日益加快，创新需要不断地推动着知识领域的发展，而发展又需要创新的支撑。本文将探讨知识领域的创新与发展这一主题，从多个角度来阐述其重要性以及存在的问题和挑战，同时也将探讨一些有效的解决途径。

二、知识创新的问题和挑战

（一）信息爆炸带来的挑战

随着互联网技术的不断发展，知识信息的传播已经变得极为便利。在这种情况下，每一刻都有大量的知识产生和消失，形成了有趣的互联网生态。但是这种互联网生态也带来了一个问题，就是信息爆炸问题。学生经常会被新鲜事物吸引，而忽视了许多重要的知识信息。对于知识领域而言，这是一种严重的挑战，需要学生去思考和解决。

（二）人才短缺的问题

知识领域的创新和发展都离不开人才的支持。但是，在当代社会中，知识人才的供给并不及时、充分。一方面是因为相关领域的培养成本较大，需要投入较多资源，如资金、时间等；另一方面，则是由于人才流失到其他领域，或者被外国抢走等原因。人才问题是知识领域发展的重要问题，需要不断探索解决之道。

（三）落地难问题

知识的创新和发展离不开实践的检验。然而，知识领域中经常出现的一种现象就是，理论创新的速度比实践应用的速度快得多。一方面是因为现实环境的复杂性，难以应用新知识；另一方面则可能是新知识还不够成熟，还需要多次的实践检验。如何加快新知识的全面应用，顺畅知识创新和发展的经过，也是知识领域急需思考和解决的问题。

三、解决方案

（一）加强人才培养

加强人才培养是解决人才短缺问题的重要途径。知识领域需要投入更多的资金、时间和精力，构建更加科学、系统、全面的人才培养体系。除此之外，还需要提供更具吸引力的薪资和待遇条件，增强人才留在自己的领域中工作的动力。这样一来，就可以保持人才的流动性，让更多高质量的人才留在知识领域中工作和创新。

（二）强化知识与实践的衔接

知识的发展不是自我封闭、独立的，而是需要与实际应用紧密衔接。因此，知识领域需要加强与各领域的合作，进一步推动知识的落地应用。可以采取多种方式，如开展技术交流、建立学术平台等，让知识领域与实践紧密衔接，从而更好地推动知识领域的创新与发展。

（三）开展国际合作

知识领域是无国界的，具有很高的国际性和跨学科性。因此，在解决问题和应对挑战时，各国之间应该加强交流、共同探讨解决方案，避免重复建设、互相学习，从而推动知识领域的创新和发展。

总而言之，知识领域的创新与发展已经成为不可或缺的一部分，需要我们不断创新和挑战。在技术、思考方式和文化等方面，我们需要不断创新，以成就更高层次的经验和文化。同时，我们还需要探索并解决知识领域在人才、信息传播和落地应用等方方面面的问题，为知识领域的更好发展提供保障。

【案例】

高中生物实验中自变量的加法原理和减法原理——刺梨果汁

1. 教学场景

在实验设计的过程中，往往会出现多个因素共同影响实验探究结果的情况，比如影响酶活性因素的实验中，果泥的用量、酶的用量、反应的温度、反应的 pH 值等都是会影响果汁的出汁量。那么在日常的生活，是否最优的果汁制备就是单因素的简单机械的组合呢？而生活中的情境素材大多是以怎样的形式呈现，这涉及的就是组合的问题。

在果蝇的杂交实验中，黑身红眼雌性与纯合灰身白眼雄果蝇的杂交，子代自由交配得到子二代，在这样的问题情境中，情境是抽象的、不具体的，就情境而言相关的变量有三个：眼色、身体颜色、性别 3 个因素。来探究这三个因素之间的相互作用，就是实验中自变量的加法和减法原理，变量之间的相互作用中，往往从问题的快速解决角度来看，是找到问题解决的关键因素，以关键因素的特性、特点、作用等作为主要的研究方向，忽视了其他认为是次要因素的作用，这是理性还是非理性呢？

【案例反思】

高中阶段没有涉及正交实验（研究因素之间相互作用的实验设计防范，此正交非遗传中的正交），但却隐藏了正交实验的思想（3×3，2×2），在豌豆杂交实验二中，就含有正交实验的思想（研究豌豆颜色与形状之间的相互关系，得到自由组合定理），就实验设计而言，孟德尔在设计这一实验的过程中，肯定经过多次实验的结果，肯定存在连锁的情况，肯定存在“人为”的选择、理想化排除一些不利现象的情况。毕竟豌豆有 7 对染色体，但存在的相对性状却不止 7 对！

那么回到影响酶活性因素的实验设计中，果泥的用量、酶的用量、反应的温度、反应的 pH 值 4 个方面的因素中，哪些是主要因素，哪些是次要因素呢？现今有成熟的正交实验设计，多因素之间的相互作用的课程体系和设计方法（Design 就是结合信息技术的产物）。

结合地方特色产品刺梨果脯、刺梨果汁，我们设计了“学—疑—导教学法下果胶酶制备刺梨果汁实验优化及结构分析”的实验，获得了 2023 年贵州省第十一届高中实验教学说课活动省级一等奖。

在高中生物果胶酶在果汁生产中的作用一课中，探究了温度对 pH 值果胶酶催化的适宜条件。另外，在探究酶催化底物反应过程中，酶的结构过于抽象。但在新教材中，涉及大量酶的功能及作用过程的结构内容。

针对教材设计及教学实践过程中存在的问题，我们设计了本实验，本实验的设计目标有两个方面：

（1）学生通过已有知识对生活中生物学、化学、数学的学科知识交叉，探究温度和 pH 值的相互作用，共同影响果胶酶催化果胶分解的探究中，提高学生知识综合应用能力（科学思维）。

（2）通过自主阅读教材，综合分析教材内容，积极探究实验设计路线，应用现代分子生物学、生物信息学等技术手段，探究果胶酶催化果胶分解的空间结构及催化过程，解决蛋白质空间结构认识抽象不深刻的问题（科学探究）。

实验的创新点有两个方面：

（1）通过正交实验，探究影响果胶酶的因素之间的相互作用。

（2）通过 AutoDock4. 2 分子对接，在酶的结构层次，探究因素影响果胶酶的原因，化抽象为具体（图 26，27）。

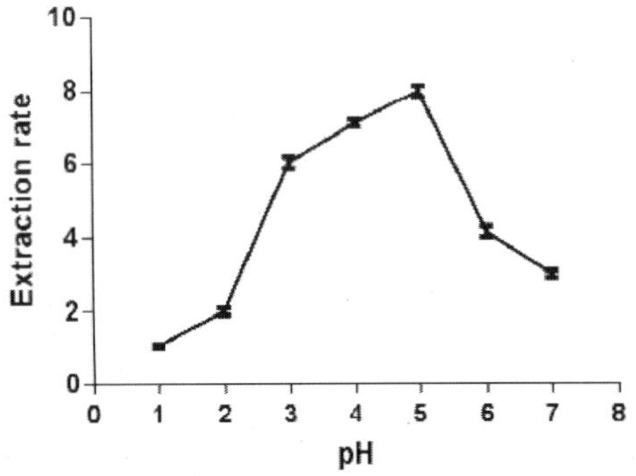

图 26　pH 值对果汁提取率的影响

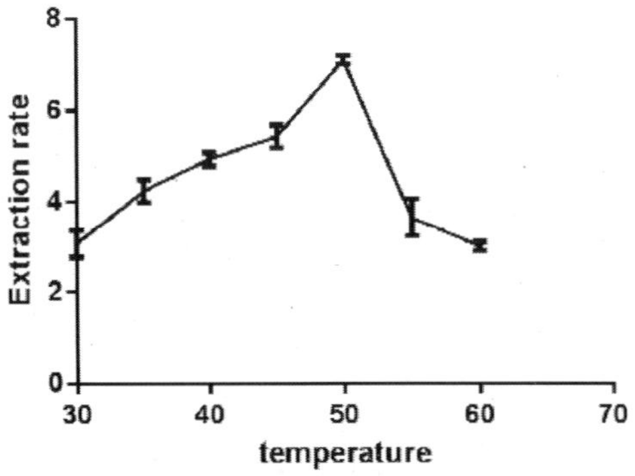

图 27　温度对果汁提取率的影响

上面的实验结果引导同学们去探究，结合生活实际，在酶催化的反应中，不可能是单因素单独作用的结果，更多的应该是各种因素相互作用，学生被引导到这里时，提出来孟德尔杂交试验二中两对遗传因子之间的相互作用，引导他们通过 Design 软件来设计正交实验来探究两个因素对酶活性的影响（图 28，29）。

Select	Std	Run	Factor 1 A:反应温度X1 ℃	Factor 2 B:反应PHX2 pH	Response 1 提取率 %
	13	1	50	5	7
	5	2	45	5	5.5
	6	3	55	5	5
	7	4	50	4	3
	4	5	55	6	6
	12	6	50	5	7
	9	7	50	5	7
	2	8	55	4	4
	8	9	50	6	4
	11	10	50	5	7
	1	11	45	4	4
	3	12	45	6	4
	10	13	50	5	7

图 28　两个因素对酶活性的影响数值

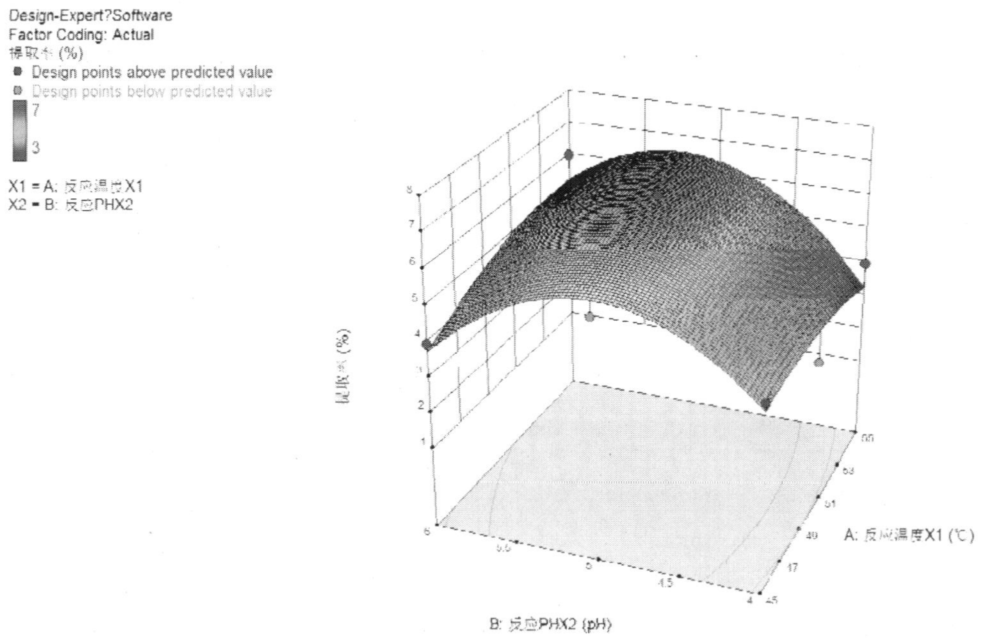

图 29　Design 软件探究两个因素对酶活性的影响

实验操作与软件 Design 预测的结果，现实温度和 pH 值之间有相互作用，相关的系数为 20. 96。方差分析中，pH 值的 F 值（1. 76）大于温度（0. 44）说明 pH 值对出汁率的影响大于温度的影响。我们通过制作响应面来引导学生对二者影响的差异有直观的感受。学生通过讲解之后能准确地做出响应面。

从响应面的结果能直观地看到 pH 值的面要陡峭一些，而温度的一侧要平缓一些，这是为什么呢？从宏观的实验过程来看，是找不到它们之间的差异的，那么就只能到微观的层次去寻找疑问的答案！学生的潜力是巨大的，在对它们指明研究的方向之后，通过小组合作探究，学习 AutoDock4. 2 分子对接软件的操作。对接的过程，首先，通过 ChemDraw 软件将果胶分子有平面结构转化为空间立体结构（图 30）。

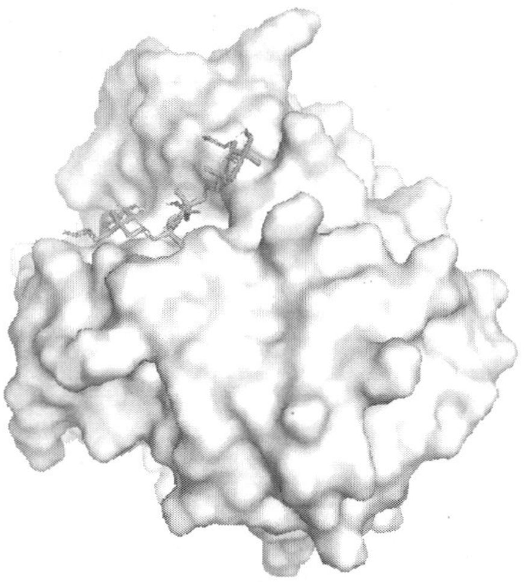

图 30　果胶酶表面

果胶位于果胶酶活性中心时的状态，不同的对接位置两者之间的能量和 H 键的数量不同（图 31）。果胶与果胶酶的 151 位的 ASP 天冬氨酸、208 位的 ARG 精氨酸、158 位的 HIS 组酸、127 位的 GLN 谷氨酰胺等氨基酸残基形成 9 个 H 键而起催化作用，Ca^{2+}参与活性中心的形成。引导学生对实验的结果进行分析，可能出现 3 种情况：

（1）温度和 pH 值通过影响酶的空间结构 H 键的形成而影响酶的催化活性。

（2）果胶是通过不断尝试与果胶酶表面残基结合，寻找酶的活性中心。

（3）对接的过程中，果胶的构象在不断变化，温度对酶活性的影响大于 pH 值，与果胶优势构象的形成过程有关。

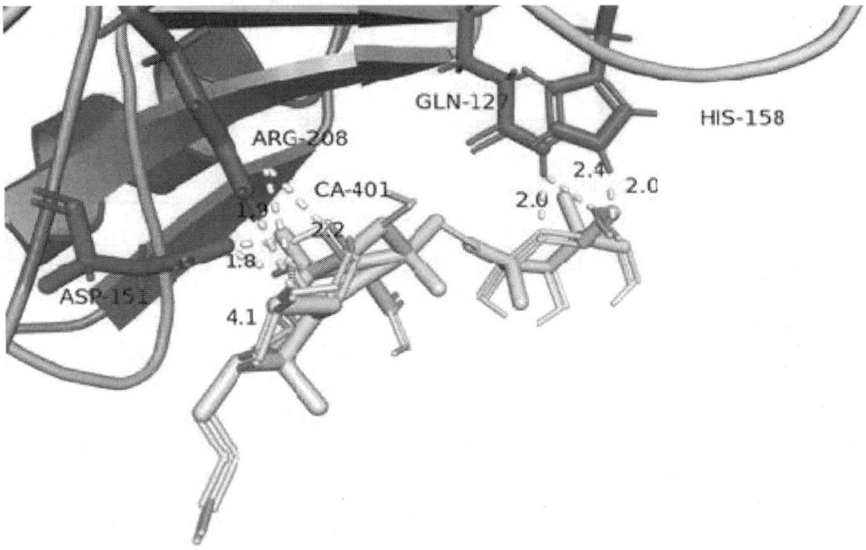

图 31　果胶酶的活性中心

实验的创新分析：

（1）双因素最优条件的组合。

通过 DesignExpert10 软件，设计正交实验，分析温度和 pH 值的相互作用，通过响应面分析，得到酶催化反应的最优条件，形成整体大于局部的实验设计新思路。

（2）模糊抽象的酶与底物反应过程具体、动态、可视化的动态定量分析。

通过 ChemDraw、AutoDock、PyMol 等软件，结合现代分子生物学发展最前沿知识，深入的从分子水平的分析果胶酶与果胶反应的过程，促进学生结构功能观的形成。

从实验的整体思路来看，实验的设计运用了一些新技术，新方法，关注了一些我们在日常教学过程中没有关注、忽略的问题，但从研究的严谨角度来看，这个实验的设计还是有漏洞的。比如，在分子对接的过程中动画演示的视频可以看出，只有果胶分子在动，而果胶酶却是静止的，在这一过程中，温度的影响就不可能被忽视。

【案例】

高中生物实验与学科教学的相互关系

1. 教学实验与学科教学的关系

采用在科学课堂上结合实验的教学法可以激发学生的求知欲，在学生对实验进行思考的过程中发挥主观能动性，使学生成为课堂真正的主人，主动地接受知识。在传统及教学模式中，虽然教师也结合实验来讲解理论知识，但对实验的选择具有一定的随意性，学生只是被动接受，不能融入自己的主观意愿，不能在课堂中加入自己的思想，学习的热情不高。如果采用实验教学法，教师可以认真精心准备相关实验，学生可以通过对相关案件的分析和理解来学习科学课程知识，激发学生对科学课程知识的热情，更激发学生的学习兴趣。实验教学法，是指学生在教师的指导下，使用一定的设备和材料，通过控制条件的操作过程，引起实验对象的某些变化，从观察这些现象的变化中获取新知识或验证知识的教学方法。在物理、化学、生物、地理和自然常识等学科教学中，实验是一种重要的方法。实验教学法是随着近代自然科学的发展兴起的。这种方法可以使学生把一定的直接知识同书本知识联系起来，以获得比较完全的知识，又能够培养他们的独立探索能力、实验操作能力和科学研究兴趣，是提高自然科学有关学科教学质量不可缺少的条件。

2. 现阶段高中生物教学和实验课程的问题

由于现在高中教育的一些问题导致了实验教学方法的落实并不是十分理想，因此在现阶段的工作中要对一些实验教学问题进行整顿。以下是现在高中实验教学存在的一些教学问题：

（1）教师对实验准备不充分，应付了事，对实验需要的仪器设备以及材料准备不够充分，或者未进行系统的检查，有些实验操作马虎应付，没有达到预计的效果。

（2）教师单方面进行实验的操作，不给学生演示的机会，也并不在操作的过程中向学生介绍实验原理、细节知识点、操作事项等诸多问题，不让学生参与实验操作，只是将实验作为灌输的手段之一，学生难以培养出动手能力和实践能力。

（3）对于学生实验操作抱着否定态度，或许会允许个别学生进行实验操作。但实验课教学是生物教学的重要组成部分，是培育学生动手能力、创新能力、创新意识的大体途径，是帮忙学生实现由感性熟悉到理性熟悉，由具体思维到抽象思维飞跃的一个重要环节，必须引起广大生物教师的高度重视。

生物学是一门以实验为基础的学科，实验教学在课堂教学中占有极为重要的地位。教师用演示的方式结合课堂教学进行的生物学实验，是一种直观教学手法，能够帮忙学生形成生物学概念，进一步明白和把握生物学知识；能够更为形象地讲解生物学概念、现象和规律等；同时也能够培育学生自身的观看力、注意力和思维能力等。

高中生物学的教学内容是比较复杂和抽象的，对于高中生来讲，一些直观的知识比较容易把握。因此，教师结合课堂演示实验来教新知识或温习旧知识，学生就更容易把握。另外，通过演示实验，还能够使学生熟悉各类实验仪器并能正确、标准地利用，在以后的学生实验中，能够独立、高质量地完成各个实验。因此，演示实验是高中生物教学中不可或缺的直观教学手法之一，有利于把学生带入发觉问题的情境，使学生在分析实验问题和解决实验问题中锻炼思维能力。生物学科研究生物的生命现象及其规律，在生物教材中，几乎每节课都穿插了实验内容，目的是通过实验使学生深刻地把握生物学 。

高中生物是一实验性学科，实验教学过程中，学生去探究学科，验证就学习过程中产生的疑问，探究存在的疑惑和实证问题解决的办法，在此过程中，学生的思维得以锻炼，学生的探究能力可以得到提高，学科知识的学习得到验证。就此，有必要深入探究高中生物实验过程中学生的思维发生过程，以及与学生探究能力提升之间的关系。

在探究活动中，学生就实验中实验探究目标的达成，积极的探究实验所需的实验材料和实验过程的探究方法，以及探究活动的组织和问题的产生，是一个深度思维发生的过程。单一教材中呈现的知识或方法满足不了学生多问题和知识探究的需要，教师需要积极地参与到学生的探究活动中来，并给予相应方法和技术指导，并对探究方向和探究要点进行把关和评价，给予学生相应的技术支持，鼓励和激发学生探究的积极性和主动性。在此过程中，思维得到碰撞。

深入探寻问题存在的本质，可以用于解决一下问题：

（1）学生新知识的学习。

（2）学生新问题情境的知识运用和迁移。

（3）学生活动的组织。

（4）学生的分层教学。

（5）教学的即时评价。

（6）师生关系的协调。

（7）学科知识的交叉融合。

（8）高阶思维的进阶。

（9）文化的传承的社会责任的潜移默化。

第十二节 交叉设计与批判思维能力的信息提取

布鲁纳的“发现学习”强调学习的主要内容不直接呈现给学生，只呈现有关例证、线索，学生经历创设问题情境、利用教材和教师提供的学习材料，提出问题的各种假设、推测，寻找联系，从实践、理论上检验提出的假设。同时，教师引导学生对争论做出总结，从而使问题得以解决。然而，当学生知识体系薄弱，学生对知识的掌握不够深入和系统，发现式学习是否还具有优势？学生的身心发展具有阶段性，发展特点不同，不同阶段学生所能接受的事物也不同，发现学习的教学方式是否还适用？

在建构主义思想的影响下，以学习者为中心，以问题解决为基础来改革教学，这种思想成为许多教学改革模式的基本思路，发现学习者也受到了更多的重视。不同的是，研究者们不再将哪一种学习方法作为唯一合理的学习方法，而是接受了各种学习方法的合理之处。对发现学习本身的过程、机制进行了更深入的研究，探讨怎样充分发挥发现学习的优点，从而促进了这种学习的效果。当代信息技术、特别是计算机模拟技术，为发现学习的开展提供了有力的支持。计算机模拟能够很便捷的为学习者提供有效的探索情境。同时，还能够为学习者提供必要的学习支持，以指导、帮助学习者完成探索任务。计算机模拟环境下的发现学习已成为发现学习研究的热点问题。发现学习强调学生学习的主动性，注重学习的认知过程，注重认知结构的形成，注重学习者的认知结构、内在动机、独立性和积极性在学习中的作用，可以调动学习者的探究欲望，有助于训练学习者分析问题、解决的问题的能力。但存在3个方面的问题：

（1）耗时太多，不经济。

（2）不利于知识系统全面的讲授，过多夸大学生的学习能力。

（3）运用范围有限，只适用于少数拔尖学生，对教师的教学能力要求过高。

国内对发现学习的研究包括，知识价值视角、突破教学难点、深度学习、不同学习方式、类型分析、成人教育、学科建设等方面。致力于引导学生探究知识的深度、广度、联系度，朝着实践度的方向发展。

国内对发现学习的研究，阐明了发现学习能促进学生主动进行知识建构，加深对知识完整深刻的处理，使学生在学习知识的同时实现思维训练、能力培养与价值引领。对实践的探索有积极的指导意义，但大多数研究只停留在理论层面，缺少针对高中实践层面的深度研究。

图文转化指的是高中生在高中生物学习过程中，面对庞大的生物信息，对生物问题中的信息提取和分析能力，对正确的题目给予的信息进行处理和加工的生物信息转化方式。如，向量中的图像信息转化为文字信息，立体几何中的文字信息转化为图像信息。图文转化对高中生具有很高的挑战，涉及生物知识的灵活应用，大多数在高中生物学习过程中有问题的学生，都是因为生物的“图文转换”题目的信息提取不全面、信息关联错位，理解偏移、甚至是错误，而不能得到正确的答案。生物“图文转换”能力作为培养学生生物信息素养的重要内容，基于前人研究的生物图文转换传统测评的优势和不足，以提高高中生的生物图文转换能力水平，根据测评结果对研究对象存在的生物图文转换能力问题进行归因，从而提出相关策略对生物图文转换教学进行深度探讨，构建生物图文转换能力测评方法。

信息的理性提取在本书中是指，在高中生物信息的提取过程中，联系生物问题意图，以特定问题情境的内部及外在特征为基础，通过推理、判断、抽象、概括等一系列科学的、理性的思维活动而获得的对生物问题指向本质的认识过程。信息的理性提取是学生获取信息的重要组成部分，在提取过程中，理性获取相关生物问题信息，有利于深刻认识和感受生物知识，概括生物解题的核心要点，把握生物知识的精髓，理解生物知识间的共性、差异和联系。

教学是采用合适的方式，传递和掌握知识的过程。在教学过程中，教师不再把教学内容看作是一条单独零散的知识陈述，而是将其看作是生产、选择、组织这些信息的一系列理性思考活动。老师和学生要认识个别知识的陈述（事实/观点），就需要认识形成它的理性思考活动的真实过程，如果老师进入这种认识的过程，实际上就步入了“理解的循环”，从而不断地深入对有关知识点的理性认识。综上，从学生生物信息的有效提取的角度看，可以做出两个假设：

（1）高中生物图文转化中信息提取是需要理性思维方式支持的。

（2）师生对信息理性提取的方式方法、运用边界、准备条件是不明晰的。

教学内容的编排看作是“编码”的、过程化的，那么，在教学过程中，信息的理性提取就是知识学习的关键，信息提取的过程就是师生运用自己的理性思维，由部分到整体的“解码”的过程。本书以高中阶段生物学习过程为载体，信息的理性提取为切入途径和关注要点，探究发现学习新方法。

在教学过程中，围绕教学内容展开的师生互动，在理性与非理性思考中相互转换中，体验和思考的过程，实质上是重新思考、发现教学内容的经验含义、逻辑含义、实践含义（理性）的过程。教学包含的概念、问题、命题、原理及其证据之间的逻辑性、一致性，“理性思维”着力于培养学生基础知识学习的关键能力。生物学科核心素养作为核心素养价值体系中不可或缺的组成部分与生产生活紧密联系，在生物教学中落实生物学学科核心素养，对促进学生全面发展，提高教师的专业能力，丰富课程资源有重要实践价值。

【案例】

实用主义视角的不同

1. 通俗文化不是人类思想的高端

为什么哲学家都喜欢研究“没有用”的东西？凡是能用的东西都不算学问，我们的智慧是解决什么问题，是日常生活中和工作中出现的问题，是在实用层面上要解决的问题，是我们使用智慧的主要方向，所以我们叫学以致用。

可是古希腊哲人认为，但凡是能够应用的学问，就是学问的完成时态，它已经不构成学者应该继续追问的课题，古希腊哲学是一群大号儿童所玩弄的一种纯逻辑的游戏，就像小孩子，只知道玩游戏，而不知道去运用一样，这个幼稚的状态恰恰是他们成就精密逻辑和思维潜能调动的一个前提条件，纯逻辑游戏要摆脱实用的限制，一个学问一旦能够实用，探讨立即停止，用是匠人的东西，学问指研究不能用的东西才叫学问，这种只研究跟用没有任何关系，纯粹的无用之学叫作哲学，跟中国的学以致用，知行合一的思路刚好相反，即大众文化离真正的人类思想很远。

一个思想、一个学说、一本书，越是被大众所理解，就标志着它离真理越来越远，所以，不要把通俗文化当作人类思想的高端。

2. 实用主义之高中生物实验素材挖掘

生物学是一门实验性学科，教师在生物课堂教学中要多利用学生熟悉的学习情境，引导和激发学生探究和自主学习，情境素材的挖掘，可以从校园生活、新闻和社会热点中挖掘生物实验情境素材，但这些素材在教学中创设学习情境时，不能随便拿来就直接用于教学，是需要从中挖掘和开发出与教学内容有关的，符合学生认识水平、价值观、基础性、阶段性、衔接性的情境素材。

“生活化”的情境素材往往是复杂的，单一学科知识不能解决情境素材中的所有问题，这就要求教师在对情境素材进行提炼，达到课程教学目标，引导学生形成学科交叉的问题解决思路。

在这样的理想信念成长的过程中，处处是情境，也正因为有了情境，思想信念才会生动、感人、信服。可见这样的思想信念在生成的过程中，充满了人为的加工痕迹，根据个人的需要，进行中各式各样的选择。

【案例】

实验设计中的信息整合

读书一定要做到：我注六经，六经注我。

注是我们解读前人文本的必须方式，如果你解读前人的一个文本，没有任何新视野、新的见解，那么你读到了什么，习得了什么，你只有能够读出前人文本对你造成的启迪，也就是后向信息量增大，对前向具有更大的解释力度，你能够解读出更深刻的见地，这才叫读书。

因而，六经注我是非常正常的，达尔文（Darwin）在他的《物种起源》的绪论中，专门感谢马尔萨斯（Malthus），大家都知道马尔萨斯不是生物学家，而是一个人口学家和社会学家，但他的《人口论》对达尔文起到了一个重大启迪——种内竞争，这在进化过程中起到一个怎样的作用，这个跟达尔文生物学毫无相关的研究被达尔文专门鸣谢，这叫六经注我，这才是真正做学问的方式。

古老思想的价值在于它内在的、可以广泛生发后向解释力。黑格尔说，一朵绽放的花朵，它的全部内在规定性都包含在那个微小的种子中。因而，你如果不能理解前人见解所蕴含的解释力，并把它揭示出来，证明你没有研究力，没有新信息把握量和整合的能力。

生活中的生物实验情境素材富含丰富的社会元素，如情感、家庭背景、社会阅历、态度、个人价值观等，将生活中的情境素材直接引入到课堂教学中，由于差异化、多元化、层次化，使学生对同一事物的理解和认识不尽相同，有时甚至会将学生的认识引向反面。因此，教师需要对素材进行筛选加工。

理解生物知识，教师要先理解实验教学的重要意义，也要结合基础生物理论知识选择恰当的实验课堂组织方式，通过生物实验教学使学生对知识形成具体认知。高中生物教师在组织实验教学时，要借助信息技术呈现高中生物实验，将抽象的生物知识以形象化的方式呈现，通过教育方式的转变提高学习效率，从而提高高中生物教学质量，保障学生的学习效果。

高中生在接触生物时，生物知识的相对抽象给学生的有效理解带来了一定的负面影响，而为了让学生更好地理解生物的奇妙现象，在实验的具体化呈现中激发学生的生物学习兴趣，在学生学习内驱动力的影响下，使其更好地进行知识的思考与探索，教师要注重生物实验教学，也要注重生物实验教学方法的创新。

虽然在现实的教学条件下，生物实验教学在持续开展，但受到条件的限制，学生无法主动参与实验，没有取得良好的效果。实验缺乏创新等问题的存在也影响了高中生学科核心素养的形成。因此，为了基于初中生物实验教学现状，探究信息技术发展背景下实验教学与信息技术整合的方式，要在立足课堂分析其不足的基础上构建针对性的措施。

当前生物实验教学主要有以下几个方面的问题：

首先，学生难以有效参与生物实验。在知识教学环节，需要学生对整个过程进行实践与探究，教师既要在实验教学中融入具体的情境，又要通过知识探究的方式激发学生的生物学习兴趣，在学生参与实践的过程中提高学科核心素养。高中生物教师在组织实验教学时，由于班级人数的限制、具体实验条件的限制，大部分的实验更多的是由教师操作，虽然部分实验有学生参与，但其更多是起到了辅助作用，并非作为整个实验的主导，在课堂的现实教学条件下，班级学生整体参与更不可能，因此该种由教师主导的实验操作难以保证所有的学生清晰地了解实验的全过程。学生对操作不了解，对生物实验反应不明确，不利于学生高效掌握生物知识。

其次，初中生物教学中涉及的实验类型众多，除了基础的实验之外，部分实验需要借助一定的设备完成，但高中生物在组织时受到具体条件的限制，既存在缺乏设施设备的问题，又存在设备质量不达标、设备数量有限、学生难以直接接触的问题。在进行实验时，标准化程度不高可能会导致实验效果不佳的问题，而在开展生物实验时，部分生物反应耗时较多，也有的生物实验步骤多，在课堂的有限时间内无法对整个实验进行展示，也不利于实验教学。学生无法参与整个实验，对生物知识呈现不够清晰等问题影响了生物实验教学的效果。

最后，面对当前教育改革的新方向，在开展生物实验教学时，教师也要考虑教学工作的创新，要通过学生参与实验的方式，既创设探究性的学习情境，又要通过对实验的不断创新培养学生敢于质疑、敢于探索的精神。虽然，高中生物实验以验证性实验为主，但实验教学过程缺乏创新不利于学生创新能力、创新意识的培养。

【案例】

学科知识与生活的关系

学科实验教学是连接学科知识与社会生活的桥梁，随着新课程改革的实施和推行，教学模式也在逐渐更新和完善，体验式教学在教学中的实施，更加突出学生在课堂中的主体地位，使学生亲身参与知识的形成和应用过程，直接获取新知识、掌握新技能。知识来源于生活，又反馈于生活，所以教师在进行教学时，要将课堂内容与实际生活紧密地结合起来，提升学生对学习的兴趣，增强学生学科核心素养。

1. 分组讨论，创设体验环节，加深学生对知识的理解

教师在进行教课时，将学生划分为小组，同时各小组就教学内容展开讨论，同时创设体验环节，让学生在实际操作的过程中加深对知识的理解。在核心素养的背景下，教师不仅要探寻新型的教学模式以及创设良好的课堂氛围，同时也要根据学生的认知规律以及求知欲望，点燃学生的学习好奇心。

2. 将课本知识与实际生活相联系，提高学生对知识的实践能力

教师在进行教课时，可以将课本知识与实际生活联系起来，鼓励学生积极地参加实践活动，从而提高学生的实践能力以及分析和解决问题的能力。学生不仅仅通过学习来完成考试任务，同时也要运用所学知识解决实际生活中遇到的问题。所以教师在进行授课时，除了讲解课本知识外，也要根据课本内容为学生设立知识应用环节，让学生在现实生活中对所学的知识进行运用，做到学以致用。

【案例反思】

在核心素养的背景下，对教育的要求也越来越高。教学不仅要符合《新课程标准》的要求，同时也要符合学生实际学情。

所以教师一定要注重体验式教学法在学科教学中的应用，帮助学生提高学习能力，实现学生学科核心素养培养。另外，教师在教学时也要不断创新和完善教学模式，为学生学习知识提供更多有效的途径，提高学生的逻辑思维能力以及独立解决问题的能力，促使学生实现全面发展的目标。

第十三节　交叉设计与学习进阶

一、学习进阶

学习进阶（learning progressions，LPs）是近年科学教育界的研究热点。它与评估、课程、教学三个领域有密切联系。美国国家科研委员会（NRC）公布的调查报告中指出，在课程、教学与评估这三者的一致性方面，学习进阶能起到重要作用。NRC 发布了名为《把科学带进学校》的研究报告，其中明确提出了学习进阶的概念，并提倡能够用学习进阶来开展科学教育改革，引起研究者的广泛重视，成为研究的热点问题，开始进入大众视野。

二、学习进阶的理论含义

从学习进阶的提出至今已有十余年的时间，不少研究者通过自身的认识尝试对其加以界定，一般可分成，方法说、过程说、实质说、假设说、序列说等几种观点。但目前仍然没有得到一致的、普遍认可的结果。尽管研究者目前对学习进阶的研究内容与方式不尽相同，但多数引用的是 2007 年，NRC 提出的学习进阶定义："在较长时间内，学习者对某一主题或概念不断深入、细致发展的思维方法的描述。"

三、学习进阶理论的组成要素

学习进阶的构成主要包括以下五个要素：进阶维度、进阶终点、成就水平、学习成绩和评估工具，这是目前科学教育界的普遍观点。进阶维度主要是指进阶层级中蕴含的核心概念，研究者可以利用追踪核心概念掌握情况或进阶维度来了解学习进阶过程。进阶终点即学习目标，是指在某一阶段学习结束时希望学习者达到的水平，也是学习进阶的最终水平。成就水平存在于学生的进阶发展路径上，有多个中间层级，可以反映学生在认知发展过程中不同的思维阶段。学业表现是指学生在完成某种学业任务之后，对应达到的成就水平所体现出的特征。测评工具主要用来检测学生预期成就水平的实现状况，进而完善和改进学习进阶。

在构建学习进阶之前，首先，要确定学生在掌握对数蛋白质概念时所掌握的知识与能力，确定教学目标。所以，必须对《新课程标准》加以分析。我们总结、分析《新课程标准》中涉及对蛋白质的学习内容，整理后确定了《新课程标准》中有关对数蛋白质的教学要求。

布卢姆教学目标分类理论的学习分类，学习进阶中的"阶"能够帮助学习者判断在认知发展过程中的一些关键节点，所以，唯有弄清楚学习进阶中的"阶"，才能合理设计教学。布卢姆教育目标分类学理论作为建立学习进阶的基础，其认知过程主要包括记忆、理解、应用、分析、评估和创造 6 个递进层级，通过这 6 个层级可以反映预期的学生所需要达到的认知层次。根据布卢姆教育目标分类学理论，教材和学生的认知发展规律，将对数蛋白质主题下的学习进阶区分为 5 个层次水平，即记忆、理解、应用、分析、评价，并描述各个层次水平相应的预期学生学业表现，并设计出相应的教学设计模式。

四、LPs 对高中生物综合问题解决现状调研及障碍分析

近年来，高中教育的普及率越来越高，其中生物教学是高中教育中尤为重要的一环。然而，我们不得不面对的现实是，高中生物教学中存在着许多问题。这些问题不仅影响学生的学习效果，也影响整个教育体制的改革与发展。通过设计调查问卷，从教学方法、教学内容、教学态度 3 个方面调研高中生物教学中存在的问题，并就调研中出现的问题提出解决预案。

（一）教师教学方法单一，能力不足，缺乏教学创新

在高中生物教学中，许多老师的教学风格都十分僵化，只会单一地使用讲授方法，导致学生难以理解与记忆。而一些新任教师则可能缺乏教学经验，不知道如何使用不同的教学方法和手段进行教学，导致教学效果下降。

解决对策：提供更多的教师培训课程，让教师尽快掌握新的教学手段。同时，为了鼓励教师进行教学创新，可以加大对于教师教学创新的表彰和奖励力度。

（二）教学内容偏离实际教学

高中生物教学的内容过于注重理论知识与公式，对于学生的实际需求关注不足。同时，课程设置与学科知识点之间的衔接也不够紧密，导致学生难以全面理解生物知识。

解决对策：加强与实际教学需要相符的教学内容的建设，关注学生实际需求，加强生物与实际应用的联系，让学生更好地掌握生物知识。加强课程设置与学科知识点之间的逻辑连接，让学生能够更好地把握生物知识。

（三）学生缺乏自主学习能力，依赖于老师的指导，学习效果低下

在高中生物教学中，很多学生缺乏自主学习的能力，过于依赖老师的指导。由于课堂时间有限，导致学生无法充分理解和消化所学知识，随之也出现了学习困难的问题。

解决对策：鼓励学生在自己的学习时间中进行自主学习，同时为学生提供更多的自主学习资源和平台，比如，网络资源、文献资料等。同时，鼓励学生自己进行教材知识点的总结和笔记记录，促进学习效果的提升。

（四）考试评价体系单一，成功标准模糊

高中生物教学的考试评价体系过于单一，忽视了学生多方位综合能力的培养。同时，缺乏明确的标准，导致学生学习目标的模糊和认知上的问题。

解决对策：建设多元化的考试评价体系，逐步引导学生形成多方位的综合能力。同时，明确地规定成功标准，让学生更好地理解学习目标和要求，助力学生提高学习的自觉性和积极性。

（五）教学态度消极，默认文化传统

在高中教育中，由于一些传统思维观念的影响，教学态度显得较为消极，教师在教学过程中也会选择循规蹈矩的方式进行教学，没有积极跟进教育体制改革的进程。而这也影响了学生对于课程的兴趣和对知识体系的理解。

解决对策：加强对于教育改革的宣传和推广，引导教师端正态度、积极跟进改革。让教育体系更加注重学生的全面发展，尊重学生的个性和兴趣，让教育成为全面发展的载体。

高中生物教育问题广泛存在，解决问题需要跨越教育体制改革、教学手段创新、资源共享等多个方面的综合优化。首先，推广新的教学方法，促进教育体制改革，加强教师培训，提高教师教学水平；其次，注重高中生物教育内容的实际需求性，加强与实际生活的应用，使整个课程内容更符合学生的实际需求；最后，加强学生的自主学习能力和多元综合评价手段等多种对策，让高中生物教育更好地服务于学生。

对于平时学习不努力、不主动、没兴趣，经常怨天尤人，抱怨生物枯燥，生物课程教材编写不好，老师教得也不好，从不在自身找原因的这类学生，老师既要确定其能力，充分搭建展示平台，更要协助学生客观地分析生物成绩不好的原因。老师能够利用每一次考试后与其单独谈话，逐题分析，在必要时还能够做备忘录以便前后比较，勤而行之等教学行为，使学生逐步丢掉“粗心”“教材体系混乱”“缺乏师长的关心”“学习环境不好”和“家长不督促学习”等防御性理由。同时，教师还应结合家长，培养学生脚踏实地的生物学习态度，注重基本生物知识与技能的落实。

课堂教学是一个完整而系统的过程，每一个关节都是至关重要的，任何一个环节出现差错都会影响到整堂课的教学质量和教学进度。一个好的开端可以使学生快速地集中注意力从而进入学习状态，使学生的思维更加活跃，提高课堂效率和减轻老师的教学负担。探究式教学是在美国的“教育现代化运动”中，由著名老师施瓦布所提出并倡导的。探究式教学模式，突破了传统课堂中的知识灌输式教学，老师通过设计的一连串的问题情境，调动了学生的学习兴趣，老师因势利导，指导学生积极参与课堂活动，进而促进学生自主发现问题、解决问

题的能力，从而形成知识结构提升能力的一种教学方法。对高中生物科目来说，比较抽象和难懂，导致部分学生望而却步。探究式学习，将成为培养学生兴趣、调动学生继续学习的有力武器。探究式教学在课堂教学中的运用，有利于调动学生学习生物的热情，并指导学生形成积极思考和努力探索的良好生物习惯。同时，这种教学方法也更有利于学习者进入自主学习和合作探索的学习方法，在体验生物发现与解决问题的同时，更有利于培养创新意识。

五、LPs 下创新能力“阶”的设定

《新课程标准》指出，教学目标应注重学科素养和思维方式，从教材编排逻辑的角度来看，以完成“螺旋式上升”的进阶学习，认知线路由粗略到精细，从模糊到具体，从肤浅到深化。进阶式目标设计的着眼点，在于学生对学科知识的认识经过了认知、想象、概括、固化、应用、结构等六个关键环节，老师必须剖析认知过程，从而确定实现目标的条件和实现目标的方法。根据生物核心素质的训练阶段性、层次性与发展性，科学、准确地表达进阶式教学目标。

进阶式教学目标设计的着力点，进阶式教学目标具备内容概括性、贯穿始终性和全局统领性的特点，对教学设计、教学策略、教学活动都有精准导向作用。蛋白质单调性的教学策略要着力于为激发学生的高阶思维而设“阶”。教师可以从现实生活和生物内部创造情境，以激发学生现有的认知经验，提出本课所要处理的本原性问题（大概念）。

六、学生学习心得及教师教学反思

（一）反思教学资源

提高资源运用进阶教材是教师开展教学的首要资源，是精选起来供学生学习的材料。作为学生最先接触的学习材料，教材如何调动学生的学习兴趣，是促使学生“乐学”的前提条件。教材在关注普遍性的同时也产生了局限性。怎样才能使课程的普遍性同本区域的特殊性实现有机融合，最大限度的适应学习者对学习内容、教学方式的要求，充分调动课堂双方的积极性，提升教学效果，是一名优秀教师所必须具备的基本素质。教师不但要在课堂上对“怎样运用教材”“怎样创造性使用教材”展开了深入地研究，还要加强课后反思，因为课后反思对创造性使用教材所达到效果及其不当之处加以剖析，才能为教材的使用提供建设性的建议，使教师、教材和学生成为课堂中和谐的统一体。

（二）反思课堂提问

提高教学观念进阶，学习起源于好奇，有想问问题的欲望，才有解决问题的兴趣。传统教学观念只注重对具体解题的引导，而忽略了对学生思维习惯的训练，质疑精神的力量，换句话说。只注重“答”的训练而忽略“问”的训练和指导，结果会使学生不敢问、不善问，没有挑战教材和老师权威的勇气，学生越学越缺乏想象力和创造力。知名科学家李政道曾讲过：“学习，就是学习问问题。学习如何问问题。”会问，才算会学。古往今来的有成就者都是从问出发的。作为学生应善思、善问。学习的过程从有问题到没问题再到有问题的求知过程，学习的终点并非没问题而是产生新问题。所以，人们对未知的一切会问许多为什么，而且对一切有定论的东西也要问许多为什么。这样，一个人才会去思考、去探索、去寻找答案，从中开拓思维，提高智慧。

（三）反思课堂生成

提高课堂应变进阶，教师在制订教学计划的时候，往往会从一些常规的视角去思考、设计。但与现实的教学情境尚有一定的距离。笔者的教学对象是一个个鲜活的、富有独特个性

的学生，他们的思考中有许多东西是老师无法预知的，也就无法预设。课堂资源是课堂中学生所形成的，教师预想以外的动态的课堂资源，而这种资源也是学生实际感受的一种反映，是转瞬即逝的、十分重要的课堂资源。比如，学生独特的解题方法、精彩的回答、创新思维等，甚至学生的一些问题都是无比丰富的课程资源。老师必须善于发现、善于利用课堂中的资源，对学生的独特创意要充分地肯定和推广；对学生的错误，老师要及时指导学生开展争辩、探究、交流，使课堂走向良性互动。

学习进阶是在较长时间段里持续对某一主题展开的探讨，可以详尽展示学生在不同水平下所具备的不同学习表现。所以，教师能够利用学习进阶的研究指导课堂，了解学生在不同知识主题下的认知发展过程，正确理解《课程标准》，并落实要求，进而科学合理地制订学生在各个阶段的进阶目标，使课堂教学过程具有整体性和连贯性，并可以呈渐进式、阶梯式发展（图 32）。

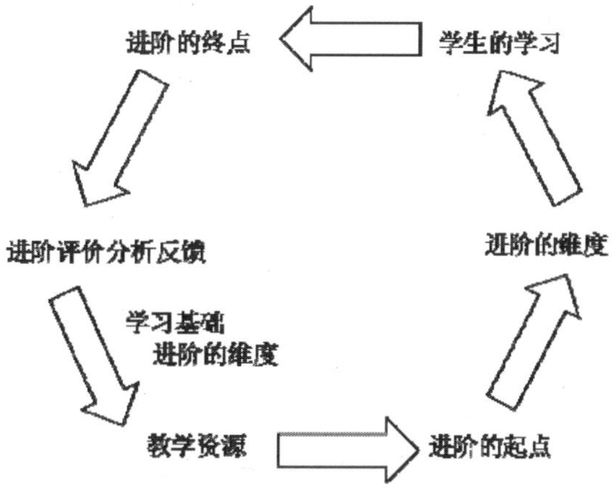

图 32　六轴联动的高阶进化模式

高中生物教师在实际教学期间，要引导学生通过观察概念模型，形成一定的感知与表象能力，要为学生创建相关立体模型。此时，可以应用一些与学生实际生活相关的模型，使学生在体验与感知的基础上，形成良好的感知能力。同时，教师还要安排学生对立体模型进行准确的表达，保证学生的表象能力有所提升。教师不仅要重视学生对立体模型的直观体验能力，还要培养学生的自主抽象概括能力，进而提高学生的学习能力与教学效率。例如，教师在讲解“细胞的衰老与凋亡”一课中，可以为学生创建概念模型，并要求学生将自然语言转化为图形、符号语言，进而学会抽象概括的方式，使学生能够正确利用语言来表达概念模型的位置关系，促进学生生物素质的稳步提升。

高中生物教师在概念教学期间，必须重视学生的自制概念模型能力，使学生在学习概念知识的时候，能够自主解决概念问题，形成良好的发展体系，使其向着更好的方向发展。要求学生全面观察自己所制作的模型，主动判断模型中点与点、线与线、面与面之间的关系，使高中学生在学习概念知识的过程中，能够自主制作概念模型，全面理解概念知识，进而优化学生的学习体系，形成完善的概念教学体系。

【案例】

不可分与求分的思想

生活本身就是知识，要介入一些生活事件，家里的大事需要让孩子参与，这是分层的一个重要原则，现有的大学教育培养了一批精致的利己主义者。

一切科学都只是对象的主观模型，科学绝不是真理，科学一定是有偏差的，科学家把自己外置于世界系统，成为一个外置，而孤悬的观察者，人是世界课题系统的一个组份，一定会受到外界事物的干扰和干扰万物。

被动的学习毫无效果，在你心理不会留下半点痕迹，主动的学习才会融入其中，一份梦想，一份追求。人生不是一场场的比赛，而是时时刻刻的体验。

事物可分又不可分，这是一个千年哲学难题，至今争论不休。这是一个自相矛盾的说法，有人表示不可理解，有人认为是胡说八道。辩证法却认为，这种自相矛盾的说法正是事物的本质。

先看事物可分。这个命题或者说这个道理很容易理解，因为它符合学生的生活经验。比如吃的馒头，我们把一个馒头掰成两半，还是馒头，一个完整的馒头能充饥，两个半馒头也能充饥。物质分离后，性质没有变，我们说物质可分。再如住的房子，由钢筋、水泥等组成。物理学、化学告诉我们，物质由分子组成，分子由原子组成，原子由原子核和电子组成，原子核由质子和中子组成……，一切物质都是复合物，都是可分的。物质可分是现代自然科学的基础。没有物质可分的观念就没有物理学、化学，也就没有现代自然科学。

有的哲学家、思想家认为，物质不仅可分，而且还无限可分。最著名的是庄子的话："一尺之棰，日取其半，万世不竭"。一尺之棰，每天都截掉一半，就算截万万世也截不完。毛主席非常欣赏庄子的这个话，也认为物质是无限可分的。"世界是无限的。世界在时间和空间上都是无穷无尽的。宇宙从大的方面来看是无限的，从小的方面看来也是无限的。不但原子可分，原子核也可以分，电子也可以分。"又有一次说："世界上有什么不可分割的东西？有联系，总要分割的，没有不可分割的事物。"

认识事物的可分性有什么意义呢？这个意义可大了，可以说所谓人类文明一多半是建立在事物可分的基础上。不是认识到石头可分，人类就无法制造石器，就没有石器文明；不是认识到木头可分，人类就无法制造木梨、弓箭，无法修建房屋等，就没有木器文明；不是认识到铜铁可分，就没有铜铁器文明；不是认识到原子可分，就没有现代文明。

认识事物的可分性对于社会科学的研究有重大意义。

事物不可分，按照通常的思维方式，也就是按照形式逻辑的矛盾律，你既然说事物可分，就不能再说事物不可分，这两种说法是自相矛盾的，是不能同时正确的。辩证法、辩证逻辑却认为，这两种说法可以同时正确，可以同时说，它们结合在一起才是事物的本质。按照辩证法、辩证逻辑，事物可分正确，那么事物不可分就一定有正确的时候和地方，或者说就一定有正确的时空区域，从某个角度看事物不可分也一定正确。

从什么角度看事物不可分也正确呢？20世纪40年代，系统科学应运而生，学者发现从系统的角度看事物是不可分的，更不是无限可分。什么是系统？我国著名科学家钱学森把系统定义为："由相互作用和相互依赖的若干部分结合成的具有特定功能的有机整体，而且这个系统本身又是它所从属的一个更大系统的组成部分。"从系统整体看，从系统的结构功能看事物是不可分的。比如，人的手，它的功能是用来抓握东西的，你把它从人的身体上分出去就没有抓握功能了，从这个意义上说人的手是不能分的，人身也是不能分的。系统论认为，事物作为系统而存在都是一个有机联系的整体，具有特定的结构功能，从系统整体看，从系统的结构功能上看，事物是不可分的，是不能无限可分的。房子的功能是用来居住的，是用来储藏东西的，把它分到一定程度就没有这个功能了，从这个意义上说房子是不能无限可分的。从庄子的话，棰失去一定的长度，就失去了棰之为棰的性质，从这个意义上说棰并不是无限可分的。当物质的分割达到分子时，就到了一个质的关节点。进一步"分"，就失去分子分解为组成它的各种原子。原子不是半个分子，而是同分子在质上不同的东西。原子进一步"分"，就分解为电子和原子核。电子和原子核都不是半个原子，而是同原子在质上不同的东西，依次类推。因此，从系统论的角度说物质是不可分的。

从量子力学的角度看，物质并不是无限可分的。量子力学假设量子是物质不可分割的最小单位，由此建立了比较完备的理论体系，在这个理论体系的指导下又发展出高科技体系，并在实践中取得成功。实践是检验真理的唯一标准，物质不是无限可分的观点由此得到学生的广泛认同。但是，从辩证法、辩证逻辑的观点看，量子不可分并不排斥量子可分，并不排斥学者可以从量子可分的假设出发（当然还要有其他假设）建立另一套体系。科学家在20世纪创立了量子力学、相对论，一百多年来理论上再也没有实质性进展，他们普遍认为现在是创新突破的时候了。由此有学者认识庄子和毛主席说的物质无限可分的意义。可分——不可分——可分，循环往复，是人类认识宇宙的一个辩证法。

综上所述，辩证法认为，事物既可分又不可分，这两个道理的统一才是事物的本质。只承认物质可分或物质不可分都是片面的，承认物质可分的同时又承认物质不可分，才是辩证法的观点。物质可分与物质不可分两个道理相互依存、相互转化、相互渗透、相互补充、相互联系等，就是它们的辩证关系。

先哲老子早在二千五百多年前就提出“正言若反”的观点，我认为就是对理的相互依存的意思。这句话直译就是：正着说如同反着说。意思是正着说正确，反着说也正确；正着说错误，反着说也错误。再进一步解释就是我们上面已经说过的话，正道理正确，反道理就有正确的时空区域。老子说：“反者道之动”“大曰逝，逝曰远，远曰反”。这些话表明，只要时空足够长远，一切事物都不可避免地走向自己的反面，一切道理也都不可避免地走向自己的反面，这就是道的本性。比如“事物可分”，分到一定程度（这就是“逝曰远，远曰反”）就会转化为“事物不可分”，走向自己的反面。“事物可分”叫正言，“事物不可分”叫反言，正言正确，反言就有正确的时空区域；正言不可避免地要转化为反言，因此老子说“正言若反”。

康德是德国著名哲学家，他提出的四个“二律背反”使他名垂千古，即世界是有限的又是无限的；事物是复合物又是单一物；事物是自由的又不是自由的；世界上有上帝又没有上帝。其中“事物是复合物又是单一物”与“物质可分又不可分”是一个意思。康德的四个“二律背反”不过是将老子的“正言若反”具体化罢了。

黑格尔也是德国的著名哲学家，他创立的辩证法体系是马克思主义辩证法的主要来源。他曾说，康德提出四个“二律背反”未免太少了，事实上每个概念、命题都是“二律背反”的。黑格尔还说，是康德的四个“二律背反”把他从独断论的迷梦中惊醒。什么意思呢？比如“物质可分”，按照一般人的思维方式，如果说“物质可分”是正确的，那么“物质不可分”就一定是错误的，康德的四个“二律背反”却表明，“物质可分”是正确的，并不能必然证明“物质不可分”就一定是错误的，二个命题是可以都正确的。这就是黑格尔话的意思。现在，我们看到一般人还没有从独断论的迷梦中惊醒，其表现就是，说一个事物好就是绝对的好，不可能还有不好的地方，说一个事物坏就是绝对的坏，不可能还有好的地方；说西医科学，中医就是不科学，说中医科学，西医就是不科学；说光是粒子正确，光不是粒子就一定不正确等。事实上，真理不是独断论，而是对理的统一。

我们用对理——“事物可分”与“事物不可分”——的统一性讨论一下中医与西医的关系。我认为，如果说“事物可分”是西医的突出特点和思维方式，那么“事物不可分”就是中医的突出特点和思维方式。比如人与自然的关系，中医强调人与自然是不可分的，人是自然不可分割的一部分，人与自然是相互作用、相互联系的，而西医是把人与自然分开的，基本不考虑人与自然的相互作用、相互联系。比如，五脏六腑的关系，中医认为人的五脏六腑相生相克组成相互联系的有机整体，而西医对五脏六腑是分开研究的，而且越分越细。所以西医对人体器官可以很随便的就摘除了，而中医一般不考虑摘出人体器官。药物方面，西医都是把药材的精华分析出来再合成化学药物，而中医反对这样做，是把药材直接煎煮后让人服用。人体解剖学是西医的强项，这也是分，而中医是不搞人体解剖的，是把人体作为一个整体研究的。

中国工程院院士、“中国消化病学第一人”樊代明说：“从17世纪列文虎克发明显微镜后，医学从宏观向微观迅猛发展，很快将医学分为基础医学、临床医学、预防医学等。基础医学先把人分成多少个系统、器官、组织乃至细胞、亚细胞、分子（蛋白、DNA、RNA）……临床医学先分成内科、外科、专科，再细分成消化、血液、心脏、骨科、普外、泌外等三级学科。现在继续细分成‘四级’，骨科再分为脊柱、关节、四肢等科；消化内科再分为胃肠、肝病、肛肠、胰病……‘四级’学科还在继续再分成协作组，最多达十几个。更有甚者，有人似乎认为还不够，国外还提出‘精准’外科，不知要精到哪种组织、哪个细胞、哪个基因。现代医学发展到现在，以不懈的一分为二为特征，似有不把人整体搞个四分五裂、身首异处、撕心裂肺、肝肠寸断、脾胃分家决不罢休。过于强调‘分’，现代医学弊端甚至恶果日益凸显。”樊院士这段话可谓把西医“分”的特点说得淋漓尽致。真正的中医是不分这些的，也没有西医那么多病名，有人说真正的中医是看六经的，六经好了，一切病都好了。

中医与西医是两个相互独立又相互联系的医学体系。首先，要明白中医与西医是两个相互独立的体系，然后，才是它们的联系。西医的理论基础是经典物理化学，经典物理化学又是建立在绝对时空观的基础上。绝对时空观认为时空与其中运动着的物质是可以分开的，是没有联系的，因此可以认为“事物可分”是西医的宇宙观。从“事物可分”的宇宙观出发，西方哲人建立了西医学体系，从“事物不可分”的宇宙观出发，中国先哲建立了中医学体系，这两个相反的理论体系在各自的时空区域内都是正确的。中医有中医的道理，西医有西医的道理，在各自的时空区域内都有道理，可以作两个类比。比如，数学家从“三角形内角和等于 181° ”等原理出发建立了欧氏几何体系，又从“三角形内角和不等于 180° ”等相反的原理出发建立了非欧几何体系，这两个体系都有道理，都是正确的。又比如，科学家从时空绝对的宇宙观出发建立了牛顿力学体系，又从时空相对的宇宙观出发建立了相对论体系，这两个体系也是都有道理，都是正确的。中医与西医的关系犹如非欧几何与欧氏几何的关系，又如相对论与牛顿力学的关系。 因此，用中医反对西医是错误的， 用西医反对中医同样是错误的。

整体来看，西医学体系建立在绝对时空观的基础上，建立在“事物可分”的基础上，把人当作机器，因此，基本上属于机械唯物主义的世界观。中医学体系建立在相对时空的基础上，认为人与自然是紧密联系在一起的，自然影响人，人也影响自然；还认为精神与躯体是必然联系在一起的，精神影响躯体，躯体也影响精神，因此，基本上属于辩证唯物主义的世界观。虽然，中医与西医都有道理，都正确，但在不同时空的道理。正如相对论高于牛顿力学一样，中医是比西医更高层次的理论体系。哲学上看，正如牛顿力学是相对论的特殊情况一样，将来西医学只能是中医学体系的一个子系统，西医学的统治地位必然让位于中医药学。现实看，很多病西医是看不好的，只能让人终身吃药维持；还有很多病西医必定是让病人人财两空的，这充分说明西医的局限性，西医的统治地位让位于更高的医学体系是理所当然的。这个更高级的医学体系不是别的，正是中医学。人民科学家钱学森先生说：“我认为传统医学是个珍宝，因为它是几千年实践经验的总结，分量很重。更重要的是，中医包含了许多系统论的思想，而西医在这方面是严重缺失的。所以，中医现代化是医学发展的正道，而且最终会引起科学技术体系的改造——科学革命。”

中西医结合并非中医与西医半斤对八两，只能是中医为主、西医为辅，这样才符合事物发展的客观规律。现在我们搞反了，西医为主、中医为辅，违背客观规律，这是造成看病难、看病贵、看不好病、病越看越多的主要原因。

中西医之争不只是科学不科学的问题，而是利益之争，这是显而易见的问题。触动利益比触动灵魂都难。列宁说：“几何公理要是触犯了学者的利益，那也一定会被推翻的。”因此，决不能低估中西医斗争的艰巨性、复杂性，否则就要犯错误。善良的学者总想中西医结合，这没有错，但问题是西医背后的利益集团不会给中医这样的机会。如果，中医没有坚决斗争的勇气，没有一系列斗争策略，就无法真正实现中西医结合。中医要大胆喊出“中医为主、西医为辅”的口号，这没有什么输理的地方，而是符合宇宙规律、造福人民群众的卫生路线。

七、教学反思

体验式学习活动是一种以亲身体验为主要方式的学习模式，通过实际参与和互动，使学生能够全面掌握知识和技能。体验式学习活动不仅能够提高学生的学习兴趣和参与度，还能促进学生的创造力和解决问题的能力。本文将介绍体验式学习活动的特点、优势以及如何进行有效的体验式学习活动。

（一）体验式学习活动的特点

体验式学习活动注重学生的亲身参与和实际操作，以提供真实的学习环境为目标。与传统的课堂教育相比，体验式学习活动具有以下几个特点：

1. 实践性强

体验式学习活动注重实践操作，使学生能够通过亲身参与和实际操作来获得知识和技能。学生在实践中会遇到各种问题和挑战，通过解决这些问题，他们能够更好地理解和应用所学的知识。

2. 个性化教学

体验式学习活动注重每个学生的个性发展和特长培养，通过针对性的任务和活动，满足学生的不同需求。学生在活动中能够根据自己的兴趣和能力，选择适合自己的学习内容和方式。

3. 合作学习

体验式学习活动强调学生之间的合作与交流，通过小组合作、讨论和分享，促进学生之间的互动和合作意识。这不仅能够提高学生的学习效果，还能够培养学生的团队合作精神和沟通能力。

（二）体验式学习活动的优势

体验式学习的优势：

1. 激发学习兴趣

体验式学习活动通过生动有趣的实践操作，能够激发学生的学习兴趣和积极性。学生在活动中能够亲身体验和感受到知识的魅力，从而更加主动地学习和探索。

2. 提高学习效果

体验式学习活动使学生能够将所学的知识应用到实际情境中，从而加深对知识的理解和记忆。通过实际操作和解决问题的过程，学生能够获得更深入的学习体验，并且能够更好地掌握知识和技能。

3. 培养综合能力

体验式学习活动通过锻炼学生的创造力、合作意识和解决问题的能力，培养学生的综合素质。学生在活动中需要思考和解决各种问题，通过与他人的合作和交流，他们的综合能力将得到全面发展。

（三）体验式学习注意事项

1. 设计合适的活动内容

根据学生的年龄和兴趣，设计符合实际情境的活动任务。活动内容应该具有挑战性和实践性，能够激发学生的思考和探索欲望。

2. 提供必要的支持和指导

在活动中，老师应该为学生提供必要的支持和指导。老师可以提供相关的知识背景和操作技巧，并引导学生进行思考和讨论。

3. 注重学生的主动参与

体验式学习活动强调学生的主动参与和自主学习。学生应该成为活动的主体，通过实际操作和探索，主动获取知识和经验。

4. 进行及时的反馈和评价

在活动结束后，应该及时对学生的表现进行反馈和评价。这有助于学生对自己的学习进行总结和反思，并发现自己的不足之处。

体验式学习活动是一种有效的学习方式，通过实际参与和亲身体验，能够提高学生的学习效果和兴趣。在开展体验式学习活动时，应该注重设计合适的活动内容，提供必要的支持和指导，并鼓励学生的主动参与和思考。通过有效的体验式学习活动，我们可以培养学生的创造力和解决问题的能力，为他们的综合发展打下坚实的基础。

第十四节　交叉设计与认知盲区的信息整合与提炼

一、问题提出背景

教育部发布的《基础教育课程改革纲要（试用）》中，进一步明确提出“大力推动信息技术在课堂教学过程中的广泛运用，推动信息技术和学科课程的整合，逐步完成课堂教学的呈现方式、学生的学习方法、老师的教学方法和教师互动方式的变革，充分发挥信息技术的优点，为学生的学习与发展创造了丰富多彩的教学环境和有力的学习工具。”由此可见，中国基础教育要步入新时代的步伐，需要强化信息技术和学科整合，这已成为中国基础教育改革中必须考虑的重要问题。

二、发现问题

硬件基本到位。该校在信息化硬件设施上基本到位，为学科教学和信息技术的整合提供基础条件。观念基本变化。教师的三分之二在观念上能接受课堂和信息技术的整合。从备课、上课、答题、考试等各个环节，基本接受信息技术的引进。同时，学生对于运用信息技术学习、交流、作业方式基本能接受。师生观念上的接受是学科整合的重要前提条件。具备一定技能。从调查结果显示，教师基本掌握了信息技术和学科教学整合所需要的知识，这为进一步推进整合工作打下了较好的操作基础。学校在信息技术应用方面逐步形成了一定的氛围，为学科整合创造肥沃的土壤。

三、分析问题

教师虽然在观念上接受了二者的整合，但从学科的信息技术整合效果来看，尚存在着很大的差异。不管在运用信息技术的问题上，还是在备课、上课、研究等方面都未能达到二者真正的整合，说明老师的教学理念还未能真正转变，传统的教学模式还未能突破，封闭式的教学模式也存在。

学校在为信息技术的运用推广上营造的氛围尚不浓厚，老师无法自由上网，学校没有建立专题网站和电子教案库，说明学校需要加大智能环境的建设，为老师进行学科和信息整合提供服务。在教师应用信息技术方面的研究、论文、科研课题、市区公开课等普遍较低，说明学校在信息技术科研方面处在起步阶段，还需要深入开展研究，以提高教师科研水平与整合能力。学生在使用电脑时，大部分学生在玩游戏，只有少部分学生使用一些学习软件完成课外学习，说明学生还未能将信息技术视为学习工具，还未能真正领略运用信息技术学习的快乐，因此，需要尽快改变学生的学习方法。

四、问题处理策略

在高中课程标准中明确提出加强现代信息技术的应用，推动学生的学习方法与老师的教学方法的全面变革，加速建立由辅助教学软件、多媒体教学软件、电子教材和“校校通”工程交织所构成的信息化环境，以促进信息技术和课程的全面整合，为学生建立信息化的学习平台，为学校办学、教育教学改革提供了明确方向。一所现代化的学校，没有现代信息技术为基础点，继续进行封闭式的教育教学方法，仍然以知识教育为追求目标，现代化学校是一个空话。教育信息化推动了学校现代化，不仅要改变课堂方式，而且要改变教学方法，它同时也是一个现代文化环境，先进智能环境的创造，更是反映人的终身学习这一长远目标。为此针对学校信息化状况，提出了如下对策：

（一）确立信息技术实验课题

实现学校现代化目标的重要支撑点是，科学技术是兴校之本，力求走出一条科学技术和学校教育教学实践融为一体的群众性教科学技术道路。

纵观校内的基础研究课题，概括起来是，建网站，练队伍，育人才。课题实施以学生发展为本，通过网络，开展研究性学习，培育学生的创新精神与实践能力，使其具备终生学习的态度与能力。

（二）科学管理，做好骨干

课题的实施与学校的教育教学管理有机融合，做到计划上落实，组织上落实，指导上落实，检查上落实，以提升课题实施效果。每周的课题实验活动，具有先进性的理念学习，也有课题交流，更有问题探讨和信息技术与课堂融合的实验课个案剖析，形成了一种全新的骨干训练方法，使骨干教师相互学习、相互启发，取长补短，共同推动，以提升教师课程整合的科研水平。

（三）提升师资水平

提升师资水平是实施“整合”的主体，教师不断提升信息技术与学科教学整合素质是落实“整合”实效性的能力保证，是推动“整合”持续发展的不竭动力。学校要求老师从学科特点和学生发展需要入手，运用恰当的信息技术，设计基于信息技术支持的教学环境与过程，进而促使老师在整合的实践中关注并增强教学设计能力。这是师资水平提升的关键一环，在此基础上掌握信息技术和课程整合的基本策略，训练学生自主发现、自主探索的能力。

（四）设置校本课程

让学生从小进行信息技术教育，作为构建网络的参与者、小主人。教师指导学生熟悉计算机操作技能和收集、选取、管理、加工、信息技能，力求让学生通过学习和实践，了解网络，提高对网络学习的适应与感受，真正领略学习的愉悦性，掌握信息时代的学习方式。利用资源学习，自主发现学习、协作讨论学习，实践创新学习，真正成为具备自主发展、创新能力的新型人才。

（五）加强建网与应用力度

加大建设校园网和专题学习网络力量，为广大老师和学生提供网络资源，供师教和学生学习运用。网络在建中用，用中再建，不断更新发展，同时培训教师的网络技术，提供教学能力，训练老师运用网络技术备课、上课的良好习惯，为课程整合提供有效的渠道。

五、策略—假设—检验

（一）认知盲区

认知盲区表示对某个领域不了解。认知盲区其实就是你注意不到的地方。认知盲区的形成，原因就是局限在一个特定学科学习中。当然不是说在一个学科学习深耕不好，重要的是身处学科学习时也要有跳出框架思考问题的能力，这是很多人都不具备的。由于认识的局限性，在各领域很多失败的案例在世界各个角落上演着。每当提到局限性话题，我总能想起身边的同学或朋友，认为自己认为的世界，听不进别人的意见，整天给自己寻找逻辑自洽的理由，当别人给出不同意见的时候，对他来说好像是侵犯，誓死维护自己的当前的状态。

很多学生都是不撞南墙不回头，有些甚至遇到南墙之后还在固执己见。其实认知盲区每个人都存在，只是要有敬畏之心，对自己不懂的事情抱有敬畏。

总之，低层次认知总是为自己的失败找借口，如何打破底层认知，能够意识到身处盲区，就会逐渐走出局限，比如，社交、阅读，不断开拓自己的视野（图 33）。

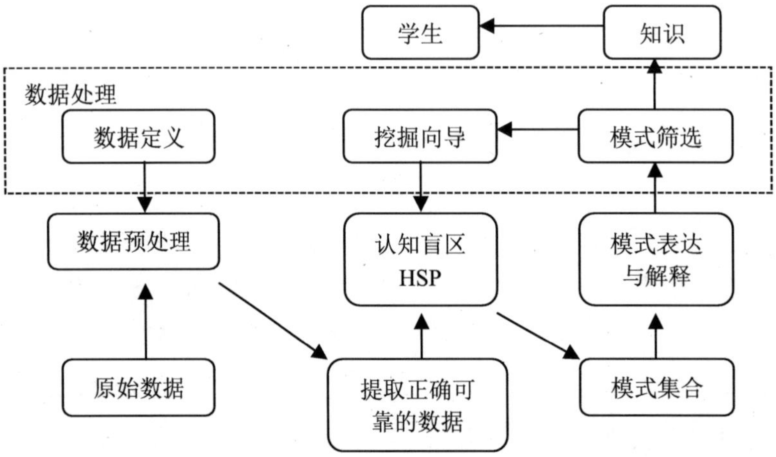

图 33　知识盲点区信息挖掘模型

（二）HPS

HPS 教学模式，是指科学史、科学哲学和科学社会学（历史）所融合的一种教学模式。其主要内容是，将科学史、科学哲学、科学社会学的有关内容纳入到科学课程中，以期提升科学教育的质量。HPS 教育的根本目的是了解科学本质。HPS 教学模式实施的基本前提条件是，所学的课题必须是科学史上某一科学家曾经研究的自然现象。模式的教学过程分为六个环节：演示现象、引出思想、学习历史、设计实验、呈现科学思想与实验试验、总结与评价。

1. 科学历史

科学历史就从历史学的角度研究科学技术，不但具备叙事、描述过去事实的特点，同时还蕴含着科学家在科学研究过程中的方式与原理，还有他们坚持不懈的坚韧品格，这正是新时代的学生所缺乏的。以化学为例，科学历史应该是介绍化学家在探索化学知识、原理等有关内容的历史历史。了解这些历史可以激发学生的学习动机，吸引学生投入科学的探究，让学生学会观察和总结实验现象和原理，从历史学的角度切身体会到化学研究工作的艰难和繁重。

2. 科学哲学

科学哲学是从哲学的视角对科学中某一现象的探讨或反思，重点关注学生的世界观与科学观，即关注科学究竟是什么。科学哲学通过对科学本质的哲学思辨，有助于学习者理解科学的本质，从而形成正确的科学观。近十几年来，科学本质已成为科学教育内容和科学素养的重要组成部分，并有形成显性课程的发展趋势。在化学实验教学中，科学哲学的素养体验在教师应当有目的地引导学生在实验操作的同时深度思考和所学理论知识的联系，用理论知识指导实验内容，用实验现象提升理论高度。当实验过程中出现新的现象时，要多用科学的态度深入分析研究，以期更好地理解相关知识。教师引领学生经历科学家在探究发现过程中所经历的错误，让学生身处其中、感同身受，感受这一“怀疑—批判—更正”的过程，从而使学生以一种动态的、辩证的和批判的眼光去看待科学实践，而不局限于科学发展的某种固有形态，或者是某种标榜为“永恒真理”的科学所迷惑。

3. 科学社会学

科学社会学是以“科学”为主要研究对象，通过运用社会学的基本原理与方式，通过分析科学知识形成的根源与社会背景，从而发现该过程中科学知识存在的社会必然性。其中科学社会学揭示了大量有关科学知识是依赖于社会情境而决定的研究成果，对怎样认识科学、认识科学的实质做出了与众不同的理解，这在科学与教育界产生了很大的影响。所以，从社会学的视角研究科学知识的形成、发展和传播，成为当前科学社会学的研究热点。在化学课程中，通过融入科学社会学及其有关内容，能够使学习者在掌握科学知识之余，不但认识到科学与社会之间的互动关系，更关键的是看到社会对科学发展的影响与制约。

（三）信息整合

信息整合是根据信息化发展趋势，在特定组织的领导下，实现对信息资源序列化、共享化、调化，实现信息资源配置最优化、拓展信息资源应用领域和信息价值最大化。

1. 学科知识学习中学生所需的信息能力

进行学科知识学习一般要经过三个阶段：提出主题阶段、实践验证阶段、成果的表达和交流阶段。在提出主题阶段，教师帮助学生确定研究主题，组织小组讨论。学生应做到浏览相关资料，积极参与小组交流，对所确定主题进行研究分析、分解细化，并明确小组成员分工，为下一阶段的实践验证做好准备。在此阶段，学生应具备信息定位、搜集和交流的能力。实践验证阶段学生应能够收集相关文献资料，搜集网络资源，进行专项研究，并及时做好相关记录，为提交研究报告做准备。在此阶段，学生应具备信息的筛选、分析、处理和运用信息处理问题的能力。在成果表达与交流阶段，教师应帮助学生形成观点，组织学生进行成果展示，而学生应能做到提交结题报告展示研究成果，完成知识迁移。在此阶段，学生应具备利用网络、电脑等信息工具进行信息交流的能力。由此可见，学生的信息能力贯穿于学科知识学习的每一个阶段，是课题研究得以顺利进行的保证。因此，学生信息能力的培养无论是在现阶段的学习过程中，还是在他们今后的工作中都是至关重要的。

2. 信息的查阅与收集

任何科学研究的第一步都是资料的收集工作。据统计大多数学者在进行科学研究时查阅、收集资料所占用的时间占到了一半以上。而分析、实验占到总时间的 40%左右。真正写论文的时间只有 7%左右。可见，进行详细、系统的资料整理是有多重要。那么，在资料查阅的时候应该怎么做，怎样才能从卷帙浩繁的资料库中选出自己所需的资料？

（1）确定课题，选好课题的角度。进行学科知识学习时，选题是第一步也是最重要的一步。在确定了小组的研究课题后，小组成员应将课题进行分解，每一个小组成员选取其中的一个方面进行资料的集整理工作。要知道，题目明确得越细致，研究工作才能进行得越有实效。

（2）收集相关材料。重点关注以下两类材料，一是原始信息即有关课题的原始材料，如文本、数据或客观现象；二是二次文献、三次文献，即对于类似课题的研究现状是什么，哪些问题是已经解决的，哪些问题还面临着争论，亟待于进一步研究。通过查阅有关材料，你会对课题的研究理念、研究思路以及研究方法有一定的了解，可以对下一步开展研究提供指导性的帮助。同时，多看别人的研究成果也可以起到开阔自己视野的作用，对于进一步完善自己的观点有很重要的帮助。

3. 信息的鉴别与筛选

在信息收集完成后，筛选与鉴别是一个很重要的步骤。通过筛选与鉴别，我们可以加深对信息的认识，而对获取资料进行分析判断、去伪存真，这也是研究学习的一个方面。那么，在信息的鉴别与筛选过程中，应如何取舍鉴别呢？

（1）辨真伪。丰富的信息资源为学科知识学习提供了重要的知识源泉，尤其是网络。互联网是全球最大的知识库、资源库，拥有最丰富的信息资源。并对学科知识学习多方位、多层次、多角度、不疼并茂地提供了丰富的文献资料，但网络的开放性决定了网上资料不一定完全真实。因此，在收集资料后应对资料的真伪进行鉴别，错误的信息必然导致研究结果的偏差。此外辨真伪的工作还应包括鉴别资料的客观真实性和本质属性；也就是说它是否真实存在或出现，它的存在发生是否需要条件，是偶然还是必然，是主流还是支流，是个别还是一般，是现象还是本质。只有从各个方面进行分析研究，才能保留最可靠的信息材料。

（2）辨优劣。同类信息中倘若都是真实的信息也必然会有优劣之别，有程度深浅之分。因此，要认真鉴别多熟悉材料，将不同材料的论点与论据进行比对，将它们与以前确定可靠的材料进行比对，这样就可以对资料的质量进行鉴别。

4. 信息的整理与交流

信息经过查阅、收集、筛选、鉴别后，留存下来的基本上都是有重要意义的内容了，但这时它们还是散乱的、个别的、无系统的信息资料，要成为具有说服力的材料，与小组成员进行分享交流，就必须对其进行整理。信息的整理可以分三步进行，一是根据持有信息的性质、内容进行分类，按照研究课题所需标准重组材料，构成系列；二是对信息进行汇总和编辑，根据研究对象和研究要求，确定合理的逻辑结构，将信息进行初次加工形成观点明确、层次分明的研究材料，能系统完整地反映研究的全貌；三是对信息进行分析，运用科学的分析方法对材料进行分析，从中得出规律性的东西，构成理论框架，并以此作为研究结论在小组讨论中提交。在小组讨论与成果展示阶段中，还要求学生具备制作研究报的能力，学生可以使用 QQ、E-mail、BBS 等一系列交流工具与教师或其他小组成员进行同步或异步交流。此外每个人还能够制作网页或 PPT 文件，配以有个人特点的音乐、图片来展示自己的研究成果。这样不仅可以全方位地检验学生的学习情况，还可以增强学生的自信心，激发学生的兴趣，从而提高学生的信息能力。学会收集、查阅、鉴别、筛选、整理和交流信息，学科知识学习才能真正而有效地展开

六、信息技术与高中生物学科整合的应对措施

在课堂教学中要适时、适量的整合信息技术，以免造成学生对信息技术的反应迟钝。辅助教学课堂上，老师不能把课堂变成只为突出运用信息技术的课堂，仍要以传统方式为主，信息技术只作为突出重点和难点的工具，课件以展示图片、动画、辅助素材为主，板书的系统性和完整性仍不可缺少。适当地为学生设置一些与课程有关的探究性课题，但要做到有始有终。引导学生多运用信息技术进行自主学习，在学习中遇到的问题试图利用网络查找解决。融合高中生物教学，相对于传统高中生物教学有其独特的意义。对培养高中生的知识素质、学习生物的兴趣、自主学习生物的能力、学习生物的习惯和方式都有一定的作用，也显示出了信息技术在生物教学中的优越性。学科教学中整合信息技术是一个长期而艰难的工作，广泛实施的困难很大，所以老师应不断进行经验与教训的总结，探索出一种符合中国国情的生物教学中整合信息技术之路，全面提升了中国的高中生物教育教学质量。

七、信息整合能力评价（表 9）

表 9　信息整合能力评价

一级指标	序号	二级指标	序号	评价内容	权重	得分
认识信息能力40分	1	思维能力	1	能够正确地获取并提炼知识信息	3	
			2	能够通过记忆，理解来真正了解知识	5	
			3	能够从不同的角度提出问题，并考虑解决问题的方法	2	
			4	能够将获取的知识举一反三	2	
	2	自学能力	1	能对自己已有的信息进行组织和归类，正确整理信息	2	
			2	能够通过自己已有的知识经验来独立地获取新的知识信息	5	
			3	能够通过自己的感知，分析等来真正并正确地理解新知识	4	
			4	有求知欲望，能够自主地、主动地进行学习	3	
			5	有自己的兴趣爱好，积极尝试和探索新事物	2	
	3	实践操作能力	1	能够内化所理解的知识信息	3	
			2	能够根据自己获取的知识完成学习任务	4	
			3	能够正确地运用内化的知识来解决现实生活中遇到的问题	5	
信息查阅收集能力40分	1	自我监控能力	1	能够有效地安排和利用学习时间	4	
			2	能够不断评价自我的学习过程，并且发现变化及导致变化的原因	2	
			3	能够根据评价，适当地对自己的学习进行调节	2	
			4	能够根据自己不同的学习来调整学习步骤及学习方案	2	
			5	学习知识能做到有始有终，有克服困难的意志和自信心	4	
	2	科研能力	1	有意识地参加一些自己力所能及的科研活动	3	
			2	在科研活动中能够与他人交流自己的想法，敢于标新立异	3	
			3	能够跳出固有的认知盲区，提出自己的见解，培养自己的创新性	2	
	3	表达能力	1	敢于呈现自己的想法	3	
			2	能够正确地组织和传达自己想要表达的内容	4	
			3	能够自然、流畅地表达自己想表达的内容	3	
	4	合作能力	1	愿意与别人合作，并能与他人交流思维的过程与结果	2	
			2	把自己当作集体的一员，评价和管理自己的行为，并承当自己的责任	2	
			3	能够尊重别人的意见或想法，认真倾听，鼓励、支持小组中其他成员，关注他们的需要和利益	2	
			4	能够为小组提供信息，质疑、归类和检验，提出自己的观点	2	
信息鉴别筛选20分	1	学习方法	1	能够根据自己的个性特点及以往学习经验，总结出适合自己的学习方法	5	
			2	定期对自己的学习方法进行调整和修改	4	
	2	自我调控	1	能够根据不同的学习正确地使用学习方法	4	
			2	能够正确地整合各种学习方法，进行比拟来更好地运用	3	
			3	能够有效利用学习资源	4	

【案例】

从六盘水羊肉米粉到分解纤维素的细菌分离和鉴定
——单元整体教学实践

1. 案例背景

像往常一样，到校门口的早餐店吃早餐，嘴里吃着美味的羊肉，灵感突然涌上心头，羊吃的是草，人吃的是羊肉，羊作为动物是不能分解草中的纤维素的，是因为它肠道内含有分解纤维素的细菌，而在高中《生物选修一》“微生物的培养和应用”中，对微生物的鉴定为细菌总数，目前有 3.8 万种。而根据细菌形态、颜色来鉴别却只有 17 种，这显然是有问题的。那么，如何对分离到的细菌进行鉴定呢？仅仅通过刚果红染色成透明圈或者通过菌落的形态和颜色对细菌进行鉴定是有困难的。

另外 PCR 对 DNA 片段进行扩增，扩增的目的及意义在教学过程中却没有得到足够的重视。另外，人教版高中《生物必修二》在基因对性状的控制一章中讲到的基因的突变方式：替换、增添、缺失物质载体（基因序列），知识的学习显得空洞乏味，这也往往是学生不能明确区分基因突变、基因重组、染色体变异的直接原因。

2. 实验设计过程

（1）细菌的分离。

我们从羊的粪便中分离分解纤维素的细菌，再通过传统的 7 个步骤来实现对细菌的分离，分离出来的细菌就是根瘤菌吗？我们需要对它进行鉴定。图 34 是对羊粪进行检测。

图 34　羊粪检测

（2）基因扩增和测序

16SrDNA 在进化上比较保守，有“生物化石”之称，所以我们选择 P-16SrDNA。

第一步是 PCR，学生通过讲解后能够准确地进行 PCR 操作，PCR 完成之后进行电泳，电泳之后进行图谱观察。这是图谱观察的结果，电泳条带显示的是单一条带，达到了测序的要求，我们可以将菌液拿出去测序，测序返回来的结果显示共有 1 510 个碱基。

（3）细菌的归属鉴定。

在测序的基础上，如何知道它是什么细菌，结合学生初中生物学习过的进化树知识，我们对它的序列进行进化树分析，图 35 是学生在做进化树。

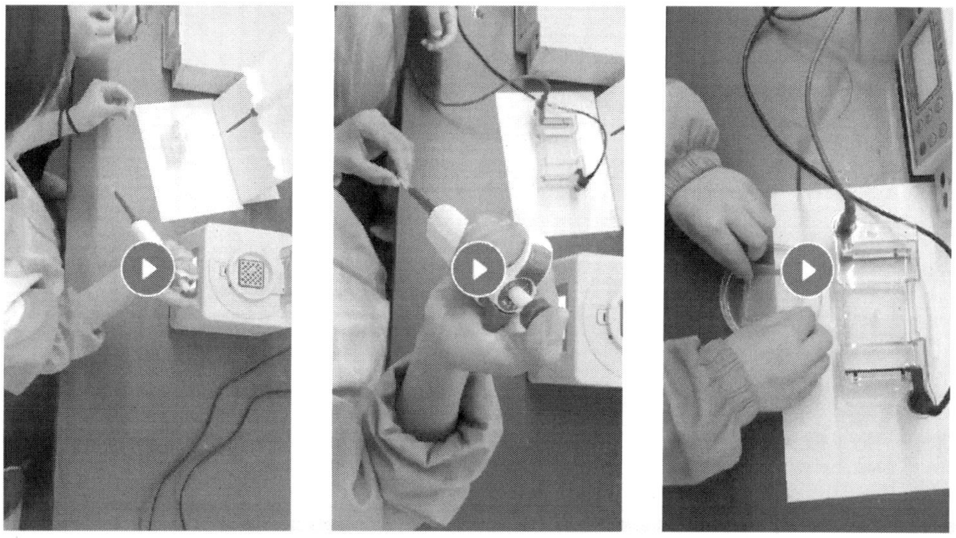

图 35　学生实验

进化树分析我们选用的是 MEGA7 软件，进化树显示的结果是，我们分离的细菌与已知的奥地利的地中海小包子虫、印度的碱性螺旋体菌、中国的绿茶霉菌 16SrDNA 序列存在高度同源，它们在进化树上亲缘关系比较接近，从这个结果上来看，我们可以确定分离出来的细菌的确是枯草芽孢杆菌的一个亚种。

从进化树的结果上看，分离到的细菌 16srDNA 序列与已知的细菌之间存在差异，所以在进化树上才会有分支，而 16SrDNA 转录生成的 16SrRNA 是以立体结构的形式行驶功能的，那么在结构上他们是否也有相同的差异呢？就需要对其结构进行分析，然而现有的实验条件是满足不了的，这就阻挡了实验探究的步伐了吗？我们通过 Mfold 网络平台来对 16SrRNA 的结构进行构建（图 36，37）。

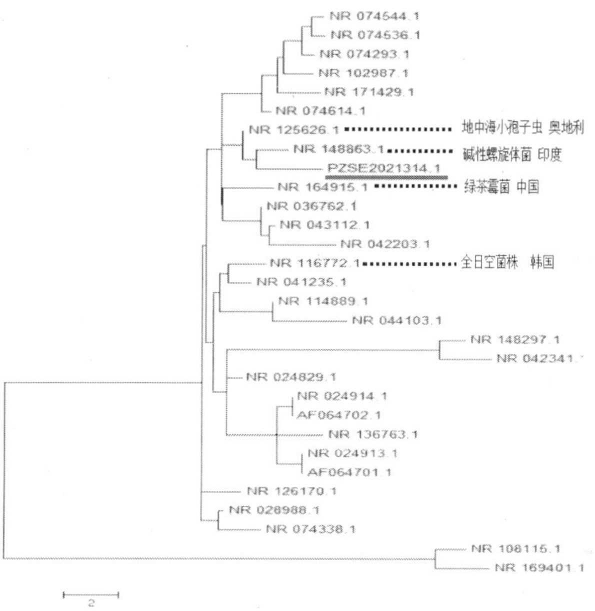

图 36　进化树分析

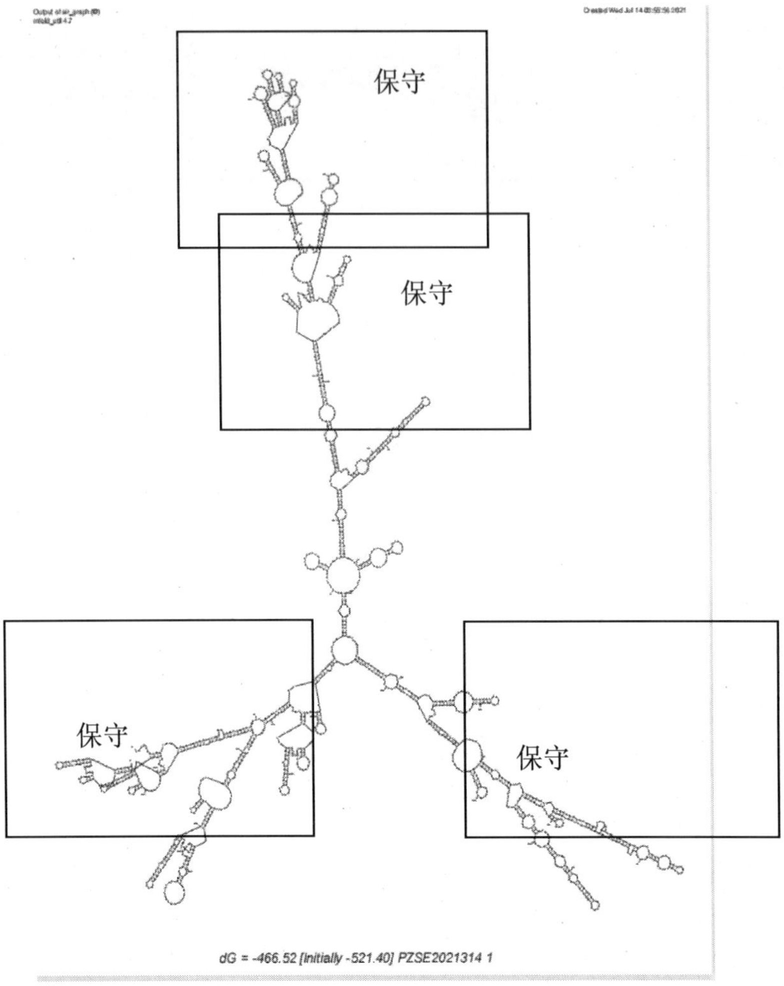

图 37　进化树

与分解纤维素的细菌 NR042483. 1 比较，分解纤维素的细菌 PZSE2020314. 1 的 16srDNA 的 1 407 个 bp 的 DNA 序列中，共有 73 个位点发生了突变，在 760、931、946、952、1 363、1 378 等处分别增添 1 个碱基 T、A、G、A、C、C、G，在 785、914、956、1 170 处分别缺失了 1 个 G、C、C、G 碱基。

从建构的结果来看，模拟建构的三个不同细菌的 16SrDNA 的序列尽管有 73 个位点的突变，但它们的二级结构的结果却比序列更保守，由此引导学生对结果进行分析。16SrDNA 在 60、931、946、952 位上发生了突变但其 RNA 二级结构却在这些区域没有发生变化，结构相对保守原因是什么呢？可能这些位点与肽基催化中心的形成有关，可能影响了肽基转位的速率，可能参与构成核糖体 P 位肽基部位或供位结合位点。

3. 案例反思

由实验的总体设计来看，教学中的突破口是 DNA 序列的测定，就其原因而言，可以从以下 4 个方面来进行解释：

（1）实验条件的限制。

在与其他学校的老师交流的过程中，很多学校的老师表示，实验中的难题是缺乏相关的实验器材，使得很多实验做不了，难道中小学没有相关的实验器材就做不了一些该做的实验了吗？归纳其本质，其实是对条件和问题的本质分析不充分、不透彻造成的。

究其根源是实验素材开发能力缺失，内生动力不足导致的。

（2）素材挖掘意识不足。

上课只在课堂教室，忽视了我们的知识是来源于生活，生活的社会环境中有丰富的教学素材可以挖掘，这些优质的素材就在我们身边。

（3）教研能力不足。

《新课程标准》下，新高考背景下生物学科教学的根本目的是提高学生的科学素养，提倡自主和探究学习，教师在生物课堂教学中要多创设学习情境，激发和引导学生自主和探究学习，是提高教学质量、全面实施素质教育、培养创造型人才的需要。挖掘情境素材，可以从日常生活、新闻和社会热点、生物实验中挖掘情境素材，今天的生活可以说是丰富多彩，但这些素材作为我们创设学习情境时，并不是随便拿一些素材都可以，要从中挖掘出与生物教学内容有关的，学生熟悉的情境素材，如挖掘装潢材料、化肥、农药、食品添加剂、低碳生活、白色污染、温室效应、非物质文化遗产、废物循环利用等方面的情境素材。情境素材应该具备直观性、形象性、趣味性。利用实验情境素材，创设学习情境，很容易使学生产生学习兴趣，激活学生思维的发生。

（4）实验中学生思维的引导。

实验中学生对文物古迹、非遗文化、特色产品得以认识。在体验中，思维有了现实的载体，而不会出现客观唯心主义和主观唯心主义的干扰，科学思维、科学探究能力才能得到实践和锻炼。在思维发生的过程中，对人力、财力、物力的思考，即实验的条件、实验的思路、教学实践的难点等，有感性的认识，学习到实验的理性设计，而不是简单用类比推理提出自己的观点，把观点当作事实，他们的自由观念才会得到引导，而不是简单的、非人性的说教。

【案例】

从分解纤维素的细菌到非物质文化遗产

1. 教学背景

2019 年，在贵州省实验技能创新大赛中《核心素养培养背景下以泡菜中亚硝酸盐的便捷检测为切入点的学生核心素养培养的教学案例研究》获省级二等奖；2021 年，贵州省第九届中小学教师实验教学技能创新大赛中《单元整体教学下分解纤维素的细菌分离和鉴定》获省级一等奖。

结合 2022 年 1 月，贵州省民宗委印发《贵州省“十四五”民族特色村寨保护与发展规划》；2021 年 11 月 18 日，贵州省《贵州省“十四五”民族团结进步事业规划》等文件精神。以竹海古法造纸回应高中生物实验教学为切入点，聚焦当前社会普遍关心的“生态文明”问题，课题研究对达成《新课程标准》社会责任的核心素养、改进和优化高中生物实验教学评价标准的信度和效度、丰富高中生物实验教学资源、提高教师和学生生态保护意识、形成生态美学大概念、挖掘和传承古法造纸的文化价值、拓展优秀传统文化传承路径有重要的实践价值和研究价值。通过本课题的研究将为生态美学视角下古法造纸回应高中生物实验体验学习策略与实践研究提供科学性、系统性、理论性的实践体系。

生态美学是生态学与美学的有机结合，是从生态学的方向研究美学问题，将生态学的重要观点吸收到美学之中，从而形成一种崭新的美学理论形态。生态美学从广义上来说包括自然、社会及人自身的生态审美关系，是一种符合生态规律的当代存在论美学。生态学是研究生物与其生存环境相互关系的一门自然科学学科，美学是研究人与现实审美关系的一门哲学学科，然而这两门学科在研究人与自然、人与环境相互关系的问题上却找到了特殊的结合点，生态美学就生长在这个结合点上。

高中生物实验的生态美学是指在高中生物的教学中要注意给学生进行生态美学观念的渗透和影响，让学生们在享受着经济高速发展带来的种种便利和好处的同时，不忘关注我们赖以生存的环境的变化，以达成高中生物学科社会责任的核心素养的教育理念。

课题《生态美学视角下古法造纸回应高中生物实验学习体验策略与实践研究》为 2022

年贵州省教育规划课题立项。

2. 案例实践过程

通过理论研究，掌握竹海古法造纸的意蕴、内涵，掌握高中生学习体验相关理论，构建课题研究理论基础。通过调查研究，了解竹海古法造纸技艺的分类、历史发展、演进与转型、创新传承、文化传承的困境，分析古法造纸文化传承教育培养需求，找到高中生物教学中古法造纸文化传承教育与高中生学习体验的融合关键点。通过实践研究，找到高中学生古法造纸学习体验实践的路径，分析高中生古法造纸学习体验的有效实践策略和方法。通过总结研究，形成生态美学视域下古法造纸回应高中生物体验学习策略与实践策略体系，明确高中生古法造纸学习体验实践的具体实施步骤，建设高中生古法造纸学习体验实践的评价标准，图38为学生调研竹海古法造纸现场。

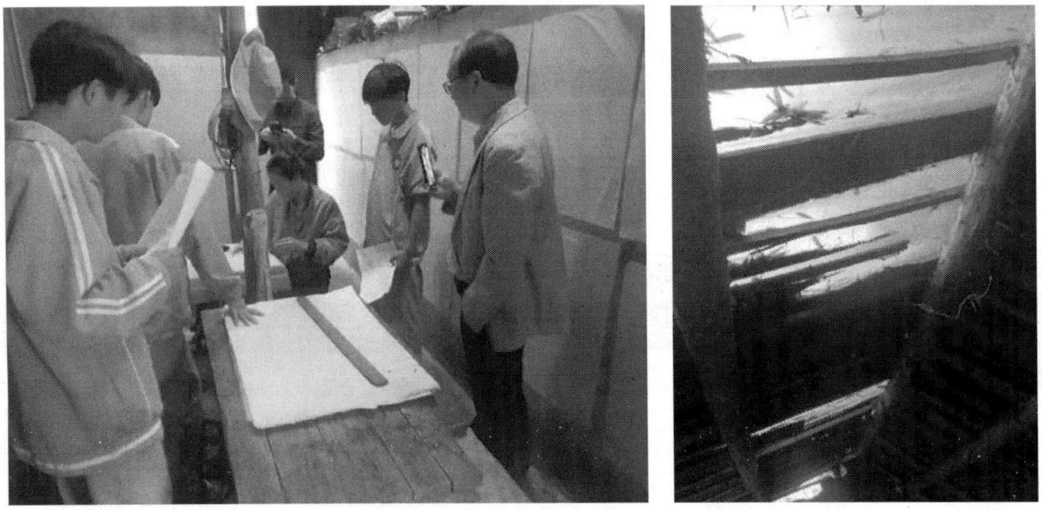

图38　造纸工作室

【教学反思】

体验学习的基础是在反复实践中的内省，是通过学习者不自觉或自觉的内省积累而把握自己的行为情感，认识外在世界。在中小学教育中，体验学习主要应用于情感态度的学习和技巧学习。例如，体育、艺术、品德教育、文学等都包含大量体验学习的内容，而一些隐性课程、社会实践活动，包括生物学科教育活动，也需要通过体验学习来形成或深化其学习成果。体验学习的思想最初来自美国著名教育家杜威的“经验学习”。体验是为求得某种结果而进行的尝试，承受是接受感觉或承受体验的结果。当主动尝试和被动承受结合在一起的时候，就构成了经验，要保障人类经验的传承和改造，学校教育就必须为学生学习知识提供一定的材料，而他们要真正获得知识，则必须通过运用、尝试、改造等实践活动来获取，这就是著名的“做中学”。按照杜威的思想，只有通过具体的“做”，才能达到改造个体行为的目的。

【案例】

学生学习习惯的养成

习惯是指积久养成的生活方式，今泛指一地方的风俗，社会习俗，道德传统等；学习习惯是指，学生在长期的学习实践过程中，逐渐形成的不需要意志努力和监督的自动化行为倾向。良好的学习习惯，学生可以轻松快捷地学好知识，不良的学习习惯，会增加学生学习的负担，损害学生的身心健康。

我的女儿今年读一年级，截至发稿，在校就读的时间已经近1个月。学前教育中，作为家长已经教了一些小学的知识，但没有老师教的系统、全面。教师从写字的笔画、笔顺、字的大小、字的位置等都有严格的要求。从正式入学以来，孩子的眼神、起床、生活起居看，她已经退却了对小学学习的新鲜感，继而改为吃饭拖拉，晚睡晚起，回到家更多的是和我们讲述和同学们在学校里发生的新人新事，拿回家一些断的铅笔，橡皮擦上有很多她用铅笔戳的小洞，破坏的课本及卷边……

幼儿园是没有作业的，大多是游戏，小学是有作业的，且她的作业时常会写到深夜 10 点以后是常态，那么从习惯到学习习惯之养成有何关联呢？从概念的定义看，习惯是学习习惯的一个上位概念，是包含与被包含的关系，学生的学习习惯是养成，是在习惯的习得的基础上，派生、衍生出来的，被包含的具有相似属性的关联关系，继而有“家长是孩子的第一任老师”的观点和看法。

如果对习惯进行分类的话，把习惯分为生活习惯和学习习惯是没有问题的，孩子需要在生活和学习的不同场域中对角色进行自由切换，以完成在不同场域中的学习和生活内容，但就孩子的认知水平和家庭教育背景而言，孩子在这样的年龄段，接受知识学习的方式，让他们分清生活和学习的边界，是有困难的，学困生的学习习惯就是学生对自身的角色场景定位的非正常切换或目标意识不明确造成的。

知识来源于生活，又反作用于生活，教学中不断存在的生活场景，到知识的运用，那么生活素材的呈现就应该是中性的，不带价值判断的，是被挖掘开发过的。

孩子在教学的学习过程中，再生活的情场宣传下，固化在未经自身实践检验中，被迫式的习得，被强化和固化在考试评价中，或被弱化或泛化。强化与弱化的不同，就导致学生群体的表现千差万别。

好教师的评价标准是品德高尚有爱心、尽职尽责有担当、无私奉献不求回报、教学水平高、能力出众、为人谦虚不自满等。做一名合格教师要学会管理好自己的情绪，以豁达开朗、积极乐观的健康心态对待教学工作，对待学生。只要教师的言行、底蕴、心灵都像阳光一样纯洁、公正、热情，学生才会产生对老师的信服。

教师的教科研能力能够提高教师自身的学术水平。通过参与科研项目，教师能够深入探究某个学科领域的最新研究成果，掌握前沿技术和知识，提高自身的学识水平。同时，科研也能够促使教师不断钻研学科知识，保持对学术领域的敏锐度和关注度。在科研过程中，教师需要收集、整理、分析和解释大量数据和信息，这种能力的培养和提高必然会对教学工作产生积极的影响。在具体的教学过程中，教师能够更加深入地理解学科的本质和特征，更好地把握学生的需求和特点，从而可以更加有效地进行教学。

科研有助于开拓教师的教育视野。通过参与科研项目，教师可以与来自不同学校、不同地域、不同学科的专家学者进行合作交流，拓宽自己的教育视野和思路。同时，科研也能够让教师了解到国内外不同的教育标准、教育方法和教育动态，从而进一步提高教师的教育素养。科研有助于提升教师的职业发展和晋升机会。从事科研能够让教师更好地融入学术界，参加各种国内外学术会议、研讨会和展览，与专业人士互动交流。这样，有助于教师在学科领域中建立起良好的声誉和形象，也为教师未来的职业发展和晋升机会打下了坚实的基础。

由于学校教育和家庭教育方式的不同，学生的成长发展往往呈现出多样性和个性化特点。家校合作能够全方位、全局性地对学生进行教育，使学生养成公民责任意识、团队协作精神等积极品质，同时也可以较好地满足家长对孩子综合发展的需求，进而促进孩子的双向发展。学生的人生旅程必须要有教育的引导，因此，教育者——教师和家长，对于孩子的未来发展有着举足轻重的作用。家校合作的好处在于，他们能够共同商讨因材施教的教育方向，从而构建出一个有利于孩子成长的教育环境。教育的意义不在于得到最高的分数，而在于孩子成长成才和选择对的职业。而家校合作正是孩子们能够取得好成绩，取得更好职业发展的重要保障。家校共同建设的强大教育网络，不仅能够帮助孩子解决课业难题，还能够传授成功的思维与态度，这对孩子们日后的职业生涯将非常重要。

问题解决方法的备份“一题多解”有利于调动学生的学习积极性，在教师的启发、引导下，对一道题学生可能提出两种、三种甚至更多种解法，课堂成为学生合作、争辩、探究、交流的场所，它能极大提高学生的学习兴趣。“一题多解”有利于锻炼学生思维的灵活性，让学生能根据题目给出的已知条件，并结合自身情况，灵活地选择解题切入点。“一题多解”有利于培养学生的创新思维，使学生不满足仅仅得出一道习题的答案，而是追求更独特、更快捷的解题方法。“一题多解”有利于学生积累解题经验，丰富解题方法，学会如何综合运用已有的知识不断提高解题能力。

校园组织和实践的社团活动能有效激发学生学习的积极性和主动性。学生在参加社团活动和训练中，学生会受到这些外在的影响而形成独特的品格，即“个性”，是社团活动对学生教育作用的价值所在。从静态的角度来看，知识的运用是素质的外在表现形式，从路径的视角来看，技能和知识的运用，是素质得以成行的重要途径。“实践出真知”，社团活动开展的重要价值就体现在促使学生在自主发展、文化基础、社会参与等方面得到全面发展。在普通高中社团实践活动中，学生能通过探究和思维的发展和发生，获得成果的喜悦和快感，社团不仅培养学生的动手能力、劳动智慧，拓展学生心灵空间的作用。高中学科学习是中学阶段承前启后的关键时期，学生从初中升入高中后，能否适应高中学科的学习，是新生面前的现实的问题，外在的学习环境、教学内容、教学因素，内在的学习观念、价值认识和学习方法都会影响到学生对学科的学习。图 39 是家校协同，社团实践到提出问题解决问题的路径。

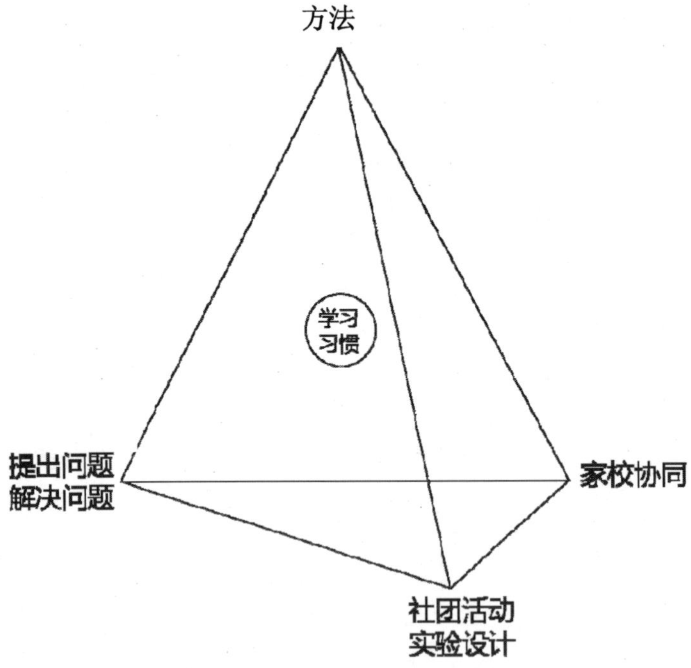

图 39　路径

【案例】

古法造纸中纤维素分子间作用力

分子间作用力是指不同分子之间存在的相互吸引或排斥力，包括范德华力、氢键、离子键等。分子间作用力是最基本也最普遍的一种黏合原理，几乎所有的胶水黏合剂都涉及这种原理。

1. 分子之间的作用力

（1）分子间同时存在相互作用的引力和斥力，分子力是短程力，发生作用的距离很小，约 10^{-10} m。

（2）引力和斥力都随分子间距离增大而减小，随分子间距离减小而增大。但斥力的变化比引力的变化快。实际表现出来的分子力是引力和斥力的合力。

（3）分子力（指引力和斥力的合力）随分子间距离变化的规律如图 40 所示。

①当 $r < r_0$ 时，$F_{斥} > F_{引}$，分子力表现为斥力。

②当 $r = r_0$ 时，$F_{斥} = F_{引}$，分子力为零。

③当 $r > r_0$ 时，$F_{斥} < F_{引}$，分子力表现为引力。

④当 $r > 10r_0$ 以后，分子力变得十分微弱，可以认为分子力为零。

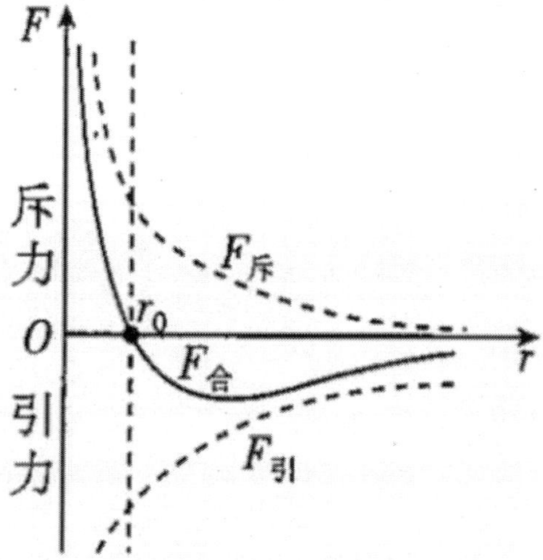

图 40

2. 造纸中分子间作用力的应用

当两个物体表面非常平滑时，它们之间会产生很强的分子间作用力，使得它们紧密地结合在一起，如，两个平整的铅柱按压后粘黏在一起。这就是为什么两块超平玻璃板会自动粘在一起的原因。但是我们肉眼看到的平滑，在微观条件下仍然是凹凸不平的，所以实际两个物体接触时，分子间作用力也就很弱。

造纸的纤维大概使用长 1~3 mm，直径 10~50 um 微纤维，故纤维之间的实际接触面积很，小分子之间作用力很弱，如果在微纤维之间加上黏合剂，就可以增加接触面积和分子间作力，使得黏合剂和纤维之间形成很多微小的桥梁，从而增强了黏合效果形成纸片。

当用滤网将纸浆捞出后，纸浆、水和黏合剂混在一起，水和黏合剂会填充纤维的微小凹陷和凸起，从而形成一个更加紧密的连接，当纸浆中的水迅速的和纸浆分离后，只剩下黏合剂和纤维形成了稳定的结构，也形成了纸片。

当湿纸片放在一起时，两纸片之间是被水填充了纸片之间的间隙，虽然纸片粘黏在一起，只要水分蒸发了一些后两张纸片间的接触面积变小，分子之间的作用力很小，很容易就分离开了。

第十五节　交叉设计与教学评价

一、问题背景

（一）教师教学设计现状调研

缺乏活力的教师队伍，何谈有生机的下一代。在如今大家都关心教育，关心孩子，关心人才的时，有谁真正关心过教育的中流砥柱——教师队伍?要知道只有一个精神饱满，激情洋溢，身心健康的教师队伍才能真正为社会培养出所需要的人才。对学校而言，三角形的底部就是老师，中间就是学生，最上面就是社会所需要的人才，只有百分之百投入教学的老师，才能培育出优秀的学生，才会有社会对教育的百分之百满意。所以，在教育管理过程中，一方面我们必须重视学生，另一方面我们更需要关注教师，毕竟只有当教师能够以饱满的精神、专业的心态来对待的工作时，才能真正地为社会培养出所需要的人才。美国的一项调查结果显示，只有百分之二十三的被调查者认为，自己在尽最大的努力工作。大多数人对工作不满意，是因为工作压力太大，发生了工作倦怠，一些人甚至发生了心理问题……美国的情况是这样，在中国又是什么状况呢，特别是教师的情况怎样呢？

二、思考与建议

教师为什么会感觉压力很大，此次调查结果显示，造成教师压力的主要原因可以划分为绩效管理，包括过多僵化的考核与评比，备课工作量等负担过重；薪酬与回报，包括工作得不到客观、公正的回报；工作缺乏成就感；管理制度与体系，包括规章制度、要求具有许多不合理的地方；被动地适应单位各种改革；工作得不到领导的理解与支持；社会环境，包括社会地位不高；学校和家长过于重视学生的分数。尤以备课工作量大最最为突出目前，多数领导认为，教师备课必须写教案，而且教案内容越详细具体越好。教师如果能一字不漏地把教案抄下来，环节齐备，字体又好，往往被视为备课认真、仔细、详尽，能受到领导的好评。否则就有不认真、不敬业之嫌。这不得不引起我们的重视。

（二）认识问题和提出问题

1. 高中教师教学能力的内涵及能力构成

教师进行教学和组织教学的能力，是指老师顺利完成教学所需要的，直接影响教学质量与效率的普遍的特征，它是以智力为基础发展出来的一般能力和特殊能力的组合，体现为一个多维的、立体结构。是高中教师应具备的最基本的能力。广义地讲，教学能力包含治学能力。一方面，老师要具备不断更新知识和调整知识结构，培养自身专业水平的能力；另一方面，老师也必须具备研究治学规律、寻找最佳治学方式的能力。教学是学校教育的主要活动，贯穿于学校阶段的始终。因此，教学是高中教师最主要的职责。

从教育学角度分析，高中教师教学能力包括课堂的设计能力、组织能力、研究能力；从心理学角度分析，高中教师教学能力包含课堂的认知能力、操作能力、监控能力；从社会学角度分析，高中教师教学能力包含课堂的交往能力和教师教学的自我发展能力等。教学研究能力、教学创新能力，以及把研究成果和课堂相结合的能力是教师独特的教学能力，它们共同反映了教师教学能力的显著特点。

因为教师的教学活动主要包括教学的设计、传播、组织、研究等活动，据此构成要素，基于教师本身的角度考虑，可将高中教师教学能力划分为，教学设计能力、教学传播能力、教学组织管理能力、教学研究能力等。这种划分忽视了教学过程中另一主体——学生，对教学能力的影响这一因素。在考虑学生主体作用的前提下，高中教师所充当的是指导者、组织者、参与者、促进者、设计者和合作者的角色。由此，教师的教学能力可拓展为，创新教学设计能力、指导学生学习能力、教学预见能力、新知识吸收能力、理性思维能力、运用信息能力、创造性反思能力、协作教学能力、综合管理能力、综合评价能力等。

从高中教师的职业特点考虑，其教学能力包含一般技能，如接受、储存、加工和输出信息的能力等。更应具备与职业有关的特殊技能，如掌握和驾驭课程的能力、思想教育的能力、教学组织管理能力、语言表达能力、自我控制能力，以及教学与科研相结合能力等。高中教师的教学能力，是相互交织、相互融合的。教学认知能力为教学设计能力提供了心理基础；教学组织能力是教学操作能力在教学过程中的具体表现；教学研究能力与教学监控能力相互影响，而教师的自我教育发展能力，则为教学能力的提高提供必要保障。

2. 影响高中教师教学能力提升的主要因素

影响高中教师教学能力提升的因素很多，通过调研，我认为，首要因素是教学实践能力的缺乏；此外，学校培训、绩效考核等环节的影响、教师自身素质以及其他客观条件影响也是影响教师教学能力的主要原因。

（1）教学基本功因素。现在的高中教师，尤其是青年教师，尽管都具有很高的学历，但大都不是师范生，在学校都没有接受过教育学、心理学、逻辑学等的学习。进入学校后，因为教师短缺，就匆忙上阵，过快地进入教学一线。其教学基本功还不能满足教师所应具备的基本要求，不仅影响到教学效果、教学质量，也严重影响到其自身职业生涯的发展与前途。

（2）绩效考核中的导向因素。目前，各学校都普遍实行了教师绩效考核。考核指标无疑成为教师是否安心从教的导向，在很大限度上影响了教师的努力方向。在学校以科研成绩比高低，以科研成绩考核教师的导向下，科研水平与晋职、加薪、进修等待遇紧密挂钩，导致多数教师埋头搞科研，而忽略了授课之本职。在重视科研的局面下，教师的教学能力势必会下降甚至是丧失。

（3）价值取向因素。高中教师的价值取向也随着社会大环境的变化而变化。尽管进入学校从教已实属不易，加之进入学校后收入也不是很高等因素，同龄人间的攀比，父母、亲戚的高期望值和现实之间的差别，导致老师对自身的工作价值产生疑虑，就会对课堂产生负面情绪，加上考核不充分的原因，应付课堂也就在所难免，就更不用说潜心研究教学了。

（4）物质生活因素。教师还要为家庭、孩子的就学就业问题考虑。生活中的烦恼也在一定程度上影响了学生的教育工作，更难让学生静下心来开展教学和研究，教学能力的提升也就受到了影响。

（5）教学评价因素。目前的学校教学评价，主要是学生的评教。评价指标体系缺乏科学性和针对性，指标设计粗犷，鲜有定量因素。这不但无法促进教师教学能力的提高，还会妨碍其教学工作的热情，降低其提高、增强自身教学能力的创造力和积极性。

（6）个人品质因素。教师的品质因素大致分为，心理品质、智力和身体素质。包括观察、记忆、思维、创新、品德、情趣、爱好、心理、体魄等。这些个人品质直接决定教师爱岗敬业、责任心、反思、改进教学方法的能力。

（7）制度因素。学校对教学工作及对教师的重视程度，对教师的培养激励政策，传帮带，实施青年教师过教学关等措施和机制，都是在学校制度层面上的影响性因素，直接影响教师提升教学能力的主动性。我认为，上述影响因素可归纳为两类，即内部因素（教学实践、教学基本功、个人内在、价值取向因素）和外部因素（导向、评价和制度因素）。

（三）分析问题的特点

（1）大班额的学生数量，师资队伍与教学资源紧缺，影响教师能力提高。

近些年，学校招生规模不断扩大，师资队伍还不能满足扩招后的需求，使得教学质量受到冲击严重。很多教师所教授的课程并不是自己所学专业的课程，一些教师仓促地走上讲台，这样对教师的教学和学生的学习都带来负面影响。一是高中教师在人员数量和质量上仍不满足要求。教师的自身素质、师德等方面需要加强，不是很高的薪资待遇使得学校难以吸引高水平人才加入教师队伍。二是各学校普遍缺乏“双师型”教师。许多学校的老师大多是大学毕业后直接到中小学任教，实践技能明显不足。

（2）教师的职称评聘体系导致教师无心顾及教学能力的提升。

教师的职称评审，主要依据的是科研水平（学术论文、著作、科研立项和科研成果的数量和质量）的评审，教师在职称评审中尽管看上去受到了重视，但大都没有量化、详尽的数量指标，笼统模糊，没有客观性和可操作性。所以，只要符合规定的教学工作量即可通过，教学效果的好坏和教学水平的高低影响不了教师职称的评聘结果。这种职称评审制度，本质上就是一种“重研轻教”的制度。在这种评聘体制下，教师自然会把重点转移到科研工作，在教学上投入的精力肯定会大大减少。另外，教师对学生的培养目标、培养方式等认识还很模糊，只注重理论传授，简单灌输，不重视技术应用能力培养，学生不能享受高质量的教学，学习热情丧失也就正常了。重科研，轻教学的绩效考核对科研针对性强致使教师工作重心偏移。高中教师扮演着双重角色，既是教育者，又是研究者。教师水平应从教学成果与科研成果两方面来综合体现。学校对科研的奖励政策和评估机制相对比较完善，但对于教学的奖励和评估机制还停留在主观评价中。从高中教师绩效考核指标的操作方面看，科研工作相对更容易量化，而教学活动则比较难用数据来具体化，弹性明显。使得教学效果的考评比科研效果的考评难得多。仅仅从教学工作量的多少、课时数量是无法充分反映教师的教学能力的。评价教师的教学能力，应从教学效果、学生能力的提升等方面综合评价。但是，对教学效果与教学质量的评估是其他人对教师的主观评估，很难量化和具体化。这就很难有一个具体客观的评估标准，这就加剧了教育与科研之间的冲突。

（3）教师绩效考核体系的缺陷。

从各高中教师绩效考核指标体系来看，尽管对教师的年终考核有明确的教学的要求，但却缺乏一个具体的评价体系。缺乏独立配套的教学考核指标体系，只重结果而不重视过程，只重数量而不求质量，对教师的日常教学工作一般只考核教学时间和出勤率，而对教学质量、教学水平、学生对课堂的反响关注的很少。

三、评价标准的制定

（一）导向性原则

现代课堂评价标准应反映当前教育发展的趋势，培育富有开拓创新精神的高素质人才，应体现全面和谐发展的培养目标，这种高素质人才表现为：

（1）具备良好的品格。他们热爱祖国，有强烈的民族自尊心与社会责任感；有理想，有抱负，有正确的人生观、世界观；有强烈的社会意识；有平等观念和团结合作的精神等方面。

（2）有较强的适应社会的能力。他们掌握现代科技文化知识，同时学会捕捉、搜集与管理信息，有主动学习和不断更新知识的能力，有强烈的创新能力、创新思维、动手实践能力和较强的组织能力。

现代课堂评价标准应体现正确的教学观念，应体现在对传统的不合理教学观念的突破与突破，体现出以主体教学理念为核心的现代教学观念，体现出与教学国际化、信息化、社会化，体现符合时代精神的现代教学观，具体为：①主体性观念。②交往观念。③活动观念。④结构观念。⑤差异观念。

（二）有效性原则

标准必须符合课堂的要求，体现课堂的内在特点，让学生认可和接受。要使现代课堂评价标准达到有效要求，应做到：

（1）体现课堂目的。从某种意义上说，课堂是为完成特定的教学目的由老师和学生所进行的各种活动的总和。现代课堂评价标准，首先要反映既定的课堂目的，也就是说，在课堂评价标准中既要反映社会对课堂教学的外在特点，也要反映学生发展对课堂教学的内在特点。

（2）体现课堂规律。教师在课堂教学中，必须认识并遵守这些原则才能使课堂教学发挥最大效益。在确立课堂评价标准时，应准确反映课堂应有的规律，并通过对规律的把握，来指导教师的课堂行为。

（3）表现丰富的个性。充分利用自身的知识、能力，结合自身的个性特点，培养每个人的创造力。在确立课堂评价标准时，要从教师和学生（个体和群体）的个性入手，充分考虑每一位教师和每个班集体的特点，并确定相应的评价标准。

（三）开放性原则

教育的特点，决定了课堂教学评估标准是开放性的，为评估者在评估过程中具体掌握标准提供了必要的余地。评价的过程包括：

（1）教学目标。教学目标要全面、具体，要提高学生素质的全面发展。包括知识与技能目标、过程与方法目标、情感态度与价值目标。教学目标的制定要满足《新课程标准》的要求，密切结合课程，联系学生的实际状况，以确保全面实施素质教育。

（2）学习条件。老师要给学生创造良好的学习环境和学习氛围，要多给学生动手实践的机会。老师不但要调动学生学习的积极性，有效、合理地控制教育资源，使学生形成收集信息、使用信息的能力。同时，老师是否能合理使用多媒体进行教学，在课件应用上起到优化的作用。

（3）对学习活动的指导与控制。新课程不但要求老师的教学观念必须改变，同时要求老师的角色也要改变。在新课程理念指导下的课堂教学并非不要求老师的主导作用，而是看老师的主导作用怎样发挥，也就是要求老师应该是学生学习的促进者，是学生学习能力的培养者，是学生学习的合作者。

（4）学生活动。新的课程改革，对学生活动提出了前所未有的高度。学生活动主要涉及学生的参与程度、参与广度、参与深度。参与程度，是指通过观察分析学生参与的目的，是积极主动地参与还是消极应付地参与，以及在遇到困难、障碍时，参与积极性维持的程度；参与广度，是指班级中有多少学生在积极地投入学习活动，在积极地思量问题，提出和回答问题，有多少学生在观察、分析、对照探索；参与深度，主要体现在学生在思量探索活动的质量上，看提出和回答问题的深刻程度，以及讨论探索活动的质量，特别是如何有依据地提出或者回答问题，以及如何提出或者回答有创意的问题。

（5）课堂气氛。看课堂上是否民主、和谐，真正体现师生互动、学生互动的良好学习气氛。学习环境应宽松、老师要努力使课堂变成学习者的乐园，要努力营造一个健康、自立、和谐、安全的学习环境，使每一位学习者感到愉快、有活力。

（6）教学效果。首先要看知识与技能目标、过程与方法目标、情感态度与价值观目标完成状况，然后看学生解决问题的灵活性，学生如何将所学的知识运用到实际中去，真正能形成动手实践能力，并达到举一反三，触类旁通，最后看老师、学生的精神状态，看学生思维是否活跃，信息交流是否畅通，课堂教学是否始终处在最佳的学习状态。

（四）评价标准

评价标准的四个维度，见表10。

表10 学习评价表

四个维度	20个视角	62个观察指标
学生学习	准备	1. 学生的课前，怎样准备；2. 准备的怎么样，准备的人数；3. 学优生和学困生的准备习惯，学习的意向性与价值理性（思想基础和思想前提）
	倾听	4 学生听老师讲课的人数及时间；5 学生的倾听和发言
	互动	6. 学生的互动行为及效果；7. 学生参与提问、回答小组讨论课堂活动的人数、时间、对象、过程、质量；8. 互动习惯和情感行为
	自主	9. 自主学习的时间、人数，学困生的参与情况；10. 学生参与自主学习的形式、人数；11. 学优生和学困生自主学习的有序性；12. 学生自主学习的质量
	达成	13. 学生是否清楚课堂的学习目标；14. 预设目标达成的证据及人数；15. 课堂生成的目标及效果
教师教学	环节	16. 环节组成与目标的关系；17. 环节是否面向所有学生；18. 内容的时间分配
	呈现	19. 讲解方法（结构契合主题，语言简洁，语速、音量、节奏恰当得体）及成效；20. 板书的呈现及对学生的影响；21. 呈现的适当有效
	对话	22. 提问的对象、次数、类型、结构、认知难度、时间是否有效；23. 老师理答的方法与内容，辅助方法及有效性；24. 话题与学习目标之间的联系密切
	指导	25. 指导学生自主学习及有效性；26. 指导合作学习；27. 指导探究学习
	机智	28. 教学设计的调整与效果；29. 处理来自学生或情境的突发事件；30. 非语言行为的表情、移动、体态；31. 特色课堂行为的语言、教态、学识、技能、思想
课程性质	目标	32. 预设的教学目标及表达规范清晰；33. 目标的依据是否适合该班学生；34. 在课堂上是否生成学习目标，是否合理
	内容	35 教材处理是否合理；36. 课堂中生成的内容及处理方法；37. 凸显课程特点的思想核心、技能和逻辑关系；38. 课堂的容量是否满足学生需要
	实施	39. 预设方式与学习目标的契合度；40. 体现课程特点和重视学习方式的指导；41. 创设的情境是否有效
	评价	42. 检测学习目标的主要评估方法和有效程度；43. 获取相应的评价信息；44. 利用获得的评价信息资源，解释、反馈改进教学；45. 文本实物模型实验多媒体的利用程度
	资源	46. 资源的使用与目标实现程度；47. 回答作业、作品；48. 向学生推荐的课外资源，可获得程度
课堂文化	思考	49. 学习目标和高级认知技能（解释、解决迁移综合评价）；50. 问题驱动，问题链设计与学生认知水平、知识结构之间的联系；51. 指导学生思考和处理学生思考中的问题；52. 学生思考的人数、时间、水平、气氛
	民主	53. 课堂话语实时互动；54. 学生参与课题的情况；55. 师生行为（情境设计、叫答机会、座位安排），学生间的关系
	创新	56. 教学设计、情境设计、资源利用的新意；57. 教学设计、课堂气氛对学生表达自身的奇思妙想的影响
	关爱	58. 学习目标是否面向全体学生，关注学生的需要；59. 对特殊学生的关注和座位安排
	特质	60. 老师的优点（语言风格行为特点、思维品质）；61. 课堂整体设计；62. 学生对教师教学的评价

（五）标准的优化和修订

1. 增加指标

在评价实践过程中，增加一个指标或增加一个视角，使整个评价标准更丰富。

2. 删去指标

因为学科或教师实践因素的不同，有些指标或视角变得多余，可以将它删除，以简化流程。

3. 分割指标

一个指标里面的内容太多或者有两个重要的子指标，容易产生纠葛与混淆的部分，就将它分割成两个视角，使主题明显清晰、便于评价。

4. 合并指标

性质相同或雷同的指标予以合并，以节省空间及资源。

5. 调换指标

前后、上下或时间的顺序予以调换，以方便流程的运作。

6. 替换指标

用新的方法替换旧的方法，优化后的评价标准见表 11。

表 11　学习评价优化表

四个维度	18 个视角	57 个观察指标
学生学习	准备	1 学生的课程准备、准备的内容；2 准备的怎么样，准备的人数； 3 学优生和学困生的准备习惯，学习的意向性与价值理性
	倾听	4 学生听课的人数及时间；5 学生的倾听和发言；6 学生互动行为和人数、水平
	达成	7 学生是否清楚课堂的学习目标；8 预设目标达成的证据及人数；9 课堂生成的目标及效果
教师教学	环节	10 环节组成与目标的关系；11 环节是否面向所以学生；12 环节的时间分配；
	呈现	12 内容呈现的方法（清晰、结构契合、主题简洁、语速、音量、节奏）及成效；13 讲解方法；14 板书的呈现方式及评价；15 呈现的适当有效；16 动作的适当有效
	对话	17 提问对象的次数，类型结构，认知难度，问答时间是否有效；18 老师的理答方法与内容，辅助方法及效果；19 话题与学习目标之间的联系
	指导	20. 指导学生自主学习及有效性；21 指导合作学习；22 指导探究学习
	机智	23 教学设计的动态调整与效果；24 处理来自学生或情境的突发事件；25 非语言行为的表情、体态、教学设计的动态调整与效果；24 处理来自学生或情境的突发事件；25. 特色课堂的行为、语言、教态、学识、技能、思想
课程性质	目标	26. 预设的教学目标； 27. 预设目标是否适合该班学生；28. 在课堂中是否生成学习目标，是否合理
	内容	29. 教材处理是否合理；30. 课堂中生成的内容及处理方法；31. 凸显课程特点的思想核心技能和逻辑关系；32. 课堂的容量是否满足学生需要
	授课	33. 预设方式与学习目标的契合度；34. 体现课程特点和重视学习方式的指导；35. 创设的情境是否有效
	评价	36. 检测学习目标的主要评估方法和有效程度；37. 获取相应的评价信息；38. 利用获得的评价信息（解释、反馈改进教学）
	资源	39. 文本实物模型实验多媒体的利用程度；40. 资源的使用与目标的实现；41. 生成资源、回答作业、作品；42. 向学生推荐的课外资源的可获得程度
课堂文化	思考	43. 学习目标和高级认知技能（解释、解决迁移综合评价）；44. 问题驱动，问题链设计与学生认知水平、知识结构之间的联系；45. 指导学生思考和处理学生思考中的错误；46. 学生思考的人数、时间、水平、气氛
	民主	47. 课堂话语；48. 学生参与课题情况；49. 师生行为（情境设计、叫答机会、座位安排）与学生之间的关系
	创新	50. 教学设计情境、设计资源利用的新意；51. 学生表达自己的奇思妙想
	关爱	52. 学习目标是否面向全体学生、关注学生的需要；53. 关注特殊学生的学习；54. 课堂话语、行为
	特点	55. 老师的优点（语言风格、行为特点、思维品质）；56. 课堂的整体设计特点；57. 学生对教师教学的评价

四、教学设计评价标准实践

1. 课程性质的反思

在新课程改革的形势下，我深刻反思了教学设计。上课时，我只把基本知识传授给学生，下课后要学生死记，而不引导学生反思分析。如何改变学生被动接受的教学方法，拓展学生学习和探索生物教学问题的空间呢?首先，要在课堂中不断反思。《新课程标准》下生物的教育反思，对生物学科发展有很大的影响。国内外教育界指出，教师即研究者。教学反思中的

"反思"，从实质上来看，是指老师的一个经常的、贯穿始终的对教学中各种现象加以检查、分析、反馈、调整，使整个课堂教学为日趋优化的过程。这无疑会促使老师关注自身的教学行为，并深入地开展教学研究活动。多年的教学经验让我能明确地体会到教学并非是教师展示知识、演练技艺的过程，而是教师实践智慧的体现过程。新课程改革下高中生物教师的教学反思可以从理论和专业基础方面、教学基本策略方面展开。

第一、对理论与专业基础方面的反思。生物教师要进行教学反思，固然依赖于自己在教学实践中不断积累出来的经验，但是仅仅停留在经验的认识上是远远不够的，因为教学是一个复杂的社会活动，对教学行为的反思必须以特定生物知识的教学理论和专业知识为基础。

第二、在教学基本策略方面的反思。在一定的教学理论和学科专业基础上，新课程的生物教师主要以课堂为中心开展教学反思。尽管在新课程下关于生物教师教学反思的研究，目前还是个新课题。许多的反思问题，都需要我们进一步深入探索。生物教学反思对生物教师的成长是很明显的，是生物教师实现自我成长的有效途径。教学反思从教学日常中常会出现的教学实践和容易被我们忽略的问题出发，对提升生物教学质量的新尝试，使生物教师发展为新时期研究型、复合型教师有积极的促进作用。

2. 学生学习的反思

高一的生物学习是中学生物学习的转折点。在高一教学过程中，我发现不少学生尽管学习很用功，但其学习效果却不尽如人意，测验考试的成绩不理想，学生学习的自信心大受打击。在对学生开展交流、访谈和教育调查时，不少学生反映高中生物一学就会，一用就错，一放就忘。许多生物教师也认为这种情况在高一新生中相当普遍。这表明学生对所学知识掌握不深入、不全面，在学习过程中存在着一定的困难。因此，研究了高一新生生物学习特点，以及针对生物学习上的困难提出相应的对策，不仅对高一新生渡过这一转折点有很大的帮助，而且对整个中学生物教育也有一定的启发作用。高一新生学习生物存在的主要问题：

①审题和分析能力差。审题不细致、不准确、不全面、不按要求答；不会通过分析题目信息抓出问题的关键。

②理解能力差。对概念的理解肤浅，答题时凭着感觉答。

③综合实验能力差，尤其是实验设计能力有待提高。

④数理结合意识差。不会用数学知识处理生物问题，简单运算失误太多。

⑤表达能力差。作图不严格，计算题解法不规范，逻辑性差。

作业中存在的主要问题：

①审题不够仔细，粗心大意。

②公式不明，乱代数据。

③表达不清，思维逻辑性差，解题无计划，书写太过混乱。

④运算能力差，数据不准确，单位混乱。

成因分析：

①与学科特点有关。生物是一门实验科学，它缘于生活却高于生活，故此，比较抽象。要真正地弄懂，学生必须具备一定的生活积累。然而，高一新生在这一方面相对地欠缺且未把零散的感性认识上升为理性认识。

②与新生的适应能力有关。从初中到高中是人生的一个重要转折点。我们还注意到高一新生面对着全新的教育环境、教学内容和教学方式，不少学生感觉很不适应，心理变化很大，存在明显的"过渡期"（通常为一学期乃至一年）。高一新生第一次期中考试后，我曾对考试成绩满意程度进行了一次调查，结果有百分之八十以上的学生表示不满意或很不满意。究其原因，主要是新生对高中的学习不能完全适应。这种不适应阶段持续的时间越长越严重，对学习的影响就越大。

影响因素的繁杂，往往需要借鉴经验丰富的老师帮助处理，但在学科组教研活动、同课异构等活动中，却只能关注于问题的某一方面，在反思评价之后，我能明确的知晓在教学设计过程中存在的不足，加快了我的教学能力的提高。

3. 教师教学的反思

（1）个案研究。

个案研究是指把教学过程中出现的这样或那样的事件用个案的形式表现出来，并由此加以分析、研究。个案研究的素材大致有以下三个方面：一是研究自己的课堂，并在自己大量的课堂实践中积累一定的个案；二是观察别人的课堂，从中捕捉个案；三是在平时搜集书面材料中的个案。通过案例的研究和思考，及时发现自己教学中存在的不足，达到取长补短的效果。

（2）听课活动。

听课是一项教学研究方法，是一个涵盖课堂内容、内涵较丰富的活动。尤其是与同事互相听课，不包含考评或权威指导内容，自由度很大，通过相互观察、切磋和批判性交流可以提升教学水平。听课者对课堂中老师和学生进行了细致的观察，并留下了详尽、具体的听课记录，并做评课。课后，与授课老师进行交流、分析，以促进课堂教学策略的提高，这在无形中推动了课堂教学反思能力。

（3）课后小结与反思笔记。

课后小结与反思笔记，即把课堂教学过程中的一些感受、反思或困惑及时记录下来，以便重新评估自身的教学行为。对生物学科而言，在平时教学中需要课后小结、反思的地方很多。尽管，我对教学反思的研究还处在起步阶段，许多反思的问题还需要进一步深入探讨。但生物教学反思对我个人的成长作用是很明显的，是我进行自我成长的最有效途径，同时也是提升我的生物教学质量的新的尝试，不断的教学反思会促使我成长为一个研究型、复合型的、更为优秀的生物教师，表 12 对前两次反思评价的优化。

表 12　学习评价再优化表

四个维度	19 个视角	57 个观察指标	评价
学生学习	准备	1 学生课程准备、准备的内容；2 准备的怎么样，准备学生的占比；3 学优生和学困生的准备习惯，学习的意向性与价值理性	
	倾听	4 学生听课人数及时间；5 学生倾听和发言；6 学生的互助行为和人数、水平；	
	达成	7 学生是否清楚课堂的学习目标；8 预设目标达成的证据及人数； 9 课堂生成的目标及效果	
教师教学	环节	10 环节组成与目标的关系；11 环节是否面向所以学生；12 环节内容行为的时间分配	
	呈现	13 讲解方式及成效；14 板书的呈现方式及评价；15 呈现的适当有效；16 动作的适当有效	
	对话	17 提问对象的次数，类型结构，认知难度，问答时间是否有效；18 老师理答的方法与内容，辅助方法及有效性；19 课堂话语、行为、话题和学习目标之间的联系	
	指导	20 指导学生自主学习及有效性；21 指导合作学习；22 指导探究学习	
	机智	23 教学设计的动态调整及效果；24 处理来自学生或情境的突发事件； 25 非语言行为的表情、体态；26 特色课堂行为语言、教态、学识、技能、思想	

续表 12

四个维度	19 个视角	57 个观察指标	评价
课程性质	目标	27 预设的学习目标及表达规范清晰；28 目标的依据是否适合该班学生；29 在课堂中是否生成学习目标，是否合理	
	内容	30 教材处理是否合理；31 课堂中生成的内容及处理方法；32 凸显课程特点、思想核心、技能和逻辑关系；33 课堂的容量是否满足学生需要	
	教学	34. 预设方式（讲授、讨论、探究、互助）与学习目标的契合度；35 体现课程特点和重视学习方式的指导；36 创设的情境是否有效	
	评价	37. 检测学习目标的主要评估方法和有效程度；38 获取相应的评价信息；39 利用获得的评价信息，解释、反馈、改进教学	
	资源	40 师生文本实物模型实验多媒体实用程度；41 资源的使用与目标的达成	
课堂文化	实现	42 回答作业、作品；43 向学生推荐的课外资源，可获得程度	
	思考	44. 学习目标和高级认知技能；45 问题驱动，问题链设计与学生认知水平、知识结构之间的联系；46 指导学生思考和处理学生思考中的问题；47 学生思考的人数、时间、水平、气氛	
	民主	48. 课堂话语；49 学生参加课堂的实际情况（导学案）；50. 师生行为（情境设计、叫答机会）学生间的关系	
	创新	51. 课堂设计、情境创设、资源利用的新意；52 学生表达自身的奇思妙想和处理问题的能力	
	关心	53. 学习目标是否面向全体学生，关注学生的需要；54 关注特殊学生的学习	
	特点	55. 老师的优点（语言风格、行为特征、思维品质）；56 课堂设计；57 学生对教师教学特色的评价	

【案例】

生活和学习的“场”要分开

在学生的家庭教育中，从小学到高中，家长的家庭教育应该注意教会孩子将生活和学习要分开，这种说法的本质是学习工作中的角色要求和生活中的角色要求不一样，学习工作中要求正式、严谨，而生活中则要自然、随意，不同的场景要求不同，就要求孩子们在不同的角色中自由的切换。

作为孩子的第一任老师，家长扮演着极为重要的角色，在孩子学习方面你得以身作则，正经，严肃。在生活方面得有趣幽默，学习时全家认真，生活时又要笑声不断，在一张一弛中成长，在嬉笑怒骂中生活，如若生活和学习的界限不明，孩子也是无所适从的。

现象一：“方便面不能带进教室。”

现象二：“学生在教室、课间、嬉闹时谈论的大多是游戏、男女生、网红等生活问题。”

现象三：“女同学的头发上带一个发夹，桌子上放一个可爱的西式水杯。”

现象四：“女同学涂口红。”

现象五：“学生高一的时候会叫老师好，但高二的时候却不会了。”

学生在老师上课的过程中，他们学会了在生活和学习的两个场域中自由切换了吗？学科课程教学中的情境素材来源于学生的生活实践，会出现学生基于自身的生活经验。生活观念更加关注素材中他们比较感兴趣的部分，而偏离了预定的学习目标。学生生活的“场”和学习的“场”应该是两个有交集的但不是完全重合的场。

激发学生的求知欲依靠学生的好奇心，学生处于感受态更有利于知识的学习，那么作为从生活中延引过来的情境素材，不应该被直接运用到课堂教学实践中去，需要一个“转换器”、

“路由器”“分流器”，这样的一些信息应该被加工，被开发，被分段的切割融合成为一个整体的、连贯的、深植于课堂教学主线的各个部分，它应该是中性的，不带个人主观价值判断的，按照个人、事物、知识发展的一般规律，契合学科知识学习的目标，大概念、重要概念、次位概念的生成和核心素养的达成而被开发和设计。

【案例】

特色实验教学设计的教学价值

1. 提升学生的观察力和实践能力

实验操作过程中，学生需要观察和记录各种现象，进行实验设计和操作，从而培养学生的观察力和实践能力。他们可以亲身体验科学现象，理解抽象概念，掌握科学方法。

2. 培养科学思维与解决问题的能力

实验操作让学生主动思考问题，并进行实践，锻炼他们的科学思维能力。通过观察和实验，学生可以发现问题，思考解决方案，培养他们的创新和解决问题的能力，加强他们的科学素养。

3. 增加学科知识的深度理解

实验操作能够帮助学生更好地理解和掌握学科知识。通过实验操作，学生可以将书本知识与实际操作相结合，加深他们对知识的记忆和理解，更好地理解抽象的科学概念，加强对科学原理的掌握。

4. 培养团队合作精神和沟通能力

实验操作常常需要学生进行小组合作，共同完成实验任务。这样的活动培养了学生的团队合作精神和沟通协作能力，让他们学会倾听和合作，培养他们的社交技能。

综上所述，实验操作型科学教育活动在培养学生实践能力、科学思维和解决问题的能力，加深学科知识理解，以及培养团队合作精神方面具有重要的教育价值。

第十六节　交叉设计与思维定式

高中生物大概念是指高中生物学科中最精华、最有价值的核心内容。有限的课时和不断增加的知识之间存在着矛盾，解决的方式就是以最核心、最有价值的大概念，摒弃复杂而细碎的知识学习，抓住重点和重心，使课程内容结构化。运用整体思维，深度融合生物学科大概念和主题教学，进行建构高中生物大概念主题教学实践和思想体系的行动研究。高中生物大概念主题教学不是“大概念”与“主题教学”简单叠加，而在于运用整体思维，整合和融合，促进整体效益最大化。大概念的理念告诉我们，高中生物不能只给学生讲授一些零碎的、不连续的知识片段和拼凑堆积在一起的生物概念与规律，而是需要指导学生围绕涉及高中生物领域中有结构、有联系的生物核心概念、规律和模型——大概念来进行学习。运用大概念的教育理念，就是要通过触及高中生物的核心知识，给学生创造机会，让其登高眺远，俯瞰全貌。在相对集中的一段时间内围绕某个主题或问题，学生追根溯源的进行学习与探究，获取高中生物的大概念。

大概念也揭示了事实性知识背后的规律，是知识的附着点，进而使碎片化知识产生有机联系。这种能有机联系的知识不但便于记忆，更利于在旧知基础上掌握新知，当学习者遇到新情境和新问题时，就能够迁移运用，从而促进了学习者的学科核心素质培养。大概念教学能够达到老师教的少、学生学的多，是走向“轻负担高质量”的途径。大概念将对基础教育课程教学改革产生巨大影响。大概念在四个方面发挥作用：一是课程一体化建设，二是大单元整体教学，三是基于理解的教学设计或逆向教学设计，四是促进学生深度学习。

思维定式是指学生在长期的学习过程中所形成的一种习惯性思维方式，在教育心理学中又称之为知识惯性。这种固定的思维模式是已知的、事先有准备的，主要表现为思维的趋向性、常规性和程序性。它对新知识的掌握与处理有两面性，当学习者运用已掌握的知识、技能促进学习新知识、新技能时表现为积极促进的一面，这叫正迁移。当它妨碍或干扰学习新知识、新技能时则表现为消极干扰的一面，这叫负迁移。

诊断性评估是指根据教学目标对教学过程和结果做出价值判断并为教学决策服务的活动，是对教学实际或潜在的价值做出判断的过程。诊断性评估，是指研究老师的教与学生的学的重要性过程。教学评价一般分为对教学过程中老师、学生、教学内容、教学方法、教学环境、教学管理等诸因子的评估，但主要是对学生学习效果的评估，以及教师教学工作过程的评估。诊断性评估的两个关键环节：一是对教师教学工作（教学设计、组织、实施等）的评估——教师教学评估（课堂、课外）；二是对学生学习效果的评估，即考试和测验。评价的方法主要有量化评价和质性评价。

概念教学中，常存在老师不够重视，学生也不重视情况。而一个新的概念的形成是从原来的知识领域又进入到一个新的知识领域，从而建立一个新的知识领域的过程。对新概念的不理解常常是因为学生对新领域知识不够重视，从而导致学生学不好的后果。然后，回去弥补，而这个时候的弥补，又感觉没有多少作用，从而造成错误认知的持续。问题的关键是学科知识学习的思维定式和评价机制的不科学、不规范、不健全。

以“思维定式”为检索主题词，从 1994—2022 年为检索的时间跨度，依据文献类型对数据结果进行精炼，共检索出 190 篇文献，以期分析思维定式研究现状、研究热点与研究前沿，挖掘出本课题研究的意义和价值。

为体现国内思维定式研究的总体趋势，本文根据 CNKI 数据库中 1959—2019 年期刊年度文献分布状况，绘制出折线统计图，详见图 41。

从图 41 可以明显看到，1994—2016 年国内思维定式研究论文呈现波动上升趋势，1959 年 1 篇，随后几年发文量在 10—20 篇之间波动，2015 年达到峰值 19 篇，随后几年略有回落，后期又波动上升，而思维定式的引证文献量一直在持续走高，2016—2019 年持续在 160 篇，总体而言，国内外有关思维定式研究论文数量在起伏中保持上升态势，这也表明了思维定式研究正受到国内外研究者的重视与重视。此外，通过 CiteSpace 对目前国内思维定式研究的作者和单位进行了合作网络的研究，可以有助于人们认识在思维定式研究领域的有影响力的研究者和机构，从而有助于掌握这一领域的总体研究动态和发展。

图 41　国内思维定式研究分布折线图（1959—2019）

CiteSpace 通过 MST 算法精简网络，得到 400 个节点，305 条连线的作者单位，对于思维定式的研究，主要集中在国内各研究所、学院和，初高中也有一些报道。

围绕思维定式，开展了创新能力、发散思维、实验教学、思维导图、权威定式、实验定式、从众定式、经验定式、文献资源、微生物学、课程改革、数学建模、解题例谈、反向思索等方面的研究；围绕创新思维，开展了特征、基础教学、设计思维、理论基础、形式逻辑等方面的研究；围绕正向思维，开展了电流强度、单向思维、心理效应、生物教学等方面的研究。

心理学指出，思维定式是指根据累积的思维活动经验教训和现有的思维规律，在反复应用中所产生的比较稳定的、定型化的思维路线、方法、程序、模式。比如在教师讲解例题之后，学生处理类似的新问题时，思维定式有其积极作用。但是思维定式也有其消极作用，它会使人模式化，当遇到形似质异的新问题时还沿用老方式处理，这样往往解决不了问题，会得到错误的结果。学生的生物元认知水平与生物成绩排名呈正相关性。学生的生物元认知体验普遍偏低，特别是情感体验子维度的得分更低；排名中等和排名靠后学生的生物元认知知识维度偏低；排名靠后学生的生物元认知监控维度得分最低等。三类学生的错题原因普遍表现为思维定式的消极影响。高中生在不同的数学题型中其思维定式程度存在着显著的差异，高中生解题过程中数学元认知水平相对较低，发展水平不平衡，不同的题型中元认知对解题过程中的思维定式的影响不同。国外关于核心素养和大概念教学的研究更为深入，更有操作性，有积极的借鉴意义。

【案例】

亚硝酸盐的定量绿色检测的学科交叉

1. 教学困境

亚硝酸盐检测实验中用到的重氮化试剂为对氨基苯磺酸和N-1-萘基-乙二胺，我们通过查阅大量文献和试剂安全技术说明，发现它们有很强的毒性和致癌性，染色体畸变和姐妹染色单体交叉互换的实验中呈阳性；教材中亚硝酸盐含量是用比色法，得到的数据为一范围，对于浓度较高时，存在颜色色差较难区分等不足。

2. 实验设计过程

（1）实验设计原理。

亚硝酸盐中N的化合价是+3价，高二学生化学课程中已经掌握了氧化还原的理论知识和酸碱滴定的实验技能，所以我们设计在酸性条件下，用高锰酸钾反式滴定检测泡菜中亚硝酸盐的含量，操作过程是，以（1+3）的硫酸作酸性介质，加入过量的高锰酸钾快速氧化样品中的亚硝酸盐（溶液颜色为紫色），残余的高锰酸钾用过量的草酸钾与之反应（溶液颜色为无色），再用高锰酸钾滴定剩余的草酸钠（滴定终点为溶液呈粉红色，30 s不褪色）。

（2）实验操作过程。

泡菜榨汁，过滤，加入AL（OH）$_3$使之澄明，得到样液，这是（1+3）硫酸，标定过的高锰酸钾溶液，草酸钠溶液，通过滴定，通过滴定消耗的高锰酸钾的体积量来计算泡菜中的亚硝酸盐的含量。

（3）实验数据分析。

教材中通过比色法得到样品中的亚硝酸盐含量为一范围，为定性实验；国标中通过一复杂的计算公式得到一确定的数值。那么，在《新课程标准》核心素养培养背景下，能否找到一种方法，将这一定性实验设计为定量实验呢？

通过反式滴定，我们得到消耗的高锰酸钾的体积，由国标中复杂的公式，我们可以得到启示，在加入过量的高锰酸钾、草酸钾的过程中，固定它们的量，即体现高中生物实验设计中的单一变量原则，高二学生在数学课程学习过程中，已经掌握了现行回归的知识，那么忽略中间复杂的滴定过程，泡菜中亚硝酸盐含量与滴定终点消耗的高锰酸钾的体积必定呈线性关系。通过配制标准亚硝酸盐溶液，同时用此方法滴定读取消耗的高锰酸钾体积，我们绘制了标准曲线，相关系数为0.995，两者间存在明显的线性关系，将滴定消耗的高锰酸钾体积代入到标准方程中，即可得到样品中亚硝酸盐的含量。

实验设计与教材的重氮法、试剂盒、GB的检测方法相比较，有试剂无毒、成本低、可操作性强、将定性实验设计为定性实验，思维过程灵活，设计中体现学科交叉、融合，对于提升学生科学思维和科学探究能力，引导学生在思维过程中形成学科知识交叉融合意识，指引学生形成运用所学知识解决实际问题的习惯有重要意义。

【案例反思】

在实验设计过程中，综合运用了学生已有的学科知识，生物的基因对性状的控制，化学的氧化还原反应，数学的线性回归知识，综合性的运用学科知识提升学生分析问题、解决问题的能力。

设计的不足之处是缺少对学生的关注，没有真实的记录学生的真实的感受、体验、想法。

中学阶段采用的是综合课程和分科课程，为少年阶段培养学生对整体事物的认识，在不同领域逐渐形成知识、内容互相联系的观点，而且还为在青年阶段培养学生对基本知识和技能的理解，进而培养专业型人才。但随着知识经济时代、国际科学教育的发展以及新高考制度的不断改革与完善，教育的培养目标从需要专业型人才转变为需要综合型人才。无论采取分科课程还是综合课程，都会对学生产生影响。

学科交叉融合逐渐形成一批交叉学科，如化学与物理学的交叉形成了物理化学和化学物理学，化学与生物学的交叉形成了生物化学和化学生物学，物理学与生物学交叉形成了生物物理学等。这些交叉学科的不断发展大大地推动了科学进步，因此学科交叉研究体现了科学向综合性发展的趋势。刘桂侠等认为学科知识是教科书内容选择的重要来源，学科知识的发展受“多学科分散—交叉学科整合—跨学科一体化”的学科交叉整合发展过程的影响。

交叉学科是指将两个或两个以上的学科领域进行整合和交互融合，形成新的学科体系和知识体系。交叉学科的价值和意义在于：

（1）拓展知识视野。交叉学科可以帮助学者拓展知识视野，从不同的角度看待问题，并且获得多种不同学科领域的知识，使其具备多元化、综合性的专业素养。

（2）促进学科创新。交叉学科能够促进学科创新，帮助学者发现新的学科领域和问题，从而催生新领域的产生和新知识的创造。

（3）解决现实问题。交叉学科融合了多个学科领域的知识，使其能够更好地解决现实中的问题，特别是涉及多个学科领域的复杂问题。

（4）推动学术跨越。交叉学科有助于推动学术跨越，打破学科界限，促进学术交流和合作，从而推动学科发展和进步。

（5）促进跨学科人才培养。交叉学科的发展需要具备多个学科领域的知识和技能，因此可以促进跨学科人才的培养，提高人才的综合素质和竞争力。总之，交叉学科的价值和意义在于能够打破学科界限，拓展知识视野，促进学科创新，解决现实问题，推动学术跨越和促进跨学科人才培养。

【案例】

盘县火腿中的脂质蛋白质和肌糖原

盘县火腿是经盐渍、晾干、微生物发酵而成的火腿，有健脾开胃、生津益血的功用，能治疗虚劳怔忡、胃口不开、虚痢久泻等症，它含有丰富的矿物质及蛋白质和适度的脂肪，多种氨基酸、维生素、矿物质。经自然微生物发酵分解，各种营养成分更易被人体所吸收，经原国家质检总局批准，对“盘县火腿”实施地理标志产品保护。

盘县火腿从选材、制作、产品方面看，有丰富的生物实验教学情境资源，除了涉及还原糖、蛋白质、脂质的检测，还有亚硝酸盐、微生物发酵、微生物的分离和鉴定等丰富的素材资源。

1. 教学背景

情境学习理论是由美国加利福尼亚大学伯克利分校的莱夫（Lave）教授于 1990 年前后提出的一种学习方式。学习不仅仅是一个个体性的意义建构的心理过程，而更是一个社会性的、实践性的、以差异资源为中介的参与过程。知识的意义同学习者自身的意识与角色都是在学习者和学习情境的互动、学习者与学习者之间的互动过程生成。因此，学习情境的创设就致力于将学习者的身份和角色意识、完整的生活经验,以及认知性任务重新回归到真实的、融合的状态，由此力图解决传统学校学习的去自我、去情境的顽疾。

基于情境学习理论的教学设计必须考虑以下几点:首先,设计者（通常是教师）必须选择复杂的、真实的情境。这种情境能使学习者有机会生成问题、提出各种假设,并在解决结构不良的、真实的问题中获取丰富的资源。同时,该情境还能提供其他丰富的例证或类似问题以使学习者产生概括化与迁移。因而,对教学设计者最大的挑战是,所设计的学习情境要让学习者学到所需的知识。在学校学习中,学习情境一般不可能是实际的学习环境,这可以通过由录像提供的逼真的、虚拟或仿真的情境或学生实地考察旅行来代替。

2. 教学过程

在还原糖、蛋白质、脂质的检测中，还原糖的检测用的是梨汁，蛋白质检测用的是黄豆制作的豆浆，脂质的实验材料选择的是花生，三者之间是相互隔离的，没有相互联系。但在日常生产生活中，三者之间却有千丝万缕的联系。还原糖通过呼吸作用为蛋白质合成和脂质的合成提供能量，氨基酸在肝脏的转氨酶的作用下会转化为乙酰辅酶 A,再经过糖化作用转化为葡萄糖，多余的葡萄糖又会以糖原或者转化为脂肪的形式将能量存储起来，对形成能量平衡观的生成有积极的促进作用。

那么在我们日常生活中有没有一种实验材料将这三者联系起来呢？

学生甲：油豆豉。

学生乙：油腐乳。

学生丙:盘县火腿，猪吃的是猪草、蛋白质等食物，经过消化吸收之后转化为身上的“大肥肉”（很贴切、很形象）。

通过从本土非物质文化遗产中提取情境素材,可以有效地搭建学科策略与问题情境之间的桥梁，成为它们之间的有效载体。同时，可有效拓展与延伸情境素材的渠道,从而拓宽情境教学理论的研究范围。为非物质文化遗产进校园提供更有说服力的理论支持。通过反思性与批判性教学案例的研究，让丰富的地方文化遗产与学校学科教育紧密相连，可为新时期地区文化遗产进校园提供理论和实践启示。

【案例反思】

本案例通过从学生生活中挖掘本土非物质文化遗产的情境素材,可以有效地促进学生深刻认识文化遗产，教育促进学生对生命价值与文化的认同，从而形成社会责任。通过本案例的研究，为盘县火腿的高中生物实验教学情境素材的开发提供系统性、理论性依据。同时，本案例的研究会逐渐提升小组人员的业务水平和对课堂情境教学的驾驭能力,提高地方特色教学课程的建设质量和效率，进而推动教育教学改革。

【案例】

列文•虎克没有提出细胞学说

在讲细胞学说的建立过程时，由比夏（Bichat）解剖尸体到动物学家施旺（Schwann）和植物学家施莱登（Schleiden）提出细胞学说到魏尔肖（Virchow）对细胞学说进行修正，教学过程中，我提出了 3 个问题让同学们思考:

（1）如果将比夏放到施莱登施旺的年代，细胞学说会是他提出来的吗？他出版的专著《人体结构》在医学和生物学上有什么贡献呢？

（2）施莱登、施旺研究的是动物和植物，他们在各自的领域深耕了多年，观察了各类动物和植物，比较、分析、归纳（不完全归纳），概括提出了细胞学说（尽管学说的提出还不完善），这对我们有什么启示？他们为什么又能提出细胞学说？

（3）魏尔肖为什么还要研究细胞学说，挖掘和提出细胞学说的不足？别人已经占据和创立了细胞学说，这样的探究还有没有价值和意义？

从比夏到魏尔肖的研究，不难发现，一个新的观点或理论的提出，要经过数人的你追我赶，在前人的研究中发现存在的疑点和不足，促进其更完善、更完美，在探究的路上，在取法大数据作为支撑的情况下，发现一般规律（由局部到整体，再由整体到局部求证，发现特例病毒），发现差异的不同视角。

从细胞学说建立的发展史来看，循证是探究和支撑观点的根本依据，从器官组织的观察到细胞的组成及细胞器到分子水平去探究生命活动产生的原因，新技术的运用是突破问题的关键，当然，是在单一实验材料，你已经对它有全面的了解，从元素组成到结构、功能、。也就是魏尔肖解决的细胞。那么，后期学生的研究就是细胞要到哪里去？即衰老和凋亡……这样的探究逻辑才完整。

师："如果你是列文·虎克，别人拿着你发明的工具，好像还玩出了一些新的花样，站在施莱登和施旺的年代，你会怎么想？"

生 1："不敢想。"

生 2："郁闷！"

生 3："胆子不够大！"

生 4："缺少了提出学说的条件，大数据，前人研究的结果，尽管有收集不同研究材料的意识，但在一个人的世界里玩，信息交流是多么的重要，另一方面是团队的合作、协作很重要！"

生 5："合作中拒绝懒惰。"

生 6："我只看到了开头，没有看到结尾。"

生 7："单一的材料有单一的好处（细致、分子水平、局部），复合整体又有不同的研究价值。"

学生对问题和事物的认识，在没有深入的了解情况下，价值判断来源于"生活"，深受生活实践经验的影响，但这样的生活经验是偏离了课程知识学习目标的，故而，在实验教学过程中，这样的生活实验素材和实践经验是需要被分离，被挖掘，被开发的。剥离这些影响认识的因素，才能去掉外在的虚浮，看透问题的本质。

【案例】

实验思路设计的定式与变式

在平淡无奇的生活情境中挖掘不平凡的实验情境素材，正因为在平凡中，在应该是这样的思维定式中设疑，才会让人觉得惊奇，也是既熟悉又陌生之处更有挖掘和探究的价值。教师的工作就是在此处设疑，设置矛盾，补充学生缺乏的背景资料，引导他们一步步的在探究中前进，补充和完善问题解决所需的条件，并在此过程中及时的反馈问题解决所需的条件。模块化的将碎片化的知识整合，建构系统的知识概念。

1. 教学背景

在"细胞中的无机物"一部分的教学过程中，设计对照实验，探究 M 元素是否为植物生长所必须地元素，实验设计的流程，如图 42 所示。

生："将生长状况相同的同种植物分为甲乙两组，甲组用缺 M 的培养液培养，乙组用完全培养液培养，如果甲乙两组植物都能正常生长，那么 M 是植物生长的非必须元素，如果缺 M 培养的植物出现缺乏症，补加 M 后症状消失，那么 M 是植物生长的必须元素。"

师："很标准，鼓励一下，掌声。我们一起来分析一下这位同学的思路，标准在什么地方？在比较两组实验的预设结果是，同学说到了如果，也就是实验的自变量与因变量之间的因果关系，即不同的实验条件得到的实验结果是不一样的，即属于结果的预设。"

"实验的设计思路是从两条线上来进行解释的，即"有用"和"无用。

"不同情况进行不同结果的讨论，在其他学科中叫什么方法？"

生："分类讨论（数学）。"

师："你们竟然能够回答出来，我很惊讶。刚才那位同学叫回答的很好。"

师："大家尝试着拓展一下实验设计的思路，将这个实验的设计方法迁移到《药物 X 对疾病 Y 有治疗作用》中来，试一试。"

生："我的思路被打开了，后面的迁移就是细节和技术的问题了，思路由封闭变得流畅多了。"

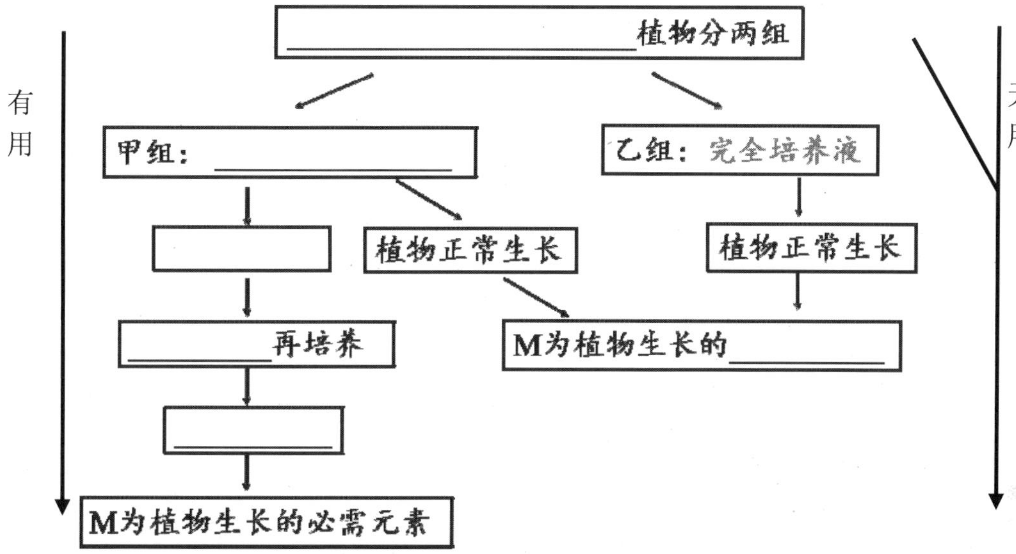

图 42　实验设计流程

2. 课堂总结

（1）实验设计在平淡处，深入挖掘，使其具象化、模块化、模式化。

（2）学科知识的相互交叉需要深化，而不是停留在问题的表面。

（3）问题设计的指向性要强。

（4）鼓励的方式要多元化，重精神，轻物质，要有目标，情境的选择应尽量包含全部认知的要素，才会具体真实。

【案例】

人为设置的障碍就是用来被突破的

在工作和学习的过程中，我们需要在顺境和逆境中都能从容，静心即净心，净化真我。在实践中，并没有谁困住了你的手脚，真正难以摆脱的是自己心中的那个瓶颈，打破心中的瓶颈，清除掉心中的障碍，你就可以在属于自己的认知空间中自由翱翔。

真正的智者永远知道自己需要什么和不需要什么，不会为了看似光鲜的声誉而明争暗斗，先无我才能有真我，对万事万物既不排斥也不沉溺，"众人皆浊我独清，众人接醉我独醒"的清高自傲只能换来屈原式的含恨离世或文人的抑郁不得志与之比较，同流世俗而不合污，周旋尘境不流俗或许才是更加明智的选择。

那么，是谁在你的有大脑中种下一个愚、庸、自稳、安于现状的种子呢？封建的家庭教育和封闭的学校教育，还是外在形式的宣传。学校教育，改与不改，我们只能从工作中去核实。那为，什么不换个思路和角度看问题呢？

1. 教学场景

高中生物总结氨基酸的结构通式：

师："比较 4 种氨基酸的共性特征，即共同点。"

生："它们有共同的组成元素 C、H、O、N。"

师："嗯嗯，C、H、O、N，4 种元素被称为基本元素，再看看，除此之外，还有其他相同的地方，或者是规律性的存在呢？”

生：“它们的第 1 排和第 2 排是一样的，第 3 排不一样。”

师：“它们此时的化学知识还不知道氨基和羧基，补充知识概念。”“那么，我们一起来看一下，把第 1 排和第 2 排相同的地方细化一下。”

板书，如图 43。

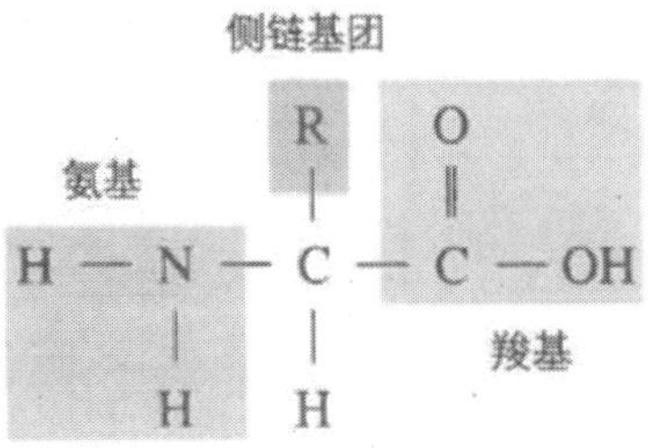

图 43　化学式板书

师：“这种方法是不完全归纳 4 种氨基酸的结果，那么归纳出来的结果能否适用于其他氨基酸呢？”

生：“嗯嗯，是的。”

师：“那么，这就说明我们归纳出来的结构通式是对。”

【案例反思】

学生的观察能力突破了他们的认识，虽然，不知道氨基和羧基，但并不妨碍他们提出和找到相同事物之间的不同，我们需要做的就是呈现材料、分类、相似化处理、合理地进行引导即可。

【案例】

胖的人为什么会低血糖

1. 教学场景

（1）场景一。

师：“糖尿病人的饮食受到严格的限制，受限制的并不仅仅是甜味的食品，还有米饭和馒头都需要定量摄取，为什么呢？”

生：“米饭、馒头的成分是淀粉，口腔里面有唾液淀粉酶，酶会将淀粉水解为葡萄糖，所以要限量。”

师：“回答的思路很清晰，那么有人认为吃糖无所谓，只要不吃肥肉就不会引起肥胖，你认为对吗？”

生：“不对。”

师：“为什么呢？”

生：“糖会转化为脂肪。”

生：“老师，肥胖的人为什么会低血糖？”

糖在充足的条件下会大量的转化为脂肪，但脂肪不能大量转化为糖类，从教材给出的解释可以看出，只是直接给出了看似是问题的答案，但没有从根本上解释和解决这个问题的根本原因！提出假说：那么是反应物的问题呢？还是反应条件的问题呢？还是反应产物抑制了反应的持续发生呢？

对于这样的疑问，这样的答案，总感觉是意犹未尽，为什么呢？如何解释糖可以大量转化为脂肪，而脂肪却不能，教师通过查阅相关文献资料，发现，三个提出的假设都存在，是因为在肝脏处存有少量的糖异生酶（数量有限），这种课堂中突发事件，是促进学生深度学习和深度探究、拓展知识的应用，发现问题、解决问题的契机。这样的问题学生通过查阅资料，是可以探究和解释现象和问题的，我们要大胆的放手，唯一要做的就是适时的引导和提供必要的探究条件。

（2）场景二。

师：“脂肪分为植物脂肪和动物脂肪，即我们生活中熟悉的动物油和植物油。如，花生油、菜籽油、豆油、橄榄油等，大多数情况下呈液态；动物油如，猪油、牛油等，大多数情况下呈固态。那么是吃动物油好，还是植物油好呢？”

生A群：“动物油好！香，炒的菜更好吃。”

生B群：“植物油好。”

两种不同的观点：

师：“动物油中多为饱和脂肪酸，过量食用后会堆积在血管壁上，进而导致血管壁狭窄，从而导致心脑血管疾病的发生；而植物油为不饱和脂肪酸，含丰富的亚油酸、亚麻酸，可降低人体胆固醇含量，对心脑疾病有预防作用。”

师：“和尚和尼姑都比较长寿，他们吃什么？

生：“香油。”

师：“香油是植物还是动物油，哪种油对人体的健康更好？”

生：“植物油。”

师：“小孩、青年人、中年人、老年人对油的选择一样吗？为什么？”

生：“……”

【案例分析】

（1）经验和超验。

体验指人的感应，包括了生理感应和心理感应。其中心理感应主要就是思维活动。经验指的是已经发生或正在发生的体验总和。人类的行为除了受先天和后天环境的影响，最主要的还是受经验的影响，是知识的必要条件。先验指的是人类经验所依赖的那个前提条件。先验逻辑是经验逻辑得以存在的逻辑和根据，即为经验逻辑的内涵；而经验逻辑是先验逻辑在现实问题中的表现形式，即为先验逻辑的外延。因此，先验逻辑与经验逻辑的关系，即为内涵与外延的二重性关系。

复杂的知识分析，会加重学生的记忆负担，学生记不住哪一个是饱和脂肪酸还是不饱和脂肪酸，会发生两者间的混淆，更记不住植物中的亚油酸和亚麻酸了，素食主义的生活习惯作为类比，学生的记忆更深刻，但又将课堂知识的学习中引入了更加复杂的社会生活因素，且胆固醇会转化为维生素D，既有有利的一面，又有不利的一面，借此引入平衡的观念，就知识的学习而言，既考虑到学生的智力发展水平又突出了学习的重点。

学生对知识的兴趣或观点来自于生活实践经验，这样的经验有的对知识的学习有促进的作用，有的却起到抑制作用，故而对于知识的讲解更应该客观，更应该高度的重视学生的先验知识，不管是对还是错，都应该对其进行正确的引导或评价，才能有效地促进学生对知识的学习和学习过程中思维的有效发生。

（2）师生信息的不对称。

老师在课前、课中和课后整个教学过程中要不停地通过观察、提问、倾听来获取解读学生学习状态的信息，以便针对性的处理知识，采取科学的教学方式，提高课堂教学的质量和水平。学生通过课前预习了解课堂学习任务的目的、知识的落点，以及自己遇到的疑难问题、疑难问题如何分析解决等。课堂上及时描述表达自己的问题，借助团队力量完成自己预设的学习任务和学习目的同时，准确获取和解读老师与同学对概念知识与解题能力的不同认识，参与探究交流来拓展自己的认知空间，帮助其他同学共同进步。

老师的教与学生的学是信息共享的系统过程，只有将它们统一起来才能真正提高课堂教学的质量和效率。

第十七节　交叉设计与 ARG 游戏

游戏的真正主体并不是游戏者，而是游戏本身。游戏的整体由游戏者与观察者共同构成，这也意味着游戏本身蕴含着某种整体和连续的意义。理解过程，是一个语言的过程。语言就是理解本身得以进行普遍媒体对话和游戏意志同构。理解是理解者与文本之间问与答的对话，是指双方在语言游戏与框架之间彼此避开对话，融合的过程，而语言向我们提出建议，沉默询问，并在回答中使自己得以完成和达成目的。游戏是一个自由的往返持续不断的运动，使人沉醉，使人愉快。游戏是自由性、超越性、体验的开放性与生成性的对话活动，西方哲学的游戏思想启示人们是否能够换一个方法思考教学，让教学以游戏的方式存在。让教学变成对话的游戏，这不但能够克服中国目前教学的弊端，同时也是教学本身的内在需要。长期以来，中国对教学的理解与认知主要是以认知论为哲学基础和指导思想，仅把教学视为是学生普适性知识积累的掌握过程。这种教学有效地控制了课程的进程，使学习者在积累丰富的感性知识的基础上，在短时间内掌握了大量的知识。但是，这种教学却忽略了教师的在场和灵动，忽略了教师对教学本身的享受，忽略了教师在教学中的自由与创造。

教学的对象是人，人具有游戏的本质。希勒创造性认为，游戏根植于人性的深处，唯有当人是完全意义上的人，他才游戏，唯有当人游戏时，他才是完全的人。游戏是文明的源头，人类社会的伟大原创活动、知识都是渗透者，人人都是游戏者，人人都生活在游戏中，而游戏不仅是人类所具有的基本方法。游戏作为教学的源头之一，也可以成为教学的载体。教学是对话的游戏，意味着老师在师生民主平等的语言交流活动中，师生双方如同游戏者，平等、民主。彼此开放精神、彼此尊敬、彼此接受、真诚交往，并非教师语言独立或独断，而是教师真诚内心的表达，是教师分享，彼此反思，视野融合。教学是轻松愉快的活动，教学不仅是知识的传授，还应该是教师生命意义与价值的提高过程，是教师生命体验的过程，是教师在轻松自由愉快的环境中，把教材当作游戏材料，把教学过程当作游戏过程，无外在的压力与担忧，享受成功，全身心的投入活动。教学中存在不确定性，科学知识绝非精确和无误，科学知识在不断地发展，科学知识有个人的特点，教学过程的不确定性与特定的文化与境遇有关，有发展性、文化性、境遇性有关。教学过程并非是预定的，精准化的过程，而是教师对文本多意义的理解，是师生双方积极参与，观念碰撞，不断形成主动建构的过程。显现非线性特征。因此，教学中存在着不确定性。

受西方教学理论的影响，重视人的思维活动与认知的发展，对认知过程的内在运行机理展开了深入探讨；但有人把教学过程等同于认知过程；有人把（尤其是学生）在学校条件下的教学过程和机器信息加工处理过程等同，混淆了二者的本质区别；有人把教学过程等同于科学家的研究发现过程，抹杀了教学过程的特殊性；有人则着眼于情意等非认识心理活动过程，抹杀了心理活动的整体性、全面性，忽略或否定了知识教学过程的逻辑存在。

赫尔巴特（Herbart）将教学过程界定为明了—联想—系统—方法四个阶段。齐勒将其发展为准备—呈现—联想—概括—应用。杜威提出“思维教学五步法”，提出问题—分析问题—提出假设—推论评断—验证结果。凯洛夫（（Kairov）将教学过程概括为认知—理解—巩固—应用。巴拉若夫提出感知—理解—巩固—应用—检测五个环节。伊万诺夫将教学过程分成八个连续阶段，准备—观察—思维—巩固—应用—练习—检测—系统。以凯洛夫为代表的教学过程论，占据了苏联教学理论的统治地位并极大地影响了我国当代教学过程理论的开发。国外的教学过程论，主要有信息加工、情意交往、结构研究、程序教学等过程理论。信息加工理论将教学过程看作是信息的输入—编码—加工—贮存—译码—输出过程。在此基础上，加涅（Gagne）给出了动机—了解—获得—保持—回忆—总结—作业—反馈八个阶段过程论。情意交往过程理论，提出创设情境—提出问题—发现意义—计划决策—总结统整五阶段的教学过程观。布鲁纳认为教学过程就是科学发现过程是，提供问题—创造情境—提供假设—形成概念—评估验证。

受传统知行统一的教学过程观和以赫尔巴特为代表的苏联教学过程观影响，侧重于从学生学的角度谈课堂教学，即将课堂教学过程视为把学生的心理活动过程尤其是认知活动过程视为课堂教学过程，有些课堂教学过程理论仅是一种设想或尚处在实践阶段，或将科学研究和发现过程视为课堂教学过程。纵观中外古今的教学过程理论，它们都有一定的合理性，都从不同角度对教学过程进行了深入的分析研究，并阐述了教学过程的一些特征与规律。过程理论研究中阶段划分不同的根本原因就是教学目标定义的不同造成的。他们的研究都有一定的局限性，都把教学过程简单化、片面化的倾向。教学过程不仅是学习者在老师指导下掌握人们已有知识经验，发展认识和改造客观世界的技能过程，而且教学是一个师生共同参与改造主观世界、推动个人社会化的实践过程。教学过程是教师精心引导学生掌握经验的认识活动和建构完美主体结构的实践活动的统一的过程。学生作为教育教学的特殊群体，特定的认知基础和社会实践经验，我认为，学生在游戏过程中，教学过程应该是动态的，是在师生互动中对教学目标动态调整的。从游戏目标达成的实践视角看，我们做出 3 个方面的假设：

（1）学生游戏教学过程中教师对游戏过程理解的错位与游戏目标的定位有关系的。

（2）学生在教学游戏过程中教学目标的达成是主动的、生成的，且在游戏过程中，是需要教师进行引导和干预的。

（3）大班额游戏教学中，应充分认识学生认知实践基础上，对游戏教学目标进行动态调整，而不是预定的。

抛锚式教学理论要求学生到实际的环境中去感受和体验问题，须以学生已有的认知结构为基础，教学游戏是学生凭借自己主动的、生成的体验从教学识别目标到提出和达到目标的全过程。然而，并不是所有的学生在生活实践中都具备同一认知结构基础，特别是在大班额学生教学过程中，这样的现象尤为突出，学生在常规教学过程中出现的只注重结果不注重过程，缺乏动态发展的游戏目标是问题的根源，学生在游戏过程中处于自由、自愿、自足、投入、忘乎所以的游戏状态，摒弃了其他研究对象的外界干扰因素，通过本课题的研究，对促进抛锚式教学理论形成稳定的理论体系，丰富研究资料和研究内容，避免理论因缺乏广泛实践支持而虚浮，提升本课题组人员的学生育人业务水平和对大班额游戏课堂教学的调控能力，提高学生认知经验差异背景下的因材施教、差异化教学的教学质量和效率，进而推动学生教育教学方式方法的改革有重要意义。

平行实境游戏（alternate reality gaming，ARG）是一个以真实世界为平台，融合各种虚拟的游戏元素，玩家能够亲自参与到角色扮演中的一项多媒体互动游戏。在国内有“侵入式现实互动游戏”“另类实境游戏”“候补现实游戏”“虚拟现实游戏”“替代现实游戏”等译名。平行实境游戏与以往学生认识的游戏大相径庭，它不仅是在名称上具有新鲜感，在参与、运作和目标效果上也与以往的游戏大有不同，以往的游戏通常是一件独立的，难以与其他时间并行的活动。比如，一部电子游戏作品有完整的世界观，剧情和人物设计；或是一套完备的规则和一个准备就绪的赛场，在游戏的进行过程中其他活动很难参与进来。而平行实境游戏则将游戏的主要内容和虚拟世界观与规则合并，将日常生活中一些行为转化为游戏内容。

高中生物素质是指高中生物学科素养，包含生命观念、科学思维、科学研究与社会责任。生物学课程的核心素养是学习者在生物学课程学习过程中逐步发展出来的，在处理现实情境中的问题中所表现出的价值观念、必备品格和关键能力，是学习者的知识、能力、情感态度和价值观的综合表现。生命观念，是指对所观测到的生命现象和相互关系或特征进行解释后的抽象，是学生经过实证后的观点，是可以理解或解释生物学有关事件和现象的意识、观念和思维方式；科学思维，是指尊重事实和证据，崇尚严谨和务实的求知态度，利用科学的思维方式认识事物、处理现实问题的思维习惯与能力；科学研究，是指可以发现现实世界中的生物学问题，根据特定的生物学现象，进行观察、提问、试验设计、方案实施，以及对结论的沟通和探讨的能力；社会责任，是指基于生物学的认识，参与个人和社会事务的探讨，进行理性解释与判断，处理生产生活问题的承担与能力。

游戏教学就是以游戏的形式教学，使学习者在生动的、活泼的环境中愉快的掌握教材中的内容和需要掌握的生物知识的教学方式。总之，游戏教学就是“游戏”和“生物教学”二者巧妙的结合体。将游戏运用到生物教学中，注重的是开发智力。皮亚杰的儿童心理发展理论、杜威的活动理论以及游戏教学的特点都是通过讲故事、观察、猜想、活动、竞赛，通过制订计划、教学游戏的选择形式与内容、游戏活动规则的交代、编组活动、进行活动评价；遵循思想性、兴趣性、合作性、竞争性、娱乐性和认知性相结合的原则，有利于激发学生学习生物的兴趣、培养学生的生物意识、培养学生的合作精神和创造精神。

通过 CiteSpace 以“游戏教学”“ARG”为检索的主题词，1996—2022 年为检索的时间跨度，依据文献类型对数据结果进行提炼，共检索出 134 篇文献，通过 CiteSpace 的关键词聚类图谱、作者单位机构合作网络图谱、高频关键词共现时线图、关键词共现聚类表等对国内教学游戏教学进行统计分析，以期分析教学游戏教学研究现状、研究热点和研究前沿，挖掘出本课题研究的意义和价值。

围绕教学游戏，国内已经开展了体验学习、激发学生、积极主动性、生物学科、生物思维、生物思想、问题意识、初中生物、核心素养、选用标准、高中生物、生物能力等方面的研究。对游戏教学开展了有效运用、学习成效、学习投入、教学原则、寓教于乐、几何游戏、生物建模等方面的研究。

表 14 生成的 9 个主要类别，结合聚类表可以看出，总体来说各个类别内部一致性较好。0 包含的节点数最多（28），1、2 研究较为新颖（2016），本课题围绕“有效运用”“生物素养”展开。

表 14　关键词共现聚类表

节点	大小	效率	年份	阶梯式成长 1	阶梯式成长 2	阶梯式成长 3
0	28	0.984	2009	教学游戏；实践案例；有效游戏设计；中职教育；兴趣教学|实施策略；生物课堂教学；有效游戏设计；积极主动；生命科学系	教学游戏；游戏教学；生物课堂教学；实施策略；中职教育	中职教育；生物教学；生物教材；种群大小
1	27	0.996	2016	游戏教学；几何游戏；高中生物；学习投入；学习成效；教学游戏；有效运用；高中教学；寓教于趣	游戏教学；学习投入；有效性；中学生物；高中生物教学	学习投入；有效性；中学生物；高中生物教学；教学原则
2	22	0.974	2016	高中生物；知识本质；游戏环节；生物素养；个性特点|应用策略；游戏化教学；应用原则；教学游戏；优化策略	高中生物；教育游戏；应用策略；教学游戏；教学思考	教学思考；游戏化教学法；导学策略；教学游戏教学；新课改
3	20	0.978	2013	生物学习过程；生物文化；学习生物；心理要素；心理透视|高中生物教学；教学效果；学习的主体；如何提高；生物学习过程	生物故事；高中生物；生物学习过程；二年级；游戏化学习	生物学习过程；二年级；游戏化学习；高中生物；教学效果
4	20	0.978	2015	高中生物；教学模式；教育价值；教学方法；应用分析|情境体验；教材内容；高阶思维；教育价值；教学方法	游戏化；生物；教学游戏；实践；教学方法	实践；教学方法；情境教学；价值传播；教学模式
5	12	0.921	2014	教学游戏；初中生物；小数生物；游戏化教学；选用标准|核心素养；高中生物；游戏教学；选用标准；初中生物	课堂教学；意义；应用；初中生物；策略	选用标准；高中；小数生物；生物学习过程；教学思考

续表 14

节点	大小	效率	年份	阶梯式成长 1	阶梯式成长 2	阶梯式成长 3
6	11	0.887	2011	生物教学;小班幼儿;中学生物;游戏教学;课程改革|中学生物;课程改革;游戏教学;生物教学;小班幼儿	游戏;生物教学;小班幼儿;生物能力;中学生物	小班幼儿;生物能力;中学生物;幼儿园
7	11	0.896	2012	教学游戏;问题意识;生物思想;生物思维;游戏教学|游戏教学;情境设置;生物课堂;问题意识;高中生物	兴趣;教学;生物思维;生物思想;情境设置	教学;生物思维;生物思想;情境设置;生物课堂
8	6	0.964	2015	高中生物教学;低年级;教学游戏;应用游戏;生物学习;应用探讨	应用游戏;生物学习;应用探讨;低年级;高中生物教学	教学游戏;应用游戏;生物学习;应用探讨;低年级

“寓教于乐”历来是基础教育提倡的一种形式，学习者渴望的是课堂的互动探索、课堂内容的生动活泼，课堂气氛的轻松和谐，喜爱老师的幽默，课堂的生活化。新课程中提倡的是自主学习。怎样才能让学生真正地自主学习，调动学习兴趣，是老师应该思考的问题，游戏教学是一个很好的方式。爱玩游戏是人的天性，不分年龄也不分性别，我们的课堂也可以游戏教学，当学生在玩游戏时，他们都是游戏的主体，老师只起组织、指导的作用。所以，游戏教学可以很好地实现“以学生为主体，老师为主导，面向全体学生”的教学理念。在课堂教学中合理运用游戏，还能够调动学生的学习兴趣，发掘学生的各种潜力，培育学生的合作精神。

【案例】

在游戏中学习

在讲“通过激素的调节”一课中，血糖平衡的调节既是重点也是难点。为了突破这个难点，帮助学生理解胰岛素和胰高血糖素在血糖平衡调节中所起的作用，我根据教材中建立血糖平衡调节模型的模拟活动改编了一个学生参与的游戏，课堂上让学生在游戏中学习和理解知识。

1. 游戏说明

教师先在教室讲台及附近位置划定一定区域，分别代表人体不同的器官或成分，并用文字注明。例如，用讲台位置代表血液，讲台下左侧位置代表胰腺，讲台下右侧靠近讲台位置代表肝脏，远离讲台位置代表骨骼肌。

血糖浓度：准备 8 张硬纸片，正面写血糖浓度 0.2 g/L，背面写肝糖原（一张写肌糖原），各由一名学生手持。

胰岛素：用一张硬纸片，正面写胰岛素，背面写胰岛 B 细胞，由一名学生手持。

胰高血糖素：用一张硬纸片，正面写胰高血糖素，背面写胰岛 A 细胞，由一名学生手持。

旁白：教师。

导演：全体观看游戏的学生。

2. 游戏过程

教师让参与游戏的学生手拿纸片对号进入各区域。由 4 名学生各手拿一纸片站在讲台上，并将写有血糖浓度为 0.2 g/L 的一面向着大家，还有 3 名手拿同样纸片的同学站在台下。手拿正面写胰岛素，背面写胰岛 B 细胞和正面写胰高血糖素，背面写胰岛 A 细胞纸片的两位同学站在“胰腺”的区域，并将写有胰岛 B 细胞和胰岛 A 细胞的一面向着大家。然后教师问学生：“大家看讲台上的同学手拿的纸片，血糖浓度加起来是多少？”
学生答：“0.8 g/L。”

教师又问："现在的血糖浓度是否正常？"

学生答："正常。"

教师接着旁白："现在是吃饭时间，今天的饭是馒头、稀饭和菜，很香。我一连吃了 3 个馒头，一小时后，这些馒头经过消化吸收，变成葡萄糖进入我的血液，那么，我的血糖浓度将如何变化？"听着教师的描述，学生们被逗笑了。

学生笑着答："升高。"

此时，手拿正面写血糖浓度 0.2 g/L 纸片的同学和站在讲台下的 3 名同学都站到了讲台上，并将写有血糖浓度 0.2 g/L 的一面向着大家。

教师问："现在的血糖浓度是多少？"

学生答："1.4 g/L。"

教师又问："现在血糖浓度在正常值范围吗？"

学生答："不在，高了。"

教师接着问："现在该谁发挥作用了？"

学生答："胰岛素。"

此时站在"胰腺"处，手拿胰岛 B 细胞纸片的同学走上讲台，并将纸片的正面（写着胰岛素）向着大家。

教师又问："胰岛素进入血液，血糖浓度将怎么变化？"

学生答："降低。"

教师又问："怎么降低的？"

学生答："血糖变成糖原。"

此时有两个学生走向了"肝脏"区域，并将纸片的背面（写着肝糖原）向着大家。还有一学生走向了"骨骼肌"区域，并将纸片的背面（写着肌糖原）向着大家。

教师又问："此时血糖浓度是否恢复正常？"

学生答："是。"

教师接着旁白："我现在又要进行马拉松长跑了，我跑啊跑啊……，血糖浓度将如何变化？"（教师此时的肢体语言又逗乐了同学们。）

学生笑着答："降低。"

此时讲台上有两名手拿写有血糖浓度 0.2 g/L 纸片的学生走下讲台。

教师又问："为什么降低了？"

学生答："血糖氧化分解为生命活动提供能量了。"

教师接着问："现在谁该起作用了？"

学生答："胰高血糖素。"

此时站在"胰腺"处，手拿胰岛 A 细胞纸片的同学走上讲台，并将纸片的正面（写着胰高血糖素）向着大家。

教师又问："现在血糖浓度如何变化？"

学生答："肝糖原分解，血糖浓度升高。"

同时站在肝脏处，手拿肝糖原的两名同学走上讲台，并将纸片的正面（写着血糖浓度 0.2 g/L）向着大家。

教师又问："现在血糖浓度如何变化？"

学生答："恢复正常。"

教师又问："通过这个游戏大家明白血糖平衡是如何调节了的吗？"

学生答："明白了。"

教师宣布游戏结束。

【案例反思】

杜威的实用主义教育理论认为，传统教育没有给儿童提供主动学习的机会，只提供了被动学习的条件——死记硬背。他又提出“让学生从实践活动中求学问，即“做中学”的主张。强调“经验”“学生”和“活动”这三个中心，在活动中培养学生的能力。本节课的游戏活动旨在通过学生的参与活动，自主的理解和体会血糖平衡调节的过程，理解胰岛素和胰高血糖素在血糖平衡调节中所起的作用。学生觉得游戏很有趣，积极性很高，每个学生的学习积极性都被调动了起来，无论是游戏的参与者还是观看者，大家在一种轻松愉悦的氛围中学习了知识。实现了笔者设计游戏的理念：在做中学，寓教于乐。 这也正是杜威的实用主义教学理论所提倡的“做中学”。也符合我国教育家陶行知的教育思想“教学做统一”。我国新一轮课程改革要求把课堂还给学生，即学生是学习主体，所以作为教师一定要用先进的教育理念指导自己的教学，精心设计课堂教学环节，要让学生真正“动”起来。

第十八节　交叉设计与教学语言

情境教学是指利用外界的环境，实现和学生心境共鸣的教学方法。这个环境可以是人为的，也可以是客观存在的。情境教学主要是通过某种富有感情色彩的活动而形成的一种独特的心理氛围，即以生动形象的情境激发学生学习情绪为手段的一种教学方法。情境教学也正满足了新课程的需要，它充分调动了学生的学习积极性，从而促进了学生自主学习与自主探索的能力，进而实现了教与学的和谐统一。学生语言学习的情境教学以这种方式学习语言，学生即理解又能学以致用，能够比较好地培养孩子综合运用语言知识的能力，能够培养彼此之间的合作能力，共同完成一项任务，从而提高语言表达能力。

语言学习是指个人学会使用语言进行交往的过程，它包含了对各种声音或符号及其对约定俗成的认识、再认识和重现，以及对语言规则的认识，对使用语言所需要的动作技能（如发音、书写等）的掌握。语言学习是儿童语言主动建构的过程，语言学习是儿童语言个性化的过程。语言学习是循序渐进、逐步累积的过程。语言学习有助于学习者成为积极的语言应用者，在交往中逐步掌握理解与表达。所以，学生需要机会和各种各样的人相处，在真实而平常的学习与生活中操练、拓展自己的语言经历，而学生的语言教育也不能忽略这些日常的、渗透的环节。学生的语言学习需要相应的社会经验支持，应通过多种活动扩展学生的生活经验，丰富语言的内容，增强理解和表达能力。

学生语言学习的场景文体是指独立成篇的文本体裁（样式、体制），是文本构成的规格与方式，一种独特的文化现象，是某种历史内容长期积淀的产物，它反映了文本从内容到形式的整体特点，属于形式范畴，学生语言学习的场景文体是学生文娱和体育的合称。学生的语言学习文体是深入浅出的口语文学，学生以听为主，这就要求学生文学的语言必须明白浅显，尽量运用学生能理解的词汇，学生语言学习文体具有具体、形象、上口的特点。

学生阶段是孩子语言发展的关键时期，心理学家认为学生这一阶段的词汇已接近成人，说话像个“小大人”。学生的语言教育主要以故事情境的形式展开，与孩子的交流更注重完整的句子表达，在此过程中，教学效果的好坏，往往依赖教师的专业技能和经验，但经验的借鉴往往有惯性思维的特点。立足于学生语言发展特点，立足于情境教学下的学习场景文体设计与实践研究，让经验有迹可循、可视化，对提高学生语言学习教育的科学性、有效性有积极的借鉴意义和价值的课题。

通过 CiteSpace 以“学生语言学习”为检索的主题词，2003—2021 年为检索的时间跨度，依据文献类型对数据结果进行精炼，共检索出 3 篇文献，通过 CiteSpace 的关键词聚类图谱、作者单位机构合作网络图谱、高频关键词共现时线图、关键词共现聚类表等对国内学生语言学习进行统计分析，以期分析学生语言学习研究现状、研究热点与研究前沿，挖掘出本课题研究的意义和价值。

为体现国内学生语言学习研究的总体趋势，本文根据 CNKI 数据库中 1981—2021 年期刊年度文献分布情况，绘制出折线统计图，详见图 44。

从图 44 可以明显看到，2003—2021 年国内学生语言学习研究论文呈现波动上升趋势，1981 年开始出现，随后发文量在 10~20 篇之间波动，2015 年达到峰值 14 篇，随后几年略有回落，后期又波动上升，总体来看，国内关于学生语言学习研究论文数量在起伏中保持增长趋势。另外，学生语言学习的相关研究成果被高频的作为参考文献和引证文献，可见学生语言学习研究正受到研究者的关注和重视。

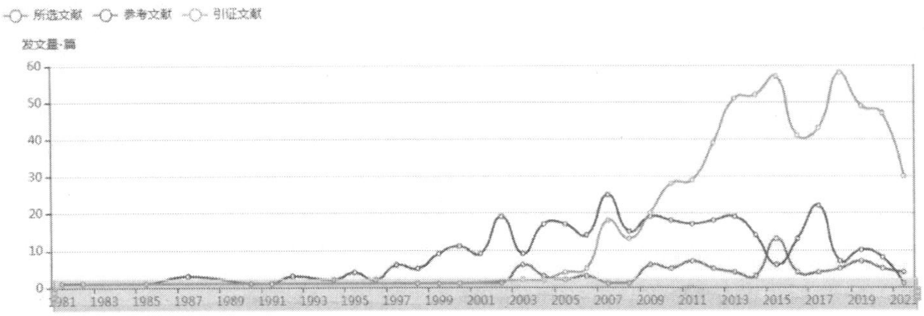

图 44　国内学生语言学习研究成果分布折线图（1981—2021）

另外，通过 CiteSpace 对目前国内学生语言学习研究的作者和单位进行合作网络的分析，能帮助我们识别在学生语言学习研究领域的有影响力的学者和机构，有助于把握这一领域的总体研究动态与发展。CiteSpace 通过 MST 算法精简网络，得到 178 个节点，179 条连线的作者单位合作图谱，见图 45。

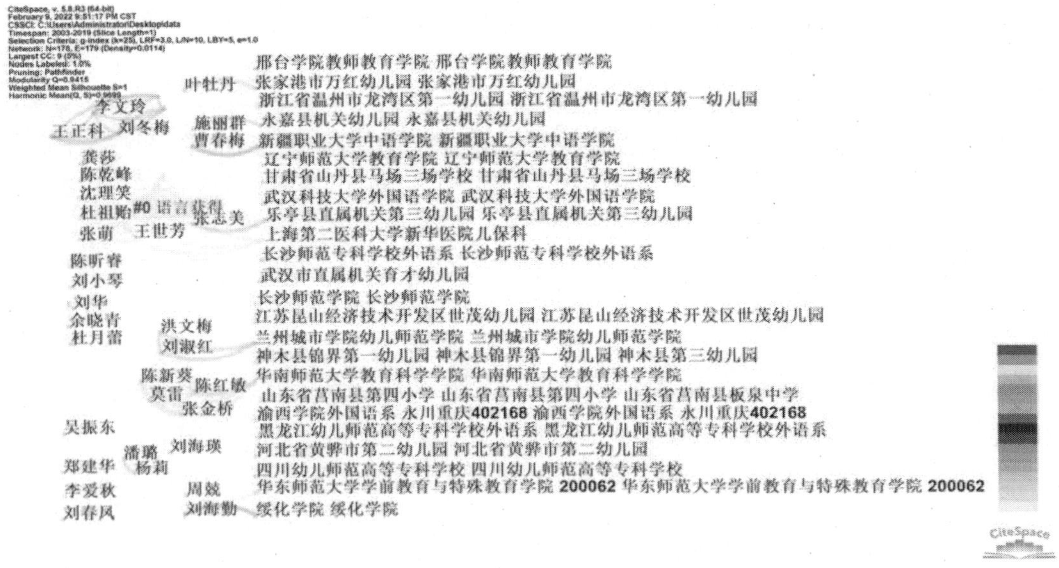

图 45　作者和机构合作网络图

表 15 生成的 6 个主要类团，结合聚类表可以看出，聚类效率均高于 0.9，总体来说各个类团内部一致性较好，0 包含的节点数最多（24），3、5、7 研究较为新颖（2012 年），确定本课题围绕“语言学习”“场景文本设计”展开。

表 15　关键词共现聚类表

节点	大小	效率	年份	阶梯式成长 1	阶梯式成长 2	阶梯式成长 3
0	24	0.993	2010	学业能力;家庭因素;学习品质;问题行为;电视美术片|双语教育;电视美术片;书面语言;心理发展;学业能力	双语教育;电视美术片;书面语言;阅读;英语教育	电视美术片;书面语言;阅读;英语教育;杭州市
2	13	0.97	2007	语言环境;学生语言;学前双语教育;师资标准;目标定位|学生教育;学生语言;二语习得;学前双语教育;师资标准	语言环境;学生语言;学前双语教育;师资标准;英语	学生语言;学前双语教育;师资标准;英语;二语习得
3	13	0.963	2012	学生英语;游戏教学;英语教学;体育游戏;学习风格|有效教学;体育游戏;学习风格;游戏教学;英语教学	学生英语;有效教学;体育游戏;学习风格;游戏教学	有效教学;体育游戏;学习风格;游戏教学;英语教学
4	11	1	2007	第二语言;语言获得|语言获得	第二语言;语言获得;儿童;兴趣;优势	语言获得;儿童;兴趣;优势;弊端
5	9	0.97	2012	语言学习;视觉语言;听觉语言;早期发展;外语学习|外语学习;视觉语言;语言学习;听觉语言;早期发展	语言学习;视觉语言;外语学习;早期发展;成人	视觉语言;外语学习;早期发展;成人;听觉语言
6	5	0.979	2012	学生;语言;方言版动画片	语言;方言版动画片;学生;语言学习	语言;方言版动画片;电视美术片;视觉语言

结合话语设计的功能、价值，我们可以做以下 3 个假设：

（1）教师教学过程中话语的理性化对提高教学质量进行分析和研判是有积极促进作用的，这样的分析和研判是需要被关注的、设计的。

（2）这样的关注和设计，除了充分肯定教师和学生的主观能动性之外，还受到外界相关因素的影响和制约。

（3）影响和制约来自于教师自我认识的缺失或缺乏、话语设计及理性与非理性边界的模糊关系，话语的设计应该是一个是整体的、科学的、理性的设计过程。

教学的意向性、双边性、中介性、伦理性，决定做一名有理性的教师，更是时代对教师提出的新要求。本文通过对理性的含义及教学特征理性基础的分析，将教学各环节与理性有机结合，从而使教师在教学中去发展学生的理性思维。教学中的理性应包含这两个方面的含义：一是在教学中，教师要有理智的好奇心和强烈的求知欲和寻根究底的探索精神；二是教师要有批判精神、怀疑精神，不唯书论、不盲从的实事求是的科学态度。

作为理性化教学的反例，本课题的研究会提升教师对课堂概念教学的调控能力，提高教学的教学质量和效率，全面把握理性化教育的内在本质，进而提高学生的批判思维及质疑能力，从而推进教育教学改革，聚焦教师专业化成长的最小空间单元、业务单元，掌握关键基础课堂教学动态状况，更加精准的对教学运行现状和质量进行分析和研判有重要意义。

【案例】

高中生物实验的教学语言——兴趣是最好的老师

学生的兴趣需要引导。在生物实验教学过程中，语言是师生进行思想和信息交流、传递知识的工具，是教师工作的基础。然而，教学的语言是一种艺术，含有丰富的个性和创造性，教师往往会忽视对教学语言的修养。掌握语言，恰到好处，是教师教学过程中，必备的综合素质，如果语言的修养程度不高，那么教学的效果也不会太理想。

1. 常规生物教学情境

2019 年 9 月 17 日，生物教研组听一位老教师的课。

“怎么又是生物课呀，真没劲！”甲同学嘴巴里嘀咕着，将生物课本拿出来砸在桌子上……

“上课！”“老师好！”“同学们好。”

“同学们，大家把课本翻到 53 页，我们今天来学习一下第三章第三节的 DNA 复制这一部分的内容……”

“老师，50 页的 DNA 的结构我们还没有上。”

“那 49 页的内容我们上过没有？”

“上过了。”

“那我们来讲一下 50 页，上一次课剩下的部分内容……”

“刑事侦破中，用 DNA 指纹图谱抓捕嫌疑犯人，排除嫌疑人，采用 DNA 酶水解、电泳，根据图谱就可以确定嫌疑人了吗？会不会存在错误的情况呢？如果这样下结论会对嫌疑人或社会产生什么影响呢？”

“每个人的 DNA 都是特定的序列，但图谱不是序列。”

“可能没有测核酸的技术，但是过去三年的新型冠状病毒不就是通过测核酸来鉴定的吗？”

“老师，我们什么时候去做实验啊？你都说过很多次了，但一直没有带我们去做过？”

2. 实验教学情境

我校的实验室是在综合楼的 8 楼，同学们需要步行爬到 8 楼，在他们的脸上却看不到疲惫的样子，“分解纤维素的细菌分离”实验教学课中的教学情境。

“在六盘水有一种特殊的食材——六盘水羊肉米线，养吃草长肉。那么，羊是怎么消化草的呢？”

“有其他的生物在帮助它，在它的胃里面，这种东西我们用肉眼看不到”

“细菌。”

“对，细菌。”

“如果要鉴定这个细菌是什么，怎么办？”

“细菌菌落的形态和颜色。”

“仅仅从细菌的颜色和形态来对细菌进行鉴定，以及刚果红染色，方法欠严谨！”

“唯一可以准确确定细菌的种属就是确定它的 DNA。”

“细菌的 DNA 那么多，测它的什么地方，或者片段 DNA 呢……”

一周后。“同学们周末下去，用手机分组去查一下 DNA 亲子鉴定和细菌种属 DNA 目标的选择。”

“常染色体 STR，Y 染色体 STR 和线粒体 DNA 亲子鉴定；孩子在 D13S317 基因座有“TCAT TCAT TCAT TCAT TCAT TCAT TCAT TCAT”的重复序列，这 8 个短串联重复序列“TCAT”，可以看成是一个“遗传标记”，那么他的父亲或母亲在此基因座一定有这样的 8 个“TCAT”短串联重复序列，这是一个基因座，通过多个基因座的测试，就可以确定谁是，谁不是孩子的父母。我国司法部司法鉴定管理局于 2014 年颁布的《生物学全同胞关系鉴定实施规范》中要求必检的有 19 个 STR 基因座。

只有男性有 Y 染色体，所以 Y 染色体只能是父系遗传，在 Y 染色体上寻找相同的位点不但可以鉴定父子的关系，还可以鉴定上下十几代的父系关系。Y 染色体上，或称 Y-MRCA，在遗传学上，是人类父系的最近共同祖先，从他遗传 Y 染色体。

在我们人体的细胞中，有细胞核和细胞质，细胞核里面有我们的23对染色体DNA，在细胞质中，有线粒体DNA，线粒体DNA只能母系遗传，会在母女间代代相传，可以做母系亲子关系的鉴定，也可以鉴定上下十几代或更远的母系关系，1987年，科学家就是在线粒体DNA上面，寻找到了我们全世界人共同的老祖母夏娃。”

“细菌16SrDNA。”

“新冠病毒将RNA转化为DNA，以便后续的PCR扩增。”

“它们都由特异的引物确定扩增的序列位置。”

“序列测出来之后，序列和序列之间有什么关系和不同，怎么比较它们之间的区别？怎么确定它们的种属关系，亲缘关系的呢？”

“找区别，就是做比较。”

“碱基互补配对中是否只能是A与T配对，G与C配对呢？”

3. 兴趣的来源

从以上的两个教学过程来看，实验教学中深挖情境与学科知识的联系，实验教学的情境是丰富的，学生是感兴趣的，兴趣的产生是来自于生活中产生的疑问，认为生活中应该就是这样的，但又缺乏知识的支持和联系，就情境中刑事侦破中的DNA酶解，电泳图谱的结果很可能会使得情境引导学生认为图谱就可以确定情缘关系。

生活中的疑问，学习中创造矛盾是激发学生兴趣的有效路径。

第十九节　交叉设计与科学发展史

《新课程标准》在第四部分“实施意见”中提出：“科学是一个发展的过程。学习生物科学史能让学习者沿着科学家探索生物世界的路线，了解科学的实质与科学研究的方式，学习科学家献身科学的精神。这对培养学习者的科学素养是很有意义的。”高中生物科学史中蕴含着非常丰富的教育价值，老师在课堂中应积极发掘和运用生物科学史资源，切实提高每个高中生的生物科学素养。

一、利用生物科学史，指导学生形成正确的思想

生物科学史向我们介绍了科学家思考和处理生物学问题的思想。科学家思想的形成在当时的社会，不但受到了文化背景的制约，还受到当时科技的制约，对科学家而言，生物学知识的形成，必须从思想上有所突破。如果思想不科学，就会导致学生对事物产生错误的认识。反过来，通过对事物的科学研究，获得对事物的正确认识，也会改变学生的思想，使学生对事物的认识产生质的飞跃。因此，生物是演变思想的建立，是对生物的不变思想的突破；人类对生命个体发展的过程，也反映了思想方式上的突破。所以，生物科学史向人们展示了科学家所在的时代背景，并记录了科学家的思想和思想转变的过程，对学生形成正确的思想有着积极的教育意义。

二、学习生物科学史，有助于学生建立知识结构

学生掌握了生物科学史，既能从整体上了解各个分支学科是怎么发展出来的，又可以了解各个分支学科间的联系，进而形成各知识点间的联系，从而建立完整的知识结构。因此，遗传学的发展，经过了细胞遗传学、群体遗传学、微生物遗传学和分子遗传学等阶段。在其发展过程中，如果孟德尔没有运用数学知识对数据进行统计分析，就无法揭示遗传规律；如果没有细胞学的发展，萨顿（Sutton）和鲍维里（Boveri）就无法推测到遗传因子和染色体间的联系。在科学家处理遗传的基本规律是什么、遗传物质是什么、遗传物质有什么结构、遗传物质如何复制和怎样控制多肽链的生成等一系列问题的过程中，遗传学逐渐发展起来。

如果老师能指导学生循着这样的线索进行学习，了解这一系列问题的处理过程，那么，这一部分的知识结构学生就可以顺利地建立起来，还能够联想到新的问题。

三、利用生物科学史，训练学生的批判性思维

学生通过生物科学史的学习，能够认识到生物科学是在自我改善的过程中积累与进步的；还能够认识到生物科学知识是科学家在不断地对前人的结论加以质疑的基础上，再进行自我改善的过程中积累出来的。学生在掌握了进化论的发展之后，可以得到科学知识是在不断质疑和改进的过程中积累的这一结论，这对训练学生的批判性思维大有帮助。

四、利用生物科学史，训练学生的科学研究能力

生物科学史就是科学家研究生物学知识的科学过程史。生物科学每一知识点的形成，都是一个科学研究的过程，如发现问题、提出问题、进行假设、逻辑推理、检验假设、分析结论、交流评价等，是对学生进行科学技术训练的良好素材。学习生物科学史有助于学习者了解各个知识点的来龙去脉，同时也能在其中的一些典型事件中掌握科学家的科学研究方法。例如，生长素的发现史，老师可运用现代化教学手段，指导学生深刻领会科学家的思维方法，探讨生长素基本理论的形成过程。这不但可以促使学习者深刻领会生长素理论知识，还能使学习者在亲身感受科学探索的过程中进行科学方法的训练，从而形成了一定的探索能力。

五、利用生物科学史，训练学生的合作能力

在课程改革的过程中，协作学习是一个很关键的教学方法。学生通过高中生物科学史的学习，可以明白在探索知识的过程中，科学家之间往往是通过合作获得成功的。例如，DNA双螺旋结构模型的建立过程，汇集了许多不同学科背景科学家的智慧，为解决问题提供了不同的思路。他们在解决问题的过程中相互启发，相互补充，相互促进，并共享了研究成果。学习者还能在生物科学史的学习中，明白必须重视每一学科的学习，但不能有偏科现象。唯有如此，才能为终生学习打下良好的基础。

六、利用生物科学史，培育学生的科学素养

生物科学史，展现了科学家的科学态度、科学精神和科学世界观。生物科学史中记载着科学家的生平事迹，从中发掘了科学家的科学态度、科学精神和科学世界观，将它渗透到生物教学中，对培育学生的生物学素养乃至科学素养和人文素质都有积极的教育意义。因此，选取了“细胞学说的建立过程”“探索生物大分子的奥秘——与邹鲁博士一席谈”“细胞世界探微三例”“对生物结构的探索历程”“关于酶本质的探索”“光合作用的探索历程”等方面的历史。学生在置身于科学史的氛围中进行领悟与体会，能获得丰富而有趣的知识，感受严密的逻辑思维过程与解决问题的思维方式，并在深厚的历史感中体会前人的智慧，进而增强自身的生物科学素质。

生物科学史不但记载着生物科学知识的形成过程，同时蕴涵着科学家的创造性思维和灵活多样的科学知识，也反映了科学家实事求是的科学态度，以及勇于创新、善于协作和无私奉献的科学精神。所以，在高中生物教育中，老师必须重视生物科学史的教育，积极发掘生物科学史的教育价值，以促进学生全面和谐地成长，各领域生物发展史见表16~19。

表 16 细胞学说建立过程

科学家	研究成果
1665 年，列文・虎克	显微镜观测植物的木栓组织，发现许多小室，并把“小室”叫作细胞
1860 年，列文・虎克	活细胞，观察原生动物、人类精子、鲑鱼的红细胞、牙垢中的细菌等。但没用“细胞”来描述其发现
1830 年，施莱登和施旺	共同提出了细胞学说，指出了细胞是所有动植物结构的基本单元，并阐述了细胞结构的统一性与生物体结构的统一性
1858 年，魏尔肖	在前人研究的基础上，总结出细胞通过分裂形成新细胞

表 17　生物膜流动镶嵌模型

科学家	研究成果
1895 年，欧文顿	他曾用五百多种化学物质对植物细胞的透过性开展了上万次的实验，认为细胞膜对不同物质的透过性并不相同，凡是能够溶于脂质的物质，比无法溶于脂质的物质更易于透过细胞膜进入细胞。于是，他给出了膜由脂质所构成的假说
1959 年，罗伯特森	电镜下看到了细菌膜清晰的暗—亮—暗的三层结构，并结合了其他专家的研究成果，认为细菌膜是由“蛋白质—脂质—蛋白质”的三层结构所组成的静态统一结构，即“单位膜模型”假说
1970 年，拉里・弗莱	将人和鼠的细胞膜用不同的荧光抗体标记后，使二个细胞融合，杂交细胞的一半发红色荧光、另一半发绿色荧光，在放置一段时间后发现两种荧光抗体均匀分布。提出假说：细胞膜的流动性
1972 年，桑格和尼克森	在单位膜模型的基础上提出流动镶嵌模型。强调膜的流动性和膜蛋白分布的不对称性。为多数人所接受

表 18 与酶的发现有关的科学研究

科学家	研究成果
1773 年，斯帕兰札尼	他通过实验证实胃液具有化学性消化作用
1857 年，巴斯德	认为酒的发酵是由于酵母菌的存在，没有活细胞的参与，糖类是不可能变成酒精的
1857 年，李比希	认为酵母细胞死亡并裂解释放出某些物质，从而导致发酵
1875 年，毕希纳	他在酵母细胞中获得了含有酶的萃取液，并用这种萃取液成功地完成了酒精发酵
1926 年，萨姆纳	他从刀豆种子中提取了脲酶的结晶，并用各种方式证明了脲酶的蛋白质。获得了 1946 年诺贝尔化学奖
切赫和奥特曼	少数 RNA 也有生物催化作用

续表 18　光合作用的科学研究历程

科学家	研究成果
1771 年，普里斯特利	通过试验发现植物能够更新空气
1779 年，英格豪斯做普里斯特利的试验	表明植物只有在阳光照射下才能才能更新污浊的空气
1785 年，森尼别	发现了空气的组成，明确绿叶在光下放出的空气是氧气，所吸收的是二氧化碳
1845 年，梅耶	认为植物在进行光合作用时，把光能转化成化学能储存起来
1864 年，萨克斯	通过试验证明光合作用产生了淀粉
1880 年，恩格尔曼	通过试验证明叶绿体释放氧气，是植物进行光合作用的场所
20 世纪 30 年代，鲁宾和卡门	用同位素标记法证明光合作用中产生的氧全部来自水
20 世纪 40 年代，卡尔文及其合作者们	开始利用放射性同位素标记法研究光合作用，经九年左右的深入研究，最后发现了二氧化碳中的碳在光合作用中转化为有机物中的碳

表 19　对遗传物质的研究

科学家	研究成果
1798 年，道尔顿	第 1 个发现了色盲症，伴性遗传研究的开始
1866 年，孟德尔	用豌豆做实验材料，用“假说—演绎”思想，给出了遗传学的分离定理、自由组合定理和遗传因子学说
1903 年，萨顿	研究了蝗虫减数分裂，用“类比—推理”思想，发现了遗传因子与染色体之间的平行联系，并给出了基因在染色体上的学说
1915 年，摩尔根	通过果蝇眼色的遗传，用“假说—演绎”思想证明了基因在染色体上和基因在染色体上呈线性排列，从而建立了现代遗传学的基因学说
1928 年，格里菲思	通过试验推论，已杀死的 S 型细菌中，存在着一种转化因子，使 R 型细菌转化为 S 型细菌（体内转化试验）
1944 年，艾弗里	通过试验证明了上述转化因子是 DNA，也就是说 DNA 才是遗传物质（体外转化试验）
1952 年，赫尔希和蔡斯	通过对噬菌体侵染细菌的试验证明，在噬菌体中（同位素标记试验 ^{32}P、^{35}S），亲代与子代之间存在连续性的物质为 DNA，但不能证明蛋白质并非遗传物质
1953 年，沃森和克里克	提出了 DNA 分子双螺旋结构模型
1957 年，克里克	提出了中心法则，提出了 DNA 零点五保留复制的假说
1961 年，尼伦伯格和马太	成功破译了第一个遗传密码

实验素材的选择对实验的开展，达成预定的教育教学目标，有着至关重要的作用，从孟德尔用豌豆做杂交实验，提出假说和遗传因子的概念，再到摩尔根用果蝇做杂交实验，证明遗传因子（基因）在染色体上，同是杂交实验，但选择的实验材料不同。在摩尔根拥有人力、财力、物力等优势的情况下，为何最终却是在格里菲斯的肺炎双球菌的转化实验（有杂交的影子）中得到启发，最终由赫尔西和蔡斯用噬菌体的侵染实验，通过放射性同位素标记法，最终证明了遗传物质是 DNA？

从实验研究主体来看，是从个人到团队，由非专业到教授；从研究技术来看，是从个体水平的人工授粉到分子水平的放射性同位素标记法；从研究的历史发展时间线来看，实验设计的研究出现人力、物力、财力的整合，技术在深化，但同时也会出现研究材料的优势而摒弃其他材料的优点。新研究领域的拓展，就应该从完善的研究综述中找到现有的研究现状，找到研究成果存在的不足，还原事物的本质，剥离研究的障碍，从最简明的方式呈现实验的结果，其中在提出问题的环节，要大胆的质疑，结合现有的条件，提出可行的研究方案，做到粗中有细，忌全盘照搬。

第二十节　基础课题研究提升教师教科研能力

在现行高中管理体制下，高中教师通常要承担教学与科研的双重任务。但是，教育与科研在知识的掌握方法上存在很大区别。高中教学主要表现在课程知识的系统性和表达性方面，而科研要求则表现在知识的专业性和创新性方面。二者之间存在不完全兼容性。再加上时间、资源和知识、资源、禀赋等约束条件，则这种不兼容性问题显得更为突出。所以，高中青年教师若要发挥自身潜能，获得教育、科研双丰收，就必须要正确处理二者的矛盾。

一、充分认识教学与科研之间的联系

教学与科研是高中两个独立，又相互联系的活动。高中的教学是完成学校任务基本手段，是课堂上或校园里教师的双边活动，是学校培养的全过程，是高中最基本的活动；而高中的科研则是充分发挥学校功能，实现校园价值的关键方面。因此，教育与科研是发挥学校功能、实现学校价值的重要方面。充分认清教学与科研的关系，解决思想认识上的误区，对学校青年教师的个人学术、事业发展有重要的意义。

教育与科研之间存在很大的差异。首先，课堂教学以讲授全面性的、系统化的、相对稳定的知识点居多。这就要求高中老师在课堂上把注意力更多地放在怎样调动学生的学习积极性和怎样系统地掌握本课程知识点方面。而科学研究则要求高中教师对本学科某个方面问题的持续关注和深入研究，创新性、单一性、不稳定性是科学研究的主要特征。这与教学都存在很大区别。其次，教育与科研的接受范围也存在较明显区别。高中教育的知识接受对象主要为本科生，而科研成果的接受对象主要为社会、企业、政府部门、科研机构等。最后，由于个人的兴趣、时间、精力等因素，高中教师所关心的科研项目可能和正在教学的内容有很大脱节，或联系不大。比如，我的研究方向是英美文学，而我现在教的课是高中英语公共课，两者很难相交。

毋庸置疑，教学与科研也是相辅相成、相互促进的。第一，教师的备课活动是对教学内容加以整理、思考的研究过程。第二，教学的实质就是在教师指导下学生对的认识过程。我国的高中教育要求教师“联系本学科领域的最新动态开展教育，让学生了解本学科的发展动态，调动学生处理学术问题和实际问题的兴趣……”如果一位老师不搞科学研究就无法了解本学科的最新动态，也没有对本学科领域知识的深刻理解，在培育学生进程中，就谈不上帮助学生掌握科学的科研方法、方向和思路。另外，如果任课老师没有科研背景，上课照本宣科、内容陈旧，也调动不了高中生的学习兴趣。第三，科学技术革命的迅猛发展，高等教育并非高中生进行教育的最后阶段，而消极被动地获取知识或单纯地把知识储存于脑部的“知识型”人才已无法适应当今社会和经济社会发展的需要，因此必须将学生培育成能不断摄取知识、自我更新、独立钻研，具备科学进取能力，富有创新精神的新一代的建设者。与人才培养新要求相适应，培养人才的高中教师仅停留在“教学型”是不够的，应强调科学研究能力和科学精神是当今高中教师的基本素养之一。否则，就谈不上在课堂教学过程中对学生进行科学研究意义、科学研究能力的训练和科学研究方式的引导，就无法提高课堂教学的质量。

二、成为教学研究型的教育者应是青年教师的奋斗目标

高中教师一般被分为三种类型，教学型、研究型和教学研究型。教学型教师以高中专业（基础）课程为职业生涯的主要内容。教学型教师的知识结构具备“后顾性”特点，即对课程和专业的现有知识的系统掌握，把主要精力和时间放在课堂上。研究型教师把主要精力放在科研上。研究型教师通常具备诱致性或由强制性到诱致性的研究偏好和学术积累基础。与教学型教师的知识“后顾性”特征比较，研究型教师一般具备知识与问题意识上的“前瞻性”特征。教学研究型高中教师通常同时将时间放在教学和科研两个方面，既进行教学工作，同时又具备相应的科研能力。从时间配置角度来看，教学研究型教师又可分成教学为主科研为辅和科研为主教学为辅和教学科研均衡发展三种类型。我的个人观点是教学为主科研为辅应是高中青年教师主要的奋斗目标和努力方向。首先，高中教师的根本任务是教书育人，为社会、民族、国家培养合格的人才和建设者。因此，对任何一个高中教师来说，教学必须放在首位，科研是为更好地教学服务的。其次，人才培养质量是学校的生命线，学校在任何时候都要以教学为基础，本科生的学习能力也反映了高中的教学质量。

三、青年教师实现目标的途径

青年教师应从以下几个方面合理地处理好教学与科研的关系。青年教师要以教学为基础，以科研求发展。教学能力是教师的基本技能，青年教师首先要过好教学关，否则就是不称职的教师。青年教师在扎扎实实备课，兢兢业业上课，认认真真辅导，不断提高自己的教学质量之外，通过对与教育有关的基本理论与现实问题展开深入研究，从而进行较重要的科研课题研究。科研是提高青年教师业务水平，在本学科领域深入发展、掌握学科前沿知识。科研水平提升以后，又能充实教学内容，提升教学质量。教师没有科研为积淀，没有学术交流为拓展，课堂效果再好，也只能维持浅层次的课堂，无法满足学生进一步求知的需要。

高中教师在不同阶段，教学与科研要有所侧重。作为高中教师，在个人发展不同阶段，须正确把握教学与科研的关系。青年教师的科研要成为教学的内核。高中是育人的场所，青年教师的科研主要为教育服务，为教学提供本学科的前沿理论。教学为科研提供了目标要求，科研为课程的改革服务。科研要把握本学科前沿，补充丰富课程，改进教学方式，提升师资素质，是教学质量提升的重要途径。现代教育，以素质教育为核心，强调全面培育人的综合素养，使学生得到全面的发展。总之，唯有传授者是创造型人才，才能更好地指导学生开展创造性的学习。从当今科技发展的趋势来看，中学阶段的教育，是知识发展的关键阶段。教育科研是教育教学质量的关键保证。

《中华人民共和国教育法》中规定，中学教育是以提高学生的综合素养为目标的，确定以培养人才为中心，就必须把教学置于最优先地位。教学质量是学校生存和发展的基础，是保证提高教学质量永恒的主题。把人、财、物等最主要的教育资源，投入到教学第一线，在教学改革上动脑筋，在创新上下功夫，这才是教学型学校谋求发展的教学与科研的协调发展。还要重视发挥思想政治工作的道德调节作用。青年教师要加强学术交流、学术合作。学术交流与合作既包含与校内同事间的交流合作，又包括与校外同行之间的交流合作。通过这种交流和合作，一方面，能够更快、更好地认识和学习到国内最前沿的学术成果，另外一方面，还能学到国内高中教学与科研结合的先进方式。教师把这些最前沿的成果带到课堂中去，不但能够调动学生的学习积极性，还能把学生带到科研中来，培养学生的科研能力，进而更有效地促进课堂。

在现实社会背景下，教学与科研的运行过程，我们的确需要正确处理好教学与科研的关系，坚持对学生负责和学术进步的一致性，在努力搞好教学的前提下，不断的开展科研工作，完善科研工作，做到教学和科研的和谐统一，实现中学教育应有的重要价值。

【案例】

基础小课题的评价

课题研究最难的是选题，选题的不同从而产生不同的研究方向，我们通过两位老师的课题研究得出以下研究体会：

1. 视角

长期以来，我们一直习惯于“知识本位”的教学观，将学生作为一个知识的容器，忽视学生的主观能动性。学生从“书本”到“书本”，课程内容与学生的生活经验、社会现实联系不紧密，没有体现生物知识的背景和应用，没有体现时代的发展和科技的进步，学生缺乏应用意识，缺乏体验性的学习。通过课题研究深刻地认识到生物教学必须从学生的生活情境和感兴趣的事物中提取教学情境，使学生感受到生物就在身边，感受到生物的趣味和作用，对生物产生亲切感。本人遵循“捕捉生活素材—源于生活—生物内容生活化”的原则，设计生物教学活动。

（1）从生活情境中发现生物问题。

生物教学要创设一定的生活情境，把干枯的数字、生物计算放到日常生活的事例中去，引起学生对新知的共鸣，从而紧紧吸引学生的注意力，让学生积极愉快地参与到教学活动中来。

（2）从生活中寻找生物“原型”。

生物的许多概念、原理在现实生活中都能找到其原型，如果我们能把生活中的问题变为生物研究的对象，学生就会在把现实问题转化为生物问题中，体会生物与生活的联系，认识把现实中的具体问题转变成生物问题来研究，就能更清楚地认识事物的特征，更准确地认识事物的变化规律，体验生物的应用价值，从而增加对生物学习的兴趣。如讲授平移的内容时，我提供了现代社会生活中的大量实例。

（3）让学生在体验中活跃思维。

就是说，从学生生活出发，从学生平时看得见、摸得着的事物开始，在具体、形象的感知中，学生才能真正认识生物知识。如，让学生动眼观察，动手操作，又让学生动脑思考，动口叙述，多种感官参加活动，在活动中发现问题，提出问题解决问题，以动促思，体现了“动中有学”“玩中有学”的思想。

（4）让学生在实践中激活思维。

从实际出发让学生体会生物从生活中来，精心设计课堂的每一环节、每一道例题和练习，遵循学生的认知规律，抓住学生的特点，激活学生的思维，让学生感受生物，知道怎么样，为什么，用身边的生物事实，引导学生去发现、掌握生活中的生物，这样长期潜移默化地训练，培养学生对现实生活中规律的关注和发现的兴趣，提高学生的观察、分析能力和概括能力。

（5）用平等对话构建师生关系。

要做到充分尊重学生人格，关心学生的发展，营造一个民主、平等、和谐的氛围，在认知和情感两个领域的有机结合，促进学生的全面发展。教师要告诉学生：“我非常愿意做同学们的朋友，我愿意帮助你们解决学习上、生活中的问题和困难。”教师和学生不只是在教和学，他们还在感受课堂中生命的涌动和成长，只有这样的课堂，学生才能获得多方面的发展，教师的劳动才会闪现出创造性的光辉和人性的魅力。 通过一学期的努力，学生明显的对生物有很大的兴趣，从被逼学习到自觉学习，有了很大的转变。我将继续改进我的教学方法，争取让更多的学生爱上生物。

【评注】从这位老师的心得体会来看，这个老师是有很多想法的，1 000 个学生 1 000 个哈姆雷特，他关注于情境素材的提炼，思维是发散的，不是聚合的。如，挖掘生物素材的来源、方式、渠道、价值、意义，学生的体验等方面，关注的范围过于广泛，没有找到结合自身实际的切入点。

2. 尝试

抱着试一试，失败也是一种收获的心态下，我申请了一个课题《模型构建法在高中生物教学中的应用---以必修一为例》，最终很幸运申请获得了批准。在欣喜之余，却也不免产生了很多忧虑。因为，之前自己从没独立负责过一个课题，对于如何开展课题研究，如何完成课题报告等毫无头绪。但是，在学校的重视之下，我的每个申请者都获得了专业教师指导，而在导师的帮助下，我在开展工作时也变得有的放矢，悬着的那颗心也逐渐地放了下来。而在这一年的研究过程中，我也深刻地体会到开展课题研究的好处。

（1）严谨工作作风的养成。

课题研究讲究科学性、严密性，而这种特性有利于教师养成一丝不苟的工作作风，从而促使教师的教育工作更加科学化、系统化。原先在日常教育教学过程中，对一些我认为是很简单，学生可以轻易解决的问题，采取简单指导之后便让学生开展活动，但是真正实施后却发现情况并非如此，学生的完成效果非常糟糕，当时便归责于学生的能力差。但是，现在想来实际责任在我，我没有了解学生的实际情况，忽略了对学生的必要指导，而这也正说明了我工作作风还欠缺严谨。自从开展课题研究之后，我开始逐步养成全面考虑各方因素，不再想当然的考虑问题，而是做好事先的调查，充分考虑学生的认识情况，更有效地、科学地开展自己的教育、教学工作。

（2）学术素养的提高。

经常听有些教师讲，教了高中自己就变成了高中的水平，为什么呢？由于教学压力、生活压力等原因，能够静下心来读本书，成了很多教师的一种奢侈。但是我们都知道，做课题时查阅资料是免不了的。出于课题研究的需求，需要阅读大量的相关书籍，学习他人先进的教育教学理论，从而不断更新及逐步形成自己的教育教学理念。这种在理解基础上的理论学习，必然将促使教师在学术素养上的提高。而通过这一年的研究，我不仅学习了很多先进的理论知识，同时也一扫原先对理论书籍的偏见——枯燥与乏味，而是逐渐习惯赏析它们。

（3）“智慧型”教师的塑造。

站在新的历史发展时代，教育对教师提出了新的要求，不能再停留于过去的“经验型”，而应该向“科研型”“专家型”，直至“智慧型”教师转型，而开展课题研究无疑将有利于“智慧型”教师的塑造。原先在进行教育教学时，总是凭借着经验，知道哪些知识该采取哪种方式来进行教学，哪些学生该采取什么方式来进行教育。总停留在经验的套用上，而没有思考过为什么要这样做。但，在开展课题研究后，我便有意识地去审视自己的日常工作的习惯，对一些好的经验或存在的问题进行思考和归纳，寻找其中的规律，自觉地改进自己的教育教学手段，最终，探寻出更好的解决方法。这些大大促进了我教学水平的提高，使我能够逐步向“智慧型”教师靠近。

总之，作为一名一线教师能够在教育教学上积极参与课题研究，开展教科研的实践，是教师自我发展、自我提高的重要渠道，更是教师专业化发展的必由之路。

【评注】这位教师认识到课题研究对教育教学与自身成长之间的关联，带着尝试的心态，并有所成就，但从教师的体会看，她对课题研究的认识是片面的，缺少全面的认识，只是涉及工作作风、学术素养、智慧型教师等环节，却忽视了教育科研的主阵地是课堂，中小学一线的教学经历及在教学过程中得到的信息量是大学老师、研究员所不能比拟的。

为什么这两个教师都认识到了课题研究的重要性，但却往往止步于低端的重复或者是看到的是问题的表面现象，并且深陷其中，问题是出在哪里呢？

第一位老师的课题研究方式是关注与研究教学资源的挖掘，主张的是自主式探究的过程，最终的教研过程中会得到大量的教学案例；第二位教师强调了得到外界技术支持的重要性，而忽视了课题研究的最终目的（解决问题），两者之间有差异，那么他们之间的共性问题是什么呢？

【评价】科研课题立项评审评分参照标准。

3. 小课题评价

鉴于青年教师目前课题研究中存在的问题及困惑，以贵州省教育规划课题（名师工作室专项）《以基础小课题研究为切入点的教师 R&D 能力生成的专业化职业化成长案例研究》的研究为契机，我们立足与教师教科研实际，借鉴县教育局的《科研课题立项评审评分参照标准》我们制作了基础小课题申报指南和基础小课题立项评审量表，如表 20~23。

树立“问题就是课题，反思就是研究”的教育科研理念，以“短、小、实、快”为小课题研究的工作指导方针，促使广大教师破除教育科研“高不可攀”的神秘感，引导青年教师选择一些内容具体、切口小、周期短的问题进行科学研究，从而克服课题研究“假、大、空”的不良现象。

在新课改的大背景下，吃透课改精神，不断在课堂教学中渗透新的教育教学理念，植根于自己的教育教学实践，在自己熟悉的领域中探究、反思和理论提升，力求自己由专业型教师向研究型教师转变。

教学工作是教师的中心工作。本人要认真担负本职工作，认真书写教案、备课，并针对学生实际学习情况有的放矢的开展工作。课堂上，耐心细致地讲解，为使学生能够更好地接受书本知识，并能够在操作上学会正确操作，我会认真研究学生、钻研教材，尽量为学生提供实践的机会，使学生在易学易懂的情境下进行学习，以提高学生学习的积极性。并且以自己在实践中摸索到的教学模式去进行教学。同时，将理论知识与自己的实践结合，为自己的教学工作打下更扎实的基础。

表 20　基础小课题立项评审量表

评价内容		评分标准与等级			
		A 等（90~100 分）	B 等（75~89 分）	C 等（60~74 分）	D 等（0~59 分）
课题内涵	选题意义	1. 选题方向正确，符合立项条件 2. 对学校发展有很大促进作用 3. 有重要的特色、创新性 4. 学术价值高 5. 对提高教学质量和管理水平实用价值高	1. 选题方向比较正确，比较符合立项条件 2. 对学校发展有一定的促进作用 3. 有比较重要的特色、创新性 4. 学术价值比较高 5. 对提高教学质量和管理水平实用价值比较高	1. 选题方向基本正确，基本符合立项条件 2. 对学校发展作用一般 3. 有一定特色、创新性 4. 有一定学术价值 5. 对提高教学质量和管理水平有一定实用价值	1. 选题不当，不符合立项条件 2. 对学校发展没有促进作用 3. 没有特色、创新性 4. 没有学术价值 5. 对提高教学质量和管理水平没有实用价值 6. 基本属于重复性工作
	研究基础	1. 已有相关成果丰富 2. 熟悉研究现状 3. 所列参考文献具有代表性	1. 已有相关成果比较丰富 2. 比较熟悉研究现状 3. 所列参考文献比较有代表性	1. 已有相关成果比较少 2. 对研究现状有所了解 3. 所列参考文献有一定代表性	1. 没有相关成果 2. 不了解研究现状 3. 所列参考文献没有代表性
	课题设计	1. 目标明确 2. 内容详实 3. 论证充分 4. 重点突出，难点明确 5. 研究思路清晰 6. 预期研究成果明确	1. 目标比较明确 2. 内容比较详实 3. 论证比较充分 4. 重点比较突出，难点比较明确 5. 研究思路比较清晰 6. 预期研究成果比较明确	1. 目标基本明确 2. 内容基本详实 3. 论证基本充分 4. 重点基本突出，难点基本明确 5. 研究思路基本清晰 6. 预期研究成果基本明确	1. 目标不够明确 2. 内容空泛 3. 论证不充分 4. 重点不突出，难点不明确 5. 研究思路模糊 6. 预期研究成果不明确

续表 20　基础小课题立项评审量表

评价内容		评分标准与等级			
		A 等（90~100 分）	B 等（75~89 分）	C 等（60~74 分）	D 等（0~59 分）
课题内涵	研究方法	研究方法科学、可行	研究方法比较科学、可行	研究方法基本适合	研究方法不科学、不可行
	研究条件	1. 负责人和主要成员曾完成多项研究课题 2. 原有科研成果社会评价很高 3. 完成本课题的研究能力很强和时间有保证 4. 资料设备齐全 5. 科研手段先进 6. 课题组分工科学合理	1. 负责人和主要成员曾完成过研究课题 2. 原有科研成果社会评价比较高 3. 完成本课题的研究能力强和时间比较有保证 4. 资料设备比较齐全 5. 科研手段比较先进 6. 课题组分工比较合理	1. 负责人曾完成过研究课题，主要成员未完成过研究课题 2. 原有科研成果社会评价比较高 3. 完成本课题的研究能力比较强和时间基本有保证 4. 资料设备基本齐全 5. 科研手段一般 6. 课题组分工基本合理	1. 负责人和主要成员未完成过研究课题 2. 原有科研成果社会评价不高或没有获得过局级以上科研成果 3. 完成本课题的研究能力差和时间没保证 4. 资料设备不足 5. 科研手段落后 6. 课题组分工不合理
申报材料质量		1. 项目齐全 2. 格式规范 3. 内容全面 4. 完全符合填写要求。	1. 项目比较齐全 2. 格式比较规范 3. 内容比较全面 4. 比较符合填写要求	1. 项目基本齐全 2. 格式基本规范 3. 内容基本全面 4. 基本符合填写要求	1. 项目不全 2. 格式不规范 3. 内容不全面 4. 重点内容与填写要求严重不符。

表 21　基础小课题典型案例评价量表（第二稿）

项目	内容	评价指标	很差	较差	一般	很好	较好
背景	1	文题：方法、研究目标、对象、成果形式（不得缺项、逻辑关系清楚）	0		10		
	2	研究动态：典型教学过程中发现的问题或表现研究方向新颖，时代特征，符合教育教学需要、文献引用具有代表性及格式、文献评述客观真实	2	4	6	8	10
案例描述	3	研究价值：（理论价值）鼓励探索、突出原创；聚焦前言、独辟蹊径；需求牵引、突破瓶颈；共性导向、交叉融通 （实践价值）为提高学生现实及未来的教学质量，发挥其价值的一种全新的课程\教学模式；为学生能力的考查拓展了舞台；同时也为我们教师转变教学方式，培养学生能力提出了迫切的要求 关联：1、2、4、5、15	0	5	10	20	30
	4	核心概念：特定概念选择准确、解释或定义清晰不会产生歧义、有文献出处	0		2	4	6
	5	研究对象：明确的分析单位和内容、实验组对照组、分组对象数量可行	0		2	4	6
	6	总体框架：研究目标、研究依据、假设合理、研究对象和方法	0	2	4	6	8
	7	研究重点：重难点明确、引述客观真实（包含典型的问题及问题情境）、达成研究项目关联、突破重难点方案可行可测	0		6	8	10

续表 21

项目	内容	评价指标	很差	较差	一般	很好	较好
案例描述	9	研究思路：研究内容集中并与研究目标紧密一致、研究思路没有漏洞、研究范围合理、研究内容简略得当、研究过程流畅、有文献标注、对象独特、方法新颖合理	0		6	10	14
	10	研究方法：解决问题的办法、分析方法选择合理、问卷的编制可行、调查的针对性合理、调查题设计科学、资料处理上滥用量化的方法(0’)	0	2	4	6	8
	11	研究计划：与 1、2、9 关联、研究内容充实、目标明确、方法得当、步骤合理、预期成果可行可测、时间人员研究资料安排合理	4	6	8	10	14
	12	创新之处：新发现、新观点、新见解、在应用研究领域有新内容、新途径和新方法、反映时代特点、研究具有新内容、具有新的角度、用新的方法得出不同的结论；具有可操作性、可应用性；与 2、4、5、8 关联	0	5	10	15	20
论证	13	学术经历：提炼主持人相关课题、团队的相关研究成果，相关课题、论文专著、专利					
	14	研究基础：整个案例能展现作者发现问题、分析问题、解决问题的过程性评价；评价解决问题的办法的优劣及理由、有评有述	2	4	6	8	10
	15	保障条件：研究课题已具备各种条件比员（科研能力及资质）、财政（科研经费保证）、硬件环境（课题研究等能否保障展）、已完科研、要展课题现状情况等，组织保障、经费保障、时间保障、给研究参与者提供研究所需的教育教学期刊、信息设备及其他工具等	不可行	可行			
预期成果	16	成果形式：最终预期成果，其表达形式，主要是论文、专著、研究报告；阶段性预期成果，其表达形式多样	不合理		合理		
预期成果	16	成果形式：最终预期成果，其表达形式，主要是论文、专著、研究报告；阶段性预期成果，其表达形式多样	不合理		合理		

表 22 基础小课题典型案例评价量表（第三稿）

项目	编号	评价指标	很差	较差	一般	很好	较好
背景	1	文题：方法、研究目标、对象、成果形式（不得缺项、逻辑关系清楚）	0		10		
	2	研究动态：典型教学过程中发现的问题或表现研究方向新颖，时代特征符合教育教学需要、文献引用具有代表性及格式，文献评述客观真实	0		6	8	10
案例描述	3	研究价值：（理论价值）鼓励探索、突出原创；聚焦前言、独辟蹊径；需求牵引、突破瓶颈；共性导向、交叉融通 （实践价值）为提高学生现实及未来的教学质量，发挥其价值的一种全新的 X 课程\教学模式；为学生能力的考查拓展了舞台；同时也为我们教师转变教学方式，培养学生能力提出了迫切的要求，关联：1、2、4、5、15	0	5	10	20	30

续表 22

项目	编号	评价指标	很差	较差	一般	很好	较好
案例描述	4	核心概念：特定概念选择准确、解释或定义清晰不会产生歧义、有文献出处	0		2	4	6
	5	研究对象：明确的分析单位和内容、实验组对照组、分组对象数量可行	0		2	4	6
	6	总体框架：研究目标、研究依据、假设合理、研究对象和方法	0	2	4	6	8
	7	研究重点：重难点明确、引述客观真实（包含典型的问题及问题情境）、达成研究项目关联、突破重难点方案可行可测	0		6	8	10
	8	研究目标：对应的对象要求要具体、明确、可测（1~2 条）；紧扣研究主题，体现研究重心；研究目标综合命题、核心概念、研究目标起到承上启下、预期成果等若干方面进行归纳、陈述考虑研究可能获得的结果，把研究最终的追求体现在某一目标中	0		10	20	30
	9	研究思路：研究内容与研究目标一致、研究思路没有漏洞、研究范围合理（研究目标×2、研究内容简略得当（图）、研究过程流畅、有文献标注、对象独特、方法新颖合理	0		6	10	14
	10	研究方法：解决问题的办法、分析方法选择合理、问卷的编制可行、调查的针对性合理、调查主题设计科学	0	2	4	6	8
	11	研究计划：与 1、2、9 关联、研究内容充实、目标明确、方法得当、步骤合理、预期成果可行可测、时间人员研究资料安排合理。	4	6	8	10	14
	12	创新之处：新发现、新观点、新见解；在应用研究领域有新内容、新途径和新方法;、反映时代特点、研究具有新内容、具有新的角度、用新的方法得出不同的结论；具有可操作性、可应用性；与 2、4、5、8 关联	0	5	10	15	20
论证	13	学术经历：提炼主持人相关课题、团队的相关研究成果，相关课题、论文、专著、专利					
	14	研究基础：整个案例能展现作者发现问题、分析问题、解决问题的过程性评价，评价解决问题的办法的优劣及理由，有评有述	2	4	6	8	10
	15	保障条件：研究课题已具备各种条件比员（科研能力及资质）、财政（科研经费保证）、硬件环境（课题研究等能否保障展）、已完科研、要展课题现状情况等，组织保障、经费保障、时间保障、给研究参与者提供研究所需的教育教学期刊、信息设备及其他工具等	不可行	可行			
预期成果	16	成果形式：最终预期成果，其表达形式，主要是论文、专著、研究报告；阶段性预期成果，其表达形式，就有很多种选择了，案例、专利、论文等	不合理	合理			

表 23　“小课题”教育科研研究案例

课题名称	基础小课题促进青年教师 R&D 提升概念的演进	主持人	宁斌
研究对象	基础小课题		
案例关注点	典型性、指导性案例		
背景	课题的创新点是他人研究所未揭示出的空白点，是概括出自己课题研究工作做出了哪些原本学生还不清楚或有误解的结果。创新是任何一种研究的内在的要求，找到研究的创新点是研究价值的根本体现，究竟什么是创新点，怎样找到研究的创新点是课题研究中需要解决的首要问题		
主题	CiteSpace 助力青年教师提炼小课题创新点		
场景 细节描述	在本次小课题选题中，张玉美老师的《深度学习下的高中生物模型构建研究——以必修三为例》的创新点是：经大量文献查阅，关于生物模型教学研究，大多数研究者多侧重于在新授课中如何运用模型建构的方法进行教学，而对模型构建下的深度学习研究并不多，在实际教学中，教师打破章节界限实现知识整合很难，让学生真正理解教师对知识结构框架的重组和深度学习，更是难上加难。本课题旨在探索发现通过模型构建法寻找知识之间的内在联系让这两个难度都降低。针对生物教学中模型构建展开实验对比，通过对实验班和对照班的课堂观察和文本分析所得到的后测数据进行分析，研究总结出相应的结果报告，能对该领域进行有益的补充		
结果	该小课题的创新点描述存在以下问题： 1. 缺乏创新点提炼，没有对事实性的研究操作提炼为具体成果，解决存在的具体问题 2. 缺乏新发现、新观点、新见解，在应用研究领域的新内容、新途径和新方法		
案例反思 努力方向	该案例存在以上问题的解决策略： 1. 通过 CiteSpace 的关键词时线图谱，研究国内外关于深度学习下的生物模型构建的研究进展 2. 转变思维角度，从多重角度思考模型构建的问题 3. 大胆质疑，基于事实与经验，获得创新点 4. 追根溯源，拓展已有的观点		

【案例】

教师教科研力量需要被聚焦

1. 案例背景

为什么说知识分子往往是眼高手低，为什么说生存技能要专业化？因为，务虚者务不了实，务实者务不了虚。

在科学历史发展史上是显示，知难还是行难。中国明朝王守仁说，知行合一。有人说知难而行易（条件 1），有人说知易行难（条件 2）。古人创造了文字记载的文化，即条件的不同而使得学生对知与行的难易认识不同！”

新的思想，新的文化，要发生，怎么发生。从生物学角度讲，每个人的智力基本上是没有差别的，差别微乎其微，测量智商这个做法，其实是很有问题的。

牛顿、爱因斯坦，我们认为他们是天才，其实他和我们所有人的聪明程度是一样的，那么他们会缔造这么复杂的思想系统，这跟他们个人的聪明程度显然有关，但绝对不是最重要的，而是他把自己毕生的精力和智力聚焦在一个点上使用。

一般人的用脑方式是求存用智，为了在社会中生存，我们的智力使用方式是分散的，我们要处理四面八方的问题，我们寻求人格平衡，可一个人要在学术上、理论上、思想上有所创见、有所建树、有所创新，那么，他怎么可能在所有人智力一样的情况下如此与众不同，凭什么是他做出来的，那么只有一个可能，他把自己毕生的精力和智力集中起来再一处使用。

即使如此，千百万的学者中，也只有那么一两个人成功了，这叫务虚者务不了实，不是他不够聪明，不是他能力务不了实，而是一旦分散了自己的精力和智力去务实，他绝不可能做出别人无法纵深的理论成果，而务实者务不了虚，既然精力已经分散了，就不可能再把精力集中回来，因为一个人在成年期，已经奠定的生存系统，它的复杂结构，已经把他约束住了，人在做学术，做学问上，甚至在做任何事情上，是需要“童子功”的

人类在日常生活中，置身于复杂的巨量信息处理时，要时时刻刻思考生存的问题，这就为什么我们今天这个时代还在不断地复一个词“专业化”，也就是任何人把精力分散开来处理生存问题，处理文化问题，他一定是在追求平衡的。如，生存平衡、人格平衡，但你不可能再任何一个方向上都纵深，你如果要在某一领域纵深思考，那么，你就必须牺牲其他领域投入的精力和智力，这是一个专业化，提高生成效率的“专业化”时代。

2. 案例分析

从这个角度剖析，务虚者一定是务不了实的，务实者一定是务不了虚的，两者在人类能力上不可能兼具（阴离子、阳离子、电中性），《射雕英雄传》中的郭靖，资质平庸，愚笨、木讷、呆气，十年如一日的坚持，真诚朴质和锲而不舍的坚持精神本身就是一种能力。

教学过程是一个复杂的过程，据不完全统计，包含5个大类和54个小类，教师的教科研关注于教学的各个方面，影响教学质量又是各个组成要素之间相互关联的，决定了教师的教科研应该是重点关注教学问题，以此为根据，拓展与其他要素之间的相互关系。

第六章

高中生物实验交叉设计的评价

定量分析法是根据即得的实验数据，应用数学方法进行加工、计算，预判事物发展趋势。定性分析法则是依靠人的社会实践经验判断实验对象的性质和发展趋势。定量分析法是在实验条件不变的情况下认为未来是历史的延展，对外界变化的因素不能快速做出反映。因此，在进行实验数据分析时，特别是中长期预测时，即使资料完整、准确，定量分析仍存在片面性，甚至失误的可能。在应用定量分析法建立数据模型分析时，还需要定性分析法来辅助。

新课程改革中生物学教材的实验数量均明显增加。实验设计数量的增加，极大地丰富了学生的实践探究活动，提高了学生思维、操作能力的训练，体现“实验是素质教育的最佳切入点”。生物学实验不应成为知识的单纯验证与再现过程，而应成为探索真理的一个创新活动。从验证向探索转变是课程改革的一种趋势，这可以从实践的地位和呈现上有所体现。

新教材中实验设计的形式和呈现多样化，主要体现在：

（1）实验设计的多样化。过去的实验基本都是规范性实验，而现行教材不但如此，还增加了一些模拟实验，即不用生命材料本体，而是通过被研究对象的模拟，模拟生命现象和环境来完成的实验。随着信息技术的蓬勃发展，还出现了一些使用多媒体计算机设计制作的虚拟实验，其强大的交互性和不受时间影响在实验教学中具有独特的应用。另外，教科书还鼓励学生自主设计实验。

（2）实验形式的多样化。翻开课程标准实验教材，实验的陈述由“演示实验”和“分组实验”转化为“观察与思考”“课外实践”“探究”“实验”“演示实验”“分组实验”“设计”“模拟制作”等形式，实验的触角已延伸到有利于学生身心发展的探究活动。

新课改下，学生是先做实验，然后得出结论，最后形成知识。这种编排位置的变化反映了由验证向研究的转变。新课改后的实验也具有很大的探索性，实验目的是固定的，但实验方式与实验步骤都是建议、推荐器材，学生按照“提出问题→做出假设→制订方案→实施步骤→得出结论→表达和交流”进行科学研究，以寻找得到探究目标所需的实验证据。正是由于探究性实验的结果具有不确定性，学生的求知欲被充分调动，实验热情与兴趣陡然增强，思维发生的空间被拓展，创新精神与实践能力也同时获得了很好的训练。

验证性试验向探究性试验过渡，并不意味着探究性试验完全可以取代验证性试验。验证性试验仍有自己的优点。如，学习的有效性，所以，它们将长期存在。新课改，强调培育学生的实践能力与创新精神，实践能力只有在实践过程中才能得到训练，创新意识也只有在实践过程中才能得到萌芽，而结果的获得则是短暂的，注重实验结果，实质上是强调知识的传授；注重实验探究过程，偏向对学生实践能力与创新能力的训练。现今，重知识传承、轻能力训练的方法已无法适应学生个性发展、课程建设、学校特色提炼等的需要，所以，注重实验结果向注重实验过程转变是新课改的又一新趋势。

第一节　交叉设计的实验结果定性分析

《新课程标准》中明确指出，在重视生物定性试验的同时，也应重视生物定量试验，让学生在量的变化过程中掌握事物的实质。课程标准是编写课程的基础，明确课改的需要。另外，生物学的发展也经过了一种从描述的定性实验，再到 DNA 分子水平的定量实验的转变，随着人们对生命现象和生命实质的不断研究，使得生物学实验决不能停留在定性基础上。

在高中人教版《生物必修一》的实验中，检测生物组织中的还原糖、脂肪和蛋白质属于典型的定性实验。定性实验回答 “是什么”的问题，立足于学生核心素养的达成，定量试验会越来越体现出其意义。所以，定量试验也是生物学内生发展的需要。另外，由于定量试验在思维上的严密性、测量上的准确性，促使学生在这种严谨的操作过程中，冲击固有的思维定式和功能固着，形成一丝不苟的实验态度和精益求精的实验探究风格，这对全面达成学科核心素养构建技术和思想支撑。故而，定量试验是全面提高学生实验素质的需要。

第二节　交叉设计的实验结果半定量分析

半定量分析是指通过对实验结果进行定量测量，但结果的精确性和准确性有一定的限制。在自然科学实验中，半定量分析技巧与方法的应用广泛而重要。例如，在化学实验中，我们常常使用滴定法来确定溶液中某种物质的浓度。滴定法通过向待测溶液中加入一种已知浓度的试剂，通过观察试剂的滴定终点来确定待测溶液中物质的浓度。这种方法虽然不具备绝对的精确性，但在实际应用中具有较高的可靠性。另一个常用的半定量分析技巧是光谱分析。光谱分析通过测量物质对光的吸收、发射或散射来确定物质的特性。例如，在生物学实验中，我们可以使用紫外可见光谱来确定溶液中某种物质的浓度。通过测量溶液对特定波长光的吸收强度，可以根据光谱分析的原理计算出物质的浓度。这种方法在生化实验中广泛应用，具有较高的准确性和可重复性。

第三节　交叉设计的实验结果定量分析

定量试验，是指研究观察对象的性质、组成和影响因素间数量关系的实验设计，定量的实现就需要物理、化学、数学等学科的整合、渗透、交叉。《普通高中生物课程标准（实验）》的具体内容标准和活动建议中，有十七个定量试验，在与课程标准相关的教材中，还开展了许多新的定量试验，如人教版教材增加了“用样方式调查草地中某些双子叶植物的种群密度”，苏教版教材增加了“肥料与池塘富营养化”“自然选择的模拟”等。随着高中新课程的开展，定量实验的教学价值并没有受到相应的重视，甚至因为定量实验操作要求严密、耗时过多等因素，不少学校都很少开展定量实验。下面分析高中阶段开展定量试验的意义，对定量试验加以分类，并给出具体的实施策略。

一、高中生物定量试验价值的认识

从定性到定量是一个飞跃。定性试验在科学研究中具有重要作用，对于任何一项科学研究，首先必须确定研究对象是否存在某种性质或某种关系，才能进一步进行精确的定量试验以确定量间的联系关系。不过，只作定性描述而缺乏定量研究，往往无法使科学研究具有普遍意义。定量试验的核心任务是寻找数量间的联系，用观察、试验、调查、测量、统计等来研究和分析现象，对试验设计的严密性、测量的准确性、现象的客观性、价值的中立性等都给出了严格要求。学生能力的培养是一种循序渐进的过程。在义务教育阶段，老师要注重让学生感受科学研究的一般过程中，调动其研究的兴趣，初步掌握科学研究的一般方式。所以，定性试验多，定量试验较少，定量试验的基本原理、方式也比较简单，现象突出。在高中阶段，由于学生思维能力的提高，在课程标准中大量增加了定量实验，实验的操作相对复杂，有的实验需要较长时间才能完成，因此能够训练学生独立运用科学思维与方式去分析问题、解决问题的能力，并训练学生严谨、敢于质疑、坚持不懈的科学精神。

二、高中生物定量试验的类型

《普通高中生物课程标准（实验）》中有十七个定量试验具体内容标准和活动建议，可分成实验方式类、模型方法类和调查研究类三个类别。

1. 实验方式类

实验方式是指人们根据科学研究目的，利用科学仪器和设备，有意识地去控制自然条件，模拟自然现象，避开次要矛盾，突出主要原因，使自然过程纯化、典型化，在特定环境下探索客观规律，进而认识客观世界的方法。高中生物课程中，与试验方式有关的定量试验有，研究影响酶活性的各种因素；研究影响光合作用速度的环境因素；研究植物生产调节剂对扦插枝条生根的作用；研究培养液中酵母菌种群数量的动态变化；土壤动物类群丰富度的研究；测定某些细菌的数量；尝试利用酶活性测定的一般原理与方法；用试验找出在哪些情况下使用加酶洗衣粉效果最好；检测食品加工中可能产生的有害物质等。利用实验方式进行的定量试验，通过控制自变量，控制无关变量，研究对象更便于观测、统计和分析，进而使复杂的现象变得简便，使研究从现象观测深入到本质研究，同时能够反复再现，其他学者可以进行重复实验进行验证。

2. 模型方法类

模型方法是对客观对象进行观测试验，并对所获得的科学事实做出初步的概括后，通过想象、抽象、对比等方式，建立一种反映和取代客观对象，并利用对模型的研究来揭示客观对象、特征与实质的方法。开展模拟试验的主要原因有许多种，最常见的有，研究对象的发展持续时间很长，中学阶段难以进行，如动植物的杂交试验、种群的数量和基因频率变化等；研究客体的生物属性不能进行直接实验，如细胞的体积极其微小；涉及人的健康和伦理道德，如，改变人体内环境的理化指标探究稳态的调节等。高中生物课程中，与模型方法有关的定量试验有，模拟探究细胞表面积和体积之间的联系；模拟植物或动物性状分离的杂交试验；用数学方法探讨基因频率的改变；利用计算机辅助教学软件模拟人体某方面稳态的维持；尝试建立数学模型解释种群的数量变化等。用模型来代替被研究对象，在研究活动中，实验工具直接作用于模型而不直接作用于原型，能简化和理想化地再现原型和研究目的有关的各种基本因素和基本联系，略去次要的、非实质的细节，可以使研究人员发挥想象、抽象和推理能力，将从原型获得的信息重新加以组合，形成新的图形、符号或概念模型，从而形成一种理想的认识工具。

3. 调查研究类

调查研究是科学研究中常用的方式，是采用抽样的基本步骤，通过问卷、走访方式掌握调查对象的有关信息，并进行统计分析的研究。调查法不受时间、空间的限制，能收集到无法从直接观测中获取的资料，能在较短的时间里获取大量资料。高中生物课程中，与调查研究有关的定量试验有，调查常用的人体遗传病；调查青少年中常用的免疫异常；调查当地自然群落中若干种生物的生态等。开展调查研究类的定量试验，要设计好调查表，尽可能多地收集数据，然后再对数据进行统计分析，以寻找数据背后隐藏的规律。同时对人类遗传病、免疫异常开展的调查，还可能涉及家庭和个人隐私，一方面要尊重受调查者的隐私权，另一方面要改变调查的方法，告知调查的目的和公开范围，也可以到医院开展有关疾病的调查，以获得更真实有效的实验探究证据。

第七章

高中生物实验交叉设计的教学实践

情境教学强调情境与知识之间的相互作用，认为知识与活动是不可分离的，学习者在情境中通过活动获得了知识，学习与认知是具有情境性的。人们在某种情境中通过实践活动不仅获得了知识与技能，形成了具有某一共同体的身份，不可分离。情境教学强调要有共同的任务、工具、资源，通过实践活动完成任务。

第一节 泡菜中亚硝酸盐的定量绿色检测

一、问题的提出

亚硝酸盐是一种有毒物质，广泛存在于天然水体、土壤和食品中，是有机氮分解的重要中间产物。人体摄入亚硝酸盐后，可与仲胺、叔胺和氨基化合物反应形成强致癌物亚硝胺化合物，从而引发消化系统癌变。体内过量的亚硝酸盐还可能使血液中 Fe^{2+}氧化为 Fe^{3+}，使正常血红蛋白转变为高铁血红去携氧能力，引起组织缺氧，发生亚硝酸盐中毒。

泡菜制作是以乳酸发酵为主，同时利用食盐的高渗透压作用，兼有蛋白质分解的微生物发酵过程的冷加工方法，对蔬菜的营养成分、色香味等的保存十分有利。千百年来，泡菜不但以其酸鲜纯正、嫩脆芳香、清爽可口、回味悠长的特点吸引众多食客，还因其开胃口、促消化、解荤腥、增强食欲的功效为世人所乐意接受。 泡菜的制作工艺如下：

选料→预处理→配制调料→腌制，泡菜的制作看上去很简单， 但要泡出色香味俱佳、营养卫生的泡菜， 应该掌握原料性质，注意选择容器、制备盐水、搭配调料、装坛等技术。如，调料是泡菜风味形成的关键，泡菜坛的选择亦关乎泡菜的制作成败。

教材中，亚硝酸盐的检测教学流程为，教师引导学生看课本，了解测定亚硝酸盐含量的原理。如何测定亚硝酸盐的含量，学生通过看课本，掌握测定亚硝酸盐的一般流程，及在测定中所要注意的问题。检测过程包括：配制溶液→制备标准显色液→制备样品处理液→比色→计算，方法是比色法，该方法中用到的对氨基苯磺酰铵、N-（1-萘基）-乙二胺毒性较大，致癌性强的特点。实验教学过程中，发现，学生对这一检测过程只是关注于检测的流程，对检测的原理及最新检测方法缺乏了解和认识。

借鉴国家食品药品监督管理局下发的国家标准对亚硝酸盐的检测方法，同时，为促进学生高中生物课程核心素养的养成，在学习中能自主、有意识的践行核心素养中的生命观念、科学思维、科学探究、社会责任，盘州市第十二中学生物组组织形成教研课题，由宁斌老师主持。经大量、广泛地收集世界各国的技术和经验，同时在考虑高中阶段学生已经掌握的氧化还原反应的原理、酸碱滴定的化学操作和数学中的线性回归等基础知识的实际。另外，在高中生物教学过程中向引导学生形成学科融合解决生物学问题的思想意识，编著了《高中学生核心素养培养背景下以泡菜中亚硝酸盐检测为切入点的教学案例的研究》一书。通过问卷调研，及资料收集，同时鉴于人教版教材中亚硝酸盐检测方面有试剂毒性大、致癌性强、检测结果不准确、思维过程机械、未体现高中生物课程核心素养要求等特点，我们通过绘制亚硝酸盐含量标准曲线，用 $KMnO_4$ 返式滴定泡菜中亚硝酸盐的含量。

本实验创新点有以下 6 个方面：

（1）本实验通过 $KMnO_4$ 返式滴定泡菜中亚硝酸盐的含量，检测样品的亚硝酸盐含量为 0.035 mg/L，教材中重氮法比色结果为 0.03～0.04 mg/L，及试剂盒检测的 0.01～0.05 mg/L 相比，检测结果更科学、准确，更有利于学生的理解。

（2）契合学生原有知识水平，高二学生已具备和掌握线性回归的数学知识和氧化还原反应及酸碱滴定的化学知识，实验原理相对易于学生理解和掌握。

（3）与教材的比色法比较，通过绘制标准曲线（曲线方程为：$Y=0.005\ 4X-0.006\ 1$）实验结果实现数字化、标准化，体现学科知识融合，使学生养成学科融合意识，提升学生解决实际问题的综合能力。

（4）实验设计方案经贵州省科学技术情报研究所查新后结论为，未见与委托项目技术特征一致的文献报道（查新编号：201908580004）。

（5）自 2017 年课程标准公布实施以来，如何贯彻落实核心素养一直是没有定论的课题，长期以来的教学模式导致学生科学思维能力和科学探究能力的缺失，教学实施过程中，问题的节点是缺乏行之有效的鲜活教学案例，百闻不如一见，通过以泡菜中亚硝酸盐检测为切入点的教学案例的研究，将是培养学生科学思维、科学探究能力行之有效的方法。

（6）人教版高中《生物选修一》教材的重氮法中用到的试剂毒性较大、致癌性强，亚硝酸盐的测定为比色法，对于含量较高的样品检测中，色差不明显，不符合学生知识水平和高中生物教学实际，在同等实验条件下，本实验方法仪器设备简单、检测成本低、可操作性强、检测结果科学准确、检出限较宽、思维过程灵活、体现数学、生物、化学的学科融合，数据分析准确，方法容易推广等优点。

二、问题调研

（一）调查问卷设计

调查问卷共设计问题 14 个，涉及的问题有：

（1）你喜欢生物课吗？

（2）你一般从哪些途径获取生物科学知识？

（3）在目前的生物课堂中，老师一般采用哪种教学方式？

（4）你希望在生物学习中，老师更多采用哪种教学方式进行日常课堂教学活动？

（5）你怎么理解科学思维？

（6）当你发现老师或专家所讲的观点与你所想的有不同时你将怎么办？

（7）你是否知晓教材中泡菜亚硝酸盐检测的原理？

（8）你是否会发现生活中与生物学有关的问题，并动手设计实验探究？

（9）生物课堂上能否利用教材中提供的实验用具及相关资料与同学分组讨论，制订出可行的实验方案？

（10）你认为，科学探究能力对自己以后的生活、工作和学习产生怎样的影响？

（11）你认为以下哪些方面体现了社会责任在生物学课程中的特定要求？

（12）生物实验中的数据分析方法如何选择？

（13）在泡菜中亚硝酸盐检测中可用到的其他学科的知识有哪些？

（14）你做过泡菜中亚硝酸盐检测的实验吗？

（二）调研结果分析

从调研学生总体结果看，绝大多数的学生喜欢学习高中生物课程，并且学习的渠道丰富、先进。但没有形成自觉的学习能力，表现为自学能力弱，没有形成自学的行为习惯。另外，学生在高二阶段已经形成尊重事实和证据的科学思维习惯，但在学习中有存在盲目相信权威，不能有效、有理有据的提出自己的观点，这也是新课标中所一再强调的，是个严重的问题。同时，在思考生物知识问题的过程中，思维局限，问题解决方法单一，没有形成学科相互渗透，相互借鉴的科学思维模式，从以泡菜中亚硝酸盐的检测试验出发，学生只能从试验的表面现象出发，对检测的实验原理及方法缺乏理解。

（三）教学难点解决策略

1. 改变检测方法

教材中所用试剂有毒性较大、致癌性强的特点，通过氧化还原滴定实验测定学生容易理解，有前期的化学知识基础，将定性实验转变为定量实验。

2. 优化数据分析方法

高二学生已经掌握数学课程中的线性回归知识，通过绘制标准曲线，线性解决负责的问题，有利于学生形成用所学知识解决实际问题的良好习惯。

二、实验原理

在含有亚硝酸盐溶液的待测溶液中加入$KMnO_4$，因$KMnO_4$被还原为Mn^{2+}，$KMnO_4$溶液紫色褪去，滴定终点溶液呈粉红色。通过用高锰酸钾消耗的体积即可计算出泡菜中亚硝酸盐的含量。

（一）直接滴定分析

以 $KMnO_4$ 直接滴定 $NaNO_2$。缺点：HNO_2 不稳定以 NO 的气体形式逸出，导致检测的亚硝酸盐的含量偏低。

（二）返式滴定分析

酸性条件下，$KMnO_4$ 的氧化性增强，通过加入过量的 $KMnO_4$，短时间内将 NO_2^-氧化，此反应的温度不高于 40℃，过高的温度，会使 HNO_2 分解为 NO 的气体形式逸出，导致检测的亚硝酸盐的含量减少。

过量的 $KMnO_4$ 通过加入过量的草酸钠还原，褪色。此反应的温度控制在 70～80℃之间，过量的草酸钠用标准 $KMnO_4$ 滴定液滴定。滴定顺序相反时,用无色的草酸钠溶液滴定深红色的 $KMnO_4$ 溶液，当其无色时为终点，但人眼对颜色从有到无不敏锐，易滴过，且 $KMnO_4$ 过量时，首先反应得到 Mn（VI）, Mn（II）, Mn（V）甚至更多不定价态，从而干扰滴定终点，可能不定量，是否无色也未知。

化学反应离子方程式

$$5NO_2^- +2MnO_4^- +6H^+=5NO^{3-} +2Mn^{2+}+3H_2O$$

$$2MnO_4^-+5C_2O_4^{2-}+16H^+=2Mn^{2+}+10CO_2\uparrow+8H_2O$$

滴定操作流程：

（1）在 300 mL 锥形瓶中，用滴定管滴加约 10 mL $KMnO_4$ 标准滴定溶液。

（2）用移液管加入 10 mL 试验溶液，加入 10 mL 硫酸溶液，温度不高于 40℃。

（3）用移液管加入 25 mL 草酸钠标准滴定溶液，温度控制在 70～80℃之间。

（4）用 $KMnO_4$ 标准滴定溶液滴定至溶液呈浅粉色并保持 30 s 不消失为止。

综合考虑高中学生知识基础和实验条件因素，同时不失亚硝酸盐检测的核心理念，故我们选择返式滴定分析法测定泡菜中亚硝酸盐含量。

三、实验材料

（一）检测样品

称量0.4 kg泡菜，用榨汁机粉碎，过滤取滤液100 mL，加入蒸馏水200 mL，提取剂100 mL，40 mL NaOH溶液，定容至500 mL，立即过滤，将60 mL滤液转移至100 mL容量瓶，加入Al（OH）$_3$使滤液澄清备用。

（二）实验设备

酸式滴定管，500 mL烧杯，200 mL、500 mL容量瓶，500 mL锥形瓶；水浴锅（温度可调）、移液器（微量）、榨汁机；0.1 mol/L $KMnO_4$滴定液，5 ug/mL $NaNO_2$标准液，（1+3）硫酸溶液，0.005 mol/L 草酸钠溶液、氯化钡溶液、氢氧化钠溶液、氯化镉溶液、氢氧化铝溶液。

（三）实验条件

酸性介质盐酸有还原性，能与 $KMnO_4$ 反应；硝酸有强氧化性，能与草酸钠反应；硫酸介质控制酸度，酸度过低，产生二氧化锰；酸度过高，草酸分解，硫酸的浓度控制在0.5 mol/L ~ 1.0 mol/L；温度（$KMnO_4$ 与亚硝酸钠反应低于 40℃；$KMnO_4$ 与草酸钠反应高于 80 ℃）滴定速度（起始，滴加一滴褪色后再滴第二滴；滴定中间，生成的 Mn^{2+}起催化作用，滴定速度稍快；近终，草酸钠浓度减小，滴定速度减慢）。

四、实验步骤

（一）样品制备

称量0.4 kg泡菜，用榨汁机粉碎，过滤取滤液100 mL，加入蒸馏水200 mL，提取剂100 mL，40 mL NaOH溶液，定容至500 mL，立即过滤，将60 mL滤液转移至100 mL容量瓶，加入Al（OH）$_3$使滤液澄清备用。

（二）亚硝酸钠储备液制备和调试

称取$NaNO_2$ 0.10 g，溶解定容至500 mL，再取40倍稀释备用。

（三）$KMnO_4$储备液制备和调试

称取$KMnO_4$ 3.3 g，溶于1 050 mL蒸馏水中，煮沸15 min，再取100倍保存备用。

（四）草酸钠标准液制备

取约0.2 g于105～110℃干燥2 h，准确称取0.17 g草酸钠，加水溶解，定容至250 mL，至恒质的标准草酸钠（至0.000 1 g）于250 mL锥形瓶中，精密称定，加100 mL（1+3）硫酸溶液使标准草酸钠溶解。

（五）滴定

在 150 mL 锥形瓶中，用滴定管滴加约 10 mL $KMnO_4$ 标准滴定溶液。用移液管加入 10 mL 试验溶液，加入 10 mL 硫酸溶液，加热至 40℃。用移液管加入 30 mL 草酸钠标准滴定溶液，加热至 70～80℃。用 $KMnO_4$ 标准滴定溶液滴定至溶液呈浅粉色并保持 30 s 不消失为止。

（六）标准曲线的绘制

用微量移液器量取标准亚硝酸钠标准液0.2 mL、0.4 mL、0.6 mL、0.8 mL、1.0 mL、1.5 mL于100 mL锥形瓶中，并做空白对照，分别用$KMnO_4$标准滴定液对这7只锥形瓶进行滴定。以$KMnO_4$标准滴定液用量为横坐标，$NaNO_2$的相对含量为纵坐标绘制标准曲线。

五、数据记录及处理

（一）标准曲线

数据见表 1 和图 1。

表 1　数据记录

序号	$KMnO_4$ 标准滴定液用量（mL）	$NaNO_2$ 相对含量（mg/L）
1	3.2 mL	0.01
2	4.5 mL	0.02
3	7.2 mL	0.03
4	8.4 mL	0.04
5	10.3 mL	0.05
6	15.2 mL	0.075

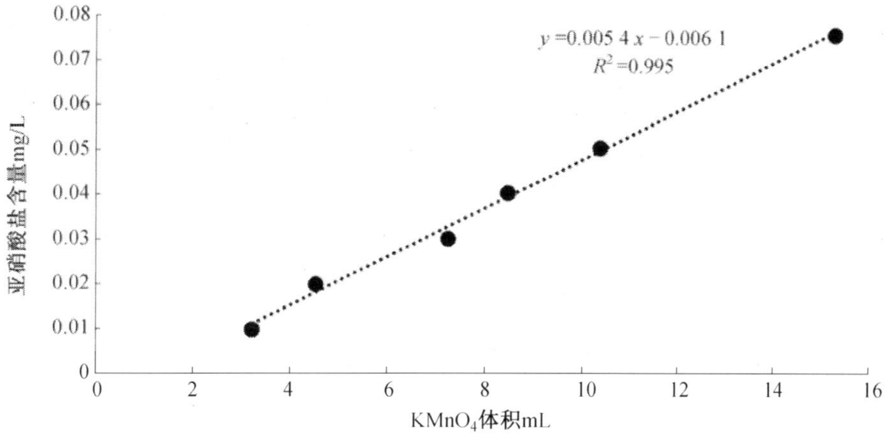

图 1　定量检测泡菜亚硝酸盐含量标准曲线

注：通过将计算的平均值代入标准曲线中计算 $NaNO_2$ 的相对含量

$$Y=0.005\,4X-0.006\,1$$

（X：滴定用 $KMnO_4$ 体积；Y 亚硝酸盐相对含量）

（二）对照实验

对照实验表 2 如下：

表 2　对照实验

比较项目	实验			
	教　材	试剂盒	国标 5009.33-2016	创新实验设计
原　理	亚硝酸盐与重氮试剂结合形成玫瑰红色燃料，比色法测含量范围	未知	分光光度法、催化光度法、电化学法、色谱法、毛细管电泳等	亚硝酸盐与 $KMnO_4$ 发生氧化还原反应
仪器设备试剂	简单	比色卡，对照品	仪器要求高	简单
成本	低	低	高	低
试剂性质	毒性较大、致癌性强	未知	未知	无
高中阶段可操作性	中	强	弱	强
检测结果	比色法 0.03～0.04 mg/L	比色法 0.01~0.05 mg/L	数字化	数字化 0.035 mg/L
检出限	窄	窄	宽	较宽（再研究）
思维过程	机械	机械	机械	灵活
学科融合	未知	未知	未知	数学+化学→生物
数据分析	范围	范围	准确	准确
方法推广	易	易	难	易

亚硝酸盐的检测方法，简单易行，对于推进教育均衡有重要意义。实验结果实现数字化，标准化，提升学生科学思维和科学探究的兴趣。通过对实验过程的优化，成为培养学生核心素养的优秀教学案例。通过实验设计，引导和培养学生运用所学知识解决实际问题的习惯。

（1）试剂盒实验契合学生原有知识水平，高二学生已具备和掌握线性回归的数学知识和氧化还原反应及酸碱滴定的化学知识。实验原理相对易于学生理解和掌握。

（2）在同等实验条件下，本实验和现行人教版选修一教材的重氮法比较易于学生理解和掌握。

（3）与教材的比色法比较，本实验结果实现数字化、标准化、体现学科知识融合，使学生形成。学科融合意识，有利于提升学生科学思维和科学探究的兴趣，符合新课标对高中生物的要求。

（4）实验设计方案经贵州省科学技术情报研究所查新后结论为，未见与委托项目技术特征一致的文献报道。

（5）授之以鱼不如授之以渔，自 2017 年公布课标以来，如何贯彻落实核心素养一直是没有定论的课题。

（6）现行人教版高中《生物选修一》的重氮法中用到的试剂毒性较大、致癌性强，亚硝酸盐的测定为比色法，对于含量较高的样品检测中，色差不明显，不契合学生知识水平和高中生物教学实际，在同等实验条件下，本实验方法成本更低、更环保、可操作性更强等优点。

六、注意事项

（一）试剂配制及存储

草酸钠标准溶液配制过程中，应进行烘干 2 h，去除其中的水分，且现配现用。检测的泡菜样品进过榨汁、过滤，加试剂澄明后，应避光保存，试样应尽快分析，必要时在 0~5℃保存，应在 48 h 内测定。

$KMnO_4$ 试剂常含有少量 MnO_2 和其他杂质，如硫酸盐、氯化物及硝酸盐等。另外，蒸馏水中常含有少量的有机物质，能使 $KMnO_4$ 还原，且还原产物能促进 $KMnO_4$ 自身分解，分解方程式如，$2MnO_4^-+2H_2O \rightarrow 4MnO_2+4OH^-+3O^2\uparrow$ 见光时分解更快。因此，$KMnO_4$ 的浓度容易改变，不能用直接法配制准确浓度的 $KMnO_4$ 标准溶液，必须正确的配制和棕色瓶保存，如果长期使用必须定期进行标定。

（二）反应温度

在酸性条件下，草酸钠和 $KMnO_4$ 的反应温度应在 60~80℃，所以滴定操作必须趁热进行，若溶液温度过低，会使得滴定结果偏低，故应适当加热。且酸性条件下，$KMnO_4$ 的氧化性增强，通过加入过量的 $KMnO_4$，短时间内将 NO_2^- 氧化，此反应的温度不高于 40℃，过高的温度，会使 HNO_2 分解为 NO 的气体形式逸出，导致检测的亚硝酸盐的含量减少。

过量的 $KMnO_4$ 通过加入过量的草酸钠还原，褪色，此反应的温度控制在 70～80℃之间，过量的草酸钠用标准 $KMnO_4$ 滴定液滴定。滴定顺序相反时,用无色的草酸钠溶液滴定深红色的 $KMnO_4$ 溶液，当其无色时为终点，但人眼对颜色从有到无不敏锐，易滴过，且 $KMnO_4$ 过量时首先反应得到 MnO_4^{2-}, Mn^{3+}, Mn^{5+} 甚至更多不定价态，可能不定量，是否无色也未知。

七、知识常识

（一）亚硝酸盐

硝酸盐和亚硝酸盐是自然界中最普遍的含氮化合物。外观及滋味都与食盐相似，由亚硝酸盐引起食物中毒的概率较高，食入 0.3～0.5 g 的亚硝酸盐即可引起中毒，3 g 导致死亡，是食品检测中的重要指标。世界卫生组织国际癌症研究机构在 2017 年将硝酸盐或亚硝酸盐归为 2A 类致癌物清单中。

（二）亚硝酸盐的检测方法

1. 分光光度法

分光光度法基于物质对光的选择性吸收的特点而建立起来的一种分析方法，因其投资小，操作简便，得到了广泛应用。亚硝酸盐经典的化学分析方法是 Griess 分光光度法。其基本原理，是在一定酸度条件下。亚硝酸盐与对氨基苯磺酰铵（图 2）反应生成重氮化合物，再与 N-（1-萘基）-乙二胺（图 3）偶合，形成紫红色偶氮化合物，在 540 um 波长处光具有最大吸收。该方法成熟、重性好，准确度高。但耗时，易受其他杂质干扰，所用试剂毒性较大、致癌性强，对环境和分析人员易造成危害，形成二次污染。为了克服上述问题，分析工作者在此基础上进行了改进并建立了新的检测方法。李富兰等选择了毒性小的 8-羟基喹啉作为偶氮试剂，在碱性条件下与重氮化合物偶合成橙红色染料，建立了测定水中微量亚硝酸盐的新方法。

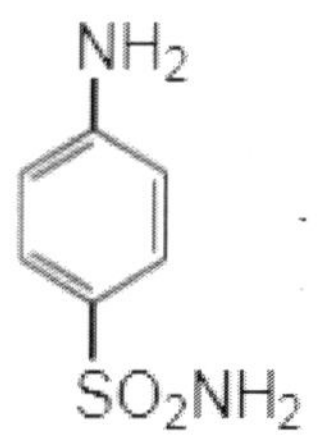

图 2　对氨基苯磺酰铵

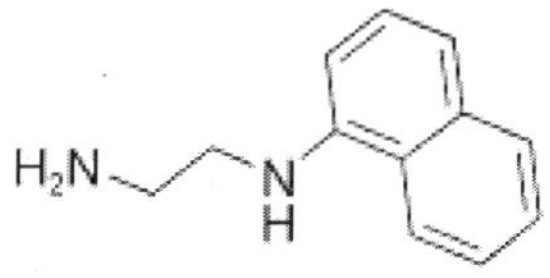

图 3　N-（1-萘基）-乙二胺

Nagaraja 等报道了以 4-氨基-5-萘酚-2，7-二磺酸钠为偶合剂与重氮化合物反应，生成紫色染料。在最大波长 560 nm 光度测定。亚硝酸盐线形范围为 0.1~1.6 ug/mL，摩尔吸收系数为 2.6×10^4 L/（mol • cm），最低检测限为 0.007 5 ug/mL，简单、快速、选择性好、干扰小等特点。Cherian 等研究了在酸性条件下，亚硝酸根与对硝基苯胺反应生成重氮盐，再分别与乙氧基乙烯基马来酸酯和乙腈乙酸乙酯在碱性条件下反应生成有色染料，分光光度法测定亚硝酸盐的新方法。其最大吸收波长分别为 439 nm 和 465 nm，线性范围分别为 0.5~16 mg/mL 和 0.2~18 mg/mL，可用于水和土壤中亚硝酸根的测定。

2. 催化光度法

催化光度法是在常规的分光光度法的基础上发展起来的高硝灵敏度光度法。测定亚硝酸根基本原理是在酸性介质和氧化剂存在的条件下，亚硝酸盐离子对氧化还原反应的催化作用，使反应体系中有机染料或指示剂的吸光度降低，而吸光度的降低程度与亚硝酸盐的量之间存在定量关系，由此测得亚硝酸盐含量。常用现的酸性介质为稀盐酸、稀硫酸和稀磷酸，氧化剂为溴酸钾、氯酸钾、高锰酸钾和过氧化氢等，其中溴酸钾应用范围最广。所用的有机染料主要是三苯甲烷类染料、偶氮染料、对氮染料和蒽醌类染料等。这类反应大多需要在加热条件下进行，且须对反应条件的控制较严格，稳定性有待提高。Ardakani 等根据亚硝酸盐在酸性介质中能催化溴酸钾氧化，亚甲基蓝褪色的指示反应，建立了在室温下测定痕量的亚硝酸的新方法。在最大吸收波长为 664 nm 处，范围为 5.0~1 000 mg/mL，检出限为 3.6 mg/mL，碱金属和碱土金属对测定无干扰，但易受 Fe^{2+}的干扰，可用 NaF 溶液进行消除，适用于水样、食品中亚硝酸根的测定。

崔英等研究了介质中亚硝酸对溴酸钾催化甲基红的氧化反应具有催化作用，建立了测定水中痕量亚硝酸根的催化动力学光度法。该法检出限为 1.0×10^{-7} mg/L，线性范围为 5.0×10^{-7}～1.0×10^{-5} mg/L，用于废水中亚硝酸根的测定，结果满意。刘秀萍等基于磷酸介质中的亚硝酸催化溴酸钾氧化甲苯胺蓝的褪色反应，建立了在室温下光度法测定水中痕量亚硝酸根的方法。对反应介质的种类和用量，溴酸钾的用量，甲苯胺蓝的用量，反应温度，反应时间和共存离子的干扰等进行了试验并予以优化。实验表明在 622 nm 有最大吸收波长，线性范围为 0.01~0.12 mg/L，检出限为 4.8×10^{-7} g/L。该方法应用于水样中亚硝酸根的测定，取得了良好的结果。

3. 荧光光度法

荧光光度法测定亚硝酸盐是基于亚硝酸盐对于氧化还原反应的催化作用，指示物质的荧光强度减弱或猝灭，且这种强度减弱或猝火在一定范围内与亚硝酸盐的浓度呈线性关系，通过荧光强度的变化来测定亚硝酸根含量，具有取样量少、灵高、线性范围宽等优点。但缺点是，条件不易控制，干扰因素多，荧光光度法测定体系中指示物质通常为三苯甲烷碱性染料。有文献指出，在盐酸介质中，N-（1-萘基）-乙二胺（NED）与亚硝酸根的反应。基于 NED 的荧光强度被亚硝酸根猝火的现象，建立了一种荧光测定水中的亚硝酸根的方法。在优化实验条件下，亚硝酸根在 1.07～214 ug/L，用于泡菜样品中痕量亚硝酸盐的测定，结果满意。

4. 流动注射分光光度法

流动注射分光光度法是一种自动分析技术，具有分析速度快、准确度和精密度高、设备和操作简单等特点。在环境检测，食品检验，化学化工分析等方面，有着广泛的应用。流动注射分析技术，以间苯三酚为显示剂，在波长为 312 nm 测定，建立流动注射分光光度法同时测定水体中亚硝酸盐和酸盐含量的方法。亚硝酸和硝酸根线性范围分别为 0.03~0.30 ug/mL 和 0.10~1.00 g/mL，检测限分别为 2.9 ng/mL 和 2.3 ng/mL，测定频率为 20 次/h，克服了手工操作的烦琐，精密度差的不足。龚正君等基于亚硝酸盐对氯酸钠与亚甲基蓝发生的色反应有催化作用，将流动注射技术与催化分光光度法有机结建立了测定亚硝酸盐的方法，结果表明，在最佳实验条件下，亚硝酸盐在 5～150 ug/L 和 150～1 000 ug/L 范围内与吸光强度呈良好的线性关系，该方法的检出限为 1 ug/L，碱金属、碱土金属以及常规无机阴离子对测定无干扰。

5. 化学发光法

化学发光法是根据分子发光强度与亚硝酸盐的含量呈线性关系进行分析，具有仪器设备简单、操作方便、灵敏度高、试剂消耗少、污染小等优点。化学发光法主要使用反应体系为鲁米诺、罗丹明 6-G、酸性铬蓝 K 等。李键等利用亚硝酸根对鲁米诺-溴酸钾化学发光体系具有显著增强作用的特点，测定香肠中的亚硝酸盐。检出限为 8×10^{-5} mg/L，线性范围为 0.001～10 mg/L，大部分常规离子对测定无干扰。在最佳的反应条件下，线性范围为 1.0×10^{-8}～8.0×10^{-5}mol/L，检出限为 1.1×10^{-10}mol/L，适用于水样及食品中硝酸盐和亚硝酸盐的检测。

6. 电化学法

电为法测定亚硝酸根离子是基于亚硝酸的氧化来进行测定，而体系中的硝酸盐和分子氧对测定无干扰等特点。电为法所用电极多为石墨电极，但在测定亚硝酸根时，一些其他组分会毒化固态电极，降低了电极的灵敏度和准确度。为此分析一些学者对电极进行了修饰，使电极表面具有较大和较高的活性面积，以提高电极选择性、灵敏度、精密度等分析性能。 纳米金对碳纳米管电极进行修饰，建立了电催化法测定亚硝酸盐含量的方法。该法检测限为 1.12×10^{-6}mol/L，线性范围为 3×10^{-6}～5×10^{-4} mol/L，方法选择性好、简单可靠，用于香肠中亚硝酸盐的测定。极谱法是通过测定电解过程中所得到的极化电极的电流-电位曲线来确定溶液中被测物质浓度的一类电化学分析方法， 具有设备简单、分析速度快、准确度高、灵敏度高及重现性好的优点。杨丽珠等发现在 HAC-KCI-维生素 B_{12} 滴液中，亚硝酸离子在-0.82 V（vs. SCE）处产生灵敏的导数极谱波。波高能与亚硝酸盐浓度在 5.0×10^{-8}～3.0×10^{-6} mol/L 范围内呈线性关系，检出限为 1.0×10^{-8}mol/L。该方法灵敏、简单、快速，可用于天然水样中亚硝酸盐的测定。

7. 色谱法

气相色谱的分离原理是利用不同物质在两者间具有不同的分配系数，将各组分离开来。硫酸介质中亚硝酸与环己基氨基磺酸钠反应生成环已醇亚硝酸酯，环已醇亚硝酸酯在常温下成气态，顶空进样系统自动进样，气相色谱仪 FID 进行定量检测，建立葡萄酒中亚硝酸盐的气相-顶空检测方法，线性方程为 Y=6．96×-5．33，相关系数 $r = 0.998\ 5$，最低检出限为 0.5 ug/mL，具有操作简便，抗干扰能力强，线性范围宽，检测限低，可用于葡萄酒中亚硝酸盐的定量检测。

高效液相色谱法具有高效、高速、高灵敏度、操作方便等优点。RP-HPLC 和紫外检测器同时测定亚硝酸和硝酸盐含量，采用 C18 柱（150 mm×2.00 mm），以 3.0 mM 氢氧四丁基铵、2.0 mM 磷酸钠溶液和乙腈混合液为流动相，亚硝酸盐和硝酸盐的浓度线性范围分别为 5～100 mg/mL 和 10-100 mg/mL，检测限分别为 5 mg/mL 和 10 mg/mL。

离子色谱法（IC）是 20 世纪 70 年代中期发展起来的一项液相色谱技术。随着 IC 理论的逐渐成熟，目前 IC 已成为分析化学中发展较快的分析方法之一。Ito 等报道用离子色谱/紫外检测器联用技术来检测硝酸盐和亚硝酸盐含量。

8. 毛细管电泳法

毛细管电泳法具有分离效率高、分离速度快、样品用量少及分析化合物种类广泛等特点。测定硝酸根、亚硝酸根和草酸根的新方法,采用熔融石英毛细管柱（75 um×32.5 cm，有效长度为 21.5 cm）作为分离通道，以 50 uM 磷酸盐（pH=2.5）作为运行缓冲液，运行电压 25 kV，毛细管柱温为 25℃，检测波长为 214 nm，进样压力为 3.5 kPa。外标法定量测定。研究发现，硝酸盐、亚硝酸盐和草酸盐的检测限分别为 0.3 mg/L、0.8 mg/L 和 4.5 mg/L，相关系数均大于 0.999，可用于蔬菜中硝酸根、亚硝酸根和草酸根含量的测定。

亚硝酸盐严重危害人们的身体健康，因此，对亚硝酸盐分析方法的研究将会继续得到人们的高度重视。随着分析化学新方法和新技术的不断出现和发展，亚硝酸盐的检测方法也更加多元化，新的检测方法层出不穷。目前用于亚硝酸盐含量的测定方法有多种，各种方法都有其优缺点。随着亚硝酸盐研究的深入，极低含量的检测成为必然趋势，未来的亚硝酸盐检测方法可能是联用技术得到广泛的应用。此外分析化学工作者应加强反应机理的基础研究和探讨，以求得分析方法的新突破。

第二节　单元整体教学下分解纤维素的细菌分离和鉴定

分解纤维素的细菌分离和鉴定从课题定位、课程目标、学情分析、课题设计思路、实验教学内容、实验教学方法、实验条件、教学评价等 8 个方面进行分析。

一、使用教材

高中，高二年级，人民教育出版社，选修一生物技术实践，专题 2 微生物的培养与应用，课题 3，分解纤维素的微生物分离。

二、实验器材

（一）纤维素的分离

试管、培养皿、琼脂、纤维素粉、牛肉膏、蛋白胨，KH_2PO_4,、灭菌锅、冰箱、选择培养基的其他成分等。

（二）分解纤维素的细菌纯化

超菌工作台、培养箱。

（三）DNA 测序

16srDNA 试剂盒、PCR 仪、电泳仪、电泳槽、凝胶观察仪、测序公司。

（四）进化树分析

电脑、软件 MEGA7. 0。

（五）分解纤维素的细菌 16SrRNA 二级结构预测（Mfold RNA）

电脑、Mfold 网络平台。

三、实验创新要点

（一）创新要点一

定性→定量→定性。通过对细菌 PCR、16SrDNA 测序、16SrRNA 二级结构预测实现对分解纤维素细菌定性和定量描述。

（二）创新要点二

细胞水平→分子水平。人教版高中《生物 必修三》中分解纤维素的细菌鉴定是通过分解刚果红染色的纤维素培养基透明圈鉴定细菌，属于细胞水平，本研究通过 16SrDNA 测序、进化树分析该 DNA 分子亲缘关系及 16SrRNA 分子二级结构分子水平。

四、实验设计思路

从羊的粪便中通过选择培养基筛选出能够分解纤维素的细菌，通过 16SrDNA 电泳达到电泳纯后，对分离出的细菌进行 16SrDNA 测序，对测序的结果进行 Blast，对进化同源性较高的序列进行进化树分析，通过进化树对分离的细菌进行定量、定性分析；另外，通过 Mfold 网络平台对 16SrRNA 的二级结构进行预测，并对二级结构特定区域的碱基进行分析。

五、实验教学目标

（一）科学思维

学生通过已有知识对生活中常见的现象提出问题，分析其原理，提高学生对所学知识的综合应用能力。

（二）科学探究

通过自主阅读教材，综合分析教材内容，积极探究实验设计路线，综合应用国内、国际的最新技术手段，探究对分离到的分解纤维素的微生物的定性和定量分析，在探究的过程中，学会自主学习、合作学习、解决问题。

六、实验教学内容

（1）情境创设。

（2）分解纤维素的分离。

（3）分解纤维素的细菌 16SrDNA 、PCR、DNA 电泳。

（4）DNA 测序。

（5）进化树分析。

（6）分解纤维素的细菌 16SrRNA 二级结构预测（Mfold RNA）。

七、实验教学过程

（一）情境创设

1. 教师活动

六盘水有一美食——羊肉米线，主要成分是米线和羊肉。羊吃的是草，吃进去的草大部分是以粪便的形式排出体外，纤维素在其体内有一定程度的分解，是分解纤维素的微生物的功劳，那么，这种分解纤维素的细菌是什么，通过所学知识，能不能对其进行定性或定量？

2. 学生活动

查阅相关实验资料，积极探究实验思路，制订实验方。

3. 设计意图

创设情境激发学生学习兴趣，活跃课堂气氛，并引导学生关注生物学科核心素养：分解纤维素的微生物是什么细菌？

（二）分解纤维素的分离

1. 教师活动

教师讲解微生物分离、菌种的纯化等实验操作收集羊的粪便（隔夜）通过消毒、制液等过程，形成样液。取一环汁液，加 0.9 mL 无菌水进行稀释，依次类推，得到 10 倍浓度梯度的不同浓度菌液， 得到浓度分别为 10-2、10-3、10-4、10-5。将每一种浓度的菌液取 0.1 mL 在分离培养基上进行涂布培养，每种浓度涂布三个平板作为平行，培养温度 28℃。每隔 24 h 观察平板上微生物的生长情况，记录各培养基上生长出的菌落形态特征、数量，对形态特征相似的菌落统一赋予特征代号，并统计分解纤维素的细菌成长过程中各特征菌落数量及其变化趋势。

同学们通过对细菌的形态学观察，能说出这是什么细菌吗？

2. 学生活动

图 4~11 为学生分解纤维素的过程。

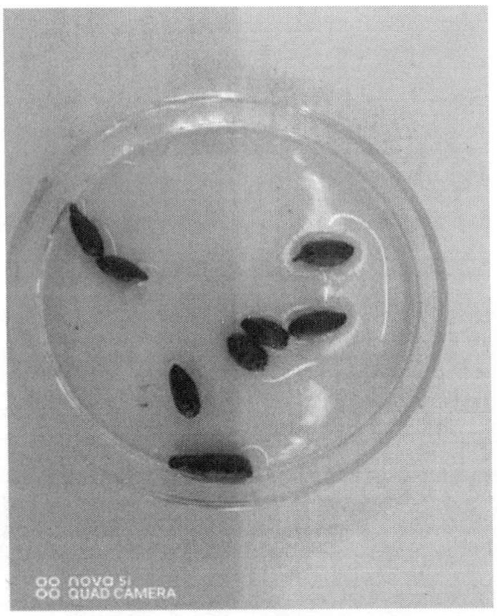

图 4　待测样品（羊的粪便）

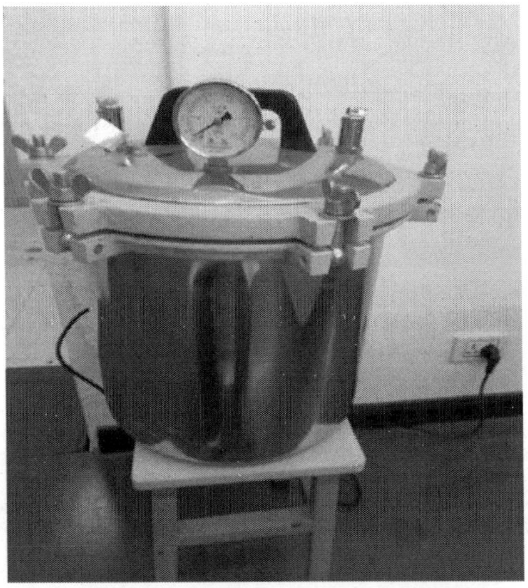

图 5　培养基准备（高压蒸汽灭菌）

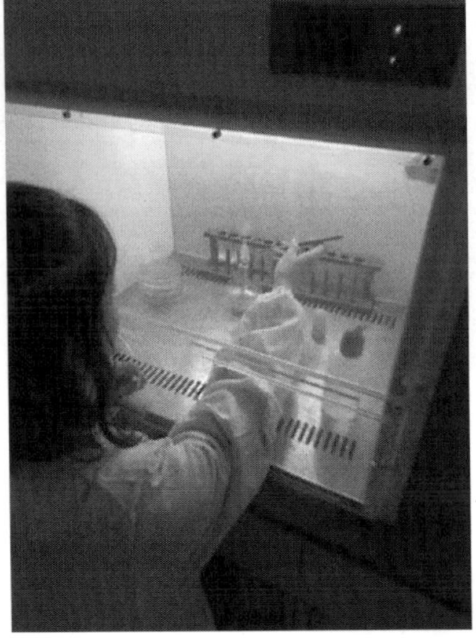

图 6　学生在进行细菌的分离和接种

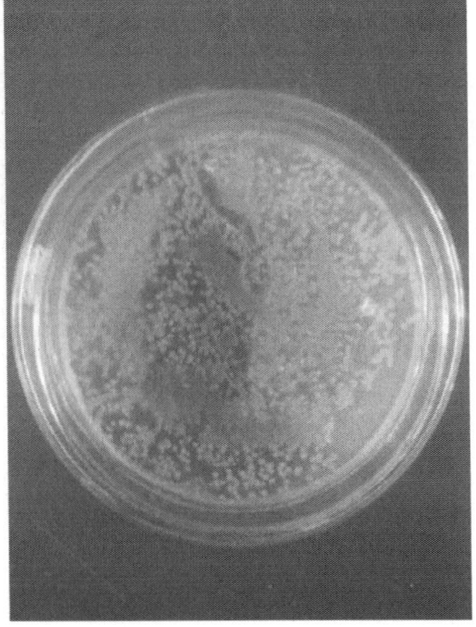

图 7　细菌富集培养

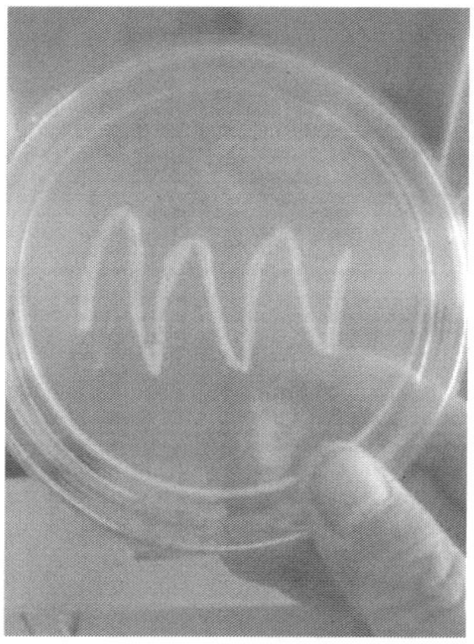

图 8　选择培养

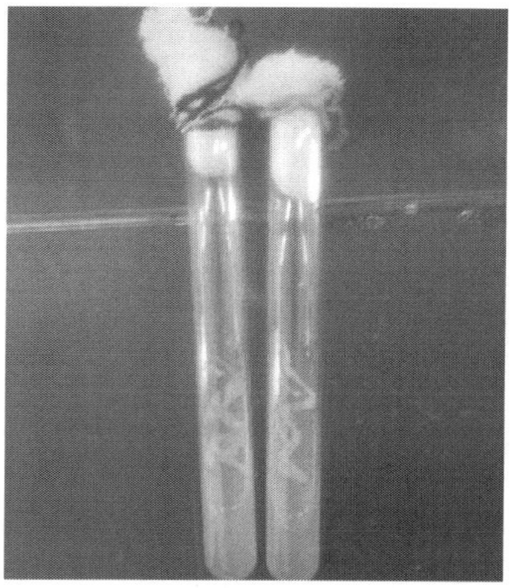

图 9　管藏

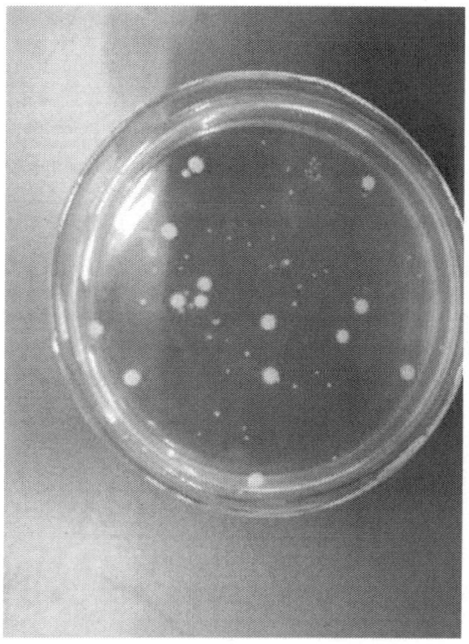

图 10　10^5倍稀释菌落

图 11　同学们进行分解纤维素的细菌分离形态

【学生回答】

不能。这种细菌的菌落与教材中的多个菌落形态相似，且菌落的形态数明显少于细菌的总数。

3. 设计意图

通过训练，学生能独立完成目标细菌的涂布、画线、管藏等实验操作。

（三）分解纤维素的细菌 16SrDNA、PCR、DNA 电泳

1. 教师活动

（1）背景知识的讲解。

16SrDNA 是编码原核生物核糖体小亚基 rRNA（16SrRNA）的基因。长度大约为 1 500 bp，是细菌分类学研究中最常用、最有用的“分子钟”，其序列包含 10 个可变区和与之相同的 11 个恒定区。可变区因细菌而异，且变异程度与细菌的系统发育密切相关。

（2）实验操作演示。

PCR 扩增的 DNA 模版。用无菌牙签挑取单个菌落到 0. 2 mL PCR 管中，加入 10 μL 无菌 1×TE 缓冲液混匀，标记，盖紧，100℃煮沸 5 min，−20℃冷冻 5 min，如此循环两次，5 000 r/min 离心 1 min，吸取 8 μL 上清液作为 PCR 扩增的 DNA 模板。图 12~15 为学生实验操作过程。

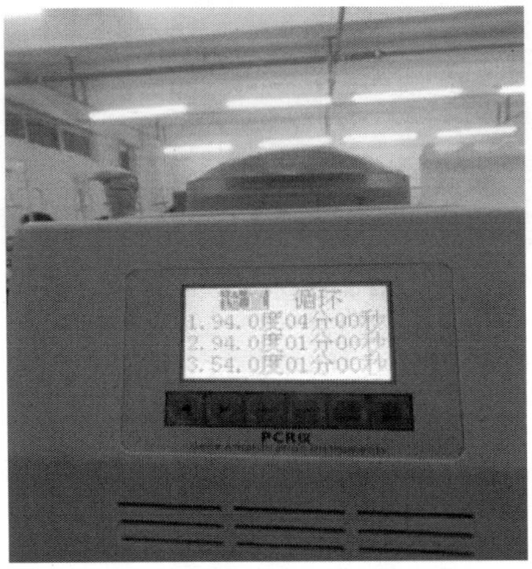

图 12　PCR 目的基因扩增设置

图 13　电泳

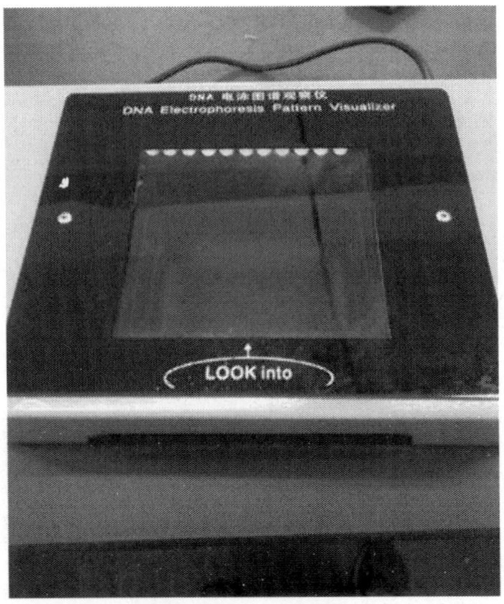

图 14　图谱观察

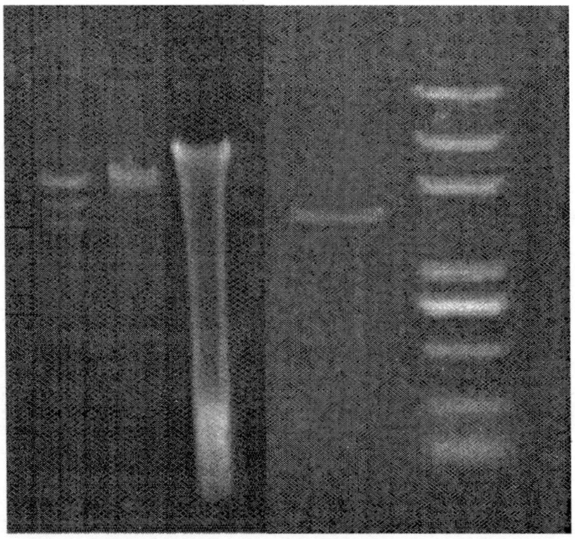
图 15　电泳图谱

3. 设计意图

引导学生学会 PCR 目的基因扩增参数的设置及 PCR 仪的基本操作

（四）DNA 测序

1. 教师活动

对电泳条带进行分析，将目标条带进行测序。

2. 学生活动

学习条带分析的意义和目的，对基因扩增的目的进行探索。

3. 设计意图

引导学生能够知晓由细菌的分离，得到 DNA 序列的流程。

（五）进化树分析

1. 教师活动

将测序所得到基因序列输入NCBI的BLAST程序中，搜索 16SrDNA序列同源性较高的菌株，比较菌株 16SrDNA序列与已知种细菌之间的同源性，根据同源性的高低确定是否有必要做不同种的细菌DNA杂交。用MEGA7. 0 软件建树分析菌株与其他种的细菌的进化距离，确定该菌株的进化地位。

2. 学生活动

合作探究。学生通过实验，验证结果。

3. 设计意图

引导学生掌握 MEGA7. 0 制作进化树。

（六）分解纤维素的细菌 16SrRNA 二级结构预测（Mfold RNA）

1. 教师活动

背景知识讲解。Mfold 是计算分子生物学中最古老的在线工具之一，自 1995 年在华盛顿大学医学院上线。点左侧窗口的 RNA Folding Form，进入 RNA 二级结构计算窗口。将单条 RNA 序列复制粘贴到序列框中，设定相关系数，点击 Folding Result 查看计算结果。

核糖体 RNA（rRNA）和核糖体蛋白组成复合体，核糖体分为大小亚基（50S, 30S）其功能将基因翻译成蛋白质，在翻译中的每一步，rRNA 参与催化肽基转移反应，参与反应的过程中，其功能的行使是以二级结构的方式，然而因为 RNA 降解速度快，难于结晶等特点，通过 X 射线晶体衍射和 NMR 得到其立体结构较难，故通过借计算机手段和数学算法计算 RNA 的二级结构成为捷径。目前计算 RNA 二级结构主要包括两种方法，最小自由能算法和比较序列分析法。

【教师提问】

得到的 16SrRNA 二级结构维和都呈人字形，引导学生对其进行深层次分析，引导学生形成结构与功能相适应的结构功能观。

2.学生活动

合作探究：对分析得到的 16SrRNA 二级结构进行分析。16SrDNA 在 60、931、946、952 等 73 个位上发生了突变但其 RNA 二级结构却在这些区域没有发生变化，结构相对保守原因是什么呢？

【学生回答】

可能这些位点与肽基催化中心的形成有关；可能影响了肽基转位的速率；肯能参与构成核糖体 P 位肽基部位或供位结合位点。

3.设计意图

引导学生从序列出发，分析序列到结构的生物信息技术及结构的分析，在分析的过程中强化结构功能观。

八、实验效果评价

（一）分解纤维素的微生物的分离

通过羊的粪便中分离得到的菌株，学生熟练掌握细菌分离技术，达到了预期教学目标。

（二）分解纤维素的细菌 16SrDNA、PCR、DNA 电泳

通过多次的画线和涂布，电泳条带呈单一条带，达到电泳纯，在此过程中，引导学生理解和掌握 PCR、DNA 电泳之间的关系，以及实验设计的目的和意义，在此过程中，同学们还提出了一些有意义的问题，如，DNA 转录生成的 RNA 需要剪接才能生成成熟的 RNA, 16SrRNA 是否也需要相同的过程等。

（三）DNA 测序

通过 DNA 测序，让学生掌握 DNA 序列的由来，拓展了研究的思路和热情，在此过程

中通过将获得的序列，NCBI BLAST 之后，与目前世界已知的序列同源，但不相同，我们将这个细菌命名为 PZSE2021314. 1，极大得激发了学生的研究热情和探究的欲望。

（四）分解纤维素的细菌 16SrDNA 进化树分析

通过进化树分析，引导学生对进化树的结果进行探究。在此基础上，分析 PZSE 与已知微生物之间的差异，序列的基因突变及引出二级结构分析的目的，得出结论，PZSE 为枯草芽孢杆菌的一个亚种。

（五）分解纤维素的细菌 16SrRNA 二级结构预测（Mfold RNA）

学生能知晓和操作 Mfold 形成细菌 16SrRNA 二级结构的操作过程，并能对其进行定量分析。在分析和探究的基础上，引导学生得出 PZSE16SrRNA 二级结构比 16SrDNA 序列更保守的结论，这也对同学们提出了更高的要求。

第三节　学、疑、导教学法下果胶酶制备刺梨果汁条件优化及结构分析

一、实验教学素养目标

（1）学生通过已有的生物、化学、地理、数学知识，对生活中酶的高效性、专一性的影响因素作进一步的探究，通过探究温度和 pH 值共同影响果胶酶催化果胶分解最优条件，提高学生知识综合应用能力（科学思维）。

（2）通过自主阅读教材，综合分析教材内容，积极探究实验的创新设计路径，应用现代分子生物学、生物信息学等技术手段，探究果胶酶催化果胶分解的空间结构及催化过程，解决人教版教材中蛋白质空间结构认识抽象而不具体、不深刻的问题。

二、实验原理

通过探究影响果胶酶制备刺梨果汁的单因素实验，探究制备的适宜条件；通过正交实验设计，探究温度、pH 的 13 个组合的重组，得到最优组合；通过 Design Expert10 软件，设计正交实验，分析温度和 pH 值的相互作用，预测最优制备条件；通过 ChemDraw、AutoDock、PyMol 等软件从分子水平的分析果胶酶与果胶反应过程的结构原理，引导学生探究温度和 pH 值影响出汁率的原因。

三、实验技术

正交实验设计、响应面分析、软件 Design Expert10、AutoDock 4.2、PyMol 等的设计操作。

四、实验器材与药品

果胶酶、烧杯、锥形瓶、水浴锅、纱布、漏斗、电子天平、榨汁机、刺梨、盐酸、NaOH、果胶酶、计时器。

五、实验设计与创新点

创新点一：双因素最优条件的组合。

通过 Design Expert10 软件，设计正交实验，分析温度和 pH 值的相互作用，通过响应面

分析，得到酶催化反应的最优条件，形成整体大于局部的实验设计创新思路。具体、动态、可视化的动态定量分析、模糊抽象的酶与底物反应过程的结构分析。

创新点二：酶与底物反应过程具体、动态、可视化定量分析。

通过 ChemDraw、AutoDock、PyMol 等软件，结合现代分子生物学发展最前沿知识，拓展和深入分子水平对果胶酶与果胶反应的过程进行结构分析，促进学生结构功能观的形成。

六、注意事项

（1）调节 Ph 值，注意氢氧化钠的正确使用。

（2）正交实验设计中合理的正负范围。

（3）分子对接时差数的正确选择。

（4）选择新鲜的酶反应底物。

（5）制作果泥时粉碎时间不宜过长，颗粒不宜过小。

七、教学分析

探究温度 pH 值果胶酶催化的适宜条件，另外，在探究酶催化底物反应过程中，酶的结构过于抽象。但在教材中，涉及酶的功能及作用时大量的章节都谈到酶（蛋白质）的结构。通过 Design Expert10 软件，设计正交实验，分析温度和 pH 值的相互作用

通过响应面分析，得到酶催化反应的最优条件，形成整体大于局部的实验设计新思路。通过 ChemDraw、AutoDock、PyMol 等软件，结合现代分子生物学发展最前沿知识，通过分子水平分析果胶酶与果胶反应的过程，促进学生结构功能观的形成。

（一）情境创设

1. 教师活动

盘州市是刺梨的原产地，适应性强、耐寒、抗旱、耐盐碱、耐湿，在沙土、黄土、重盐碱土上都可生长，刺梨除了富含维生素 C 和超氧化物岐化酶（SOD），以及富含多糖、维生素、胡萝卜素、有机酸和多种氨基酸、微量元素等营养物质和黄酮成分之外，刺梨三萜为其代表性功效物质之一。刺梨三萜主要作用是抗癌。通过高中化学所学的知识，能不能综合性的对刺梨果汁制备的条件进行优化？

2. 学生活动

查阅相关实验资料，积极探究实验思路，制订实验方案。

3. 设计意图

创设情境激发学生学习兴趣，活跃课堂气氛，并引导学生从日常熟悉的生活情境中，发现问题，应用所学知识解决问题的能力，从而达成生物学科核心素养。

（二）果胶酶催化细胞壁中果胶分解单因素条件探究

1.教师活动

教师讲解果汁制备的实验流程，必要的实验安全知识，引导学生设计合理的温度梯度和 pH 值梯度，设计对照实验的意义，及调节 pH 值中的有效实验方法。

2.学生活动

设计实验条件，探究单因素实验条件下的刺梨出汁率（表 3~5）。图 16~19 为果汁提取过程。

图 16　称量

图 17 榨汁

图 18　条件设置

图 19　过滤计数

（1）酶的用量。

表 3

出汁率	酶的用量					
	2 mL	5 mL	8 mL	10 mL	15 mL	20 mL
实验组						
对照组						
差值						

（2）反应温度。

表 4

出汁率	温度					
	35℃	40℃	45℃	50℃	55℃	60℃
实验组						
对照组						
差值						

（3）反应 pH 值。

表 5

出汁率	pH 值					
	2	3	4	5	6	7
实验组						
对照组						
差值						

3. 设计意图

通过训练，学生能独立完成单因素实验设计、果汁制备的实验操作。

（三）正交实验设计

1. 教师活动

在日常生活中，一件事物往往和其他事物产生千丝万缕的联系，pH 值、温度在单因素适宜条件下，在果汁生产中两种条件的组合是否就是出汁率的最优组合，如何探究它们之间的相互作用，课堂或课外是否有两个因素影响结果的实验设计？大家分组讨论，引导学生设计正交实验验证猜想。

2. 学生活动

实验可能不是简单的组合，在孟德尔豌豆杂交实验二中涉及颜色和形状两种因素，孟德尔最终得出自由组合定律。通过实验学生能够对刺梨果汁的处置率有所认识（表 6）。

表 6

温度（℃）		pH 值			
		4	5	6	出汁率（%）
组合	45				
	50				
	55				
	平行 1				
	平行 2				

3.设计意图

通过训练，学生能独立完成正交实验设计、平行对照设计的实验操作。

（四）Design Expert10 响应面分析

1. 教师活动

双因素实验的正交实验设计，能得出最优的组合，这种组合是否是最优的组合了，由于学校实验条件限制，如何解决这一问题。向同学们介绍 Design Expert10 响应面分析双因素实验，预测最优实验结果。

2. 学生活动

学生通过观察 Design Expert10 图片理解双因素实验的正交实验设计（图 20）。

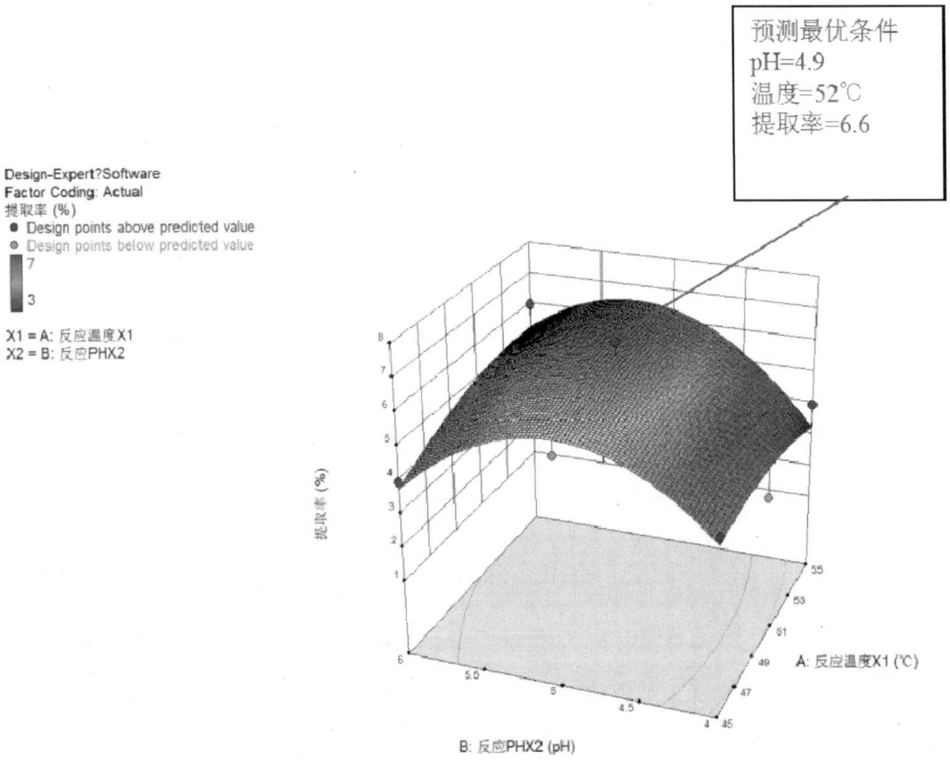

图 20 响应面

3. 设计意图

引导学生学会 Design Expert10 的设置及响应面结果的分析。

（五）AutoDock 分析

1. 教师活动

刺梨出汁率的多少受到温度和 pH 值的影响，这两个因素中，pH 值对出汁率的影响较大，pH 值是通过什么机制影响出汁率，或影响酶的活性的呢？能否结合化学里面 pH 值影响有机物的性质进行结构解释。同时，向同学们介绍 ChemDraw、AutoDock 的功能和价值。

2. 学生活动

通过酸碱解离平衡，绝大多数氨基酸、小分子属于弱酸性或者弱碱性有机化合物，解释在不同的 pH 值条件下，解离的情况不同。

3. 设计意图

引导学生学会 ChemDraw、AutoDock 的设置及结果的分析，引导生物分子的结构与功能的关系。

（六）PyMol 分析

1. 教师活动

PyMol 对分子对接的结果有了，但还没有解释 pH 值是如何从结构上来影响出汁率的，在分子之间的相互作用中，氢键和离子键是普遍存在的形式，是否 pH 值是通过影响果胶和果胶酶之间氢键的形成来影响出汁率的呢？

2. 学生活动

了解 PyMol 对分子对接的结果。

3. 设计意图

引导学生从结构出发，分析从对接的氨基酸位置及果胶的结构，强化结构功能观。

八、实验效果评价

（一）果胶酶催化细胞壁中果胶分解单因素条件探究

果胶酶催化细胞壁中果胶分解单因素对酶的影响（图 21,22）。

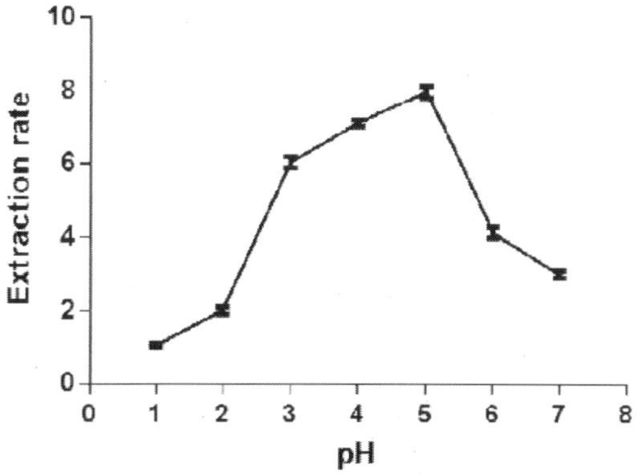

图 21　pH 值对酶活性的影响

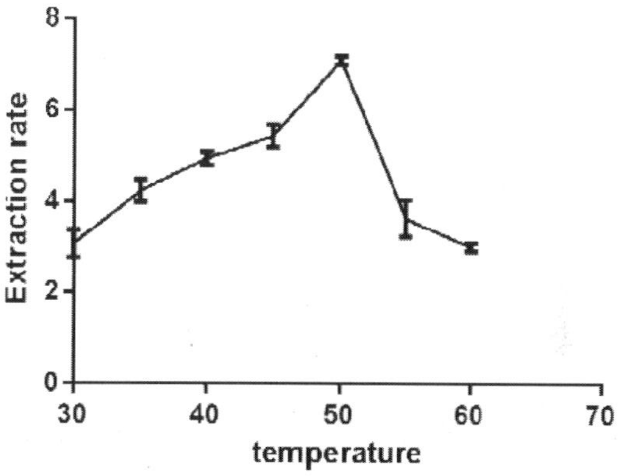

图 22　温度对酶活性的影响

（二）正交实验设计

正交实验设计及显性分析（图 23，24）。

Select	Std	Run	Factor 1 A:反应温度X1 ℃	Factor 2 B:反应PHX2 pH	Response 1 提取率 %
	13	1	50	5	7
	5	2	45	5	5.5
	6	3	55	5	5
	7	4	50	4	3
	4	5	55	6	6
	12	6	50	5	7
	9	7	50	5	7
	2	8	55	4	4
	8	9	50	6	4
	11	10	50	5	7
	1	11	45	4	4
	3	12	45	6	4
	10	13	50	5	7

图 23　正交实验设计

Response　1　　提取率

ANOVA for Response Surface Quadratic model

Analysis of variance table [Partial sum of squares - Type III]

Source	Sum of Squares	df	Mean Square	F Value	p-value Prob > F	
Model	20.96	5	4.19	4.92	0.0299	significant
A-反应温度	0.37	1	0.37	0.44	0.5283	
B-反应PHX2	1.50	1	1.50	1.76	0.2263	
AD	1.00	1	1.00	1.17	0.3140	
A^2	0.49	1	0.49	0.58	0.4716	
B^2	13.03	1	13.03	15.29	0.0058	
Residual	5.97	7	0.85			
Lack of Fit	5.97	3	1.99			
Pure Error	0.000	4	0.000			
Cor Total	26.92	12				

图 24　显著性分析

（三）Design Expert10 响应面分析

Design Expert10 响应面分析图（图 25）。

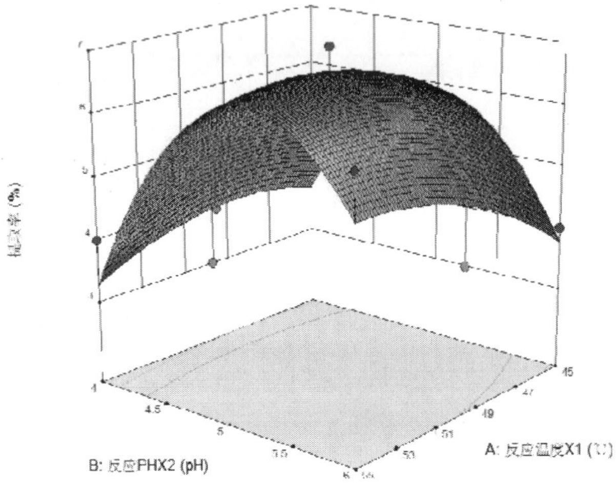

图 25　响应面

（四）AutoDock 分析

图 26~31 是 AutoDock 对果胶的分析图谱。

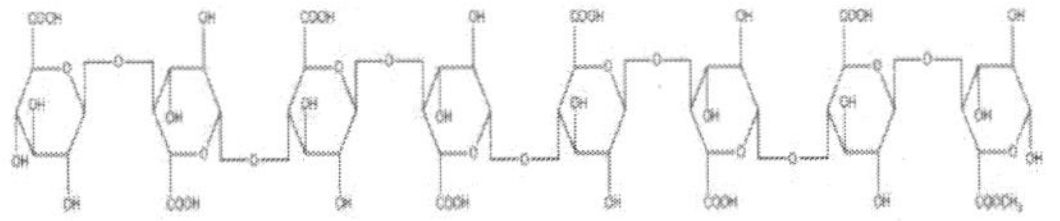

图 26　果胶平面结构

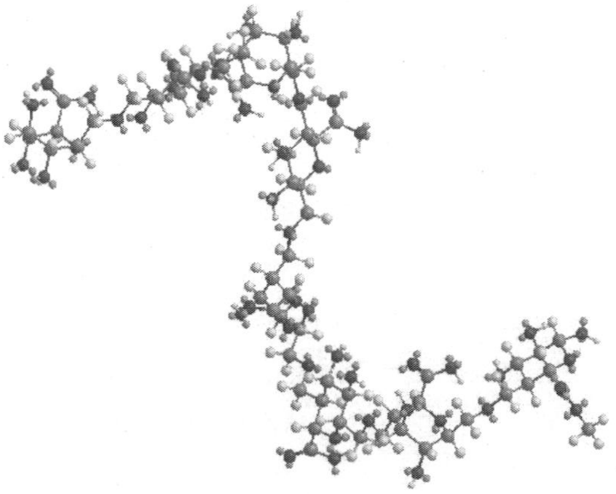

图 27　果胶立体结构

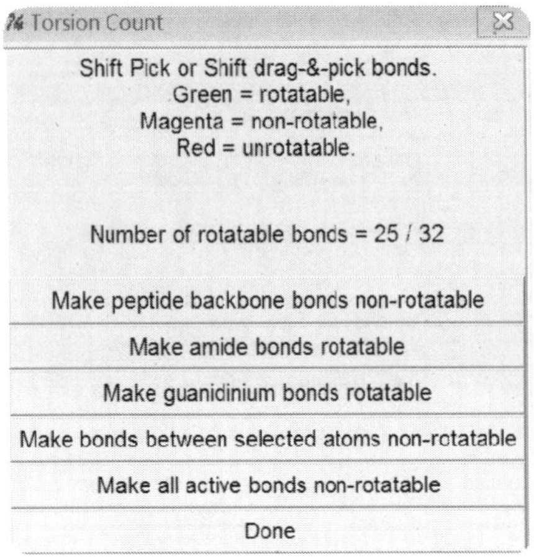

图 28　果胶空间结构分析

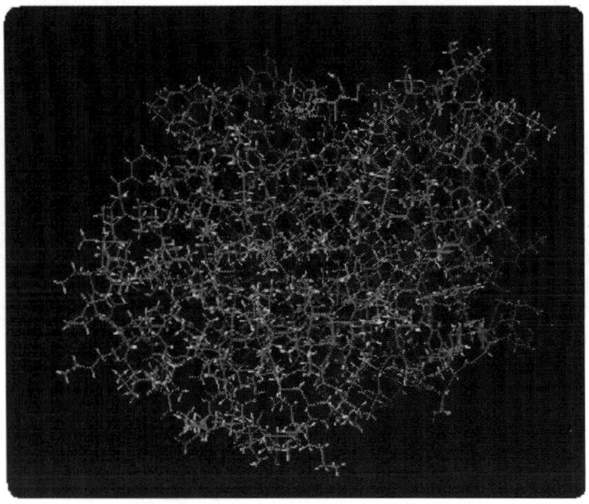

图 29　果胶/果胶酶对接结果

binding_energy=-0.72
ligand_efficiency=-0.01
inhib_constant=295.19
inhib_constant_units=mM
intermol_energy=-8.18
vdw_hb_desolv_energy=-6.83
electrostatic_energy=-1.35
total_internal=-8.13
torsional_energy=7.46
unbound_energy=-8.13
filename=gj_gjm.dlg
clRMS=38.834
refRMS=38.834
rseed1=None
rseed2=None
5 hydrogen bonds formed:
gjm:A:GLN127:HE22 : GJ:d:****:O
gjm:A:ARG208:HH22 : GJ:d:****:O
GJ:d:****:H : gjm:A:ASP151:OD2
gjm:A:HIS158:HE2 : GJ:d:****:O
GJ:d:****:H : gjm:A:ASP151:OD2

图 30　对接结果 1

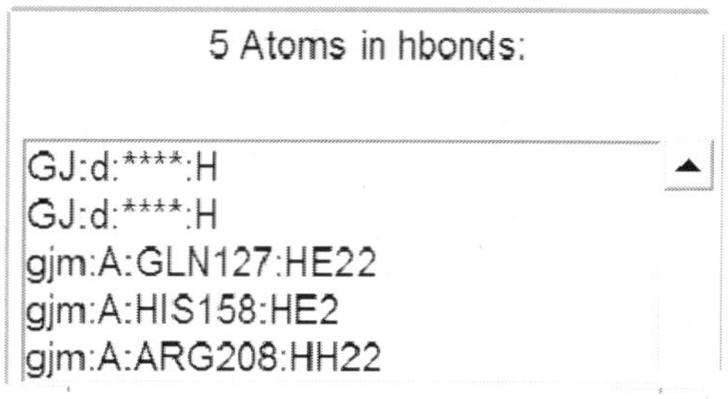
5 Atoms in hbonds:
GJ:d:****:H
GJ:d:****:H
gjm:A:GLN127:HE22
gjm:A:HIS158:HE2
gjm:A:ARG208:HH22

图 31　对接结果 2

（五）PyMol 分析

PyMol 对果胶的分析如图 32~33。

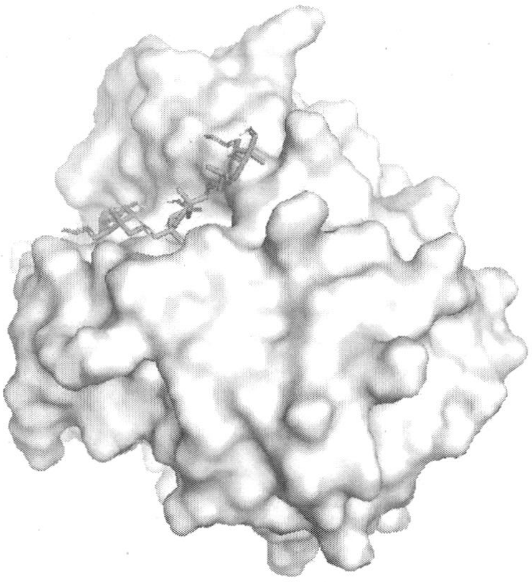

图 32　活性中学

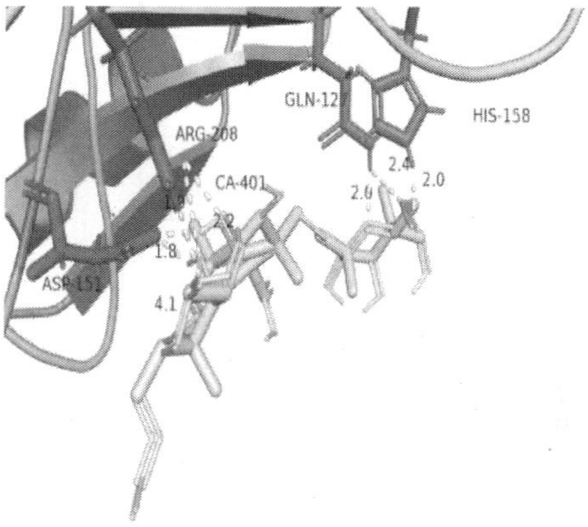

图 33　H 键位置

在此过程中，同学们还提出了一些有意义的问题。如，在对接的动态动画中看到只有果胶的结构在不断地变化，果胶酶为什么不动。

八、教学效果分析

（1）学生通过已有知识对生活中生物学、化学、数学的学科知识交叉，探究温度和 pH 值的相互作用，共同影响果胶酶催化果胶分解，提高学生知识综合应用能力。

（2）通过自主阅读教材，综合分析教材内容，积极探究实验设计路线，应用现代分子生物学、生物信息学等技术手段，探究果胶酶催化果胶分解的空间结构及催化过程，解决人教版教材中蛋白质空间结构认识抽象不深刻的问题。

九、教学反思与改进

经过实验的创新设计和教学实践，学生能够在教师的引导下独立完成实验，在具体的问题情境中提出问题、分析问题、解决问题。质疑教师及教材中存在的不足，优化实验设计思路。深度结合社会生活实践，在乡村振兴的社会大背景下，为当地刺梨产业的发展共享知识力量。深度融合个学科知识，学以致用。

第四节　降低化学反应活化能的酶

一、学习目标

（1）通过“淀粉酶对淀粉和蔗糖水解的作用”的探究活动，阐明酶具有专一性，学会“控制变量和设计对照实验”的科学方法。

（2）通过“pH 和温度对酶活性影响”的探究活动，分析推到“酶的作用条件温和”的特性，训练模型构建的科学思维。

二、探究活动

（1）酶催化作用与无机催化剂有什么不同（图 34）。

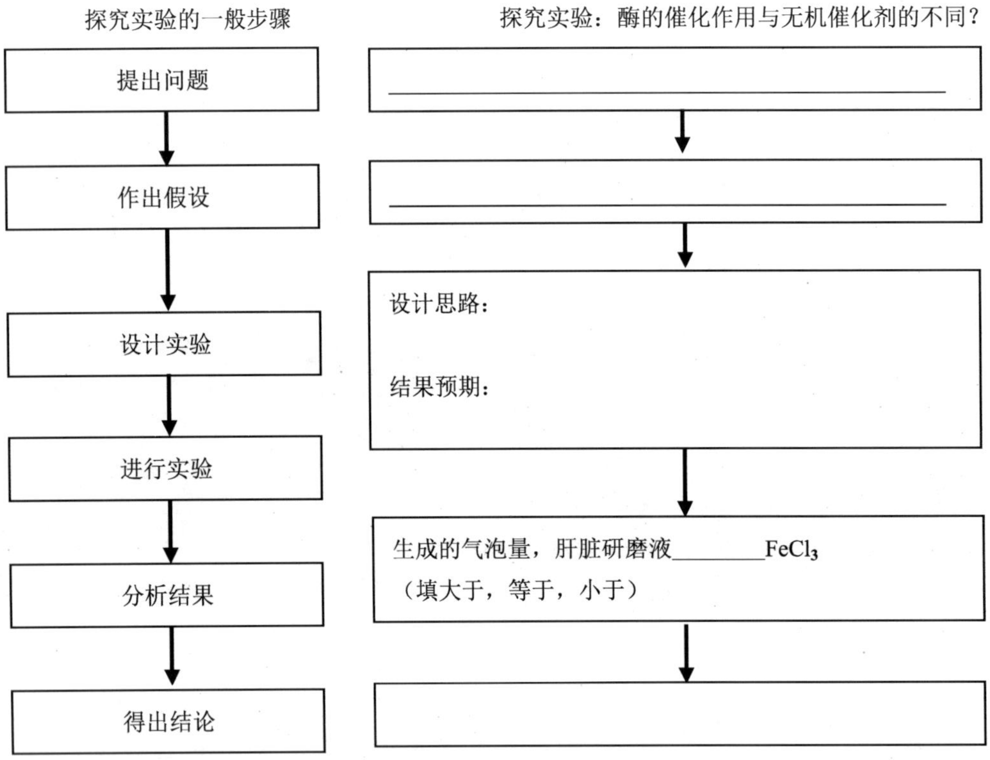

图 34 酶的催化作用与无机催化剂对比

（2）通过给出的数据，绘制 pH 值、温度对果胶酶活性的影响曲线，总结归纳酶的作用条件（表 7~8，图 35~36）。

表 7　pH 值对果胶酶活动的影响

反应 pH 值	1	2	3	4	5	6	7	8
出汁量	1.3	1.8	8.2	6.8	6.1	3.6	2.8	1.5

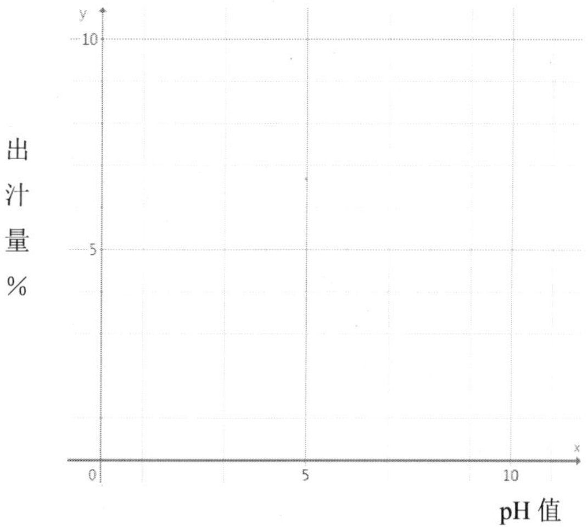

图 35

表 8　温度对果胶酶活动的影响

温度	20	30	40	45	50	55	60	65	70	100
出汁量	6.1	7.2	9.5	10	12	9.2	6.5	6.3	5	0

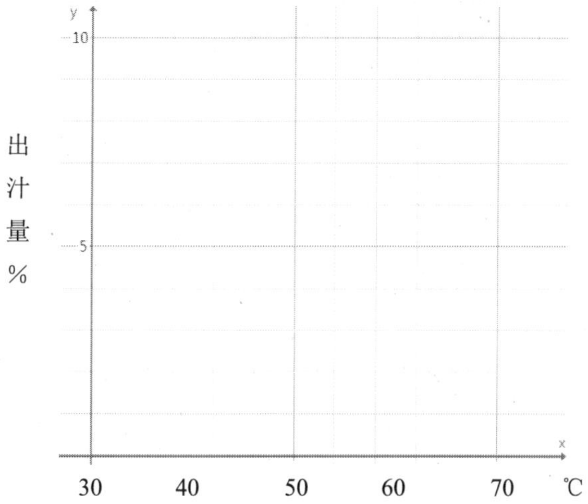

图 36

【案例】

“侨海娃”对光和热的新发现

北海市银海区侨港镇华侨小学　林宇婷

1. 使用教材

教科版小学《科学》 五年级上册“光”单元第六课“怎样得到更多的光和热”。学生在之前的学习中已经初步理解太阳是世界上最大的光源和热源，了解在生活中我们运用光和热的实例。

2. 实验器材

（1）自制器具：光与热实验演示器 ，如图 37 所示。

（2）其他器材：不同颜色的纸片、海洋生物和侨乡人物剪影

图 37　光与热实验演示器

3. 实验创新要点/改进要点

（1）教材编排。

通过猜想，设计两组实验，分析获取的信息。教材上出示了两个探究实验，主要探究“物体的颜色与吸热的关系” “阳光直射、斜射与吸热的关系”，第一个实验中还隐含了“物体吸热与表面光滑程度的关系”。实验后通过整理、对比、交流数据，分析实验现象，对物体吸热多少的影响因素进行总结，并应用于生活实际。

（2）开展实验遇到的问题。

①教材中“物体的颜色与吸热的关系”实验同时进行了“颜色”和“光滑程度”两个变量的对比，学生容易混淆。

②实验受天气因素影响较多，精准数据获取较难。太阳光的强弱、风的大小、气温的高低、地面的温度等都会影响实验数据的获取。

③煤油温度计读数不稳定，有些温度计在未测量的情况下，起始温度差距大于 2℃，因此不能精确地测量。

④纸袋放入的温度计难以稳定地直立和侧立，给学生的操作增加了难度。

⑤传统实验装置过于简单，功能仅限于探究物体的颜色和阳光直射、斜射与吸热多少的关系，无法满足深层次的探究需要。

（3）实验创新点。

①本土文化鲜活化。

将北海市的“海洋文化”与侨港镇的“侨乡文化”相融合，采用纯手工绘制的海洋背景，将海洋生物和侨乡人物剪影分别立体分布于各个角落，使其鲜活化，在学习的同时也能感受到本土文化的熏陶，如图 38 所示。

图 38　实验器具中的海洋内饰和侨乡人物剪影

②变量控制严谨化。

在探究“物体的颜色与吸热的关系”实验时控制变量，采用相同材质、不同颜色的纸片，使实验更加严谨。

③光热模拟自然化。

天气因素影响实验怎么办?为了解决这一问题，教师和同学们一起制作了光与热实验演示器。实验环境从室外换到室内，采用远程遥控的可调节冷暖光、亮度、颜色的智能灯泡，根据场景不同进行不同参数的选择。最大限度模拟太阳发光、发热的效果，使光热模拟更接近自然环境。

④温度变化精确化。

采用专业精准的温度传感器探头（图 39），连接温度显示器（图 40），记录实时的温度，温度显示器上有按钮“MAX/MIN”“℃/F 摄氏度”“RESET”辅助实验，使读数更精确、直观、严谨，说服力更强。为了更好地培养学生的动手能力，不选择使用电脑显示直观曲线图对比。

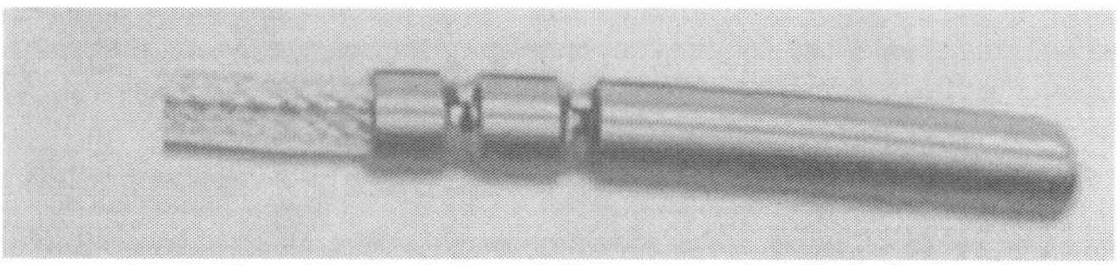

图 39　温度传感器探头（引线式）

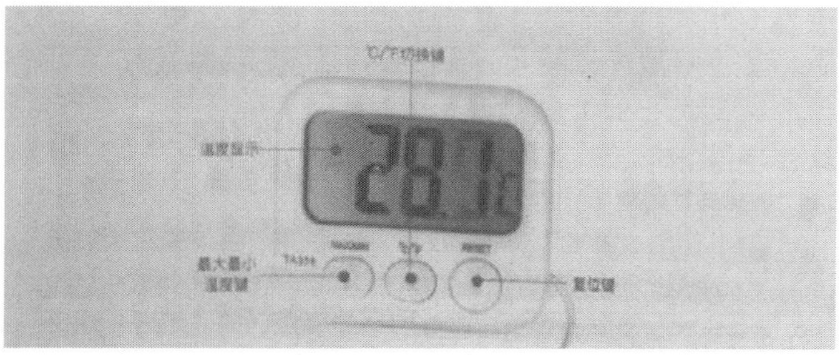

图 40　温度显示器

⑤卡槽安装简便化。

怎样使实验纸片易于更换呢?教师在与灯泡等距离的不同位置设置卡槽，如图 41 所示。实验时实验纸片可以根据需要装卸和调整方向，满足深层次的探究需要。

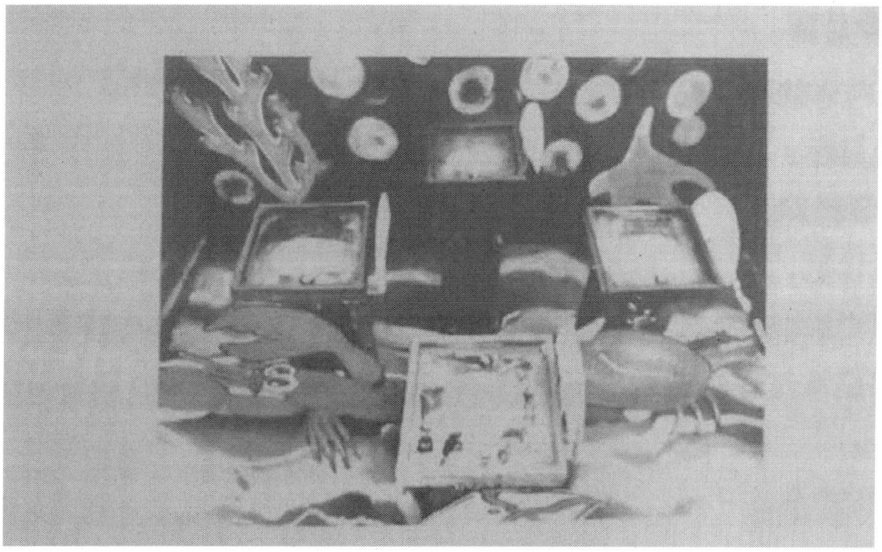

图 41　卡槽

⑥实验纸片朝向自动化。

探究阳光直射、斜射与吸热的关系时，要求演示器上的纸片也能自由旋转，怎样做到这一点?教师在卡槽下方安装了一个机关，使卡槽可转动，如图42所示。为了更精细化探究，又在轴承上方安装了角度盘以精确控制旋转角度。

图42　角度盘

4. 实验设计思路

（1）讨论太阳能热水器的集热管为什么都是深色的，为什么都是斜着摆放的，引起学生的兴趣，从而揭示课题。

（2）鼓励学生猜想影响物体吸收光和热的因素，设计实验方案，分组合作实验。

（3）汇总数据，分析数据得出结论，突破本节课的难点。

（4）应用结论，提出改进生活中利用太阳的光能与热能的相关物品的方案。

（5）课堂总结、情感升华。

5. 实验教学目标

（1）教学目标。

根据教材内容结构及《新课程标准》制订以下教学四维目标：

①知识目标：知道深色物体比浅色物体吸热快；知道物体在光垂直照射时比光斜射时吸热快。

②探究目标：学会探究物体颜色、光的照射角度与吸热能力的关系。

③科学态度目标：能够认真观察，如实记录实验现象和数据。

④科学技术与环境目标：相信科技的发展能促使人们更好地利用自然资源和自然规律。

（2）教学重难点。

统筹学生的学情，为更好地落实教学目标，制订以下教学重难点：

①教学重点：探究物体的颜色与吸热的关系，探究物体光照角度与光滑程度的关系。

②教学难点：学会对比数据，分析实验现象。

（3）教法和学法。

①教法：引导法、分层教学法、兴趣激励法、赏识教学法等。

②学法：自主探究、合作学习、实践操作、交流分享等。

6. 实验教学内容

教学内容主要包括三个方面：一是探究物体的颜色与吸热的关系，知道深色物体比浅色物体吸热快；二是探究物体光照角度与吸热的关系，知道物体在光垂直照射时比光斜射时吸热快；三是应用结论，提出改进生活中利用太阳的光能与热能相关的物品设计的实施方案。

7. 实验教学过程

实验教学过程分为以下五个步骤。

（1）激发兴趣。

开课伊始，播放一段“侨港开海节”的视频，在观看过程中感受本土文化的熏陶。再思考，侨港渔民开海后将捕捞的海鲜放在渔船上晾晒，利用了太阳的光能和热能。在日常生活中，我们还在哪些方面利用了太阳的光能和热能?预设①生物方面:人和动物都需要晒太阳，植物依托阳光来进行光合作用;②生活方面：晒稻谷、晒盐、晒被子，通过蒸发的方式把水分去除;③能量方面:太阳能热水器、太阳能汽车、太阳能水泵、太阳能路灯等。

学生说出“太阳能热水器”后，由“太阳能热水器”展开讨论，仔细观察太阳能热水器的集热管为什么都是深色的?为什么都是斜着摆放的？揭示课题，研究怎样得到更多的光能和热能。

（2）猜想因素，设计方案。

影响物体吸收光和热的因素。

学生做出猜想:可能跟物体颜色、光照角度（或光滑程度）有关。

教师提问:设计怎样的实验完成探究呢？学生回答:设计对比实验。师生共同制订实验方案。

（3）实验操作，分析数据。

学生分组进行实验并记录数据。

实验一：探究物体的颜色与吸热的关系。

在同一光源下，使用相同材质、相同大小、不同颜色的纸片，将卡槽中的纸片调整为同一角度，观察温度的变化。学生观察到，纸片的温度从高到低排列顺序为黑色>蓝色>黄色>白色。

得出结论:深色物体比浅色物体吸热快，如图43所示。

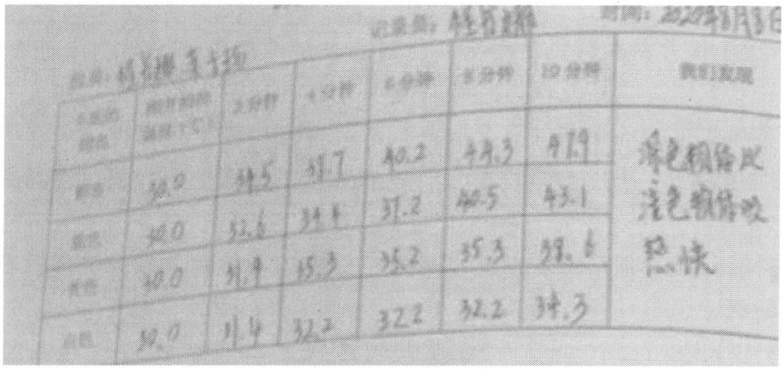

[illegible]	[illegible]	2分钟	4分钟	6分钟	8分钟	10分钟	我们发现
[illegible]	30.0	34.5	37.7	40.2	44.3	47.9	深色物体比浅色物体吸热快
[illegible]	30.0	32.6	34.8	37.2	40.5	43.1	
[illegible]	30.0	31.9	35.3	35.2	35.3	39.6	
[illegible]	30.0	31.4	32.2	32.2	32.2	34.3	

图43　探究物体的颜色与吸热实验结果

实验二:探究物体吸热与阳光直射、斜射的关系。

在同一光源下，使用相同材质、相同大小、相同颜色的纸片，将卡槽中的纸片分别调整为和地面平行、和地面垂直、和太阳光垂直，观察温度的变化。

学生观察到，纸片的温度从高到低依次为和太阳光垂直>和地面垂直>和地面平行。

得出结论：物体在光垂直照射时比斜射时吸热快，如图44所示。

注:可更换纸片材质探究物体的光滑程度与吸热的关系。

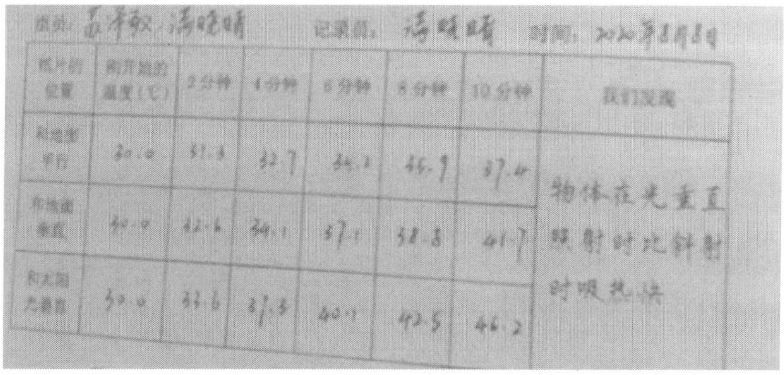

时间：2020年8月8日

纸片的位置	刚开始的温度（℃）	2分钟	4分钟	6分钟	8分钟	10分钟	我们发现
和地面平行	30.0	31.3	32.7	34.3	35.9	37.4	物体在光垂直照射时比斜射时吸热快
和地面垂直	30.0	32.6	34.1	37.1	38.8	41.7	
和太阳光垂直	30.0	33.6	37.3	40.1	42.5	46.2	

图44　探究阳光直射、斜射与吸热的实验结果

（4）应用结论，改进生活中的设计。

当学生得出结论后，教师再引出新的问题，生活中有很多东西都利用太阳的光与热，我们应该学以致用，利用所学知识去改进这些设计。哪些物品可以改进，怎样改进，小组讨论，在思考与实践中成长。

（5）课堂总结，情感升华。

进行课堂总结。采取自评、组评、师评的方式对学习进行全面评价。教师对学生课堂形成动态生成性评价、引导学生形成正确的人生观和价值观。

八、实验效果评价

实验教学，实现了“经验获得型”阅读过程向“数据采集型”实验过程的转型，学生通过自主、合作、探究与实践的方式发现并解决同题。以生生交流、师生交流的方式锻炼学生思维的深度和广度，培养严谨认真、实事求是的科学态度以及解决问题的能力。整个实验过程无中断，学生思维更连贯，表达与表现更流畅。

综合课堂实录、学生访谈等可以看到，在问题的解决过程中，学生参与度和交流有效性比以往有了明显提升。

①远程操控灯泡亮度变化的操作感强，以温度传感器读数为依据现象明显，便于得出结论，使学生体验成功的快乐。

②亲自动手操作，对比数据，分析实验现象，领悟怎样得到更多的光和热，突破难点。

③实验内容丰富，契合太阳光能与热能的应用前景，具有科普和研究价值。

9. 未来努力方向

（1）实验效率提升：教材提供的实验材料简单，学生操作安全。但是教学预设和实际生成之间总有一些差距，实际操作遇到的问题很容易打乱学生的探究思路，影响实验效率。改进后的装置整体优化，学生可以全身心地参与到实验过程中，大大提升了实验效率。

（2）思维方式提升：改进后的装置可以给学生的多种探究方式提供支持，极大地训练了学生的实证思维。

改进的实验器材还在继续探索，继续优化、提升，使其科学性、实用性、推广性更强，助力更加高效的课堂

生活中的透镜

襄阳市诸葛亮中学教育集团　　陈雨琪

1. 使用教材

人教版《物理》八年级上册第五章“透镜及其应用”第二节“生活中的透镜”

2. 实验器材

自制照相机、投影仪和放大镜模拟装置，如图 45 所示。

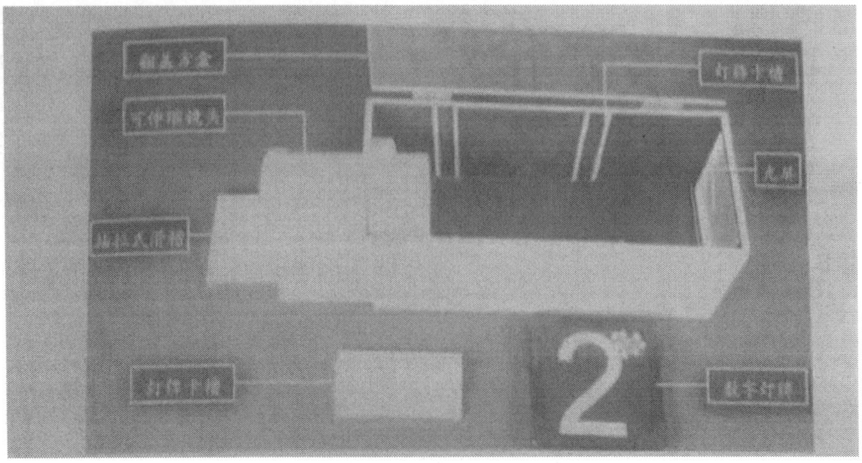

图 45　自制照相机、投影仪和放大镜模拟装置

3. 实验创新要点/改进要点

（1）教材编排。

教材中这一节内容涉及 3 个实验：

①让学生利用自制照相机模型观察周围景物，总结归纳照相机的成像特点。

②由教师演示投影仪成像，学生只需观察像的小和倒正。

③让学生将放大镜放在眼睛与物体之间，观察此时所成的像。

（2）原实验的不足。

问题 1：自制照相机模型虽然材料易得、制作简单，但成像效果不够明显，学生不易观察像的性质。如何让学生看到清晰、稳定的实验现象，并能迅速判断出像的特点，是我们需要改进的方向。

问题 2：在教师演示投影仪成像时，学生能观察到清晰的现象，但无法参与仪器的使用，缺少主动探究的过程。如果能让学生亲身参与每一次探究，整节课都以学生为主体，学生的学习兴趣会更浓厚，也更利于培养他们的核心素养。

问题 3：教材中虽然对每种仪器都进行了实验，但实验间相互独立，缺乏关联，学生很难联想到这其实是凸透镜的连续成像过程。如何让 3 个实验联系起来，让学生通过探究建立知识的内在联系，是亟待解决的重要问题。

（3）实验创新点。

①实验活动系统化。

如何将教材中的 3 个实验关联在一起，让学生通过系统化的实验活动建立知识体系、是最为关注的问题。因此，教师设计了能同时模拟照相机、投影仪和放大镜的实验装置。学生只需将灯盘放入器材的不同卡槽中，就能使用同一器材完整地模拟 3 个仪器的成像过程，同时观察到不同性质的像。

如图 46 所示，使用该器材模拟照相机时，需要先将方盒底部的滑槽抽出，将灯牌固定在滑槽上，可以在光屏中央观察到倒立、缩小的像。进一步调节方盒前端的镜头，直到光屏上的像变得最清晰。

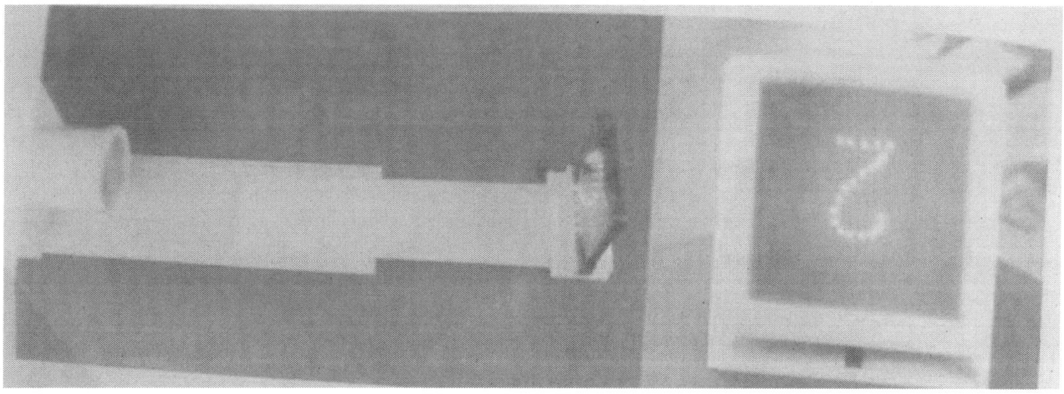

图 46　模拟照相机

改变灯牌到镜头的距离，可以在光屏上看到像的大小变化，此时调节镜头像变得清晰，又能让学生进一步感受照相机拍摄近景、远景时的调焦过程。

如图 47 所示，模拟投影仪成像时，需将灯牌打开放入方盒内部距镜头稍近的卡槽中，盖上盒盖，将镜头正对附近的墙壁或天花板，可在墙壁上看到倒立、放大的像。进一步调节镜头，可使像变得更清晰。

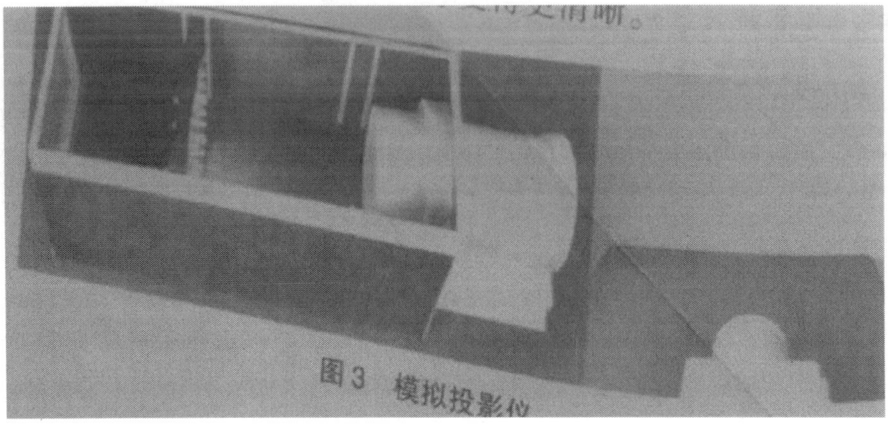

图 47 模拟投影仪

模拟投影仪成像过程中，学生会产生疑问:为何生活中投影仪所成的像都是“正立”的?此时，让学生通过倒插灯牌观察像的性质，既能够理解生活中投影仪的工作原理，又能发现“倒立”的含义不仅是“上下颠倒”，还有“左右相反”，见图 48。

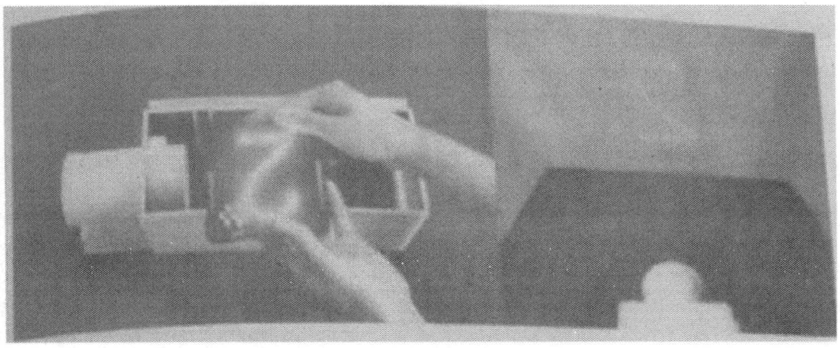

图 48 投影仪成“正立”的像

如图 49 所示，将灯牌打开放入方盒内最靠近镜头的卡槽中，器材就能模拟放大镜成像。此时学生会发现无论墙壁还是方盒尾部的光屏上都不再成像，而透过镜头则能够看到一个清晰的正立、放大的像。

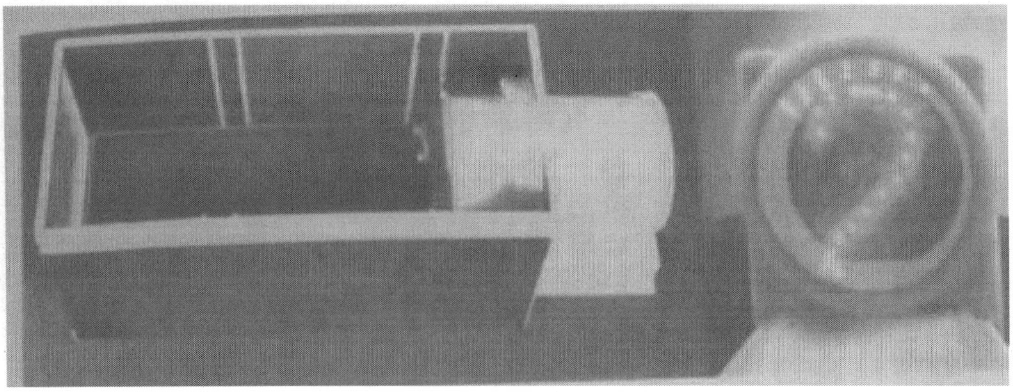

图 49 模拟放大镜

②实验仪器生活化。

实验过程中，学生可以通过改变灯牌到镜头的距离模拟照相机拍摄近景、远景时的调焦过程，也可以通过改变镜头到墙壁的距离模拟教室里投影仪的调节过程。学生在经历这些高度相似的动态操作过程时，很容易联想到生活中的照相机、投影仪，充分体现了从物理走向生活的理念。

③实验现象直观化。

为了保证学生在实验中能观察到清晰、稳定、直观的实验现象，教师还在器材中增加了很多巧妙的设计。首先，方盒下方的滑槽能够保证灯牌无论怎样前后移动，始终位于镜头的正前方，从而使像总能成在光屏中央，清晰稳定、利于观察；其次，灯牌上的数字和图案在每次成像后都能直观反映出像的大小和正倒，便于区分不同情形下所成像的不同，如图 50 所示。

图 50　仪器在不同情形下的成像情况

④实验操作简便化。

本次实验所使用仪器功能全面，但设计简洁、结构清晰，学生能够很轻易地看出仪器各部分的作用，并快速掌握操作方法。仪器中滑槽、灯牌卡槽的设计也使学生的实验操作过程更为便捷。

4. 实验设计思路

实验教学的基本设计思路是让学生通过实验探究发现凸透镜的不同成像特点，并由此引发联想，了解凸透镜在生活中有照相机、投影仪和放大镜等不同应用。

5. 实验教学目标

（1）知道凸透镜在生活中的 3 种应用：照相机、投影仪和放大镜。

（2）了解照相机、投影仪和放大镜的成像特点。

（3）通过自主合作探究，总结归纳凸透镜不同情形下成像特点并与 3 种应用准确关联。

（4）能通过系统的实验活动理解并初步掌握凸透镜的成像规律。

6. 实验教学过程

实验教学过程，分为以下 3 个步骤：

（1）新课导入。

①教师向学生展示生活中凸透镜的各种应用，包括显微镜、望远镜、老花镜、照相机、投影仪等，让学生意识到凸透镜遍布在我们的生活之中，从生活走进物理。

②使用手机为学生拍照，并将拍好的照片利用手机应用实时共享在教室的大屏幕上。此时学生会被手机和大屏幕上的照片吸引，迅速集中注意力，在他们专注于观察二者所成的像时，教师请学生思考这两种设备所成的像有何不同以及造成图像性质不同的原因是什么，从而自然地导入课题。

（2）实验活动。

教学过程的核心就是学生的实验探究活动。通过导人环节，学生会意识到凸透镜可以成不同大小的像，此时向学生提出问题：凸透镜能够成哪些不同性质的像，让学生明确接下来的实验探究目的。

实验开始前，要求学生以小组为单位观察仪器结构，讨论仪器的使用方法。由于实验仪器结构清晰、操作简单，学生在明确实验目的后，能够快速掌握仪器的使用方法，并根据实验报告上的问题和提示开展小组探究活动。

实验一：探究凸透镜的 3 种成像特点。

①创设情境。

出示我们生活中常见的 3 种设备，照相机、投影仪和放大镜。向学生提出问题：它们所成像的特点是否相同？试利用手中的器材体会这 3 种设备的功能，并记录你所观察到的现象，完成探究分析。

②实验活动。

在创设的情境中进行探究更能发挥学生的自主性，实验过程中需要学生通过观察像的特点与生活中的透镜进行关联，相比直接观察这 3 种仪器的成像特点更能体现从物理走向生活的理念。实验报告上“放大”“缩小”“正立”“倒立”这些提示能够让学生在实验时更有目的性，提高实验效率；器材放置方式的选择让学生在每次成像后观察物体和像到凸透镜的距离，从而发现像距与物距的大小关系。

在实验活动中，每个小组成员都能够分工合作，观察到清晰的实验现象。尤其是在墙壁上成像时，各小组之间会相互比较，努力调节器材位置使本组的像变得更大，激发学生强烈的竞争意识和学习热情，教学氛围在此时也达到高潮。届时学生还能发现仪器的不同使用方法，参与度和积极性都很高。

实验二：探究照相机的调焦过程。

①创设情境。

生活中我们常用照相机拍摄不同的景物，有时是远处的高山，有时是身旁的朵。

②实验活动。

试用手中的器材模拟照相机拍摄近景、远景的过程，观察并记录所成像的大小变化，以及镜头的调节方法。学生改变灯牌到镜头的距离，模拟照相机调焦的过程。这一环节让学生通过自主探究发现像的大小变化规律、像距随物距动态变化的规律，为下一节内容的学习做好铺垫，经历由现象到本质的科学探究过程，培养学生的科学探究精神。

（3）成果展示。

实验完成后，由小组代表展示实验成果，包括实验器材、步骤、结果结论以及实验分析。从实验报告的完成情况来看，学生能够准确观察到凸透镜的不同成像特点并与照相机、投影仪、放大镜进行关联，找出影响凸透镜成像性质的因素为物距。当堂展示能极大地发挥学生的主动性，学生的表述也能再现学生的思维，体现物理方法的运用。

7. 实验效果评价

（1）教学评价。

①从仪器改进与创新上看，所使用的仪器材料易得，操作简单、能够同时模拟 3 种不同仪器的成像过程，且所有现象均清晰、直观，做到了生活化、简便化、直观化、系统化。

②从教学设计来看，兼顾了逻辑性、理论性和实验性。教学过程中通过合理的设问引导学生进行了完整的自主探究实验，充分体现了课堂中学生的主体地位。不仅如此，学生在实验操作中还需针对问题不断进行思考，提高实验技能的同时也掌握了相关知识。

③从知识迁移的角度来看，本节课使学生更容易将照相机、投影仪和放大镜理解为凸透镜成像的不同应用，而非 3 个孤立的知识点，有利于学生的理解和记忆。

（2）反思与展望。

就教学而言，该实验器材已能够满足各项教学目标。但器材还需进一步改进以满足学生后续学习和能力提升的需求，提高实用价值。如在抽拉滑槽上增加刻度，标记一倍焦距、二倍焦距的位置，让学生在学习凸透镜成像规律时也能使用，为器材配置不同焦距的镜头，学生可以体验照相机在使用长焦、短焦镜头时的成像过程，进一步提高学生的探究能力。

【案例】

探究“色光的世界”

西藏拉萨江苏实验中学 张辰蕾

1. 使用教材

人教版物理八年级上册第四章“光现象”第五节“光的色散”。

2. 实验器材

（1）演示实验:三棱镜、手持白光光源、光屏。

（2）学生实验:光屏、光的三原色合成实验器、透光片（红、绿、蓝）。

3. 实验创新要点

在教材上“光的反射”一节有一句话:“我们能够看见不发光的物体，就是因为物体反射的光进入了我们的眼睛。”学生看到这句话时提出疑问，“那么，物体反射到我们眼睛的光到底是什么颜色，为什么会有不同颜色的物体呢?”面对学生的疑惑，教师将这一部分内容安排为探究活动。在活动中，学生不仅能总结归纳知识，还能够体验光学世界科学探究的过程。

教师自制教具，用暗箱观察不同颜色物体的反光情况，探究物体颜色的成因。在改进实验的过程中分别尝试了黑底长暗箱、白底长暗箱，以及白底短暗箱，最终确定了颜色效果较为明显的白底短暗箱。在反射面的选择上，为了反射效果对比更加明显，也多次尝试了不同深浅的红、绿、蓝的反射材料。打破了教材束缚，使学生通过实验真正感受到光学世界带给我们的多彩视觉感受，真正明白物体颜色的成因。

4. 实验原理

（1）光的色散:一束白光经过三棱镜被分解为红、橙、黄、绿、蓝、靛、紫七种颜色的色光，这种现象叫光的色散。

（2）色光的混合:利用光的三原色合成实验器，可以把红、绿、蓝三种色光按照不同的比例混合得到多种不同颜色的色光。红、绿、蓝为光的三原色。

（3）物体的颜色。

透明物体的颜色由它透过的色光决定。

5. 实验教学目标

（1）知识与技能。

①知道光的色散现象。

②知道色光的三原色。

③能运用所学知识解释生活中的光现象。

（2）过程与方法。

通过合作、交流体验实验课的乐趣，感受探究问题并解决问题的乐趣。

（3）情感态度与价值观。

①体验色散的物理事实，培养实事求是的科学态度

②体验研究“白光分解”“色光混合”的实验过程，萌发对物理现象的好奇心和物理学习的兴趣。

6. 实验教学内容

（1）教学重点:对光的色散及三原色的实验探究。

（2）教学难点:探究物体颜色的成因。

7. 实验教学过程

（1）创设情境，引入绚丽多彩的色光世界。

西藏的雨季，是一个彩虹频频出现的季节，遇到彩虹对学生来说也是一件美好又幸运的事情。本节课通过创设贴近学生生活实际的彩虹实例情境，逐步引发学生的兴趣，引导学生

的思维方向，从而顺利解决课堂教学中的问题。

（2）探究活动。

活动一：寻找类似彩虹的彩色条纹。

演示实验：由于受天气原因限制，并不是总能碰到晴朗的天气，本节课用手持白光光源代替太阳光，通过照射三棱镜，也能在教室上方找到类似彩虹的彩色条纹，如图 51 所示。

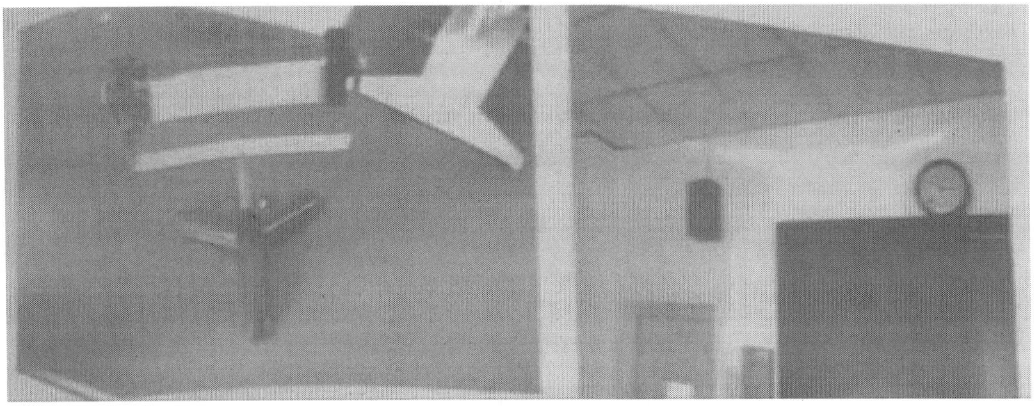

图 51　寻找类似彩虹的彩色条纹

现象：白光经过三棱镜被分解为红、橙、黄、绿、蓝、靛、紫七种颜色的色光。

活动二：色光的混合。

学生实验：学生使用光的三原色合成实验器和光屏进行实验，通过不断地调节红、绿、蓝三种色光的比例，可以合成多种不同颜色的色光，如图 52 所示。

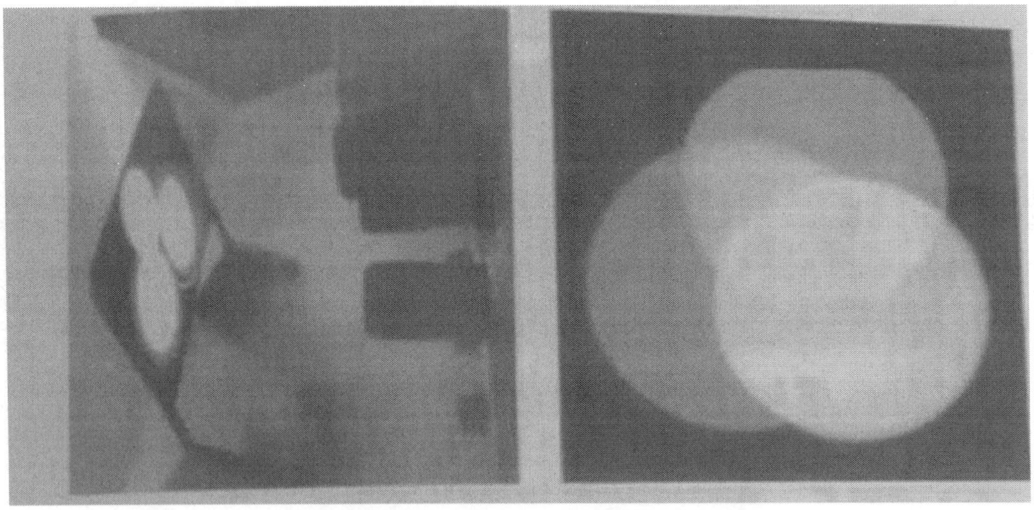

图 52　利用光的三原色合成实验器展示实验现象

现象：学生通过实验观察发现红、绿、蓝三种色光按一定比例混合可以合成任意颜色的光。结论：红、绿、蓝为光的三原色。

活动三：探究物体的颜色。

①探究透明物体的颜色。

学生首先利用一束白光分别照射红色、绿色、蓝色透光片，发现只能分别透过红光、绿光、蓝光。为了进一步说明实验现象，再一次使用光的三原色合成实验器进行实验。

现象：绿光只能透过绿色透光片；红光只能透过红色透光片；蓝光只能透过蓝色透光片。

结论：透明物体的颜色是由它透过的色光决定的。

②探究不透明物体的颜色。

通过探究透明物体的颜色，学生对本实验进行了如下猜想：不透明物体颜色是由它反射的色光决定的。在实验初，学生利用光的三原色合成实验器，将红、绿、蓝三种颜色的光都照射在红色光屏上，结果发现红色光屏上既能反射红光，又同时能反射绿光和蓝光，与他们的猜想不符。同学们经过讨论和简单的实验后，发现应该是外界其他光源对实验产生了干扰，提出利用暗箱解决这一问题。为使实验现象更加明显，同学们把不同的反射面制作成了不同的形状（红色为心形，绿色为五角星形，蓝色为三角形），利用手机摄像头观察暗箱内的实验现象。器材的改进及观察到的现象、如图 53 所示。

图 53 器材的改进及观察到的现象

用不同色光照射暗箱后，学生可以看到如下现象：

A. 在红光的暗箱中，只有红色物体能反射红光，其他颜色的物体呈现的是黑色。

B. 在绿光的暗箱中，只有绿色物体能反射绿光，其他颜色的物体呈现的是黑色。

C. 在蓝光的暗箱中，只有蓝色物体能反射蓝光，其他颜色的物体呈现的黑色。

实验现象验证了之前的猜想，同时得出结论：不透明物体的颜色是由它反射的色光决定的。

8. 实验效果评价

让学生利用手机摄像头通过观察口观察暗箱的情况，提高了实验的直观性，同时降低了光源对眼睛的伤害。实验教具的制作和改进解决了外界光源对实验的影响，解决了实验可视度不高的问题。不仅提高了学生学习物理的兴趣，同时拓宽了光学知识的广度。在遇到困惑的时候，学生之间通过合作共同解决问题的能力得到了意想不到的提升。

整个探究过程有助于发展学生模型建构和推理论证的科学思维，更好地体现了以学生为主体的教育思想，体现了把实验课堂还给学生的教育理念。

本次探究活动作为对教材内容的补充，解决了学生对光学知识的困惑。激发了学生进一步探究颜色之谜的兴趣，使学生领略到了光学世界的缤纷多彩，从而更加热爱自然、热爱科学。

【案例】

由一盘“菠萝咕噜肉”引发的思考——蛋白酶活性检测

北京市昌平区第一中学 张双凤

1. 教材分析

《普通高中生物课程标准（2017 年版）》中指出的“教学过程重实践”“核心素养为

宗旨”都属于中生物学课的基本理念，其中“教学过程重实践”就是要强调学生学习过程中的实践经历，通过科学探究和科学思维等学习活动，加深对生物学概念的理解”，培养创新精神，进而探讨或解决现实生活中的某些问题，落实生物学核心素养。

本实验 “细胞的生存需要能量和营养物质，并通过分裂增殖”的教学活动建议（探究酶的专一性、高效性及影响酶活性的因素） 而创设。本实验不受教材版本的限制，适用于不同版本的教材，具有通用性。

2. 实验器材

（1）实验器材较为常规，包括小烧杯、玻璃瓶、一次性培养皿、一次性吸管等。

（2）实验中的蛋白酶主要由各种水果汁提供，蛋白质由肉皮冻和明胶替代。

3. 实验创新要点

（1）源于生活中的发现和思考，具有普遍的启发性。本实验从一盘“菠萝咕噜肉”开始，基于学生的生活体验，引发思考。学生自主提出问题，完成实验。同时，希望通过这样的实践尝试，使学生能对生活中的现象有更多的科学思考，启发“学”的发生;使教师能更多关注情境的素材，启发“教”的设计。

（2）实验方法逐步改进，探究活动层层递进。本实验的研究方法从观察比较的定性分析，到数据统计处理的半定量分析，再到绘制标准曲线的定量分析，形成“定性-半定量-定量”改进的路径，使实验结果趋于精准，更加接近事实。而探究活动则是从“酶的专一性-酶活性的比较-酶活性的影响因素”层层递进。

（3）整个探究活动一直反复经历“思考-设计-实施-改进”的过程，有益于加深学生对生物学概念的理解，培养创新精神。

4. 实验原理

蛋白酶活性的检测:蛋白酶可以催化蛋白质水解，可依据单位时间内底物的减少量或产物的生成量进行检测。

5. 实验教学目标

基于科学探究过程，加深对“酶活性受环境因素的影响”概念的理解。基于问题提出、方案设计与实施以及结果的交流与讨论，提高学生的合作创新能力。基于生物学事实和实验结果分析运用，形成批判性思维和科学的自然观和世界观。

6. 实验教学方案

实验教学方案设计，如图 54 所示。

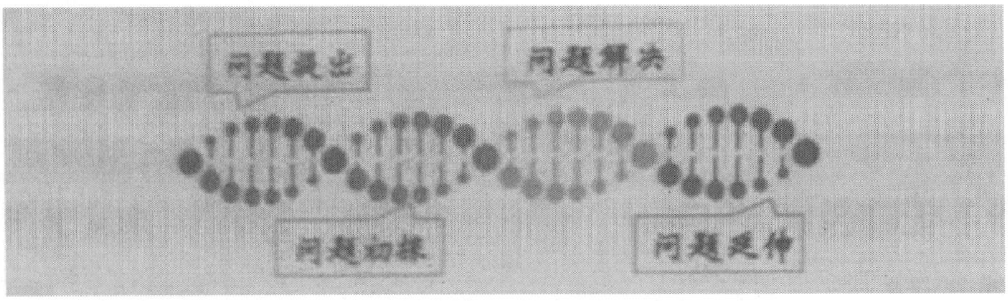

图 54　实验教学方案

7. 实验教学过程

（1）第一环节，问题提出。

问题源于学生的生活体验，学校食堂做了一道美食“菠萝咕噜肉”。学生吃完后一致评价，肉质鲜嫩，尤其是菠萝酸甜可口，与平时吃的新鲜的菠萝扎嘴巴的感觉形成鲜明对比。这种直观的生活体验，是促使学生主动探索这种现象的原因。

教师抓住这种真实生活情境中的真实问题，顺势引导，提供搜索关键词“菠萝咕噜肉”

“菠萝咂嘴”“嫩肉粉”等，让学生查阅资料。资料搜集的过程，实际是学生不断整理思路，聚焦问题的过程。学生搜集到的有关“菠萝咕噜肉”的做法，“盐水泡过的菠萝更好吃”“嫩肉粉的成分及使用”等资料，最终将问题聚焦在菠萝中的蛋白酶。由此推测，这些现象都与蛋白酶有关。

（2）第二环节，问题初探。

蛋白酶可以将蛋白质水解，而肉皮冻中富含胶原蛋白。所以学生设想通过观察肉皮冻溶解的过程，反应蛋白酶、水解蛋白质的情况。

①观察和记录肉皮冻溶解的过程，学生做出了系列尝试。

尝试一：学生最先尝试将肉皮冻切成规则的小块，放入菠萝之中，观测肉皮冻块溶解所用的时间（图 55）。但在尝试过程中发现，肉皮冻块在变得非常小的时候，轻轻摇晃果汁，肉皮冻块都散了，统计的时间误差很大。于是，教师提供“抑菌圈”的设计思路供学生参考。学生受到启发，进行下面的尝试。

尝试二：制备肉皮冻培养基，其中放上用菠萝汁浸泡过的滤纸片，或直接滴加汁液，或在小洞内滴加汁液（图 56）。在此过程中，发现这些尝试都出现了相应的问题，如浸泡的滤纸片中菠萝汁含量少，而培养基较厚，使得溶解效果不明显，直接滴加，菠萝汁易扩散；在小洞中滴加，可以看到相对明显的溶解效果，但是小洞形状不规则，不方便测量。

尝试三：学生进一步改进实验，将小洞换成规则的、大小一致的小孔（图 57），通过测量溶冻圈直径的大小，反映蛋白酶水解蛋白质程度的强弱。这也是后续整个实验的检测指标。

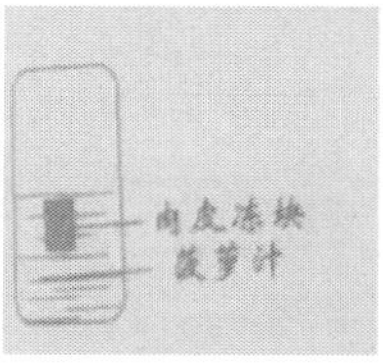

图 55　肉皮冻放入菠萝汁中

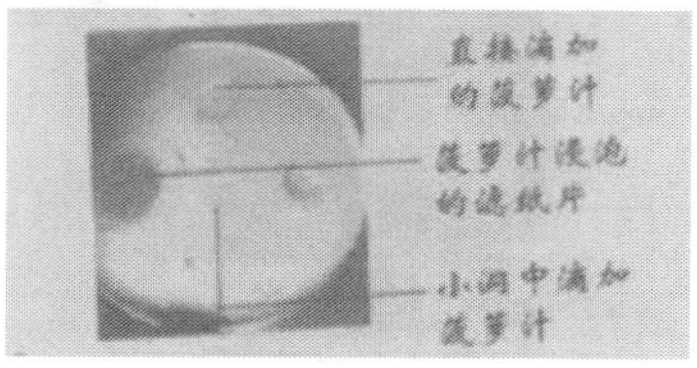

图 56　观测肉皮冻培养基

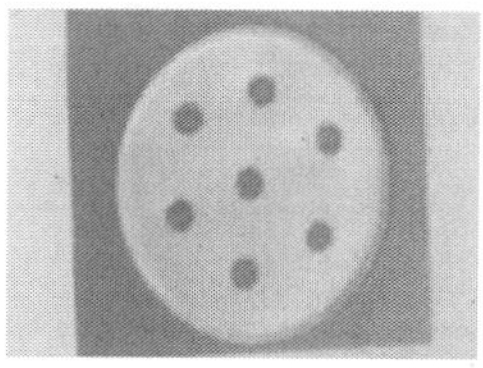
图 57　观测溶冻圈直径

②实验流程。

肉皮冻培养基的制备：溶化—去肉皮—过滤—倒培养皿（图 58）。

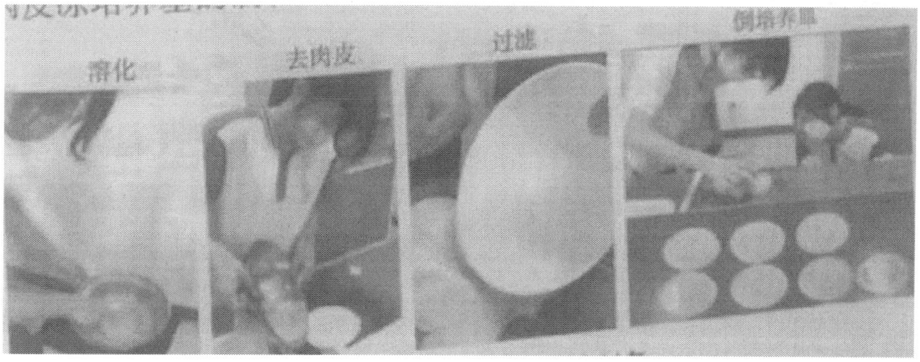

图 58　肉皮冻培养基的制备

打孔：用笔帽在培养基上用力往下按，再用镊子将多余的培养基取走即可形成小孔（图 59）。

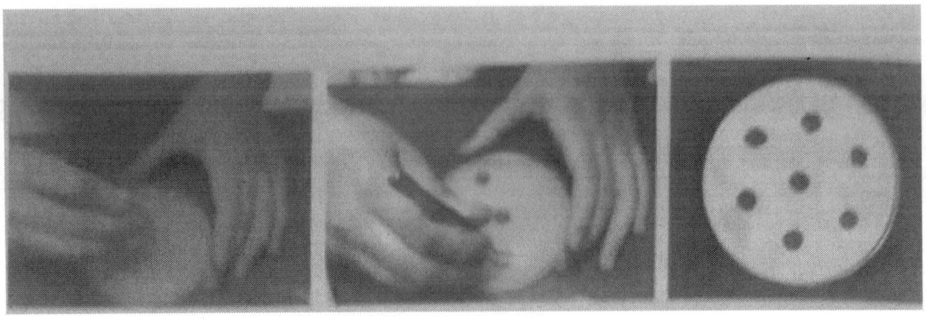

图 59　打孔

滴加等量的各种水果汁液　（蛋白酶液），滴加顺序及最终滴加效果见图 60。

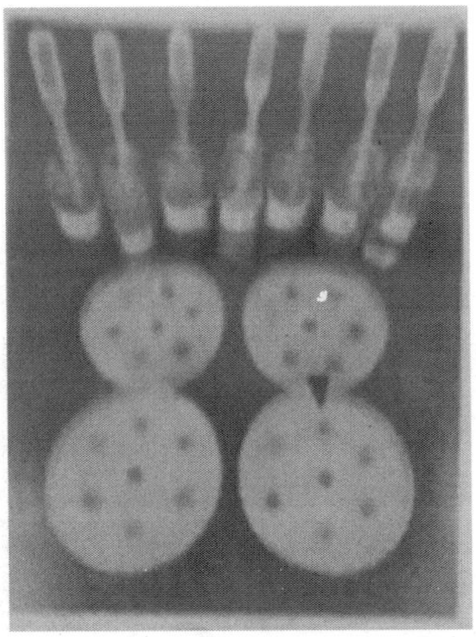

图 60

从起始孔▼顺时针滴加：苹果汁、葡萄汁、西红柿汁、菠萝汁、木瓜汁、猕猴桃汁中央孔滴加清水。

反应 20 min 后，观察溶冻圈的大小。

发现问题及改进措施。

学生在吸走汁液、测量孔径时，发现了一些问题：

①个别孔有“塌方”现象。

②反应时间长会使得整个培养基溶化。

③吸出孔中液体时，孔的界限会变模糊（图 61）。

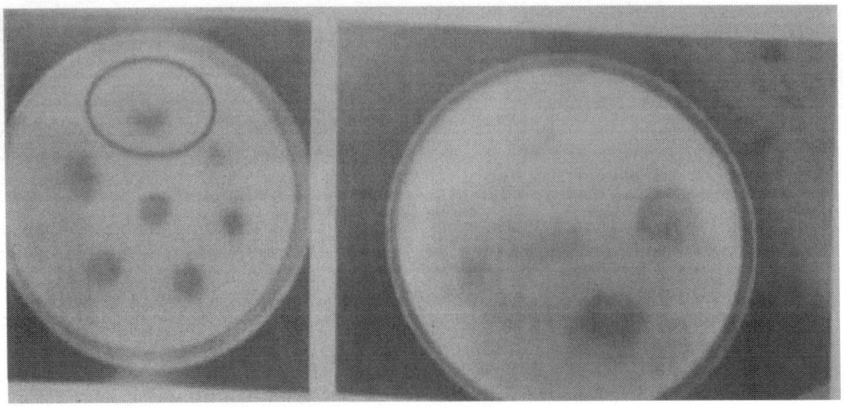

图 61　测量时出现的问题

针对这些问题，学生进行了分析和改进：

①关于培养基溶化的问题：是培养基自身溶化，还是加人水果汁液导致其溶化？同时打孔剩余的培养基，未见其溶化，但有变软趋势。将打孔数减少到5个，长时间作用依旧会出现培养基溶化的现象。由此分析，培养基的溶化应是自身作用和水果汁液的共同影响。对于此问题的解决，需控制好作用时间。

②关于吸出汁液后界限模糊的问题：尝试在水果汁液作用 20 min 后，将培养基放入4℃的冰箱，待其凝固后取出，吸走汁液。

实验结果：将培养基放入冰箱冷藏一段时间后取出，吸走汁液，结果见图 62。由此可以看出，猕猴桃汁和菠萝汁两组的溶冻圈明显大于清水对照组。

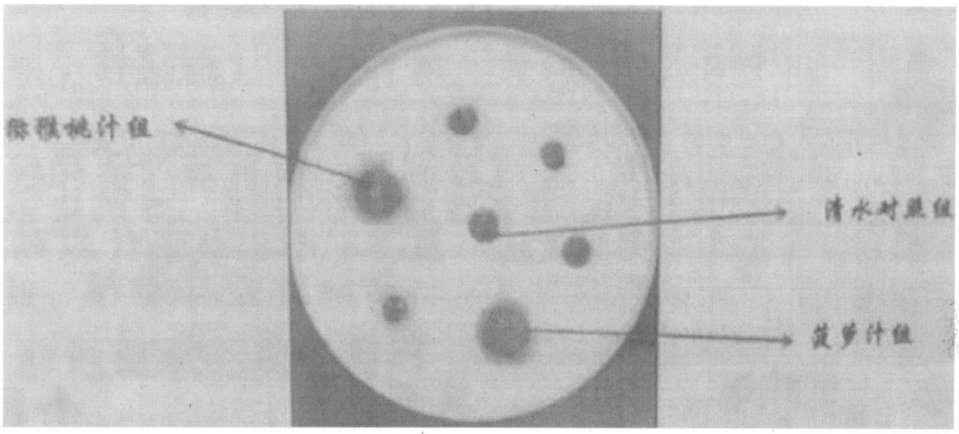

图 62　实验结果

通过问题初探环节，证实了上述实验技术、操作、观测指标等的可行性；同时，也能定性地反映出不同水果中蛋白酶分解蛋白质能力的强弱。但肉皮冻含有较多脂肪，使得培养基容易发生溶化。因此，后续用明胶代替肉皮冻制作培养基。

（3）第三环节，问题解决。

回归到学生基于生活体验提出的问题，寻找解决方案。学生最终聚焦于两方面的思考：是不是烹饪过程中的高温对蛋白酶活性的产生影响，或是食盐浸泡过程中氯化钠溶液对蛋白酶活性产生影响。将问题转化为“探究高温和氯化钠溶液对蛋白酶活性的影响”。以下实验使用明胶培养基。

实验分组。

①新鲜组：在培养基上直接滴加等量的新鲜果汁。

②高温组：将新鲜果汁煮沸 2 min，待冷却后滴加。

③食盐组：将 1 mL 新鲜果汁与 1 mL 氯化钠溶液（1 mol/L）混合后滴加。

滴加水果汁液（蛋白酶液），如图 63 所示。标签处为每组的第一个孔，即对照孔。其中，新鲜组和高温组均在对照孔滴加清水作对照，食盐组滴加 1 mol/L 的氯化钠溶液作对照。滴加顺序是从标签处开始顺时针滴加，手绘图是学生记录的各种水果汁液的滴加顺序。

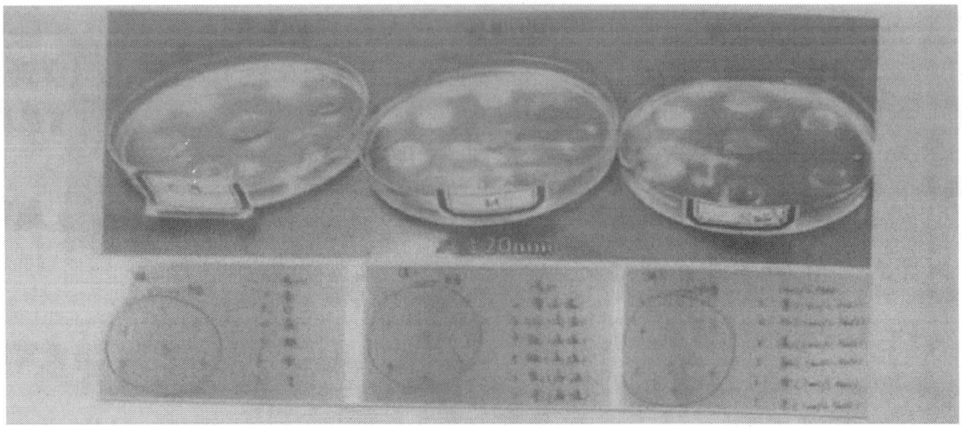

图 63　3 组的滴加顺序记录

实验结果：反应 20 min 后，观测各组结果，发现新鲜组中猕猴桃汁和菠萝汁的孔径明显变大，高温组各孔径大小无明显变化，食盐组中猕猴桃汁和菠萝汁的孔径也明显变大（图 64）。

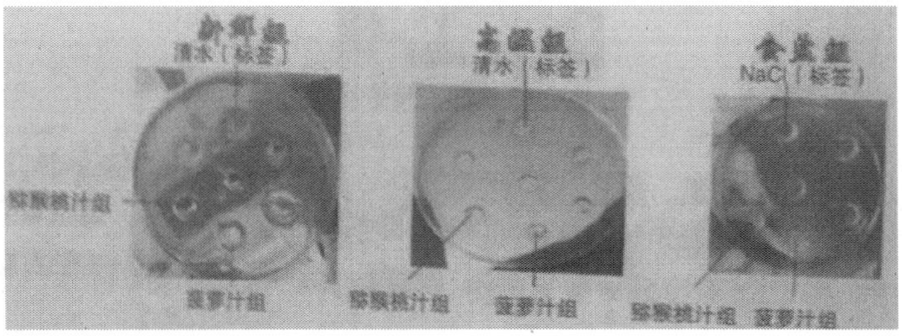

图 64　新鲜组、高温组、食盐组孔径实拍图

注：照片从培养基底部进行拍摄。

接下来进行孔径的测量和记录，结果如表 9 所示。由结果可知，高温抑制蛋白酶活性，食盐几乎不影响蛋白酶活性。

表 9　3 组孔径记录表

果汁种类	孔径大小/cm						
	孔 1 对照	孔 2 葡萄汁	孔 3 猕猴桃汁	孔 4 菠萝汁	孔 5 桃汁	孔 6 梨汁	孔 7 芒果汁
新鲜组	1	1	1.15	1.27	1	1	1
高温组	1	1	1	1	1	1	1
食盐组	1	1	1.18	1.23	1	1	1

由此，学生能清晰地解释最初提出的问题。为什么菠萝咕噜肉中的菠萝不“扎嘴”且肉质鲜嫩。因为，高温破坏了蛋白酶活性，使其不能再破坏口腔黏膜。同学们还提出，要想让这道菜肉质鲜嫩，可以提前用新鲜菠萝汁浸泡肉，完成蛋白质水解的过程。对于盐水泡菠萝不“扎嘴”的问题，学生感到有些矛盾：一方面，通过实验结果可知，食盐并不影响蛋白酶活性；另一方面，用盐水浸泡过的菠萝口感的确好了很多，如何解释。提示学生，要进一步完善实验方案，确保实验结果的精确性，同时查阅资料，寻找新的思路，完成对问题的求证。

（4）第四环节，问题延伸。

①延伸系列一：重金属离子（Cu^{2+}）对蛋白酶活性的影响。

设置新鲜组（对照组）和 Cu^{2+}组（实验组），其中 Cu^{2+}组将 1 mL 新鲜果汁与 1 mL 1 mol/L $CuCl_2$ 混合后再进行滴加。反应 12 h 后，实验结果见图 65。

由新鲜组结果可知，猕猴桃汁和菠萝汁的孔径明显大于清水对照组。由 Cu^{2+}组结果可知，各组孔径普遍变大，其中 $CuCl_2$ 对照孔明显大于清水对照孔，且发现孔中有白色絮状沉淀。推测 $CuCl_2$ 能使明胶溶解，学生查阅资料发现 $CuCl_2$ 可能破坏了蛋白质胶体表面的水化膜或彼此相斥的电荷，导致蛋白质分子凝聚而以沉淀形式析出。

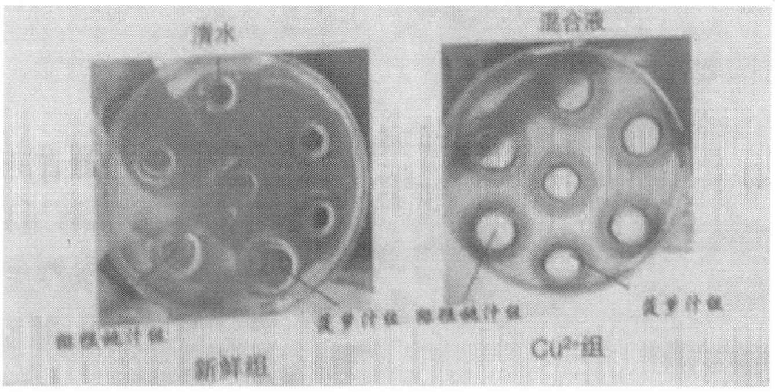

图 65　新鲜组、Cu^{2+}组孔径实拍图

因此，为了更精准地反映各水果汁中蛋白酶活性的强弱，学生统计孔径大小，以“孔径相对值=实验组孔径/对照组孔径”表示，结果见表 10。与新鲜组相比，Cu^{2+}组的孔径相对值明显降低，尤其是菠萝出汁率下降最为明显。由结果说明，金属 Cu^{2+}能抑制蛋白酶活性。

表 10　新鲜组、Cu^{2+}组的孔径大小及孔径相对值大小统计表

实验组别	新鲜组		Cu^{2+}组	
	孔径大小/cm	孔径相对值	孔径大小/cm	孔径相对值
对照组	（清水）0.7		（混合液）1.3	
葡萄汁组	0.9	1.29	1.5	1.059
猕猴桃汁组	1.2	1.71	1.7	1.307
菠萝汁组	1.7	2.41	1.3	1
桃汁组	0.8	1.41	1.5	1.059
梨汁组	0.8	1.41	1.3	1
芒果汁组	0.8	1.41	1.3	1

②延伸系列二：菠萝蛋白酶标准曲线的绘制（定量分析）。

以上实验均是通过测定孔径大小或是孔径相对值大小进行半定量比较不同水果中蛋白酶活性的强弱。如何真实地测定蛋白酶活性的大小，需要利用菠萝蛋白酶绘制标准曲线，从而求出对应水果中的蛋白酶活性。

③延伸系列三：淀粉酶活性的检测。

上述实验方法和检测指标是否也适用于淀粉酶活性的检测，我们将继续探究。那么，后续还有怎样的发现和思考，我们拭目以待。

8. 实验效果评价

探究实验的系列活动都是以过程性评价作为重要依据，通过提出问题、设计案及实施、处理及呈现实验结果、交流合作等活动形成“学习记录卡”，同时结合迁移解决能力进行综合评价。学生结合生活现象及探究经历呈现了精的作品——精彩“酶”，美食“酶”，见图 66、图 67。

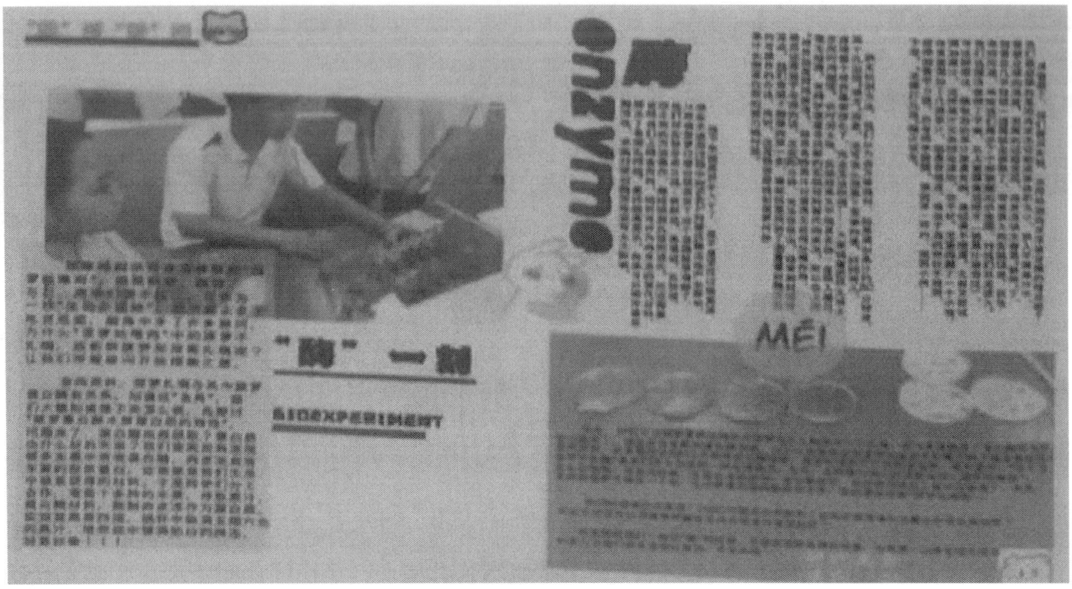

图 66　精彩“酶”

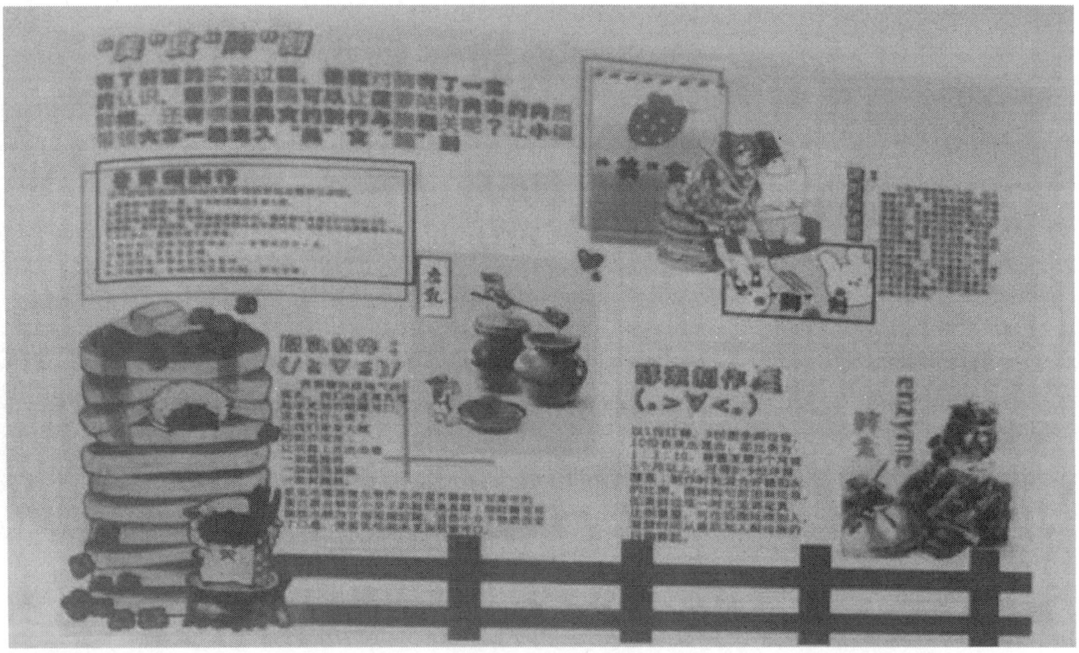

图 67　美食“酶”

同时，对整个探究过程作出评价与反思：

（1）整个过程中，学生有自己的思考，但呈现出的是片段化的思考，缺乏思考的连贯性。

（2）实验过程需要充分利用线上和线下资源，课内和课外时间。需要从兴趣小组的活动作为实验的起点。学生对于线上资源的利用缺乏主动性。

（3）实验的延伸过程很好地体现了学生的兴趣取向和意志品质。

第五节　“生活化”高中生物实验资源挖掘

一、问题的提出和解决的主要方案

（一）问题的提出

情境学习理论强调情境与知识之间的相互作用，认为知识与活动是不可分离的，学习者在情境中通过活动获得了知识，学习与认知是具有情境性的。人们在某种现实情境中通过实践活动不仅获得了知识与技能，形成了具有某一共同体的身份，不可分离，它强调要有共同的任务、工具、资源，通过实践活动完成任务。

国内情境教学在各科教学中都有所体现，开放性实验载体的情境素材色彩纷呈，生动活泼，挖掘深刻，有助于激发考生学习化学的兴趣，有利于学生理解和掌握化学知识和技能，对启迪考生的科学思维、科学方法、科学态度、价值观具有重要意义。国外对情境教学理论的研究集中在，情境与知识学习、教学活动的关系、实践共同体、情境的呈现形式等方面。国内对情境教学的研究主要是集中在融入学科策略、心理学、问题情境、情境创设等方面，但关于情境创设的来源——情境素材的研究却很少，特别是教学实践中情境素材的开发和应用研究。

教师通过开发合适的情境素材，给学生的生物实验学习提供切合实际的情境，可以提高课堂教学效率。情境素材的开发，让学习充满趣味，能够调动高中生的学习积极性，更注重学生的情感世界，有助于促进学生的健康发展。当然，由于当前对高中生物实验课堂情境素材的运用还处在初期阶段，所以，怎样将情境素材充分开发出来，并更好地运用于高中生物实验的课堂当中，是教师必须要关注的焦点问题。

真实的生活情境往往是复杂多变的，影响因素众多，因此在作为课堂教学情境时，教师可以从不同的角度加以分析和利用，按核心素养发展水平的上升规律，引导、发展、培养学生解决问题的能力，使学生在面对新的问题情境时能够学以致用，从而在点滴的“生活化”情境素材中培养和形成生命观念和社会责任。

在高中生物学科教学过程中，存在以下 4 个方面的问题：

1. 学困生——老大难的问题

学校的学生有很大一部分是动力型学困生，他们表现为知识学习淡漠、学习动力不足、学习目标错位和学习兴趣缺失。

2. 教师教科研能力弱

课题研究“假”“大”“空”的现象普遍存在。大家的思想是“躺平”“摆烂”等退休。

3. 缺乏拓展性教学资源

教师的科研能力弱表现为成长动力缺乏，具体的表现为教学资源直接来源于教材，教师身处丰富的生活文化资源的情况下而不能从周边的文物古迹、特色产品中开发教学资源。使得学生缺乏学科知识的学习兴趣。

4. 学校特色凝练不清晰——机制老化

学校是一所年轻的学校，而学校的管理制度是一套“老”制度，缺乏活力，教师进岗、进级拼的是资历。从学生的角度分析，学生的高考成绩不理想，导致教师的教育教学及教研水平得不到认同，从而导致缺少上升的动力，进而表现为教学资源的缺乏。

四个方面的问题都指向学科教学资源（物）的缺乏，其核心是学生、教师、学校成长发展的需要没有得到深度的分析和引导。

二、解决问题的方案

通过对学困生的转化和学生学习兴趣的工作进行梳理，发现通过校本课程开发、学生管理制度建设、情境教学研究、校本课题研究等工作，若能将盘州市优秀的文物古迹、非遗文化、特色产品融入学科课程教学中，学生的学习兴趣、教师教科研能力、学校特色提炼、管理体制的革新将会达到事半功倍的效果，所以我们开展了 2018 年六盘水市基础教育科研课题《“多站式”学困生创新学习能力培养路径的研究》、2019 年的县级课题《以基础小课题研究为切入点的教师 R&D 能力生成的简易进化生物学模型的研究》、2020 年的贵州省教育规划课题（名师工作室专项）《以基础小课题研究为切入点的教师 R&D 能力生成的专业化职业化成长案例研究》、2021 年六盘水市基础教育规划课题《以基础小课题研究为切入点的青年教师 R&D 能力螺旋式提升路径的研究》、2022 年贵州省教育规划课题《生态美学视角下古法造纸回应高中生物实验学习体验策略与实践研究》等课题的研究工作。通过这些子课题的研究，总结、提炼，重点解决以下四个方面的问题：

（一）激活学生学习兴趣

立足现实，学生不是不聪明，而是缺少展示自己才能的有效平台。如何提高学困生的学习现状，探索的主要方向是，在学校现有的条件下，以学科竞赛的方式方法和切入点，转化学困生的现状，高中生物竞赛涵盖了广泛的生物学知识，包括分子生物学、细胞生物学、组织学、生理学、生态学、进化论等领域。而高中生物教材中涉及的学科知识点都比较浅显，需要结合学生现有的认知现状，挖掘、开发和拓展学生的知识面。

（二）“小课题”撬动教师成长的动力

教师的教学、科研工作应该以教材为中心，围绕教材深度挖掘生活中的素材，同时，摆在团队面前很现实的问题是，教研组的教科研能力弱，研究意识不强。

从思想观念上改变学生和老师是困难的，是需要在教育教学实践的点滴中常年累月的工作经验。教师的教科研能力是解决这一问题的关键，我们选择与课堂教学有紧密联系的小课题为切入点，树立“教学问题就是课题，教学反思就是研究”的教研理念，以“短、小、实、快”的工作方式，破除教师教育科研“高不可攀”的神秘，以名师工作室和学校校本课题为切入点，引导青年教师选择一些内容具体、切口小、周期短的问题进行科学研究，从而克服课题研究“假、大、空”的不良现象。开发《小课题申报指南》和《小课题评价量表》，促成教师教科研能力螺旋式提升模型的生成。《小课题申报指南》和《基础小课题立项评审量表》指青年教师在专业成长过程中，通过整体统筹规划，以课题研究为依托， 研究教学过程，通过从简单到复杂、从低级到高级的、从自身出发，又回到自身，得到丰富和提高的专业成长方式。其中的优势包括：

（1）突出课题研究的价值和意义。

（2）后一阶段的提升与前一阶段的组成相同，是质与量的区别。

（3）能有效调动青年教师的主观能动性。

（4）需要长期的实践检验。

（三）优化实践载体和素材来源渠道

生物学是一门实验性学科，教师在生物课堂教学中要多利用学生熟悉的学习情境，引导和激发学生探究和自主学习，情境素材的挖掘，可以从校园生活、新闻和社会热点中挖掘生物实验情境素材，但这些素材在教学中创设学习情境时，不能随便拿来就直接用于教学，是需要从中挖掘和开发出与教学内容有关的，符合学生认识水平、价值观、基础性、阶段性、衔接性的情境素材。

1. 阶段性

高中生物学习是中学阶段承前启后的关键时期，学生升入高中后，能否适应高中生物的学习，是新生面前的现实的问题，外在的学习环境、教学内容、教学因素，内在的学习观念、价值认识和学习方法都会影响到学生对学科的学习。高中生物是初中生物的深化和提高，高中生物在整体设计上更强调学科知识的连贯性和系统性。

2. 差异性

学生来自不同的家庭、学校，有不同的社会实践经验，就要求在高中生物的教学过程中，在保证学习任务完成的基础之上，关注个体差异，满足个体的需要，以此来提高他们的学习热情和兴趣，生物实验是这一问题有效途径之一。

3. 反复性

高中课堂教学信息量大、知识复杂，通过教师调整教学进度、课后布置作业及大量练习，让学生把握知识只能是教师的“一厢情愿”，学生被视作“知识的容器”。问题出现的背景、问题的提出、问题的解决思路、问题的解决能力被“异化”，生物实验情境素材的开发，就能有效的解决之一问题。

4. 社会性

生物实验教学的每一节课都有明确清晰的教学方向，让学生有实实在在的认知收获和学科感悟，激发和引导学生进行深入地交流讨论；使教学的设计走在学生发展的前面，在情境素材的选择及实验设计的过程中，更应该注重高水平的预设又要注重动态的生成，教师创新实验设计中体悟成长的幸福，同时也为教师教学、学生学习提供一个特殊的社会舞台和空间。

5. 衔接性

高中生物以实验教学为主，内容比较直观，教材对知识章节的编排逻辑性、直观性强，对每一个大概念的引申与证明分布在整册的各个章节中，这就对高中生的抽象思维、逻辑思维提出了较高的要求，老师要充分理解学科内容和要求的变化，通过实验情境素材的设计，贯通生物知识的衔接点，调整教学经验，根据学生的需要组织课堂教学。学生学业的需要、学科建设的需要、教师成长的需要、学校特色凝练的需要都指向教学情境素材的开发，从生活中的生活经验、文物古迹、非遗文化、特色产品中发掘结合需要，体现素材的社会性、阶段性、基础性、衔接性、反复性的实验素材，是需要引起广大教师高度重视的教研工作，且这样的工作是进阶式的。

第八章

高中生物实验交叉设计的课题研究

小课题研究以解决教学问题为核心，《新课程标准》强调的是学生学习的螺旋式上升，教材对章节知识的编排的逻辑性、直观性强，对每个大概念的引申与证明分布在整册的各个章节中，这就对高中生的抽象思维、逻辑思维提出了较高的要求，要求教师要充分理解学科内容和要求的变化，通过小课题研究，贯通生物知识的衔接，根据学生的需要组织课堂教学。

小课题研究是与大课题研究相对而言的，属于校本研究的范围，是一个很关键而可行的校本教研途径。小课题研究更强调教师的自觉行动。“小”是指研究范围微观、内容具体、问题切口小、研究周期短，且易于操作。小课题研究的主要目的，是解决教师个人教育教学中出现的各类与预期教学目标不适切的问题，总结经验，不以理论研究为主，是一个微观的应用性质的研究。教师本人作为探究者，研究内容可以是教学过程中的章节或某一专题，在教学中存在的问题、案例、问题等。研究成果可以包括总结报告、展示课、教学设计、教学论文等方式呈现；研究时间长适宜多样，短则几个月，长则一学年、几学年等，可以是一人或多人研究。不刻意要求充分运用某种研究方式，阅读、记录、反思、行动可灵活运用。总之，小课题的特点可以用“小”“近”“实”“真”来总结，“小”就是从小事、小现象、小问题入手，以小见大，类似于“提高课堂中学生参与度的研究”；“近”就是接近课堂，接近现实，不好高骛远，比如“数学应用题的探讨”“学困生转化研究”“培养学生对数学错题进行自我分析诊断能力的研究”；“实”就是实实在在，抛弃大而空的描述预测，多一点实在的关注，类似于“如何记住学生的名字”“如何排位”；“真”就是要真研究、真探讨、真实践。小课题研究是教师的自我研究，是以教师自身教育教学过程中需要迫切解决的问题，以问题处理、经验总结为主要研究目标，吸纳和运用各种有利于解决的经验、知识、方式，提高教育教学工作，同时，提升教育教学水平，推动教师专业发展的课题研究。

第一节　小课题研究

小课题研究从教育哲学的角度，研究个人与集体、局部与整体的协调发展，可提高学校教师的教育科研水平。应用型青年教师的研究还处于起步阶段，条件差，主观能动性弱，研究能力不足，应从科研管理机制方面提高教师科研水平。应从加强师资队伍建设、帮助教师搭建自己的科研平台、设立学科科技基金等对策来实现青年教师技术创新能力的培养。

小课题研究结果显示技术创新绩效与自主创新能力、知识整合能力和 R&D 能力之间存在显著的正相关关系。技术创新绩效与知识整合之间存在显著的交互作用。知识来源可以促进新的管理实践在工作场所的引入，这与关于技术创新的外部搜索一致。林立达等认为应从教师职业生涯规划、职业素质、职业化培养、教师激励等多角度提出教师专业化成长的实现路径。 教师专业化理念可能带来三个问题，一是导致教师知识、能力的综合性与独立性的丧失；二是师范院校淡化教师的专业性；三是过分强调教师的专业化，使教师逐渐沦为技术至上的附庸。 梁辉认为小课题研究，由于具有选题小、周期短、易操作、见效快、便于推广等特点，对教育教学一线具有很强的应用价值。

树立“问题就是课题，反思就是研究”的教育科研指导理念，“短、小、实、快”是小课题研究的工作指导方针，促使广大教师破除教育科研“高不可攀”的神秘感，指导青年教师选取一些内容具体、切口小、周期短的问题开展科学研究，从而克服了课题研究“假、大、空”的不良现象。R&D（research & development）是一个类生物进化系统，内部 R&D 能力的决定、生成和演化具有生物学的本质特征和规律。小课题研究利用进化生物学理论体系，剖析教师 R&D 能力形成的生物规律特性，为教师 R&D 研究提供了一个全新的研究视角。部 R&D 创新生物链具有类生物特性，因此对青年教师 R&D 能力的提升及指导具有十分重要的意义。从方法上看，创新在于将生物进化理论运用于教师 R&D 能力提升的研究，是对国外生物进化理论的一种传承与创新，开创了利用进化生物学研究 R&D 的新范式。小课题研究建立了 R&D 进化生物学的基本理论和相关概念体系，从一个全新的视角理清教师 R&D 能力生成与演化的本质规律和特征，为青年教师 R&D 实践管理提供了新的理论指导和可行的操作建议。

以基础小课题研究为切入点，利用进化生物学基本理论与方法研究教师 R&D 行为，从一全新的视角揭示青年教师R&D螺旋式提升过程的类生物进化规律，在认识青年教师R&D能力生成与演化的微观机制上取得突破，为全面提高教师R&D能力和基础课题科研能力水平提供指导。

小范围是指课堂教学中、班级管理中普遍存在而又急需解决的细小问题，因为涉及的范围小、但在小范围中又存在诸多问题。因此，只要抓其一点，深入研究，多方论证，结合实际，终能解决一些实际的教学问题。

一线教师直面课堂、直面学生、直面课堂中发生的诸多问题，包括教学的问题、班级管理的问题，可谓见多识广，经验丰富。有了这样生动的理论素材，要形成教育理论，只要一线教师稍加整理，用专业的理论术语概括、归纳、表述，提出自己经实践证明的观点。一篇小论文就形成了。因为这是在课堂教学、班级管理经验的基础上写成的论文，形成的教育理论，具有很强的经验性、指导性、实用性。这样的理论，完全可以指导教学工作。从而促进教学工作，这真可谓取之与课堂，用之与课堂。中间就是一个理论形成的过程。

教师的幸福感和成就感不在于物质层面而在于精神层面。精神的力量是无穷的，这也正是教师可以在喧嚣和浮躁的环境中甘于寂寞、甘于平淡而致力于教学研究的真正原因。那么，精神的力量来自何处，来自自己的研究成果，来自自己的事业乐趣，来自从教学研究中获得的幸福感和成就感。万事万物不怕小，只怕不精。小课题做好了，仍然是大成就。教育事业之路乐趣众多，小课题研究更是趣味无穷。一线教师理应有这种职业自觉性，充分利用好一线教学课堂这种生动而鲜活的理论素材，从小课堂学起，从小课题做起，从小文章写起。日积月累，终能积沙成塔、集腋成裘，从小做大。

科研型教师是指教师不仅具有较强的专业知识和技能，还具有较高的教育科研素养，主要是指灵活的适应科学技术和时代迅速变化的综合性能力，努力向科研型教师转变。

创造型教师是吸取教育科学提供的知识，在课堂教学中积极地加以运用，并能有新的发现。创新性特别是强调教师对教育科学知识的创造性应用，而教学技术的创新性则会给新一轮教育课程改革以全新的动力。教师必须是完整的和全能的，只有这样的教师才能冲破单纯教育学的传统模式，才能把知识和技术转化为生产力，这就是教师在角色上实现多重化。现代教师已不再是一个单一型的教师，而应该是全能型的教师。他们应该具有多方面的素质和多种能力。如，信息处理能力、解决问题能力、创新和创造能力、决策和评价能力等。

科研是教学常态，实施素质教育需加强教育科学研究，必须重视教育实践，不断提高理论水平，以理论指导教育教学改革。教师的专业精神、教学行为、教学艺术、人格魅力及结构教育思想素质结构创造精神、创造能力、科研能力、教学管理等都被大家所重视。随着教育的不断深入和发展，教师角色已由单一形象向多重型、复合型转化，而科研型教师则是教师角色的升华。科研型教师不再满足于个人的体验和浅层次的认知和归纳，而是强烈的坚持走教学与科研一体化的道路，明显地表现出高度自觉的专业追求。

反思是一种事后思维，主要任务就是通过现象把握事物的本质和根据。教学反思主要是指老师以自身的实际教学过程为思考对象，对自己所关注的某一教学行为，以及由此产生的结论加以审视与分析的思维活动，是一个通过培养教师自我觉察水平来推动教学自我监控能力，发展、提高教师专业素质的手段。

科研型教师，表现为对教育实践和周围环境发生的教育现象具有反思能力，善于从中发现问题，养成了敏感和探究习惯，创造性的进行教育教学工作，并且形成理性认识，使教师的工作更富有创造性。

教师创造性意识和能力的形成，会促使他们十分看重对学生创造性意识和实践能力的培养。教师掌握和比较各种教学技术，及如何运用什么技术最合适。当他们致力于实践时，知道何为无效或破坏性的实践，知道怎样调动学生的学习积极性和在暂时挫折时保持学生的学习动力和学习兴趣，并综合采用各种方式方法检测学生的成长。

成功的老师能创造、充实、维持、发展教学情境，以调动和保持学生的学习兴趣，并能有效地使用时间。

第二节　小课题研究设计

在新课改的大背景下，教师吃透课改精神，植根于自己的教学实践（课堂），在自己熟悉的领域中探索、反思、提升，促使自己由专业型老师向研究型老师转变。

一、学科交叉

（1）生物与化学学科知识相融合的科学思维课堂的构建——以“色素的提取分离”为例。

（2）生物与化学学科知识相融合的科学思维课堂的构建——以“泡菜亚硝酸盐的检测”为例。

（3）生物与化学学科知识相融合的科学思维课堂的构建——以“降低反应活化能“酶”为例。

（4）生物与化学学科知识相融合的科学思维课堂的构建——以“分解纤维素的细菌”为例。

（5）生物与生物学科交叉融合教学设计研究。

（6）生物与数学学科交叉融合教学设计研究。

（7）生物与数学学科交叉融合教学设计研究。

（8）生物与数学学科交叉融合教学设计研究。

二、教育学理论研究

（1）顶层设计理念在高中生物知识认知结构形成中教学模式的探究。

（2）小组探究式学习中磁化效应的作用分析——以“色素的提取分离”为例。

（3）小组探究式学习中破窗理论的作用分析——以“色素的提取分离”为例。

（4）小组探究式学习中木桶理论的作用分析——以“色素的提取分离”为例。

（5）小组探究式学习中皮格马利翁效应的作用分析——以“色素的提取分离”为例。

（6）小组探究式学习中拍球效应的作用分析——以“色素的提取分离”为例。

（7）小组探究式学习中食盐的作用分析——以“色素的提取分离”为例。

（8）小组探究式学习中淬火效应的作用分析——以“色素的提取分离”为例。

三、教学模式探究

（1）核心素养下高中生物学科 HPS 材料分析。

（2）运用 SNP 模式进行建模教学模式尝试——以“体液免疫”为例。

（3）AHP-SCA 模糊综合评价在高中生物概念模型教学中的应用——以“体液免疫”为例。

（4）CCSI 模型在高中生物概念模型教学中的应用——以“体液免疫”为例。

（5）综合性高中生物知识认知结构的“破”与“立”变式研究——以“光合作用”为例。

（6）基于核心素养提升高中生物单元整体教学实施研究。

（7）“自主-合作-探究”教学模式在生物教学中的应用——以“生态系统的信息传递”为例。

（8）高中生物知识建构中的甲基化和去甲基化的研究——以“呼吸作用”为例。
（9）模型构建法在高中生物教学中的应用。
（10）STEM 下的高中生物校本课程开发与研究——以“微生物的发酵”为例。
（11）STEM 下高中生物教材分析。
（12）深度学习下的高中生物模型构建研究。
（13）深度学习下的高中生物教学情境策略研究。

四、教师专业成长

（1）组织技能在高中生物课堂上的作用——以“通过激素的调节”为例。
（2）高中生物与初中生物教学模块衔接的研究——以“稳态与环境”为例。
（3）高中生物结构与功能观的概念教学模块化实践研究。
（4）基础小课题促进青年教师 R&D 提升之科研论文撰写模式的研究。
（5）基础小课题促进青年教师 R&D 提升之国内外研究进展撰写模式的研究。
（6）基础小课题促进青年教师 R&D 提升之研究目标提炼模式的研究。
（7）基础小课题促进青年教师 R&D 提升之研究思路可视化形成模式的研究。
（8）基础小课题促进青年教师 R&D 提升之研究目标可测性提炼模式的研究。
（9）基础小课题促进青年教师 R&D 提升之教学流程规范化研究。
（10）基础小课题促进青年教师 R&D 提升之基础小课题的演变研究。

五、《新课程标标》核心素养培养路径研究

（1）基于事件记录的费兰德斯互动分析系统设计——以“光合作用”课堂观察为例。
（2）新课改下高中生物教学中环境教育方式的研究——以生态环境的保护为例。
（3）基于科学探究思维培养的高中生物实验教学设计。
（4）高中生物教学中培养学生的生命观念路径研究——以“种群与群落”为例。
（5）基于社会责任培养的高中生物学课堂教学设计——以“物质的跨膜运输”为例。
（6）高中生物学课程中渗透免疫生命伦理教育的探索——以“免疫调节”为例。
（7）高中生物学科思维和科学探究提升路径的研究——以“色素的提取分离”为例。

第三节　课题研究方法

一、文献研究法

查找认知同化理论与实践体验的相关文献，收集、研究相关著作、论文成果，分析研究视角下相关教育教学理论，融入研究目标的策略与实践的途径、方法，掌握本课题的关键突破口，获得课题研究的理论依据，聚焦问题的独特性。

二、调查研究法

对当前高中学生认知同化理论、文化传承教育教学现状展开调查，通过问卷，了解学生对认知同化理论的学习需求，了解教师对高中文化传承教育中存在的问题和看法，对调查结果进行深入分析与探讨，获得数据、问题关键要素的筛选。

三、课堂观察法

通过在高中认知同化理论教育的课堂中，对学生和教师进行观察，了解实际的工作情况，找到教学的具体问题，根据这些问题，结合《高中生物课程标准（2017 年版 2020 年修

订）》的培养目标要求，研究高中学生认知同化理论文化传承教育的具体路径与具体办法。

四、行动研究法

根据研究方案，开展绿色化学视域下认知同化理论，融入高中生物同步化教学策略与实践研究，检验策略的实践效果，对其中发现的问题进行及时改进，最终努力形成一套完整的实践策略体系，通过教研组活动，野外实践等活动，形成实施方案、活动手册、教学策略、操作策略，同时，形成活动案例，学生发展案例、专题研究等，形成方案和检验方案的可行性，提炼成果核心概念（理念）。研究结果包括教育故事、活动中产生的视频、音频、对话等内容。

五、个案研究法

个案研究指对某一个体、某一群体、某一组织、某一过程、某一现象在较长时间里连续进行调查，从而研究其行为发展变化的全过程，即正确描述某种总体或某种现象的特点或全貌的研究，任务是发现新现象、新问题、收集资料、提供信息，以及在复杂的现象中找出最主要的规律与特征。个案研究的差异在于它的系统性、结构性和全面性，以及研究的样本规模。通过统计方式处理数据，可以得到以数据为主的各种结论，并在个案的研究基础上推论到总体，即用研究的样本资料说明总体的情况。个案研究中，每次知识分类的研究都有助于提升知识的质量；有助于知识的秩序化管理；有助于知识的选择与传递；有助于满足社会对知识的专业化、系统化、规范化与结构化等项要求；个案研究的开展有助于探求知识发展的一般规律，从而为知识创新创造条件。

六、模型研究法

模型研究主要是通过在模型思维，从原型出发，根据某一特定目的，抓住原型的本质特征，对原型进行抽象，把复杂的原型客体加以简化和纯化，建构一个能反映原型本质联系的模型，并通过对模型的研究获取原型的信息，为形成理论建立基础。就其深刻性而言，跨学科的交叉研究本身也体现了当代科学探索的一种新模型。

七、系统研究法

将对象放在系统的形式中，从系统观点出发，从系统与要素、要素与要素、系统与环境之间的相互联系与相互作用综合的、系统的、精确的考察对象，已实现最佳处理问题的一种方式。

八、假说演绎法

假说演绎法是指在观察与分析基础上提出问题后，通过推理和想象提供解释问题的假说，再通过假说进行演绎推理，然后再经过试验检验演绎推理的结果。如果试验结果与预期结果相符，就说明假说是正确的，相反，则说明假说是错误的。

九、叙事研究法

叙事研究法关注于师生互动的教育教学过程中，教师的引导与学生学习的教学概念，以学生能够明确回答教师所提问题为依据，发掘或揭示内隐于这些生活、实践、经验和行为背后的相关教育教学理论与理论实践边界，从而发现教育的价值。

十、比较研究法

比较研究法是对物与物、人与人之间的相似性或相异程度的研究和判断的方式方法。比较研究法可理解为是按照特定的标准，对两个或两个以上有联系的事物加以考察，以寻找其差异，并寻找普遍规律和特殊规律的方式。

十一、不完全归纳法

不完全归纳法需要对事物的现象进行大量的观察与试验，然后再通过观察与试验所确定的一系列个别事实，运用不完全归纳法将个别的知识总结为一般的知识，进而达到对普遍规律性的认识。所以，不完全归纳法在探索新知识的过程中有着十分关键的意义。

第四节　课题研究成果

一、精准定位

（一）勿忘初心的科研

近代科学的诞生是以承认自己的无知为前提条件的，即使在对真理的追求有了显著进展之后，也还是承认所获得的知识可能有错，没有穷尽、必须继续探究。永远在路上，没有终结的，非功利性的目的。收集事实材料、证据、数据，依靠证据而不是凭个人经验、思辨和想象得出结论

中小学教师要不要搞教育科研？应该从事什么样的教育研究？学校日常教研活动是教育科研吗？有学者批评众多的研究成果，存在不管用、平庸化、不实用、不均衡等问题，其实，根本的问题是对中小学教育科研认知的错位，忘记了它的专业化特点和学术初衷，使之变成许多人或单位用来装点门面，失去起码的科学研究水准。忘记了初心，必然导致科研的平庸。

（二）教学成果的精准

教学成果的培育不是对现实教育问题的旁观，而是对它的有效干预和回应体现实践性。教学成果不能只停留在理论体系的建立，选进理念的宣传上，而必须将理念、理论转变为切实的行动，提高实效性

二、保持对现实问题的敏感性

青蛙效应，即随遇而安、不敏感，是成果培育之大忌，改革创新及其成果培育始于问题的发现和甄别。没有问题的改革是乱折腾。如，打造幸福教育、快乐学习、高效课堂等所谓特色。而对儿童成长发育中的课业负担过重、身体素质严重下降等问题视而不见。

三、直面疑难杂症。

素质教育、立德树人、实践教育、创新人才培养等教育教学理念。应该说这些理念是最先进的、顺应时代潮流的。只是我们没有结合实际将其内化为自己的信念；没有基于实践的独特理解和把握。

（一）教育理念

对教育理念的把握，不只是从宏大理论出发，更重要的是回到真实的教育场景，着眼于自己所面临的现实问题。对新的教育理念要有自己独特的体验、感受、表达。成为一种教育信念，方向其实并非他者的引导，而是自己心中的明灯。思想并非抽象的符号，而是自己在现实的教育土壤上开辟出来的道路，是对道的体悟。

（二）教育的责任担当

返回真实的教育场景，就是返回学生成长的实际，直面学生成长的需要并非顾左右而言他、并非绕道而行，而是敢于直面一些长期以来阻碍学生全面成长、健康成长的关键、难点问题。

（三）教育理智

医生面对重症患者，不要埋怨病人生病，而是想方设法解除患者的痛苦。儿童健康成长中的问题或许没有人身体上的疼痛那么突出，因为对儿童的伤害是无形的、潜移默化的，所以往往被教育工作者所忽略。其实，一些对儿童人格的无形伤害比有形的创伤更可怕，侵蚀到一定程度会造成质的改变，在重视生命健康、生命质量的问题上。教育的学问与医学是相通的。

如果教学成果不能对迫切需要解决的现实问题给出回应，没有建立在改革、实验的基础上，那么，这样的成果只是纸上谈兵，不能让人信服。假如我们不能直面教育实践中众多的“疑难杂症”，只想成名，如此会备受质疑。

医学能对若干生命健康问题做出切实的解决、提供有效的处方。同样，关于教育的课题，必须要对教育问题提供充满智慧、富有启发性的回应，对长期以来困扰着中小学教育的重难点问题做出自己的回答。从根本上讲，一些教育理论缺乏科学性，主要是由于教育改革实践不充分，学校教育日复一日的机械重复，一些教育疑难问题久而不解。从根本上制约了教育理论的发展。基础教育关涉未来，一方面，基于学生的年龄特征和发展态势，为他们的终身发展奠定基础。另一方面，对未来社会的挑战做出积极的回应，着力培养学生的终身发展。

基础教育教学改革与研究的前瞻性表现在：

教育看似在传授人类已有的文明成果，实际上是面向学生未来生活的选择和设计，是为了更好地面对未来。学生按照课程规划完成相关课业，达成预设目标，就能拥有光明的前程，为未来的求学、求职、创业做好准备。

在知识获取途径越来越多样、手段越来越便利，而健康人格的形成越来越困难的情况下、我们要把学校教育的重点从单纯的知识传授转向教育健全人格，培养学生良好个性，让学生学会担当责任、以德树人。

学科分化越来越细、专业化要求越来越高；学科之间、专业之间的横向联系越来越强。个体很难单独判断哪个更好？在这种情况下，我们可能要在人文与科技、学科与跨学科、深度与广度、全球与本土之间平衡和协调，更多地聚焦大概念来统整课程。

四、成果的生根落地

课程是学校全面教育的核心载体。包括课程方案、课程标准、教材等，反映了党的教育方针和国家意志，校本课程承载着学校的办学理念、教学目标，而非教师的个人行为。

（一）充满活力的转化与生成

前人所留给我们的往往都是经过简化的文本。如，政策规定、基本概念、定律、模型、教学原则、方式方法、建议等。而被简化的正是在文明成果形成过程中真实、具体、生动的事物。但实践中，因为其过于抽象无法对学校教育直接对接。因此，课程实施必然伴随着无数的非预设性、不确定性，是不断转变的过程。

开发和利用本地资源，将抽象的知识还原为现实场景，在这样一个持续转化过程中，课程设计的生成就是在课程改革中生成的。

（二）散发着浓郁的乡土气息

知识的形成原本是产生于个别化的场景中。教学要从具体情境入手，指导学习者在出现情境素材中学习，而不能远离学习者的日常生活的抽象模型、理论、规则入手。学习者在学习活动中，要根据自己的生活经历体会理解基本概念、模型、原理，学会在特定场域、特定情境中灵活运用所学知识，形成场域的认同感和自信，为该场域文化发展服务。这就使得教学活动具有个性特质和本土特点。尊重学生的兴趣、爱好、特长，鼓励学生从生活中发现问题。

第九章

高中生物实验交叉设计的延伸与发展

科学大概念是对科学事实与本质规律的反映，为科学主题提供基础性的概念支撑。科学大概念揭示了事物的本质、发展过程与变化规律，是科学认识事物、解释现象以及实验论证的知识基础与应用工具。脱离科学大概念或缺乏以大概念统摄各具体学科知识，科学教育难免陷入浩瀚的知识海洋，从而看不清这片海洋的本质、状况、功用与周围事物的多种联系。

生物学科是一门以实验为基础的应用型学科，生物实验是生物教学的重要组成部分，对生物教学的作用不可忽视。加强高中生物实验教学的有效性成为教师不得不正视的问题。

目前的高中生物实验多为验证式实验，在高中生物教材中，一般分为十六个实验教学安排，其中大部分都是验证式实验。为什么老师不喜欢开展生物实验呢?他们觉得实验是浪费时间，更是对教学资源的浪费，实际教学意义不大。而在新课程理念下，教师为了响应学生素质教育号召，把传统的验证性实验转化为探究式实验，以达到对学生创新能力的训练。因此，在植物细胞得失水的研究过程中，教师把原来的高浓度溶液浸泡失水试验和低浓度浸泡吸水试验变成了学生的自主探究式试验。教师创设了探究问题：植物得失水和浸泡溶液含量之间的关系。如此一来，学生首先必须对试验结果加以猜测，然后再加以验证。在试验过程安排、试验仪器选择上，放手给学生进行自主设计安排试验。

《新课程标准》中明确提出，要注重学生探索能力的训练，并指导学生在探索过程中进行创新。现有的高中生物实验课程，虽然拥有相当的创新内容，不过在许多辅助课程的影响下，学习者对实验的过程和会形成的结果都可以做到“了如指掌”。如果单纯地遵循教材进行教学的话，就会缺乏新意，而且可以算作是验证式实验。所以，老师在开展探究实验教学过程中，要尽可能地把原实验加以调整，让学生觉得结果是未知的，进而产生强烈的探究欲望。让学生自己对问题进行假设、制订计划、搜集资料、整理分析、开展实验、得出结论、反思与评价，以及表达与交流等。这样才能发挥学生的潜能，培育学生的创新精神，培养学生的创新能力。

第一节　聚类分析

教育部颁布的《中小学综合实践活动课程指导纲要》，要求在教育过程中，发展高中学生实践创新意识和审美意识，提高创意实现能力。通过学习实践信息技术，提高学生利用信息技术分析和解决问题的能力。贵州省教育厅省颁布的《有关加强和改进新时期教研工作的实施若干意见》指出，着重课堂教学质量和学生学习发展等问题；加强课程实施、课堂落实、作业与评价优化等关键领域、重点环节的研究。

在常规高中生物实验教学中，提升学生创新能力往往关注于对生物实验本身的实验总结、培养思考、动手能力、问题意识、实施策略等问题，学科交叉往往是无意识的，没有深入的进行系统性的研究，随着学生学习层次的提高，学科交叉的意识对于学生创新能力的提高，知识结构的构建，形成学科知识大概念将起到重要作用。

以学科交叉融入高中生物实验设计为切入点，聚焦当前社会普遍关注的“学科交叉”问题，课题研究对达成《新课程标准》社会责任的核心素养，改进和优化高中生物实验学评价标准的信度和效度，丰富高中生物实验教学资源，提高学生创新能力有重要的实践价值和研究价值。

《新课程标准》的修订既有传承又有创新，增加了学科交叉实践的内容。

学科交叉实践的提出是教育理念发展的需要，也是处理教育情境问题的现实需要。《新课程标准》修订是通过问题去推动，而不是单纯通过思想革新去推动。学科交叉实践的提高，是教育实践教师与教育教学者针对义务段基础教育所提供的创新性措施。

从问题解决这个角度来看，解决真实问题单靠某一学科知识是不能胜任的，要深层次的解决教育教学中出现的问题，就需要从多个学科的知识，多个问题解决的角度来展开对问题的探究。真实问题来源于生活，本身带有学科交叉的特征，会跟很多组成要素关联。解释现象、设计模型、优化实验设计，就会涉及多个学科知识的多个面，解决起来自然就会跟很多学科有关。另外，义务段学生问题处理能力的训练，在真实的问题处理过程中才能得到训练与提高。学生运用脑部具备的多元化的知识，才有可能真正的去分析问题、发现问题、解决问题。

教师在学校学习阶段的分科学习，本身就会给教师造成教学的思维定式，自己就是这样学的，也就这样教，定式就成为必然。但是实验和实践生活情境中，学生遇到的问题往往都是学科交叉的，只有将学科知识融合、整合起来，才能有效地解决具体的问题。另外，教师的只熟悉本专业学科知识，缺少研究其他学科知识的习惯和意识，显现出分科教学的弊端。

教育要培养能解决问题的人，学科交叉实践是必由之路。

第二节　发展方向

CNKI 数据库中以 “学科交叉”“初中生物实验”“创新能力”为检索的主题词，检索 1991—2022 年的文献，通过 Citepace 的关键词时线图、关键词图谱、关键词聚类表、作者单位机构等对国内学生创新能力研究 SSSSSSSSS 进行分析，分析相关研究现状、研究前沿，挖掘出本课题研究的意义和价值，CNKI 数据库中 1991—2021 期刊年度文献分布情况见图 1，作者单位机构见图 2，关键词时线图见图 3。

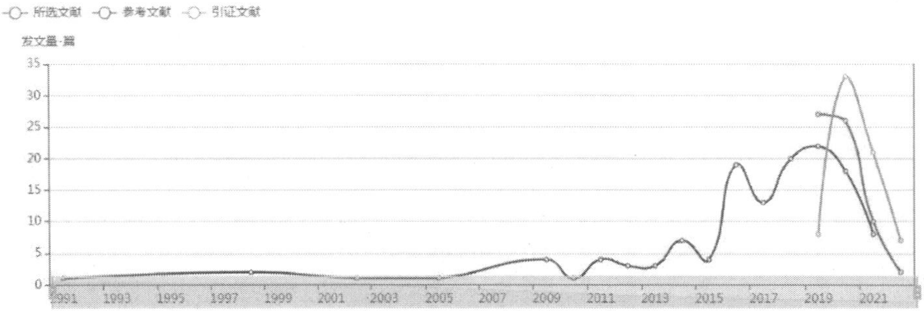

图 1　国内学生创新能力研究成果分布折线图（1991—2021）

从图 1 可以看出，1991 年 1 篇，随后几年发文量在 10~30 篇间波动，2019 年达到 26 篇，引证文献量和参考文献说明围绕学生创新能力的研究得到国内研究者的关注和重视。

作者机构图谱中共有 79 个节点，26 条连线，可知道学生创新能力研究领域的有影响力的学者和机构。

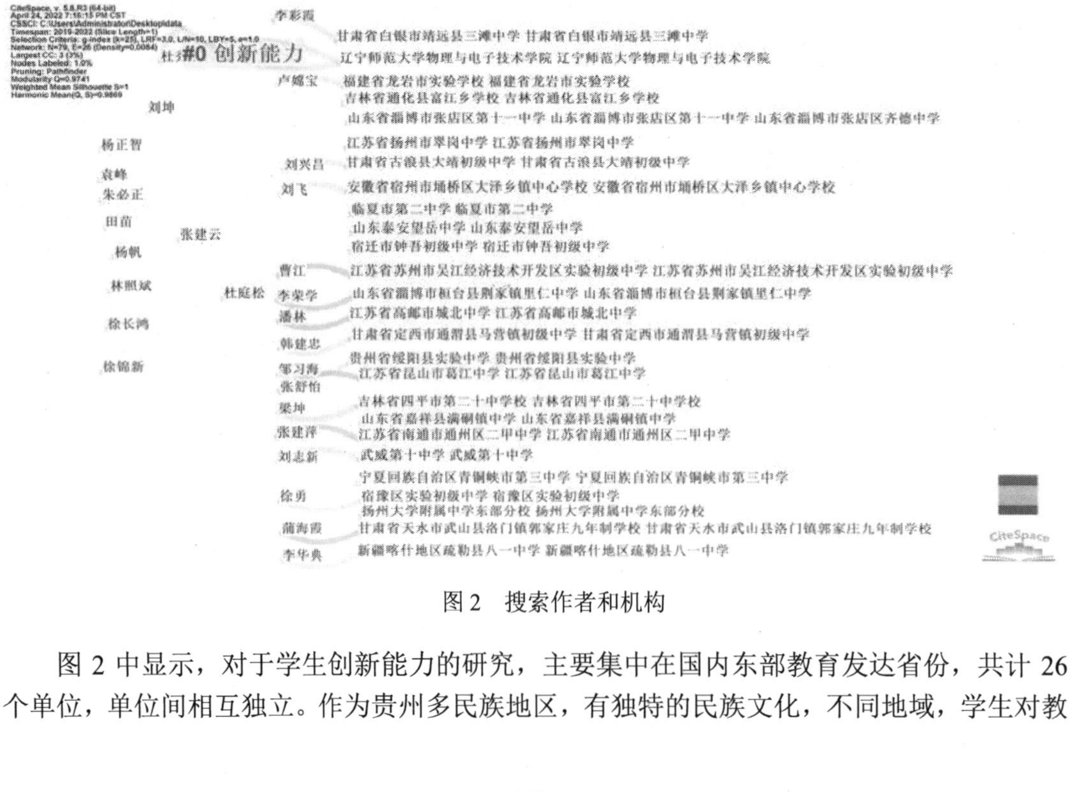

图 2　搜索作者和机构

图 2 中显示，对于学生创新能力的研究，主要集中在国内东部教育发达省份，共计 26 个单位，单位间相互独立。作为贵州多民族地区，有独特的民族文化，不同地域，学生对教

师传授的生物概念的理解可能完全不一样。

在关键词网络图谱的基础上，形成关键词时线图及聚类见图 3。由图 3 可知，对于学生创新能力的研究在朝着实验类型、实验问题、实验设计、培养方法的方向发展。

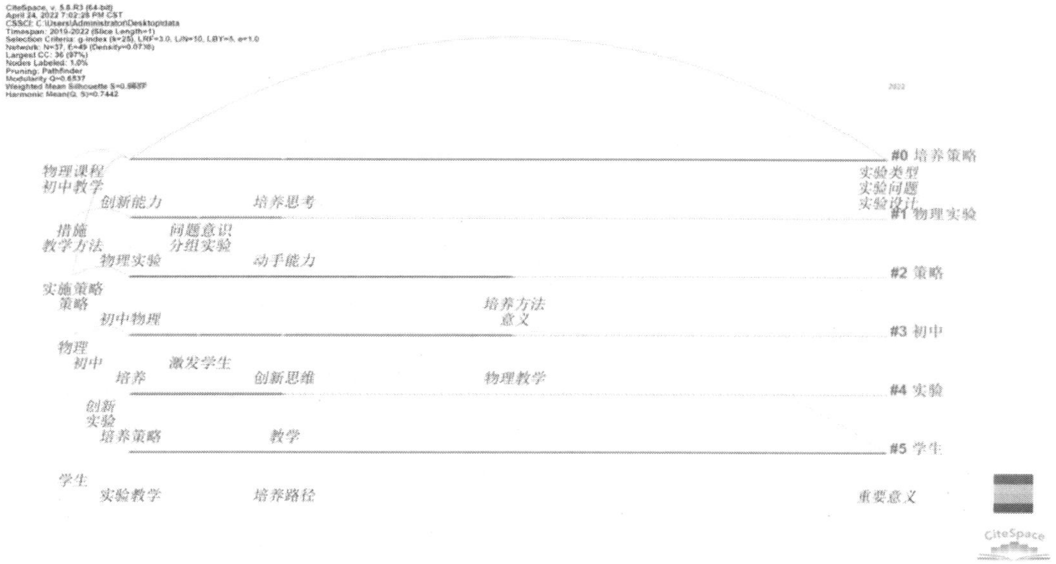

图 3　高频关键词共现时线图

第三节　学科交叉实验设计案例反思

科学大概念是对科学事实与本质规律的反映，为科学主题提供基础性的概念支撑。科学大概念揭示了事物的本质、发展过程与变化规律，是科学认识事物、解释现象，以及实验论证的知识基础与应用工具。脱离科学大概念或缺乏以大概念统摄各具体学科知识，科学教育难免陷入浩瀚的知识海洋，而看不清这片大海的性质、状况、功用与周围事物的多种联系。正确建立联系是跨学科整合的重要目的。科学教育是复杂多样的，单纯开展科学知识的教育或者单纯开展科学技能的教育，对于培育未来的科学人才是远远不够的。如何建立学科间的联系，在跨学科学习视野中洞悉科学原理，运用跨学科方法探究复杂情境，形成完整、可迁移的学科学习路径，需要建立以科学大概念为核心的跨学科整合模式。

科学大概念超越了具体的科学事实与知识内容，具有统整性，包含着广泛的、可解释的科学原理。科学大概念是相互关联的科学现象整套解释模型与认知体系，是由具体的事实性细节到抽象的概念性关系的发展演变。对于学生的认识发展过程而言，形成对科学大概念的完整认识是经由具体到抽象，由低级到高级，由浅层到深入的螺旋式上升过程，其间有交叉与反复认识直至不断更新并上升到高一级的认识，不断调整并渐趋完善的过程。因此，澄清科学大概念的内容范围与学科领域是学校课程整合，概念建构的教学要求。这是由学生的心理认知规律决定的。与此同时，作为对科学现象、知识与思维方法的高度提炼与概括，科学大概念也包含了特定科学认识背后的哲学世界观与科学信念。学生建构科学大概念的过程既获得科学知识、掌握科学探究的方法、形成严谨求实的科学伦理态度，也在发展更高层面热爱科学世界、为科学事业发展忘我投入的精神境界。这是进行大概念课程教学需要重视的方面，也是确定科学大概念内容范围与学科领域的价值参照。

在有关科学大概念的内容范围与学科领域上，国际范围内有如《以大概念理念进行科学教育》《下一代科学标准》《小学科学教学大纲》，我国有《义务教育小学科学课程标准》等与科学教育有关的文本。《以大概念理念进行科学教育》指出了科学教育在建构学生对自然与物质世界的好奇心，探究与本质的认识上的重要意义，并因此需要引入大概念。对引入大概念进行科学教育的研究成果与依据，科学发展面临的挑战，应用于科学教育的原则。在如何发展大概念的进程，大概念科学教育的内容、教学法与测评，以及大概念理念的实施等部分进行了完整的解释。

主题或问题情境来源于学生的生活，其中以直接或间接相关的社会问题、全球问题、学校文化和真实生活等内容组织课程单元。在主题或问题情境为形式的内容整合模式中，所寻求的不是特定的问题答案或是否在真实世界会被采用，核心是通过问题情境引发学生的情境化思维，能够将所学运用于复杂的现实问题，从多个角度、多种渠道搜集相关联的资源，与同伴间合作互助，实现对问题的优化解决，并将个人的解决方案或对策以富有个性化的方式予以展示，成果形式可表现为创造性的观点、作品、产品、设计或可行的解决方案等。以主题或问题情境为形式的内容整合模式对学生的学科基础、学校资源、领导者的意志、教师集体的智慧、学校文化与时空环境都提出了要求，也成为以主题或问题情境为形式的内容整合需要考虑的重要因素。因此，在自然学科的跨学科整合模式的建构上，需要充分调动主体的积极参与性，认识到主题学习与生活其中的环境的关系，将参与学习过程视为达成目标的重要途径。在内容整合上，既需要明确主题的价值意义及其对学生的发展价值，也需要意识到主题活动目标的导引，制订形成性评估方案与总结性评估，以更加灵活、开放、多元的课程观念与学习方式，反思问题情境，从整体环境的改善与个人成长的意义性联系，探索建立富有启发性与建设性的改进方案。不仅是学生群体，包含教师在内的所有人员都需要将跨学科主题整合模式贯彻到底，并在此过程中参与问题的探索与富有启发性的观点挖掘，每个人都尽自己所能并将此视为课程整合目标达成的重要部分。

以主题或问题情境为形式的内容整合模式仍然需要清晰的跨学科活动计划，以帮助参与的学生明确有哪些主题活动内容，需要哪些领域的学科知识与主要方法，基于目标与问题情境特点决定采取怎样的实验活动设计。

自然科学领域的跨学科整合课程模式旨在培养学生形成大科学的眼光与思维，掌握自然世界的重要规律，并借此探索、拓展更深层次的学科边界，应用整体融通的跨学科思维分析、解决日益复杂的科学世界面临的问题。发端于美国的 STEAM 课程创造了新的课程形态与建构模式，将科学、技术、工程、艺术、数学在内的五种学科进行整合，以问题情境为驱动，打破学科知识、方法与思维的禁锢与封闭状态，在开放的环境下创造性、个性化地解决问题，产出智慧与实践成果。而这种多学科融通状态下的课程形态必然对现存的分科课程形态，如课堂教学内容、课程组织形式、课程时空环境、课程资源开发、课程评价方式等课程系统要素都提出了变革的要求。

自然学科整合路径涉及学校课程整合愿景、课程整合思路、跨学科整合理念与一般模式。与此同时，也关注学生的学习需求与关键能力的获得。主要从课程整合的组织架构、主导学科为中心整合课程内容、校际合作研究、课程整合评价四个方面进行构建。

参 考 文 献

[1]张文超,陈名瑞.跨学科整合的价值意蕴、基本取向与实施理路[J].教育理论与实践,2023,43（29）:3-7.
[2]刘晓倩,广少奎,侯学振,等.跨学科课程整合的困局透析与理性规约[J].教育理论与实践,2023,43（29）:8-12.
[3]肖明光,范国栋,杨彩莲.融多元情境滋养人文情怀跨学科整合培育核心素养——2022 年山西省初中学业水平考试地理试题分析[J].教育理论与实践,2023,43（2）:12-16.
[4]马惠玲.以整合性思维设计跨学科课程的主题与内容[J].中国教育学刊,2022,（12）:101.
[5]吴凡,李曼丽.跨学科本科课程整合方法与机制——以美国三所研究型大学生物医学工程专业为例[J].高等工程教育研究,2022,6:158-164.
[6]其力格尔.高中生物实验教学中情境创设的研究与实践[D].呼和浩特:内蒙古师范大学,2022.
[7]陈凯华.导学案与虚拟实验结合在高中生物实验教学中的实践研究[D].开封:河南大学,2022.
[8]付熙瑶.促进高中生物实验教学有效性的实施策略研究[D].大连:辽宁师范大学,2022.
[9]刘兰兰.基于高中生物实验教学培养学生科学思维的实践研究[D].海口：海南师范大学,2022.
[10]张新民,罗丽容,李滔.提升学校跨学科整合质量的关键策略研究[J].中国教育学刊,2021,（S2）:1-4.
[11]高晓霞.试论《文学回忆录》中木心的比较文学思想[D].保定：河北大学,2019.
[12]刘强.STEAM 理念下的科学教育活动项目开发[D].武汉:华中科技大学,2019.
[13]罗清.中小学 STEM 教师培训设计与实践研究[D]. 上海:上海外国语大学,2019.
[14]徐晨盈.雅克布斯跨学科课程整合思想研究[D]. 上海:华东师范大学,2019.
[15]李金城.试论小学美术课堂教学的设计与生成[D]. 大连:辽宁师范大学,2019.
[16]徐娜.小学语文教学跨学科整合策略研究[D]. 苏州:苏州大学,2018.
[17]赵传栋.跨学科教学原理[M].上海：上海辽东出版社,2022.
[18]刘春宇.中美高中地理教材内容学科交叉渗透的比较研究[D]. 哈尔滨:哈尔滨师范大学,2018.
[19]李珏欣.初中生物与其他学科交叉教学的应用研究[D]. 南京:南京师范大学,2018.
[20]夏曼华.基于 STEAM 教育的高中创新课程实践研究[D]. 上海:上海师范大学,2018.
[21]邓华.核心素养导向的语文整合型教学设计研究[D]. 喀什:喀什大学,2018.
[22]王奕婷.基于跨学科素养的课程整合研究[D]. 上海:华东师范大学,2018.
[23]田颖.中美高中化学教科书中“学科交叉”内容的比较研究[D].石家庄:河北师范大学,2018.
[24]徐庶睿.基于引证关系和引文内容的多学科交叉主题探测研究[D]. 南京:南京理工大学,2018.
[25]苏瑞.高中生物与其他学科交叉渗透的教学实践研究[D]. 延安:延安大学,2017.
[26]姬克青.论新课标下小学美术与数学学科有机整合的实践探索[D].昆明:云南师范大学,2017.
[27]陈鑫.艺术博物馆公共教育的社会学科资源整合研究[D].北京:中央美术学院,2017.
[28]韩芳芳.高中历史教学跨学科资源整合策略研究[D].武汉:华中师范大学,2017.
[29]曹广英.中美高中物理教材学科交叉渗透的比较研究[D]. 苏州:苏州大学,2017.
[30]陈超琪.高中生物与化学的交叉渗透教学研究[D].长沙:湖南师范大学,2016.

[31]任凤芹.小学科学教育知合力研究[D].西安:陕西师范大学,2015.
[32]岳钢.问题引导的跨学科数字资源整合技术研究[D].北京:北京邮电大学,2015.
[33]徐浩.中医学学科交叉知识发现及可视化研究[D].南京:南京中医药大学,2014.
[34]王兴敏.高中地理与物理跨学科整合教学研究[D]. 北京:首都师范大学,2014.
[35]马巍.跨学科研究方法论指导下的高中生物学科交叉教学初步研究[D]. 武汉:华中师范大学,2014.
[36]魏建香.学科交叉知识发现及其可视化研究[D]. 南京:南京大学,2010.
[37]罗生奎，袁亚男.中小学跨学科整合模式与案例分析[M].重庆:西南大学,2023.